中等职业学校汽车类专业规划教材

ZHONGDENG ZHIYE XUEXIAO
QICHELEI ZHUANYE GUIHUA JIAOCAI

汽车发动机基础维修

主　编：李朝东
副主编：任双鹏　张孝文　程　康
主　审：石光成
参　编：何启仁　胡　胜　何兴刚　李开鋆
　　　　陈建军　雷小丰　李承荣　李孝林
　　　　卢　勇　赵　刚　康　静　陈柏佑
　　　　罗　兰　李小青　董金山　冯明虎
　　　　周开彦　向　华　朱郑雪　姚建平

国家一级出版社　　西南师范大学出版社
全国百佳图书出版单位　　XINAN SHIFAN DAXUE CHUBANSHE

内容简介

《汽车发动机基础维修》共分八大项目十九个任务,分别介绍了发动机的总体构造、曲柄连杆机构、配气机构、冷却系统、润滑系统、进排气系统、燃料供给系统和发动机的拆装等的认知、检测规程、维修方法。各项目根据实际情况设置相应的学习任务,每个任务都有明确的知识目标、技能目标和情感目标,特别注重理论与实践的紧密结合,内容具有极强的针对性和实用性,旨在切实培养和提高学生的技术应用能力。本书同时配备了大量的图示说明,使学生能够按图索骥,更容易理解知识点,完成相应的学习任务。

《汽车发动机基础维修》以"认知+技能+能力+实践"的"理实一体化"教学规律进行编排,内容系统、连贯、完整,具有较强的实用性。通过理论学习和技能训练,达到学以致用、强化技能培养的目的。

本书可作为中等职业学校汽车运用与维修专业的教学用书,中、高级技工类和职业类院校汽车类的专业教材;也可供汽车维修从业人员、汽车驾驶人员以及汽车运行管理人员学习参考;也可作为汽车维修工培训及自学的参考书。

图书在版编目(CIP)数据

汽车发动机基础维修/李朝东主编. —重庆:西南师范大学出版社,2012.8(2022.1重印)
中等职业学校汽车类专业规划教材
ISBN 978-7-5621-5825-7

Ⅰ.①汽… Ⅱ.①李… Ⅲ.①汽车－发动机－车辆修理－中等专业学校－教材 Ⅳ.①U472.43

中国版本图书馆 CIP 数据核字(2012)第 123042 号

汽车发动机基础维修

主编:李朝东
主审:石光成

策　　划	刘春卉　杨景罡
责任编辑	曾　文
封面设计	雷　桥
照　　排	重庆大雅数码印刷有限公司
出版发行	西南师范大学出版社 (重庆•北碚　邮编:400715) 网址:www.xscbs.com)
印　　刷	重庆市正前方彩色印刷有限公司
幅面尺寸	185 mm×260 mm
印　　张	18.75
字　　数	480 千字
版　　次	2012 年 8 月第 1 版
印　　次	2022 年 1 月第 5 次印刷
书　　号	ISBN 978-7-5621-5825-7
定　　价	39.80 元

尊敬的读者,感谢您使用西师版教材!如对本书有任何建议或要求,请发送邮件至 xszjfs@126.com。

序言

随着我国经济发展和产业结构的调整,职业教育越来越凸现出其重要性,大力发展职业教育是当今举国之策,重庆市在这大背景下,下发了《关于大力发展职业技术教育的决定》(渝委发〔2012〕11号)文件。该文件对培养现代制造业、现代服务业的高素质技能型紧缺人才的现代职业教育的发展起到了很大的政策支撑和引领作用。

由于汽车产业的快速发展,尤其是现代汽车新技术、新工艺的广泛应用,对汽车制造和汽车后市场人才的要求越来越高。然而,目前许多中职学校汽车运用与维修专业的办学软硬件设施还没有和市场真正接轨,没有适合学生的职业发展规律,更没有结合学校自身的实际情况。最为突出的是在专业教学方面,存在课程体系不合理,教学内容陈旧,教学方法落后等问题,完全不能满足现代汽车产业岗位职业能力培养的需求。

为了更好地满足中等职业学校汽车类专业的教学要求,体现职业教育特色,促进汽车专业人才的培养,我们一线教师和行业专家在广泛调研和深入实践的基础上,按"项目引领、任务驱动"的最新教学理念编写了这套中等职业学校汽车类专业教材。本系列教材共计17本,分别为《汽车文化》《汽车维修机械基础》《汽车维修基本技能》《汽车发动机基础维修》《汽车底盘基础维修》《汽车电气设备构造与维修》《汽车发动机电控系统检修》《汽车底盘电控技术》《汽车电工电子》《汽车车身电控技术》《汽车评估》《汽车中级技能培训》《汽车故障诊断与排除》《汽车维护与保养》《汽车美容与装饰》《汽车车身修复》《汽车维修涂装技术》。

本套教材是以市场人才需求为导向,围绕学生职业能力培养,结合中职学生职业教育规律进行编写的。其主要特点如下:

1.根据学生岗位职业和发展,教材体系体现了"宽、专、精"三个不同层面的内涵。提炼、整合了传统专业基础课程,拓宽专业基础知识、技能的实用性,满足不同岗位的需要;针对不同工种的工作需求,编写了不同工种的专门化核心专业课程;依据"知识够用、技能实用"原则,精细打造课程,实现与实际岗位工作任务无缝对接。

2.专业课程体例是按"任务引领、'理实一体化'"的模式编写的,体现了以完成工作任务为目的,应用为中心的职业技能教育特点。实施了"学中做,做中学"的理论与实践相结合的教学理念。

3.课程内容满足专业能力培养的需要。坚持"必须、够用"的原则,内容严谨、容量适宜、难易得当。

4.结合了汽车行业职业技能考核的要求,注重培养"双证"技能型人才。

5.注重学生职业道德与情感的培养,树立安全和环保的意识。

本套教材是在充分调研和深入实践的情况下,在重庆市多所职业学校和相关高校的一线专业课教师、"双师型"教师共同参与下研发、编写而成。这将更能体现其在实际教学中的适用性和地方特色,满足中职学校汽车运用与维修专业的人才培养要求,从而推动地方职业教育的教学改革,为我国汽车产业发展发挥积极的作用。

前言

随着我国现代化建设的深入和全面建设小康社会的逐步实现,我国的汽车产业进入了快速发展阶段,汽车保有量大幅递增,使我国逐渐成为汽车王国中产销量最多的国家。随着汽车领域先进技术的不断涌现,我国的汽车维修行业迎来了新的发展机遇和挑战,这对汽车专业的技能人才的数量和素质都提出了更高、更新的要求。

在教材编写的过程中,我们借鉴了国际职业教育的先进理念,突出"以行业需求为导向、以能力为本位、以学生为主体、以学习需求为基础、以教师为引导"的原则,通过"项目—任务—活动"的思路,设置了专业核心课程和专业能力课程。实现教学过程双顶岗机制,即学校实训基地的顶岗实训和校企工学结合的顶岗实习。我们力求体现以下原则:

一是以企业需求为依据,以就业为导向,以学生为主体,以培养技术应用型人才为根本任务,以汽车维修人员必备的能力和基本素质为主线。

二是反映汽车专业的发展趋势,突出表现该领域的新知识、新技术、新工艺、新方法,使学生更多地了解和掌握最新技术的发展趋势及相关技能。

三是教材体系在学习内容、教学组织、教学考核、学习评价等方面为学校提供较大的选择空间,以满足各地区不同的教学需要。

基于以上原则,并在坚持培养学生综合素质的同时,在内容设置方面,以国家有关职业标准为基本依据,摒弃"繁难偏旧"的内容;在结构安排方面,突出学生岗位能力的培养,不单纯强调学科体系的完整;在确定实习车型方面,兼顾汽车工业发展的现状和学校的办学条件,尽量多地介绍不同层次的车型,给学校较大的选择空间;在教材呈现形式方面,力求图文并茂、通俗易懂,使学生容易接受。

建议教学学时分配:建议每周按8学时分布,每学期按18~20周计,有144~160学时,不同的专业、不同层次可以根据实际情况选用,机动课时4~20学时,共计160学时。现将学时分布如下(仅供参考):

项目	任务	教学内容	学时分配			
			理论	实作	讨论	合计
一	一	认识汽车发动机	4	2	2	8
二	一	认识曲柄连杆机构	1	2	1	4
	二	机体组的检测与修复	2	4	2	8
	三	活塞连杆组的检测与修复	2	4	2	8
	四	曲轴飞轮组的检测与修复	2	4	2	8
三	一	认识配气机构	1	2	1	4
	二	气门组的检测与修复	2	4	2	8
	三	气门传动组的检测与修复	2	4	2	8
四	一	冷却系统的维护	1	2	1	4
	二	冷却系统主要零部件的检测与修复	2	4	2	8
五	一	润滑系统的维护	1	2	1	4
	二	润滑系统主要零部件的检测与修复	2	4	2	8
六	一	认识进排气系统	2	4	2	8
七	一	燃料供给系统的维护	1	2	1	4
	二	认识汽油燃料供给系统	2	4	2	8
	三	认识燃气燃料供给系统	2	4	2	8
	四	认识传统柴油燃料供给系统	2	4	2	8
	五	认识电控柴油燃料供给系统	2	4	2	8
八	一	发动机就车吊离与装复	2	4	2	8
	二	发动机总成的分解与装配	2	4	2	8
		机动学时	5	12	3	20
		总计	42	80	38	160

本书由重庆科能高级技工学校李朝东担任主编。李朝东编写了项目一、二、三、七，张孝文编写了项目四，任双鹏编写了项目五、六，程康编写了项目八，参与编写的还有何启仁、何兴刚、胡胜、李开鋆、陈建军、雷小丰、李承荣、李孝林、卢勇、赵刚、康静、陈柏佑、周开彦、向华、冯明虎、李小青、罗兰、董金山、朱郑雪、姚建平。本教材的编写工作得到了西师大学出版社和重庆各职业院校的大力支持和帮助，更得到了相关专业教师的配合与帮助，在此表示衷心的感谢。

由于编者水平有限，书中难免有不妥之处，敬请广大读者批评指正。

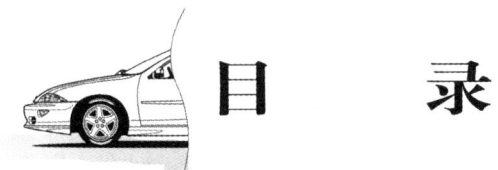

目 录

项目一 汽车发动机的总体构造 ………………………………………… 1
    任务一 认识汽车发动机 ………………………………………………… 1

项目二 曲柄连杆机构 …………………………………………………… 17
    任务一 认识曲柄连杆机构 ……………………………………………… 17
    任务二 机体组的检测与修复 …………………………………………… 25
    任务三 活塞连杆组的检测与修复 ……………………………………… 43
    任务四 曲轴飞轮组的检测与修复 ……………………………………… 60

项目三 配气机构 ………………………………………………………… 80
    任务一 认识配气机构 …………………………………………………… 80
    任务二 气门组的检测与修复 …………………………………………… 96
    任务三 气门传动组的检测与修复 ……………………………………… 107

项目四 冷却系统 ………………………………………………………… 122
    任务一 冷却系统的维护 ………………………………………………… 122
    任务二 冷却系统主要零部件的检测与修复 …………………………… 131

项目五 润滑系统 ………………………………………………………… 149
    任务一 润滑系统的维护 ………………………………………………… 149
    任务二 润滑系统主要零部件的检测与修复 …………………………… 160

项目六 进排气系统 ……………………………………………………… 173
    任务一 认识进排气系统 ………………………………………………… 173

项目七 燃料供给系统 …………………………………………………… 189
    任务一 燃料供给系统的维护 …………………………………………… 189
    任务二 认识汽油燃料供给系统 ………………………………………… 195

任务三　认识燃气燃料供给系统 ··· 209
　　任务四　认识传统柴油燃料供给系统 ·· 221
　　任务五　认识电控柴油燃料供给系统 ·· 243

项目八　发动机的拆装 ··· 262
　　任务一　发动机就车吊离与装复 ··· 262
　　任务二　发动机总成的分解与装配 ·· 273

参考文献 ·· 290

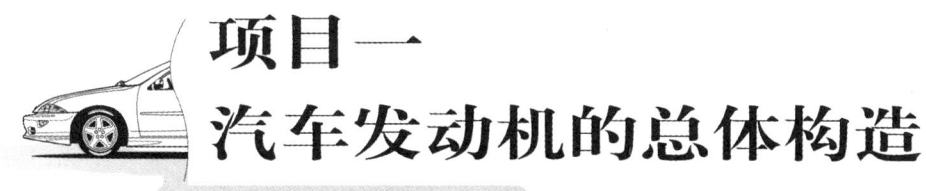

项目一 汽车发动机的总体构造

 **任务一 认识汽车发动机**

【任务目标】

目标类型	目标要求
1.认知目标	(1)描述发动机的定义和种类; (2)阐述发动机的工作原理; (3)叙述发动机的总体构造; (4)认识各种发动机的型号。
2.技能目标	达到汽车维修中级工如下技能要求: (1)识别发动机各种机型和各系统零件; (2)运用所学知识识别发动机的型号。
3.情感目标	(1)养成良好的学习和工作习惯; (2)注意学习、观察和操作过程中的"5S"和"EHS"。

【任务描述】

汽车在道路上行驶必须有动力源,发动机就是汽车的动力源,是汽车的心脏。发动机的发展历史悠久,种类较多,结构形式比较复杂,不断地融入最新的科技,使之成为一个复杂的机电一体化产品。但是,发动机的基本构造和工作原理却大致相同,总体构造大同小异。

本任务主要学习往复式四行程发动机的种类、基本构造、基本术语、工作原理,知道发动机的型号编制规则和主要性能指标,识别各种型号的发动机及其零部件。

【知识准备】

一、发动机的定义(Engine 或 Motor)

汽车的动力源是发动机,发动机是把自然界中某一种形式的能量转变成机械能的机器。根据能源的不同可分为风力发动机、电力发动机、水力发动机、热力发动机等。

凡是把燃料燃烧时所释放出的热能转化为机械能的发动机统称为热力发动机,简称热力机。它根据燃料燃烧所处的部位不同又可分为外燃机和内燃机两大类。

燃料在发动机内部燃烧,直接将热能转变为机械能的热力机叫内燃机,根据转换能量的主要构件形式的不同分为活塞式内燃机和燃气轮机两大类。活塞式内燃机根据活塞的运动方式不同又分为往复活塞式和旋转活塞式两种。

现代汽车所使用的发动机多为往复活塞式内燃机,它是把具有化学能的燃料燃烧后转变成的热能直接转变成机械能的机器,并且这种能量转换过程是在发动机气缸内部进行的。汽车上使用的内燃机主要有汽油机和柴油机及代用燃料发动机。

想一想:飞机、火车、火箭、航天飞船上用的分别是什么类型的发动机?

二、汽车用发动机的种类

汽车用发动机的分类方法很多,按照不同的分类方法可以把发动机分成不同的类型。

1. 按冷却方式划分

发动机根据冷却方式的不同可分为风冷式发动机和液冷式发动机。液冷式发动机是利用在气缸体、气缸盖的水套中进行循环的冷却液作为冷却介质进行冷却,其冷却均匀,工作可靠,冷却效果好,被广泛地应用于现代汽车的发动机。

2. 按所使用的燃料划分

发动机根据使用的燃料不同可划分为汽油机、柴油机及代用燃料发动机三大类。以汽油为燃料的内燃机称为汽油机;以柴油为燃料的内燃机称为柴油机。汽油机与柴油机两相比较,各有特点。汽油机转速高,质量小,噪音小,起动容易,制造成本低;柴油机压缩比大,热效率高,经济性能和排放性能都比汽油机好。

3. 按完成一个工作循环所需要的行程划分

发动机在气缸中进行的每一次将燃料燃烧的热能转换为机械能的一系列连续过程(进气、压缩、做功、排气),称为发动机的一个工作循环。发动机根据完成一个工作循环需要的行程可分为四行程发动机和二行程发动机。在一个工作循环中活塞往复四个行程(曲轴旋转两周)的内燃机称为四行程发动机;在一个工作循环中活塞往复两个行程(曲轴旋转一周)的内燃机称为二行程发动机。现代汽车广泛采用四行程发动机。

4. 按气缸数量划分

发动机根据气缸数量的多少可分为单缸发动机、双缸发动机和多缸发动机三大类。而多缸发动机又有三缸、四缸、五缸、六缸、八缸及十二缸发动机等。现代车用发动机多采用四缸、六缸、八缸发动机。

5. 按气缸排列的方式划分

发动机根据气缸排列方式可分为单列式、双列式和多列式三大类。单列式发动机的各个气缸垂直排成一列,为了降低高度,有时把气缸布置成倾斜的,甚至水平的;双列式发动机把气缸排成两列(两列之间的夹角小于180°的称为V形发动机,若两列之间的夹角等于180°则称为对置式发动机);多列式有H形、W形、X形、星形等,但在汽车上应用较少。现代车用发动机多采用单列或V形排列方式。

6. 按进气系统是否增压划分

发动机根据进气系统是否采用增压方式可以分为自然吸气(非增压式)发动机和强制进气(增压式)发动机。汽油机常采用自然吸气式,但现代发动机有向增压式发展的趋势;柴油机为了提高功率有采用增压式的。

7. 按着火方式划分

发动机根据气缸内气体着火的方式可分为点燃式(汽油机和其他燃料发动机)和压燃式(柴油机和柴油/NG 或 LPG 双燃料发动机)两大类。

8. 按控制方式划分

发动机根据其管理系统是否为微型计算机管理可分为电控式发动机和普通传统式发动机两大类。现代车用汽油机已经全部用电控式发动机,而电控式柴油机也是发展趋势的必然结果。

现代汽车广泛采用往复式四行程、多缸(直列或 V 形)、液冷、电控式汽油机或柴油机。

查一查: 使用互联网查一查汽车发动机的其他分类方法及种类。

三、发动机的构造

1. 发动机的基本构造

往复活塞式发动机的基本构造如图 1-1-1 所示。它主要由气缸、气缸体、气缸盖、活塞、连杆、曲轴、进气门、排气门、凸轮轴、气门弹簧、正时齿形带(链或齿轮)等组成。

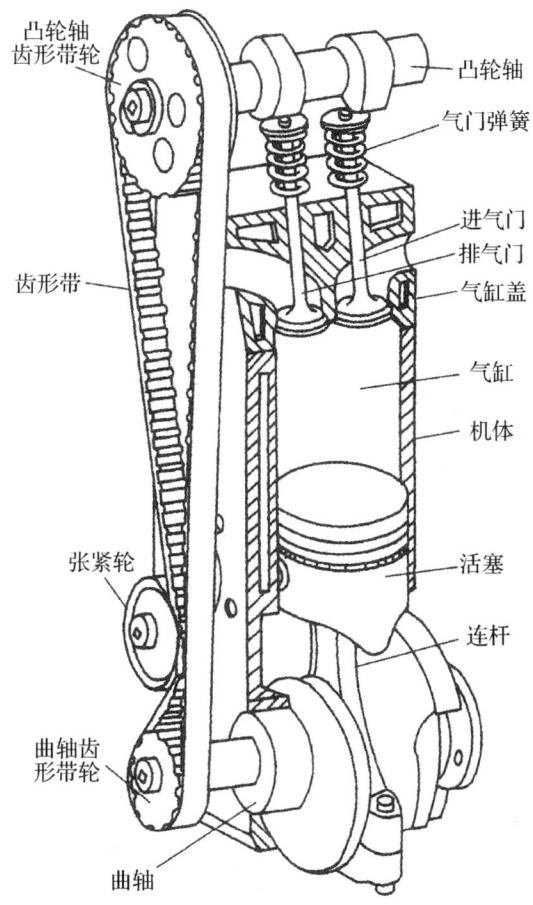

图 1-1-1 发动机的基本构造

2. 各部件的运动形式及工作过程

气缸是气缸体内的光滑圆筒，它是往复活塞式发动机的工作腔。活塞在气缸内做往复直线变速运动。活塞通过活塞销与连杆小端铰接，连杆的大端与曲轴相连，连杆做复合的平面摆动（小端做往复直线运动和大端做旋转运动）。曲轴通过轴承支撑在曲轴箱上，做顺时针方向的旋转运动（从曲轴的输入端看）。活塞的往复直线运动和曲轴的旋转运动通过连杆相互转换。活塞在气缸内做往复直线运动的过程中，工作腔的容积大小不断地发生变化。

气缸盖安装在缸体的上部，密封气缸上部构成燃烧室。缸盖上装有进气门和排气门，通过进排气门的开闭实现向气缸内充气和向气缸外排气。进排气门的开启由凸轮轴的凸轮控制，凸轮轴由曲轴通过正时齿形带（链或齿轮）驱动。进排气门靠气门弹簧的弹力关闭。

3. 发动机的总体构造

发动机是由两大机构和若干系统组成的构造比较复杂的机器。它的结构形式很多，具体构造千差万别，但是它们的总体构造是基本相同的，如图1-1-2和图1-1-3所示。各类发动机都是由曲柄连杆机构、配气机构、冷却系统、润滑系统、燃料供给系统、起动系统、进排气系统及排放净化装置等组成。此外，汽油机还包括点火系统，增压发动机还包括进气增压系统，电控发动机还包括电控发动机管理系统。

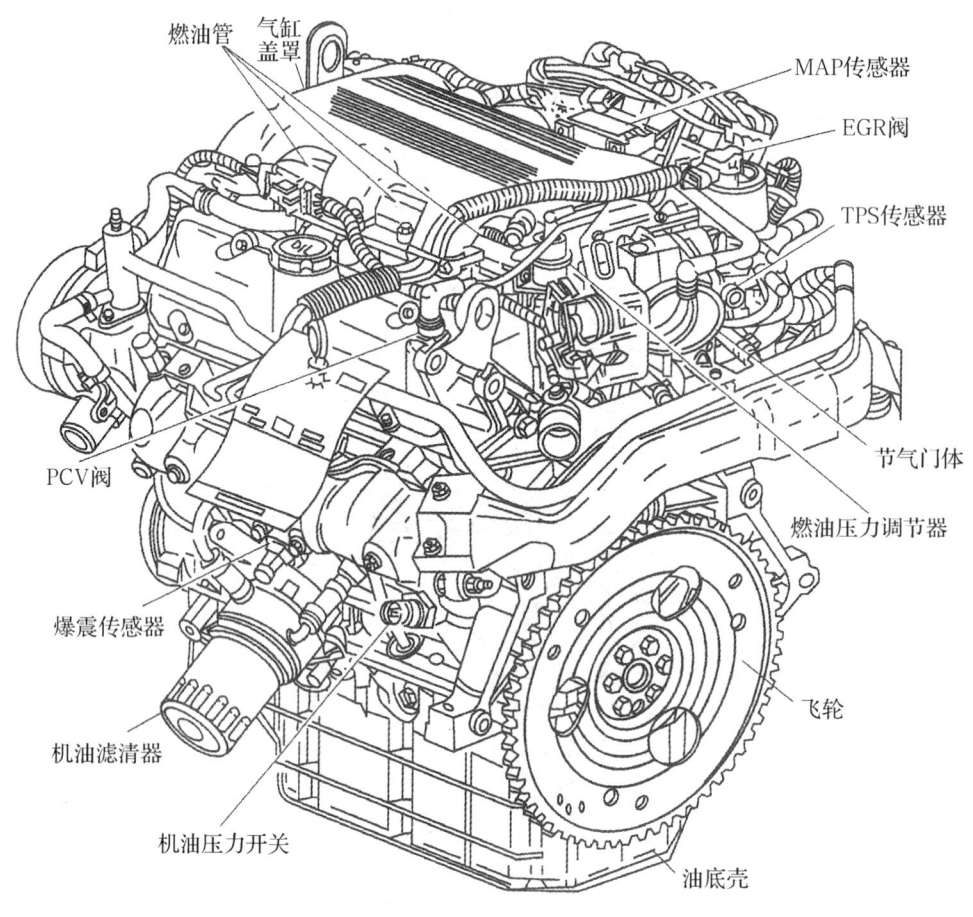

图1-1-2 发动机的外形构造

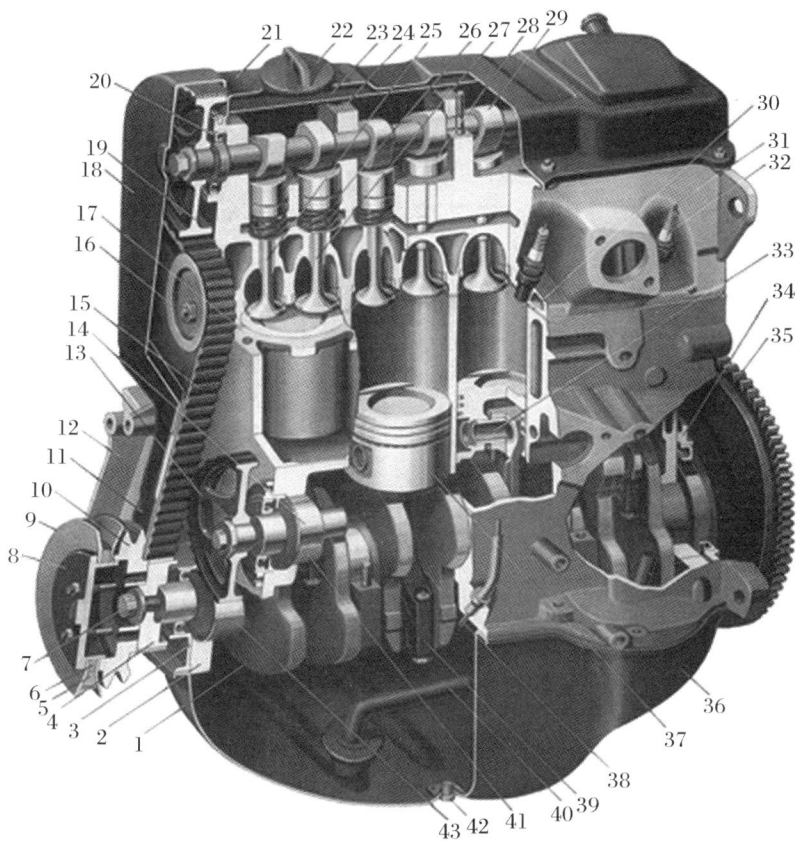

1-曲轴 2-曲轴轴承盖 3-曲轴前端封板 4-曲轴正时齿轮 5-压缩机传动带 6-压缩机传动带轮调整垫片 7-齿轮拧紧螺栓 8-压缩机传动带轮压紧盖 9-曲轴传动带轮(压缩机) 10-曲轴传动带轮(水泵、发电机) 11-正时齿轮下罩盖 12-压缩机支架 13-中间轴正时齿轮 14-中间轴 15-正时转动带 16-偏心轮张紧器 17-气缸体 18-正时齿轮上罩盖 19-凸轮轴正时齿轮 20-凸轮轴前端油封 21-气门室罩 22-机油加注口 23-凸轮轴机油挡油板 24-凸轮轴轴承盖 25-排气门 26-气门弹簧 27-进气门 28-液压挺柱总成 29-凸轮轴 30-气缸垫 31-气缸盖 32-火花塞 33-活塞销 34-曲轴后油封挡板 35-飞轮齿圈 36-油底壳 37-进气门 38-机油标尺 39-连杆总成 40-机油集滤器 41-中间轴轴承 42-放油螺塞 43-曲轴主轴承

图 1-1-3 发动机的纵剖视图

四、发动机的基本术语(如图 1-1-4 所示)

1. 上止点(TDC)

活塞在气缸里做往复直线运动时活塞向上运动到的最高位置,即活塞顶部距离曲轴旋转中心最远的极限位置,称为上止点。

2. 下止点(BDC)

活塞在气缸里做往复直线运动时活塞向下运动到的最低位置,即活塞顶部距离曲轴旋转中心最近的极限位置,称为下止点。

3. 活塞行程(S)

活塞从一个止点到另一个止点移动的距离,即上、下止点之间的距离称为活塞行程,俗称"冲程"。一般用 S 表示,对应一个活塞行程,曲轴旋转 180°。

4. 曲柄半径(R)

曲轴旋转中心到曲柄销中心之间的距离称为曲柄半径,一般用 R 表示。通常活塞行程为曲柄半径的两倍,即 $S=2R$。

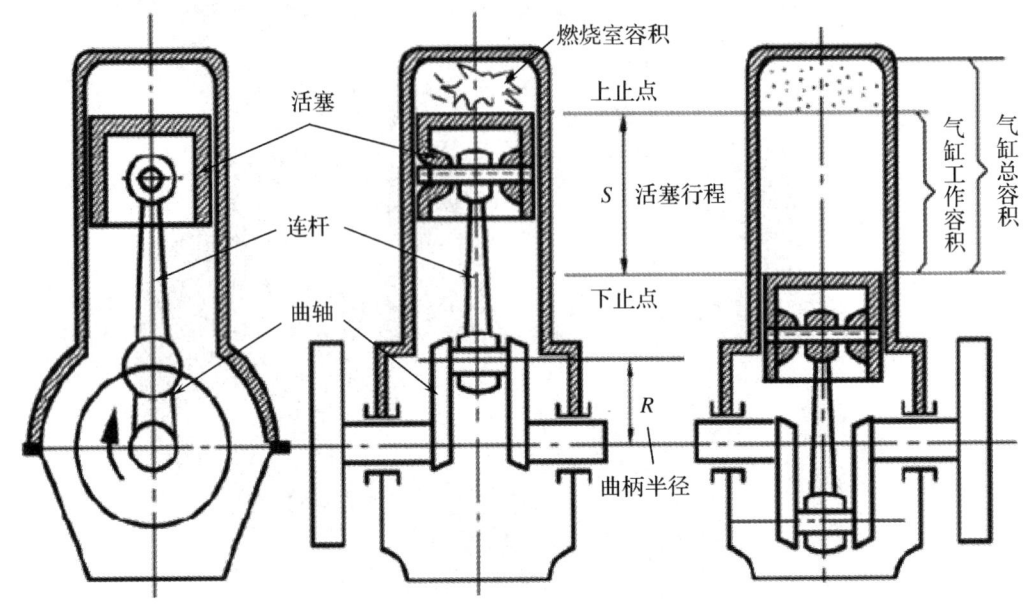

图 1-1-4 发动机的基本术语

5. 燃烧室容积(V_c)

活塞位于上止点时,其顶部与气缸盖之间的容积称为燃烧室容积,一般用 V_c 表示。

6. 气缸工作容积(V_h)

活塞从一个止点运动到另一个止点所扫过的气缸容积称为气缸工作容积,亦称单缸排量,用 V_h 表示。

$$V_h = \frac{\pi}{4} D^2 \cdot S \times 10^{-6} (L)$$

式中:D——气缸直径,单位 mm;S——活塞行程,单位 mm。

7. 气缸总容积(V_a)

活塞位于下止点时,其顶部与气缸盖之间的容积称为气缸总容积,一般用 V_a 表示。显而易见,气缸总容积就是气缸工作容积和燃烧室容积之和,即 $V_a = V_c + V_h$。

8. 发动机排量(V_L)

发动机所有气缸工作容积的总和,称为发动机排量,一般用 V_L 表示。

$$V_L = V_h \times i$$

式中:i 表示发动机气缸缸数。

9. 压缩比(ε)

气体压缩前的容积与气体压缩后的容积之比值,即气缸总容积与燃烧室容积之比称为压缩比,一般用 ε 表示。压缩比表示气缸内气体的压缩程度,通常汽油机的压缩比为 6~10,现代电喷汽油机压缩比高达 9~12;燃气发动机的压缩比为 12~13,最高可达 15;柴油机的压缩比较高，一般为 16～22。

五、四行程发动机的工作原理(如图 1-1-5 所示)

(a)进气行程　(b)压缩行程　(c)做功行程　(d)排气行程

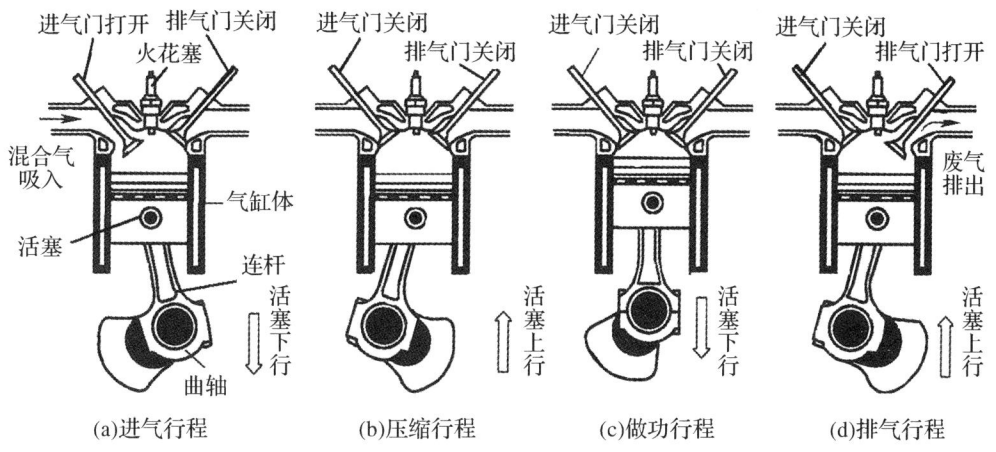

图 1-1-5　发动机的工作原理

1. 进气行程

(1)曲轴的运动。在外力或飞轮的带动下做顺时针方向的旋转运动。

(2)活塞的运动。由曲轴带动从上止点向下止点运行。

(3)进排气门的动作。进气门在气门传动组的作用下打开，排气门在气门弹簧的作用下关闭。

(4)活塞上方空间(容积)的变化。随着活塞的下移，活塞上方的空间增大，气缸内的气体压强下降，低于大气压强时便形成一定的真空度。由于进气门开启，气缸与进气管相通，可燃混合气(或纯空气)被吸入气缸，直到活塞向下运行到下止点。

(5)气体温度的变化。受到残余废气和高温机件的加热，进气终了时的温度达到 370～400 K。

(6)气体压强的变化。活塞位于上止点时，由于气缸内残存有上一循环未排净的废气，气缸内气体压强稍高于大气压强；进气终了时，由于受空气滤清器、进气管道、进气门等的影响，气缸内气体压强低于大气压强，约为 0.085～0.095 MPa。

小提示： 实际上，进气门在活塞到达上止点之前打开，且延迟到下止点之后关闭，以便吸入更多的气体。

2. 压缩行程

(1)曲轴的运动。在外力或飞轮的带动下做顺时针方向的旋转运动。

(2)活塞的运动。由曲轴带动从下止点向上止点运行。

(3)进排气门的动作。进排气门均关闭，气缸内形成封闭的容积。

(4)活塞上方空间(容积)的变化。随着活塞的上移，活塞上方的空间减少，气缸内气体受到压缩，直到活塞运行到上止点。

(5)气体温度的变化。随着气缸内气体的压缩，气体的温度不断升高，压缩终了时，温度一般为 600～700 K(汽油机)或 700～1 000 K(柴油机)，具体要视压缩比的大小而定。

(6)气体压强的变化。随着气缸内气体的压缩，气体的压强不断升高，压缩终了时，压强一般为0.8～1.5 MPa(汽油机)或3～6 MPa(柴油机),具体要视压缩比的大小而定。

小提示:压缩比越大,压缩终了时,气缸内气体的温度和压强越高,则燃烧速度越快,发动机功率也越大。但对汽油机而言,如果压缩比太高,容易引起爆燃。轻微的爆燃是允许的,但是强烈的爆燃对发动机是有害的。

3. 做功行程

(1)火花塞或喷油器的动作。做功行程包括燃烧过程和膨胀过程,在压缩行程结束、活塞接近上止点时,对于汽油机而言,火花塞产生电火花点燃可燃混合气;对于柴油机和缸内喷射汽油机而言,喷油器将燃油以雾状喷入燃烧室,与气缸内的压缩空气混合形成可燃混合气并着火燃烧。气体燃烧后放出大量的热使气体温度和压强急剧升高,高温高压的气体膨胀。

(2)活塞的运动。在气体膨胀压强的推动下从上止点向下止点运行。

(3)曲轴的运动。通过连杆在活塞的推动下做顺时针方向的旋转运动,并且输出机械能。机械能一部分用于维持发动机本身继续运转外,其余用于对外做功。

(4)进排气门的动作。进排气门仍然保持关闭。

(5)活塞上方的空间(容积)的变化。随着活塞的下移,活塞上方的空间增大。

(6)气体温度的变化。随着气体的燃烧,温度急剧增加达到最高,最大值为2 200～2 800 K(汽油机),1 800～2 200 K(柴油机);又随着气体的膨胀而下降。

(7)气体压力的变化。随着气体的燃烧,压强急剧增加达到最高,最大值为3～6 MPa(汽油机),6～9 MPa(柴油机);又随着气体的膨胀而下降。

小提示:点燃式的可燃混合气是靠火花塞产生电火花点燃的,柴油机则是受压后其温度达到自燃温度才燃烧的。

4. 排气行程

(1)曲轴的运动。在飞轮的带动下做顺时针方向的旋转运动。

(2)活塞的运动。由曲轴带动从下止点向上止点运行。

(3)进排气门的动作。排气门在气门传动组的作用下打开;进气门仍然保持关闭。

(4)活塞上方的空间(容积)的变化。随着活塞的上移,活塞上方的空间减少,把废气强制排到大气中去。

(5)气体温度的变化。随着废气的排出和机件的散热,气体的温度逐渐下降,进气终了时的温度一般为900～1 100 K(汽油机),700～900 K(柴油机)。

(6)气体压强的变化。随着废气的排出,气体的压强逐渐下降。排气终了时,受排气管道阻力的影响,气体压强仍高于大气压强,一般为0.105～0.120 MPa。

小提示:实际上排气门在做功接近终了时开启,利用废气的压力先行自由排气,然后利用活塞的推动强制排气,并且延迟到上止点之后关闭,以便排出更多的废气。

查一查:汽油机和柴油机的区别,单缸机和多缸机的区别,转子发动机的工作原理。

六、发动机的型号

为了便于内燃机的生产管理、使用与维修,我国对内燃机产品名称和型号编制方法进行了重新审定,并颁布了国家新标准GB/T725—2008代替标准GB/T725—1965、GB/T725—

1982 和 GB/T725—1991。内燃机型号由阿拉伯数字(以下简称数字)和英语字母(以下简称字母)组成。如图 1-1-6 所示,汽车发动机型号依次包括下列四部分。

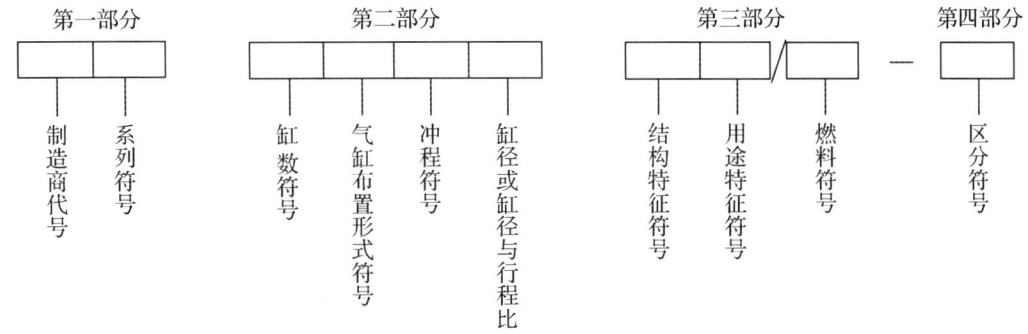

图 1-1-6 内燃机型号编制规则

第一部分。表示制造商代号或系列符号组成。由制造商根据需要自选相应 1～3 个字母表示,但需经行业标准化归口单位核准、备案。

第二部分。由缸数符号、气缸布置形式符号、行程符号、缸径符号组成。缸数用 1～2 位数字表示;气缸布置形式符号用 V 表示 V 形,P 表示平卧形,无符号表示单缸或多缸直列;行程符号用 E 表示二行程,无符号表示四行程;缸径符号一般用缸径或缸径/行程数字表示,宜用发动机排量或功率数表示,其单位由制造商自定。

第三部分。由结构特征符号、用途特征符号和燃料符号组成。结构特征符号用 F 表示风冷,N 表示凝气冷却,S 表示"十"字头式,Z 表示增压,ZL 表示增压中冷,DZ 表示可倒转,无符号表示冷却液冷却;用途特征符号用 T 表示拖拉机,M 表示摩托车,G 表示工程机械,Q 表示汽车,J 表示铁路机车,D 表示发电机组,C 表示船用主机、右机基本型,CZ 表示船用主机、左机基本型,Y 表示农用三轮车或其他农用车,L 表示林业机械,无符号表示通用型及固定动力;燃料符号用 P 表示汽油,T 表示天然气(煤层气),CNG 表示压缩天然气,LNG 表示液化天然气,LPG 表示液化石油气,Z 表示沼气,W 表示煤矿瓦斯,M 表示甲醇,S 表示柴油/天然气双燃料(其他双燃料用两种燃料符号表示),E 表示乙醇,DME 表示二甲醇,FME 表示生物柴油,无符号表示柴油。

第四部分。尾部为区分符号(制造商自定)。同一系列(缸径相同,缸数相同,排量不同)产品需要区分时,允许制造商用适当的字母和数字组合表示。数字表示同一系列、同一基本型产品的生产变型顺序符号。字母表示排量相同、缸数相同、产品类型相同但结构上具有重大差异的同一系列基本型的变型产品的开发设计顺序号。

查一查:国外发动机的型号编制规则,如 AJR、M16 等。

【任务实施】

一、工作准备

发动机各系统示教模板,各型发动机总成,发动机各系统的零件,维修手册。

二、技能要求

正确识别发动机各零部件名称、作用和运动特点。

三、任务步骤

1. 识别发动机的种类

仔细观察实训室各发动机的结构特征和外形特点,填写出你观察到的发动机的类型。

汽车发动机型号 分 类 标 准	(1) _____	(2) _____
按所用燃料分类	汽油机□ 柴油机□	汽油机□ 柴油机□
按气缸数目分类	单缸发动机□ 多缸发动机□(_____缸)	单缸发动机□ 多缸发动机□(_____缸)
按着火方式分类	点燃式□ 压燃式□	点燃式□ 压燃式□
按冷却方式分类	风冷式□ 液冷式□	风冷式□ 液冷式□
按是否增压分类	自然吸气(非增压式)□ 强制进气(增压式)□	自然吸气(非增压式)□ 强制进气(增压式)□

2. 识别发动机的总体构造

(1)根据老师的讲解以及实训室对实物发动机的观察,依据图1-1-7的标注写出发动机各部分的名称并填写发动机各机构和系统的组成。

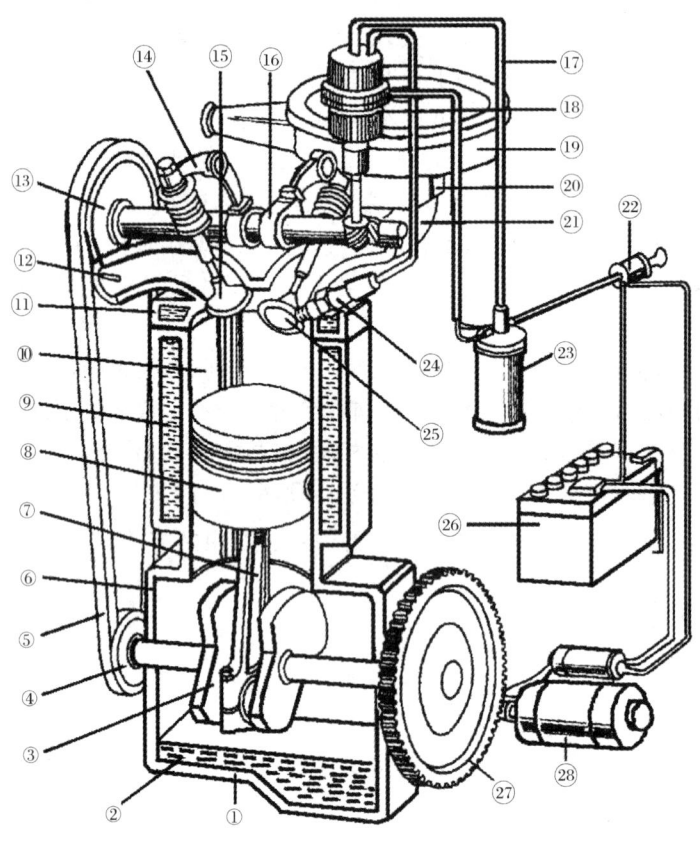

图1-1-7 发动机的基本构造

① _____ ② _____ ③ _____ ④ _____
⑤ _____ ⑥ _____ ⑦ _____ ⑧ _____
⑨ _____ ⑩ _____ ⑪ _____ ⑫ _____
⑬ _____ ⑭ _____ ⑮ _____ ⑯ _____
⑰ _____ ⑱ _____ ⑲ _____ ⑳ _____
㉑ _____ ㉒ _____ ㉓ _____ ㉔ _____
㉕ _____ ㉖ _____ ㉗ _____ ㉘ _____

1）曲柄连杆机构由 _____
_____等组成。
2）配气机构由 _____
_____等组成。
3）润滑系统由 _____等组成。
4）冷却系统由 _____等组成。
5）燃料系统由 _____等组成。
6）起动系统由 _____等组成。
7）点火系统由 _____等组成。
8）电子控制系统由 _____等组成。

（2）根据老师的讲解以及在实训室对实物发动机的观察，依据图 1-1-8 的标注写出发动机各部分的名称。

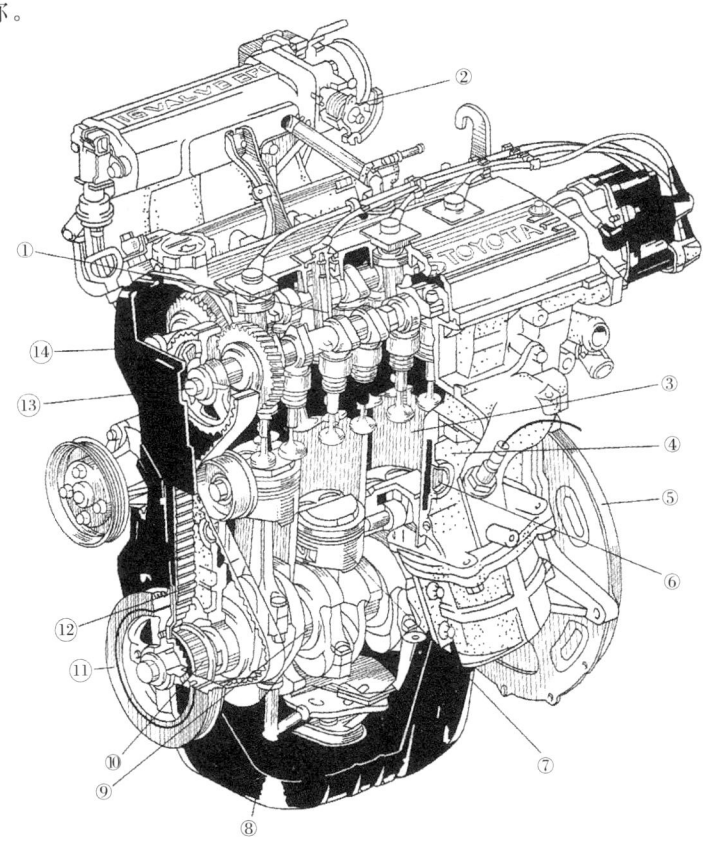

图 1-1-8 发动机的总体构造

① _____   ② _____   ③ _____
④ _____   ⑤ _____   ⑥ _____
⑦ _____   ⑧ _____   ⑨ _____
⑩ _____   ⑪ _____   ⑫ _____
⑬ _____   ⑭ _____

3. 基本术语

观察图 1-1-9，根据老师的讲解和书本上的知识，在下列括号中填写发动机的基本术语。

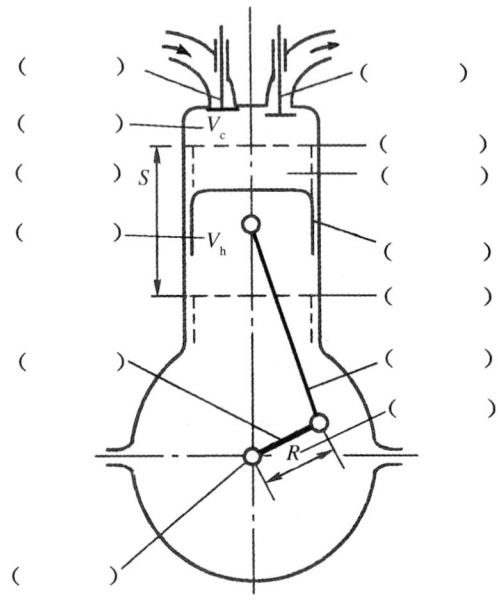

图 1-1-9　发动机的基本术语

看一看：在实训室里，根据缸体气缸磨损的痕迹，看一看第一道活塞环的上止点、最下一道油环的下止点，用直尺量一量气缸的直径和深度。

4. 发动机型号的识别

(1) 解释下列发动机型号的含义

YZ6102Q-4：

G12V190ZLS：

BN492Q/P-A：

JL465Q/P-5：

(2) 用复写纸在发动机机体或缸盖上拓印发动机号码，然后解释其含义。

解释 JL465QE★95EA000001★的含义：

【任务拓展】

一、发动机的主要性能指标

发动机的性能指标是评估各类发动机性能优劣的依据和标准。常见的性能指标有动力性指标、经济性指标、强化指标、紧凑性指标、运转性能指标和耐久性指标、工艺性能指标等。

1. 动力性指标

动力性指标是评估发动机做功能力大小的指标,一般用发动机的有效功率、有效转矩、转速和平均有效压力等作为评价发动机动力性好坏的标准。发动机曲轴对外输出的转矩称为有效转矩;发动机曲轴对外输出的功率称为有效功率;发动机曲轴每分钟的回转数称为发动机的转速;单位气缸工作容积发出的有效功称为平均有效压力。汽车发动机常以其所能输出的最大转矩及其相应的转速作为发动机动力性的评价指标。

2. 经济性指标

经济性指标是发动机的主要性能指标之一。它包括有效热效率、有效燃油消耗率等。有效燃油消耗率是指发动机每输出 1 kW·h 的有效功所消耗的燃油量,其值越低经济性越好。燃料燃烧所产生的热量转化为有效功的百分数称为有效热效率,其值越高经济性越好。现代汽车发动机有效热效率一般为 0.30 左右(汽油机)、0.40 左右(柴油机)。

3. 运转性能指标

发动机运转性能指标主要指排放指标、噪声、起动性能等。我国的排放标准参照欧洲法规标准制定,2007 年实行国Ⅲ标准,2008 年 1 月 1 日,北京率先实行国Ⅳ标准,接着上海、深圳、天津、广州等城市实行国Ⅳ标准。美国加州的汽车排放法规是目前世界上最严格的法规。汽车是城市主要噪声源之一,发动机又是汽车最大的噪声源,主要有燃烧噪声和机械噪声。我国的噪声标准规定小型液冷汽油机噪声不大于 110 dB(A),汽车驾驶员耳旁噪声不大于 90 dB(A)。起动性能是表征发动机起动难易的指标,一般用在一定条件下的起动时间长短来衡量。我国标准规定,不采用特殊的低温起动措施,汽油机在 －10 ℃、柴油机在 －5 ℃以下气温条件下起动,能在 15 s 以内达到自行运转。

小提示:比排放量是指每千瓦小时或每马力小时所排放出的污染物的质量。

查一查:发动机的其他评价指标的定义及要求。

二、发动机的特性

1. 发动机特性概述

(1)发动机特性的定义。衡量发动机性能的有效指标随工况(负荷、转速)的变化而变化的规律称为发动机的特性。

(2)有效指标的定义。工程上以发动机曲轴输出的功率为基础的指标称为有效指标。主要有有效功率 M_e、有效转矩 N_e 和有效燃油消耗率 g_e 等。

(3)意义。全面鉴定和分析发动机性能的依据,用于评价发动机的动力性和经济性。

2. 速度特性

(1)定义。表征有效功率、有效转矩和有效燃油消耗率随发动机转速变化而变化的规律特性称为速度特性。

(2)分类。节气门全开时所测得的速度特性称为外特性;节气门部分开启时所测得的速度特性称为部分特性。外特性代表发动机不同转速下的最高动力性能,在速度特性中最重要、最常用。发动机的功率、转矩等标定指标以此为依据。

(3)速度特性曲线。用曲线表示发动机的速度特性,如图 1-1-9 所示为柴油机和汽油机的外特性曲线,可以在发动机试验台上测得。

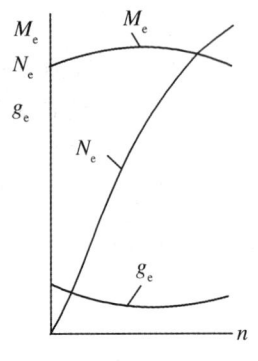 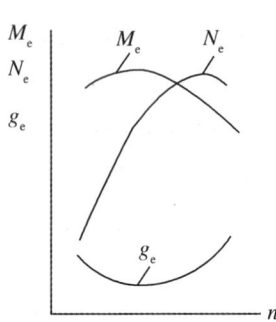

(a)柴油机的外特性曲线　　　(b)汽油机的外特性曲线

图 1-1-10　发动机的外特性曲线

3. 负荷特性

(1)定义。表征有效燃油消耗率和每小时燃料消耗量随发动机负荷或功率变化而变化的规律特性称为负荷特性。

(2)负荷特性曲线。用曲线表示发动机的负荷特性,如图 1-1-11 所示为柴油机和汽油机的负荷特性曲线。

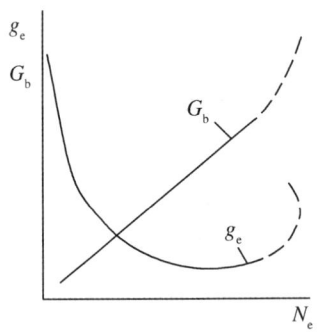 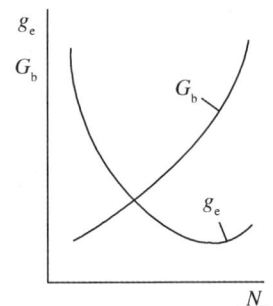

(a)柴油机的负荷特性曲线　　　(b)汽油机的负荷特性曲线

图 1-1-11　发动机的负荷特性曲线

衡量发动机经济性的好坏,不能在某一转速下进行比较,应当在若干典型的转速下比较其负荷特性,并进行全面的比较。

想一想:怎样评价不同车型、车款的发动机性能优劣?

【任务检测】

一、填空题

1. 汽车发动机的实质是将燃料的_____转化为_____,再通过曲柄连杆机构转化为_____,通过飞轮储存起来或对外输出。
2. 发动机每完成一个工作循环所需要的一系列过程包括_____、_____、_____、_____。
3. 发动机根据着火方式的不同可分为_____和_____两种。
4. 电喷汽油机主要由_____、_____两大机构和_____、_____、_____、_____、_____、_____六大系统组成。
5. 发动机常见的性能指标有_____、_____、_____、_____、_____等。
6. 发动机的型号由_____或_____;_____、_____、_____;_____和_____;_____四部分组成。

二、选择题

1. 柴油机的压缩比比较高,一般为( )。
 A. 6～10　　　B. 9～12　　　C. 16～22　　　D. 19～29
2. 现代轿车发动机一般采用( )发动机。
 A. 风冷式　　　B. 二行程　　　C. 增压式　　　D. 汽油机
3. 下列发动机属于新型发动机的是( )。
 A. 转子发动机　B. 喷气式发动机　C. 氢动力机　　D. 燃气轮机
4. 活塞每走一个行程,相应于曲轴转角( )。
 A. 180°　　　B. 360°　　　C. 540°　　　D. 720°
5. 当某一气缸活塞位于压缩行程上止点位置时,其进、排气门( )。
 A. 完全关闭　　B. 半开半闭　　C. 完全打开　　D. 一开一闭

三、判断题

1. 压缩比表示气缸内气体被压缩的程度。　　　　　　　　　　　　　　( )
2. 下止点是指活塞离曲轴回转中心最远处。　　　　　　　　　　　　　( )
3. 排量是各缸工作容积的总和。　　　　　　　　　　　　　　　　　　( )
4. 四行程发动机一个工作循环曲轴旋转两周,凸轮轴旋转一周。　　　　( )
5. 二行程与四行程发动机工作原理是完全相同的。　　　　　　　　　　( )
6. 发动机特性是对发动机性能进行全面评价和鉴定的依据。　　　　　　( )

【评价与反馈】

班级：_____ 姓名：_____ 指导教师：_____

序号	考核项目	项目分值	考核内容	配分	考核标准	得分
1	出勤/纪律	5	出勤	2	违规一次不得分	
			行为规范	3	违规一次不得分	
2	安全/防护/环保	20	着装	2	违规一次不得分	
			个人防护	3	违规一次不得分	
			5S/EHS	5	违规一次不得分	
			设备使用安全	5	违规一次不得分	
			操作安全	5	违规一次不得分	
3	任务检测	20	任务测验成绩	20	测验成绩的20%计	
4	技能考核	35	技能测验成绩	35	测验成绩的35%计	
5	学习能力	10	工单填写,工艺计划制定	4	未做不得分	
			组内活动情况	5	酌情扣1～5分	
			资料查阅和收集	1	未做不得分	
6	任务拓展	10	知识拓展任务	2	未做不得分	
			技能拓展任务	8	未做不得分	
7	总分	100				

【教师评估】

序号	优点	存在问题	解决方案

教师签字：

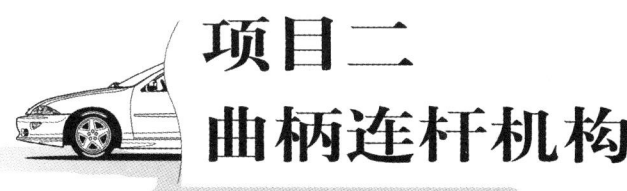

项目二 曲柄连杆机构

任务一 认识曲柄连杆机构

【任务目标】

目标类型	目标要求
1. 认知目标	(1)描述曲柄连杆机构的功用； (2)阐述曲柄连杆机构的组成； (3)叙述曲柄连杆机构的工作环境； (4)认识曲柄连杆机构的各组零件。
2. 技能目标	达到汽车维修中级工如下要求： (1)完成曲柄连杆机构零部件的识别； (2)讲述各零件的装配和运动关系。
3. 情感目标	(1)养成良好的学习和工作习惯； (2)注意操作安全、设备安全、个人防护等。

【任务描述】

曲柄连杆机构是往复式内燃机的核心机构。它是发动机实现发动机工作循环，完成能量和运动转换的主要运动零件。在做功行程，它将燃料燃烧产生的热能通过活塞往复运动、曲轴旋转运动而转变为机械能，对外输出动力；在其他行程中，则依靠曲柄和飞轮的转动惯性，通过连杆带动活塞上下运动，为下一次做功创造条件。它也是运动转换的主要机构。

【知识准备】

一、曲柄连杆机构的功用

曲柄连杆机构的作用是提供燃料燃烧的场所，把燃料燃烧后气体作用在活塞顶上的膨胀压力转变为曲轴旋转的转矩，不断地对外输出动力。

(1)将燃料的化学能转换为气体的压力，再转变为曲轴的转矩(能量转换机构)。

(2)将活塞的往复运动转变为曲轴的旋转运动(运动转换机构)。

二、曲柄连杆机构的组成

曲柄连杆机构由机体组、活塞连杆组和曲轴飞轮组三部分组成,如图 2-1-1 所示。

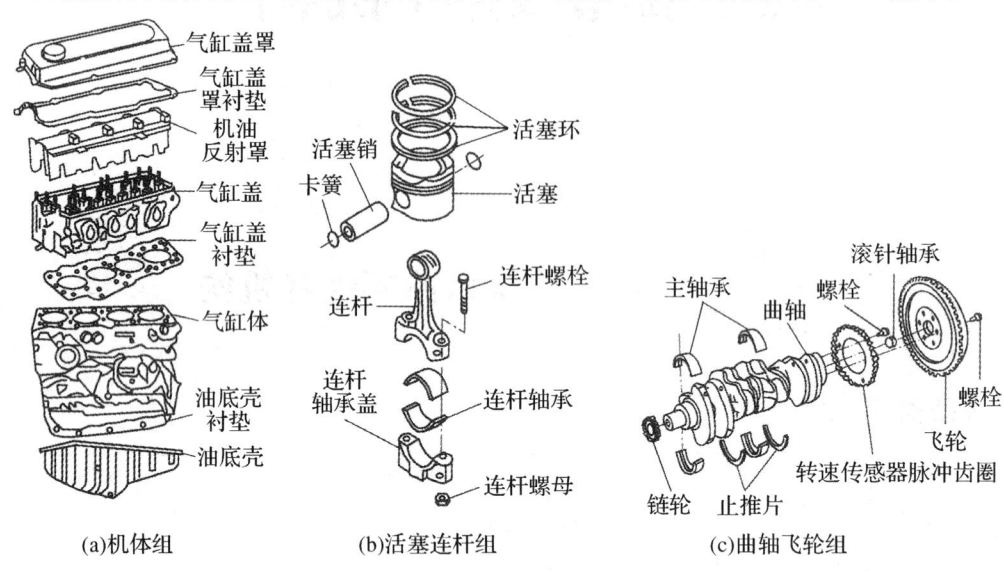

图 2-1-1 曲柄连杆机构的组成

(1)机体组。由气缸体、气缸盖、气缸垫、气门室罩、曲轴箱、油底壳、前端盖、后端盖等不动件组成。它是构成发动机的骨架,是安装和固定各机构和系统的基础件。

(2)活塞连杆组。由活塞、活塞环、活塞销、卡簧、连杆、连杆轴承、连杆盖、连杆衬套等运动件组成。它承受缸内燃气压力,并将其传递给曲轴使其做旋转运动。

(3)曲轴飞轮组。由曲轴、主轴承、主轴承盖、止推轴承、飞轮、扭转减振器、平衡轴和皮带轮等旋转件组成。它承受连杆传递的动力,将旋转力矩(转矩)传递给飞轮或底盘的传动系统,同时驱动配气机构和其他辅助装置。

三、曲柄连杆机构的工作条件

曲柄连杆机构的工作条件相当恶劣,它是在高温、高压、高速及有化学腐蚀的条件下工作的。由发动机的工作原理可知,发动机做功时,气缸内的最高温度可达 2 500 K 以上,最高压强可达 5~9 MPa,发动机转速在 4 000~6 000 r/min,则活塞每秒约移动 100~200 个行程,其线速度是很大的(8~12 m/s)。此外,气缸、气缸盖、活塞等部件与可燃混合气和燃烧废气接触还将受到化学腐蚀,并且润滑困难。

四、曲柄连杆机构的受力分析

由于曲柄连杆机构是在高压下做变速运动,因此它在工作中的受力情况很复杂,其主要受力有气体作用力、往复惯性力、旋转离心力、摩擦力及外界阻力等。分析曲柄连杆机构的受力情况有助于掌握相关零件的结构、装配、耗损及检测特点。

1. 气体作用力

四行程发动机在每个工作循环的四个行程中气体作用力始终存在。但进排气行程中的气体作用力比较小,对机件的影响不大,故主要分析做功和压缩两个行程的气体作用力。

(1)做功行程的气体作用力

如图 2-1-2 所示,在做功行程中,气体作用力是作用在活塞顶部的燃烧气体的膨胀力,它推动活塞向下运动,并随活塞的下移而由大变小。当活塞所受合力 F_P 传到活塞销上,可分解为侧压力 F_{P_2} 和连杆力 F_{P_1}。F_{P_1} 通过活塞销传给连杆,并沿连杆方向作用在连杆轴颈上,又可分为径向分力 F_R 和切向分力 F_S。径向分力 F_R 使主轴颈压紧在主轴承上;切向分力 F_S 除了使主轴颈和连杆轴颈压紧在主轴承上外,主要对曲轴产生转矩 T,使曲轴旋转;侧压力把活塞压向气缸壁,使机体有翻倒的趋势,同时使活塞与气缸壁的间隙发生变化。

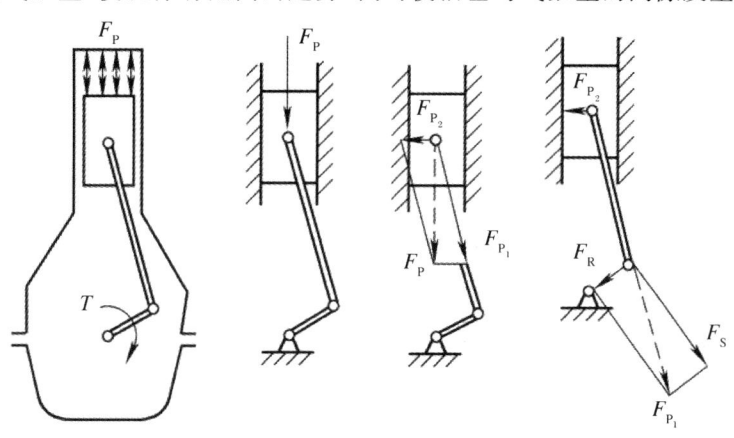

图 2-1-2　做功行程的气体作用力

(2)压缩行程的气体作用力

如图 2-1-3 所示,在压缩行程中,气体力是阻碍活塞向上运动的阻力,其大小随气缸内气体的压缩而由小变大。其分解的力与做功行程几乎一样,只是方向和大小不同。F'_R 使主轴颈与主轴承产生压紧力;F'_S 对曲轴产生一个旋转阻力矩将活塞压向气缸的另一侧。

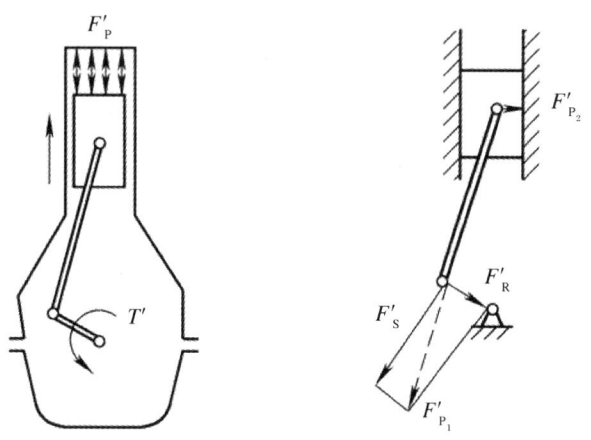

图 2-1-3　压缩行程的气体作用力

2. 往复惯性力

在曲柄连杆机构的运动件中,活塞组件和连杆小头做往复变速直线运动(如图 2-1-4 所示)时,将产生往复惯性力 F_j,如图 2-1-5 所示,其大小与活塞组件、连杆小头的质量和曲轴的转速有关,方向与加速度的方向相反。往复惯性力会引起发动机上下振动,同时使曲柄连杆机构中各零件和轴颈承受周期性的载荷,加快轴承的磨损。

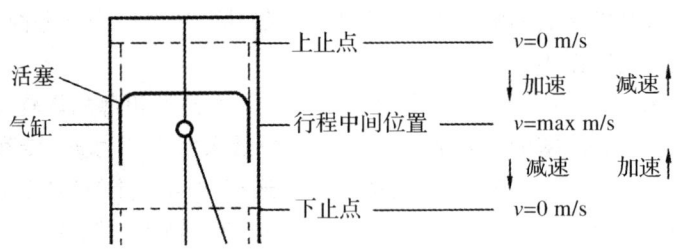

图 2-1-4 活塞组件的运动规律

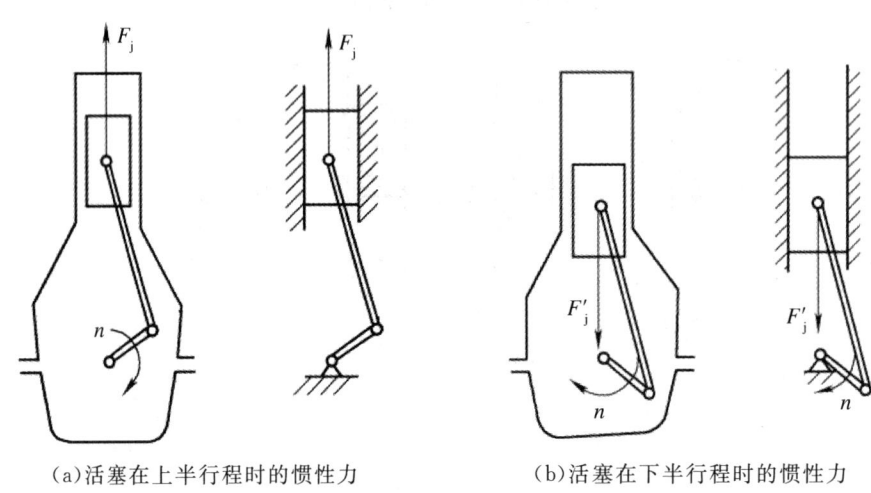

(a)活塞在上半行程时的惯性力　　　　(b)活塞在下半行程时的惯性力

图 2-1-5 往复惯性力

3. 旋转离心力

如图 2-1-6 所示,在曲柄连杆机构中,偏离曲轴轴线的曲柄、曲柄销和连杆大头绕曲轴轴线旋转,将产生旋转离心力 F_C。其方向沿曲柄半径向外,大小与曲柄半径和旋转部分的质量及曲轴的转速有关。离心力使连杆轴承和曲柄销、主轴颈和主轴承受到一个附加载荷,增加它们的变形和磨损,同时加剧了发动机的上下振动和左右翻倒。

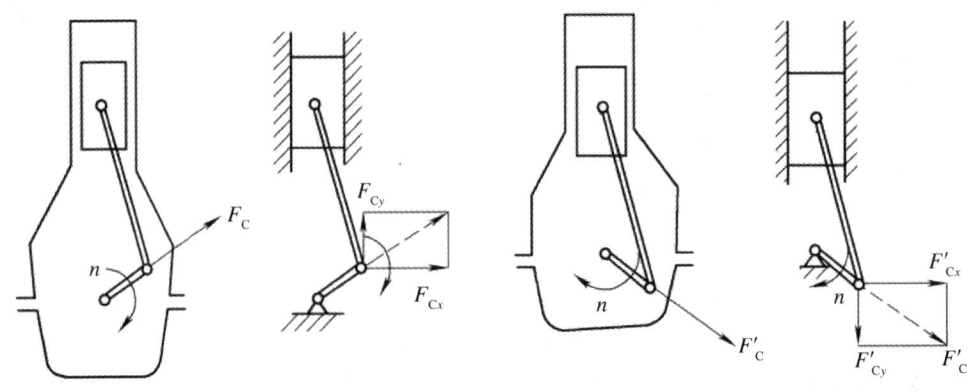

(a)活塞在上半行程时的旋转离心力　　　　(b)活塞在下半行程时的旋转离心力

图 2-1-6 旋转离心力

4. 摩擦力

摩擦力在任何一对互相压紧并做相对运动的零件表面之间必定存在,其最大值决定于各种力对摩擦面形成的正压力和摩擦因数。它是造成配合表面磨损的根源。曲柄连杆机构中摩擦力的数值较小,变化规律难以掌握,一般作受力分析时都忽略不计。

5. 外界阻力

外界阻力也称为负载阻力,它随主动力的变化而变化,与主动力处于平衡状态,不需单独分析。

上述各种力作用在曲柄连杆机构的相关零件上,使它们受到压缩、拉伸、弯曲和扭转等不同形式的载荷。为了改善这种状况,保证工作可靠,减少磨损,在结构上必须采取相应的措施。例如:在曲轴上增设平衡块,以减少离心力的影响;将连杆断面制成"工"字形,以增强其抵抗变形的能力;活塞采用密度较小的铝合金,以减小往复惯性力;为了减少主要机件的磨损,采取提高零件加工精度、表面硬度以及加强润滑等措施。

【任务实施】

一、工作准备

曲柄连杆机构示教板,各型发动机曲柄连杆机构零部件,干净的抹布,维修手册。

二、技能要求

正确识别零部件名称、作用、结构和运动特点。

三、任务步骤

1. 认识曲柄连杆机构各组的零部件

根据学校实训室的实训设备和图 2-1-7 所示,对曲柄连杆机构的各零件进行分组归类。

(1)机体组:_____。
(2)活塞连杆组:_____。
(3)曲轴飞轮组:_____。

2. 识别曲柄连杆机构的零部件

根据学校的实训设备和图 2-1-7 所示,指认曲柄连杆机构中各零件的名称,说明其作用。

①的名称:_____,作用:_____。

②的名称:_____,作用:_____。

③的名称:_____,作用:_____。

④的名称:_____,作用:_____。

⑤的名称:_____,作用:_____。

⑥的名称:_____,作用:_____。

⑦的名称:_____,作用:_____。

⑧的名称:_____,作用:_____。

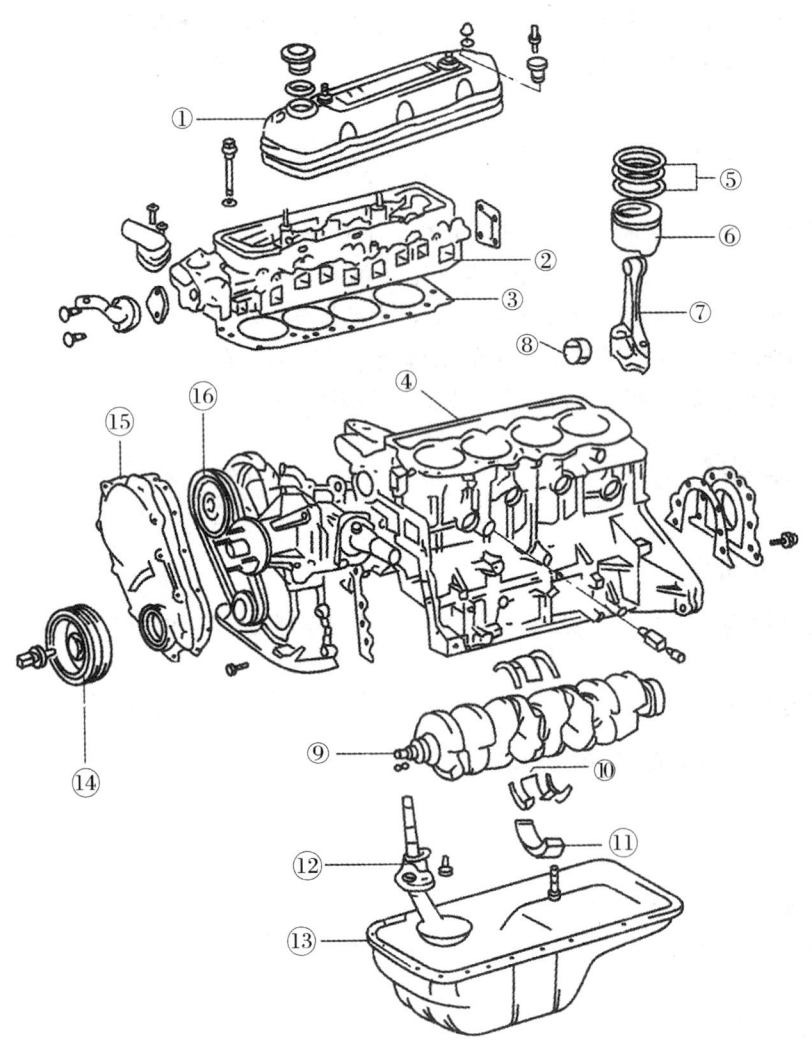

图 2-1-7　曲柄连杆机构的组成

⑨的名称：_____，作用：_____。

⑩的名称：_____，作用：_____。

⑪的名称：_____，作用：_____。

⑫的名称：_____，作用：_____。

⑬的名称：_____，作用：_____。

⑭的名称：_____，作用：_____。

⑮的名称：_____，作用：_____。

⑯的名称：_____，作用：_____。

【任务检测】

一、填空题

1. 曲轴连杆机构是发动机_____和_____的转换机构。
2. 曲轴连杆机构的零件主要分为_____、_____、_____等三个组。其中不动零件有_____,
旋转零件有_____,
运动零件有_____。
3. 曲柄连杆机构的工作环境为_____、_____、_____、_____。
4. 曲柄连杆机构在变速运动过程中的受力情况很复杂,其中主要有_____、_____、_____、_____、_____等。

二、选择题

1. 做功行程中使发动机曲轴加速旋转的力是(　　)。
   A. 侧压力　　B. 连杆力　　C. 曲柄切向力　　D. 曲柄径向力
2. 下列零件中做平面摆动的是(　　)。
   A. 曲轴　　B. 活塞销　　C. 连杆　　D. 活塞环
3. 气体压力在发动机工作循环中最大的行程是(　　)。
   A. 进气行程　　B. 压缩行程　　C. 做功行程　　D. 排气行程
4. 活塞组件在往复直线变速运动过程中往复惯性力最大的位置是(　　)。
   A. 上止点　　B. 下止点　　C. 行程中间位置　　D. 不能确定
5. 下列零件中不属于活塞连杆组的是(　　)。
   A. 活塞销卡簧　　B. 连杆衬套　　C. 小瓦盖　　D. 大瓦盖
6. 下列不属于曲柄连杆机构基本组成的是(　　)。
   A. 气缸体　　B. 气门　　C. 进气道　　D. 活塞

三、判断题

1. 曲柄连杆机构只要高速运动就会产生旋转惯性力。　　　　　　　　　　(　　)
2. 活塞由行程中间向下止点运动时,其惯性力的方向与活塞运动方向相同。(　　)
3. 发动机在工作的每一个行程中,气体压力始终存在。　　　　　　　　　(　　)
4. 曲柄半径越大,曲柄连杆机构旋转时的离心力就越大。　　　　　　　　(　　)
5. 活塞在上止点、下止点位置时的速度为零,但惯性最大。　　　　　　　(　　)
6. 曲柄连杆机构是往复活塞式发动机将热能转换为机械能的主要机构。　　(　　)

【评价与反馈】

班级:_____　　姓名:_____　　指导教师:_____

序号	考核项目	项目分值	考核内容	配分	考核标准	得分
1	出勤/纪律	5	出勤	2	违规一次不得分	
			行为规范	3	违规一次不得分	
2	安全/防护/环保	20	着装	2	违规一次不得分	
			个人防护	3	违规一次不得分	
			5S/EHS	5	违规一次不得分	
			设备使用安全	5	违规一次不得分	
			操作安全	5	违规一次不得分	
3	任务检测	20	任务测验成绩	20	测验成绩的20%计	
4	技能考核	35	技能测验成绩	35	测验成绩的35%计	
5	学习能力	10	工单填写,工艺计划制定	4	未做不得分	
			组内活动情况	5	酌情扣1~5分	
			资料查阅和收集	1	未做不得分	
6	任务拓展	10	知识拓展任务	2	未做不得分	
			技能拓展任务	8	未做不得分	
7	总分	100				

【教师评估】

序号	优点	存在问题	解决方案

教师签字:

任务二　机体组的检测与修复

【任务目标】

目标类型	目标要求
1. 认知目标	(1)描述气缸盖的功用、工作环境、结构特点； (2)描述气缸体的作用、结构特点、耗损形式； (3)认识机体组的外围附件。
2. 技能目标	达到汽车维修中级工如下要求： (1)完成典型气缸盖的拆装； (2)完成气缸体的检测； (3)能够更换湿式气缸套。
3. 情感目标	(1)养成良好的安全操作、工作习惯； (2)注意操作安全、设备安全、个人防护等。

【任务描述】

机体组是发动机最重要的基础部件，也是发动机各机构和各系统的安装基体，其内外安装着发动机的主要零件和附件，承受各种载荷。气缸盖在使用、维修过程中容易产生裂纹和变形，使气缸密封不严，造成"三漏"：漏水、漏油、漏气。因此，要严格按照维修工艺拆装气缸盖和仔细检测气缸盖的耗损，保证发动机的正常工作性能。发动机是否大修主要取决于气缸的磨损程度。因此，了解气缸的磨损规律和原因，便于正确合理地使用发动机，以减缓气缸的磨损，延长发动机的使用寿命。

【知识准备】

一、气缸盖

1. 气缸盖的概述

(1)作用。封闭气缸上部，并与活塞顶部和气缸壁等一起构成燃烧室。

(2)工作环境。与高温、高压的燃气接触，承受很大的热负荷和机械负荷。

(3)性能要求。足够的强度和刚度，良好的导热性。

(4)材料。一般采用灰铸铁、合金铸铁或铝合金铸成。采用铝合金缸盖的越来越多。

(5)种类。按照材料不同，分为铝合金气缸盖和铸铁气缸盖；按照冷却方式不同，分为液冷式和风冷式两种；液冷式发动机的气缸盖有整体式(一机一盖)、单体式(一缸一盖)、分块式(两缸一盖或三缸一盖)三种。现代汽车发动机广泛采用液冷式铝合金气缸盖。

2. 气缸盖的结构

气缸盖的结构非常复杂，其结构主要取决于发动机配气机构的布置形式、冷却方式以及燃烧室的形状等。

如图 2-2-1 所示,缸盖上有进排气门座,气门导管孔,用于安装进排气门,还有进气道和排气道等。汽油机的气缸盖上加工有安装火花塞的孔,而柴油机的气缸盖上加工有安装喷油器的孔。顶置凸轮轴式发动机的气缸盖上还加工有凸轮轴轴承孔,用以安装凸轮轴。液冷式发动机的气缸盖内部制有冷却液套,缸盖下端面的冷却液孔与缸体的冷却液孔相通,利用冷却液的循环来冷却燃烧室壁等高温部分;风冷式发动机气缸盖上铸有许多散热片,以增大散热面积来降低燃烧室的温度。

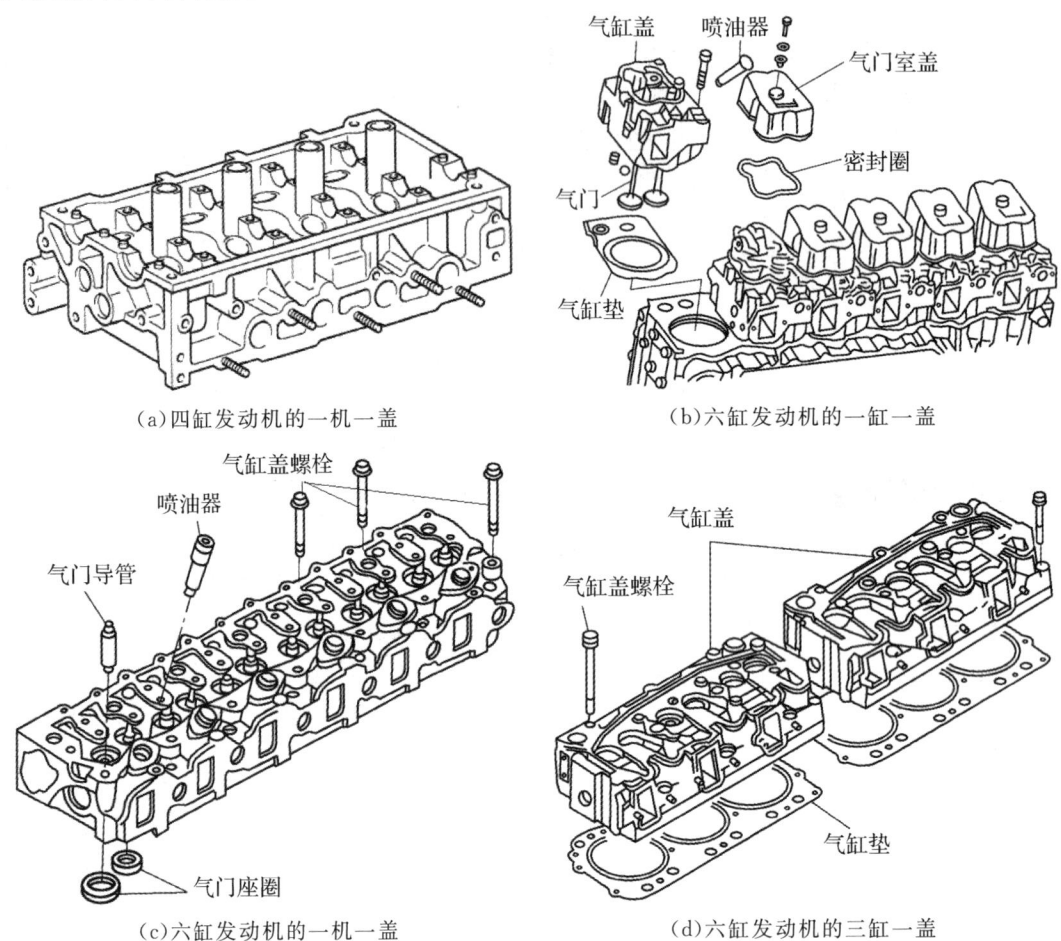

图 2-2-1 气缸盖的结构

3. 耗损形式

气缸盖的主要耗损有裂纹、变形、气缸盖腐蚀与击伤、螺纹孔损坏等。

(1)裂纹。多发生在进排气门座之间的过梁处。气缸盖产生裂纹的原因有:严寒季节冻裂;发动机过热时,突然加冷水;铸造时,残余应力未除;气门座或气门导管配合过盈量过大与镶配工艺不当。

(2)变形。气缸盖的变形是指气缸盖与气缸体的结合面(下平面)的平面度误差超限。引起缸盖变形的主要原因有:缸盖工作时,受热不均匀;装配时,缸盖螺栓拧紧力不均匀且不按规定顺序拧紧;螺纹孔中污物清理不净;高温下拆卸气缸盖以及气缸垫或缸体的平面不平。

(3)气缸盖腐蚀与击伤。气缸盖腐蚀主要是使用了不符合要求的冷却液;而气缸盖击伤则主要是由于异物落入气缸而造成的。

(4)螺纹孔损坏。火花塞螺纹孔损坏不得多于1牙,其他螺纹损伤不得多于2牙。

4. 气缸盖的安装

(1)多缸一盖的气缸盖的安装。安装缸盖螺栓时,按如图 2-2-2 或 2-2-3 所示的顺序,由中央向四周分几次逐步拧到规定力矩;拆卸时,顺序与安装时相反。

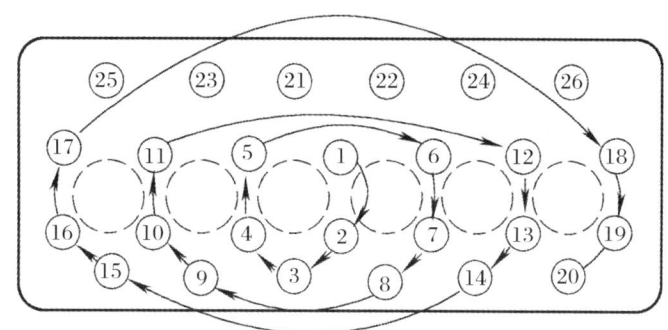

图 2-2-2 螺旋法拧紧缸盖螺栓

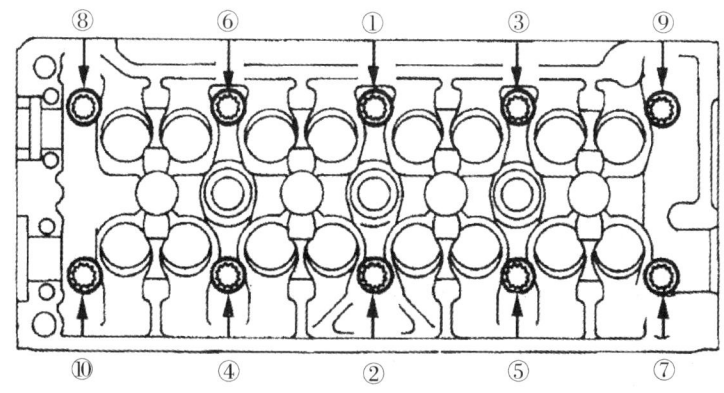

图 2-2-3 对角对称法拧紧缸盖螺栓

(2)铸铁缸盖的安装。为了防止机件受热后的膨胀量不同而使缸盖对气缸垫的压紧程度降低,铸铁缸盖螺栓应分两次拧紧,即冷态拧紧后,还需在发动机第一次预热后再拧紧一次。

(3)铝合金盖的安装。只需在冷态下按规定的顺序和力矩分几次拧紧即可。

二、气缸垫

1. 气缸垫的概述

(1)功用。气缸垫(俗称气缸床)是发动机上最重要的一种垫片。安装于气缸盖和气缸体之间,保证气缸盖和气缸体间的密封,防止漏水、漏气和窜油。

(2)工作环境。气缸垫受气缸盖紧固螺栓拧紧力的压缩作用,发动机工作时又受到气缸内燃气的压力与热负荷的作用,同时还要受到油、水的腐蚀。

(3)性能要求。气缸垫应具有足够的强度,好的耐热性和耐压性,在高温高压下不烧损、不变形,还应具有一定的弹性,能补偿结合面的不平度,以确保密封,拆装方便。

(4)种类。气缸垫有金属-石棉垫、金属骨架-石棉垫、纯金属垫等类型,如图 2-2-4 所示。目前应用较多的是一次性的金属骨架-石棉垫。

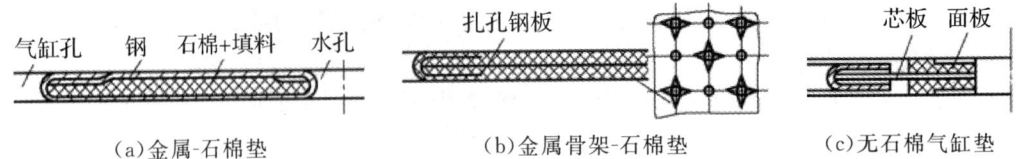

图 2-2-4 气缸垫的种类及结构

2. 气缸垫的结构

(1)金属-石棉垫。在石棉中掺入金属丝或金属屑,以加强导热和平衡缸体与缸盖的温度;石棉外包铜片或钢皮,且在气缸口、水道口和油道口周围采用卷边加固,以防被高温气体烧坏。这种气缸垫有很好的弹性和耐热性,能重复使用,但强度和质量较差。

(2)金属骨架-石棉垫。以编织的钢丝网或冲孔钢板为骨架,外覆石棉及橡胶黏结剂压制而成,表面涂以石墨粉等润滑剂,只在气缸口、水道口和油道口用金属包边。这种气缸垫弹性好,但容易黏结,一般只能使用一次。

(3)纯金属垫。由单层或多层金属片(铜、铝或低碳钢)制成。在气缸口、水道口和油道口处冲有弹性凸筋。这种气缸垫多用在强化发动机上,特别是轿车和赛车上。

桑塔纳 2000GSI 轿车 AJR 发动机采用的是纯金属气缸垫,如图 2-2-5 所示。

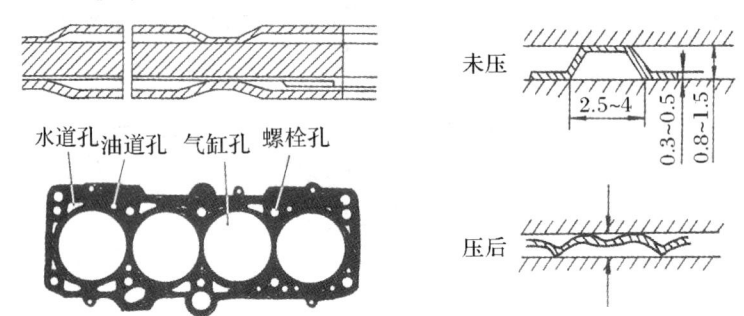

图 2-2-5 桑塔纳 2000GSI 轿车 AJR 发动机气缸垫

3. 气缸垫的损伤

气缸垫常见的损伤是烧蚀击穿。一般发生在水道孔、油道孔与气缸孔之间,导致气、油、水相互渗透,使发动机不能正常工作。损伤的气缸垫只能更换,不能修复。

4. 气缸垫的安装

(1)安装前要检查气缸垫的质量和完好程度,所有气缸垫上的孔要和气缸体上的孔对齐,将光滑的一面朝向气缸体,防止被高温气体冲坏。

(2)安装气缸垫时,应注意安装方向。有标号(配件号)和标记的一面应朝向气缸盖;气缸盖卷边面应朝向易修整或较硬的平面(如气缸体和气缸盖同为铸铁时,卷边面朝向气缸盖;气缸体和气缸盖同为铝合金时,卷边面朝向湿式气缸套的凸缘;材料不同时朝向气缸体)。

小提示:国外一些发动机采用专用密封胶,取代了传统的气缸垫。

三、气门室罩的构造

(1)功用。密闭气室,防止润滑油渗漏到发动机外部;降低发动机运转噪声。

(2)结构。如图 2-2-6 所示,丰田 5A 发动机的气门室罩总成由加油孔盖、气门室罩、垫片、气门室罩螺母和垫片、通风阀(PCV 阀)等组成。

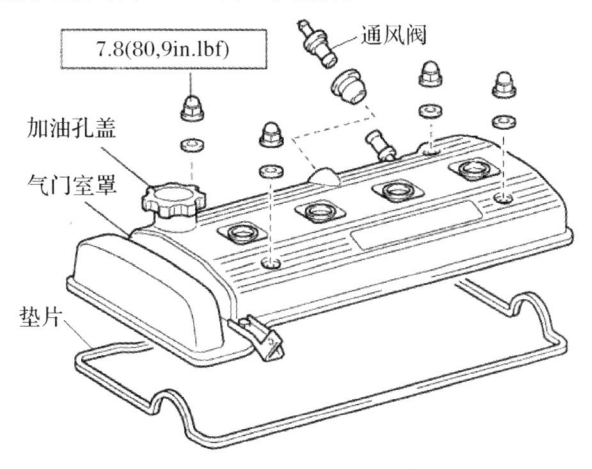

图 2-2-6 气门室罩总成的结构

四、气缸体

1. 气缸体的概述

(1)作用。气缸体在发动机中起到骨架作用。

(2)工作环境。气缸体的工作环境十分苛刻,既要承受燃烧过程中的高温、高压气体的作用,又要承受活塞连杆组高速运动产生的侧压力和惯性力的作用。

(3)性能要求。有足够的刚度,承受各种外力不变形;有良好的导热性,高速大负荷下工作不过热;有良好的热稳定性,受热变形小;有良好的耐磨性;在保证刚度的前提下,尽可能减轻气缸体的质量。

(4)材料。一般用高强度灰铸铁或铝合金铸造,轿车多采用铝合金。

(5)种类。

①根据气缸的排列形式不同分为单列式和双列式及多列式三大类。在汽车上常用直列式和 V 形两种形式的气缸体,如图 2-2-7 所示。

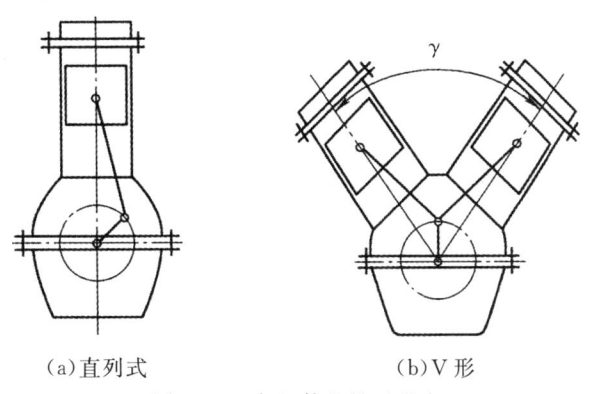

(a)直列式　　(b)V 形

图 2-2-7 气缸体的排列形式

②根据冷却方式不同分成水冷式气缸体和风冷式气缸体,如图 2-2-8 所示。水冷式气缸体一般与上曲轴箱铸成一体,称为气缸体-上曲轴箱,简称气缸体。在气缸体和气缸盖内设有水流通道,称为水套。风冷式气缸体和曲轴箱采用分开铸造,然后再装配到一起的工艺形成。气缸体和气缸盖外表面铸有许多散热片来保证充分散热。

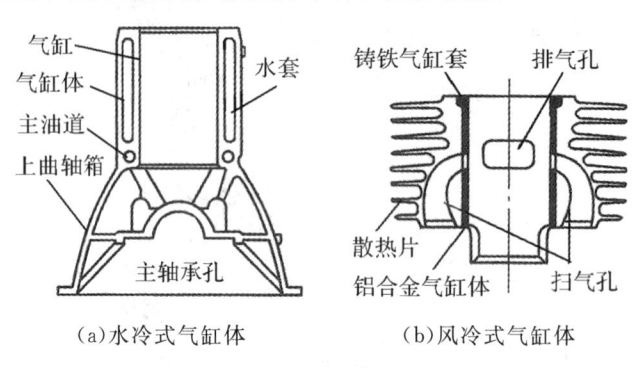

(a)水冷式气缸体　　　(b)风冷式气缸体

图 2-2-8　气缸体冷却方式

③根据气缸的结构形式不同有无气缸套式、干式气缸套式和湿式气缸套式三种形式。无气缸套式是指在气缸体上直接加工出气缸;干式气缸套式是指气缸套不与冷却液直接接触,铝合金缸体将缸套与机体铸造成一体;湿式气缸套式是指气缸套直接与冷却液接触,其结构如图 2-2-9 所示。为了保证材料上的经济性,现代发动机广泛采用缸体内镶入气缸套来形成气缸工作表面的方式。

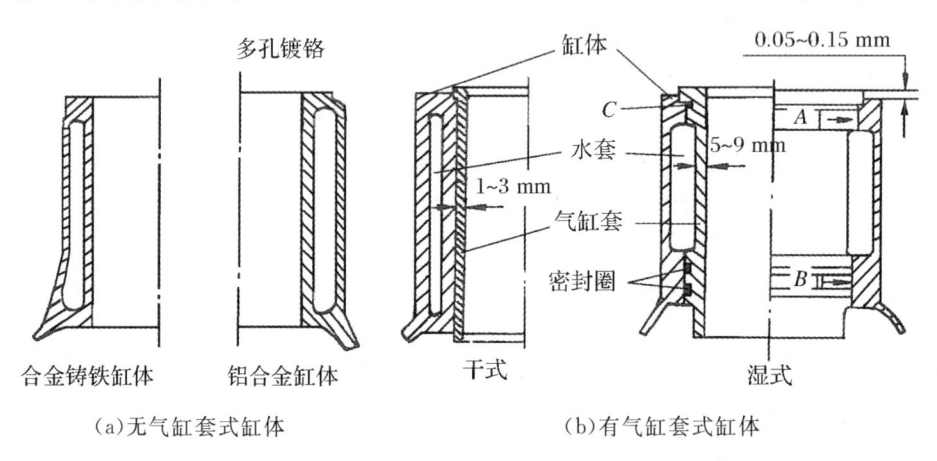

(a)无气缸套式缸体　　　(b)有气缸套式缸体

图 2-2-9　气缸体气缸套的结构形式

④根据气缸体与油底壳安装平面的位置不同分为一般式、龙门式和隧道式三种,如图 2-2-10 所示。一般式是指气缸体下平面与曲轴轴线在同一平面上;龙门式是指气缸体下平面低于曲轴轴线;隧道式是指主轴承孔不分开的缸体结构,它必须配用分段式曲轴和滚动轴承。

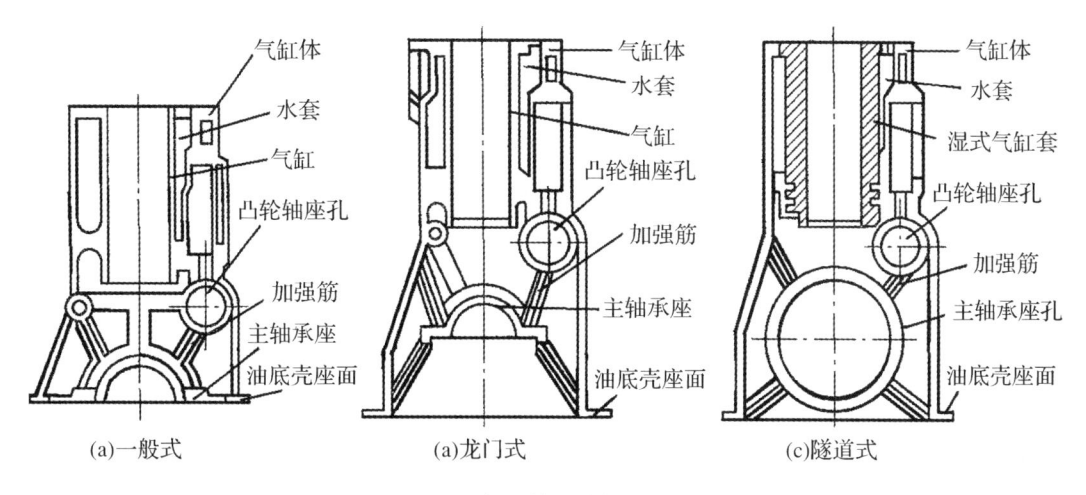

图 2-2-10 气缸体曲轴箱的结构形式

2. 气缸体的结构（如图 2-2-11 所示）

（1）气缸体上半部分。上半部内腔为引导活塞做往复运动的圆柱形空腔，称为气缸。在气缸周围加工有冷却水套，与气缸盖冷却水套相通，冷却水在水套内不断循环，带走部分热量，对气缸和气缸盖起冷却作用。气缸体内部铸有许多加强筋和通向缸盖的竖向油道等。

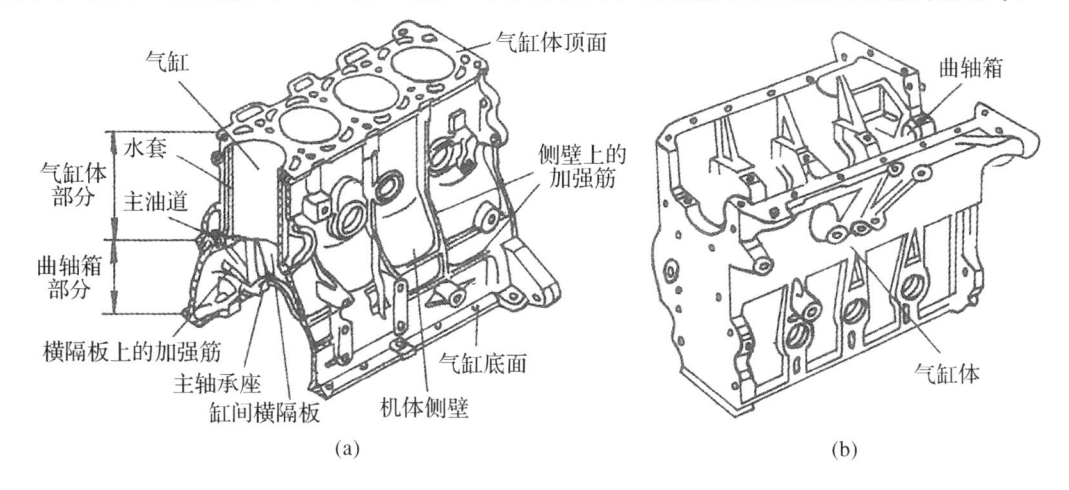

图 2-2-11 气缸体的结构

（2）气缸体下半部分。下半部分是用来安装、支承曲轴的曲轴箱。分为上曲轴箱和下曲轴箱。上曲轴箱与气缸体铸成一体，在曲轴箱内制有前后壁和中间隔板，其上有主轴承孔，有的还制有凸轮轴承孔。为了轴承的润滑，在侧壁的纵向钻有主油道，在前后壁和中间隔板上钻有斜向分油道。下曲轴箱用来贮存润滑油，并封闭上曲轴箱，又称为油底壳。

（3）气缸体上下平面。缸体上平面与缸盖的下平面结合，两者之间有气缸垫，防止漏气、漏油、漏水。上平面上有气缸口、缸盖螺纹孔、水套口、油道口和泄油槽等；气缸体下平面与油底壳接合面之间装有衬垫，防止润滑油泄漏。它是检测和镗削气缸的基准平面。

（4）气缸体前后端面。气缸体前端用来安装前端盖（机油泵或油封座）和正时盖或罩壳等；气缸体后端面用来安装后端盖（油封座）和飞轮壳等。

（5）气缸体左右端面。气缸体的左右端面有许多小平台，用来安装发动机的附件，如发电机、空调压缩机、转向助力泵等的底座和调整支架、发动机安装支架、机油滤清器座等等。

3. 气缸体的耗损形式

气缸体常见的耗损形式主要有变形、裂纹、磨损及螺纹滑扣等。

(1)气缸体的变形。气缸体变形主要是指气缸体与气缸盖的结合平面(上平面)、气缸体与油底壳的结合平面(下平面)的翘曲变形。气缸体变形会导致发动机漏气、漏油、漏水,甚至损坏气缸垫,使发动机无法工作。拆装螺栓时扭紧力矩过大或不均匀,且不按规定顺序拧紧;螺纹孔中污物清除不净;高温下拆卸气缸盖;缸体承受各种拧紧力矩及冲击负荷等均会引起气缸体变形。

(2)气缸体的裂纹。气缸体的裂纹常发生在主轴承隔墙、气缸套承孔、气缸盖螺栓孔等处。裂纹会导致发动机漏气、漏油、漏水,影响发动机正常工作,严重时将造成损坏。缸体裂纹产生的原因主要有严寒季节冻裂;发动机高温时突然加冷水;铸造时残余应力未消除;气缸体承受动载荷的冲击及超负荷工作消除的交变应力过载;镶换气缸套时过盈量太大或压装工艺不当;装配时螺栓拧紧力矩过大;镶套修复螺纹孔时过盈量太大等均会引起气缸体裂纹。

(3)气缸体的磨损。气缸体的主要磨损发生在气缸、气缸套承孔、曲轴主轴承孔和后端面等部位。发动机经过长期的使用,气缸都会发生磨损,气缸磨损将使发动机的动力性和经济性下降,污染物排放增加。气缸的正常磨损规律如图 2-2-12 所示:

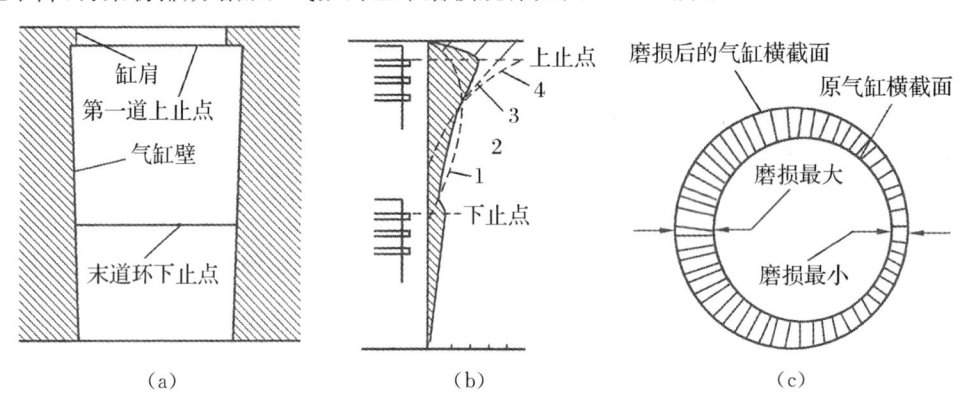

图 2-2-12 气缸的磨损规律

①气缸轴线方向。气缸工作表面沿轴线方向磨损呈上大下小的不规则锥形,第一道活塞环上止点顶边稍下处磨损量最大,而上止点以上的缸壁几乎没有磨损,因此在两者之间形成一个明显的台阶(缸肩),如图 2-2-12(a)、(b)所示。

②气缸横断面方向。气缸工作表面沿径向磨损呈不规则的椭圆形,一般是前后或左右方向磨损最大,如图 2-2-12(c)所示。

③各缸的磨损程度。多缸发动机中各缸的磨损程度也不一致。一般是发动机前后两缸因其冷却强度大,磨损量比中部的气缸较大。如果长期在低温下工作,磨损将更大。

(4)螺纹滑扣。缸体上的螺纹由于拆装不当或在工作中受到损伤,一般采用扩大螺纹、镶套法和台阶形螺栓修复等加以改善。

【任务实施】

★ 任务活动一　气缸盖的拆装（以 8A 发动机气缸盖的拆装为例）

一、工作准备

干净的抹布，常用工具，扭力扳手，刮刀，钢丝刷，刀口平尺，厚薄规，维修手册等。

二、技能要求

1. 气缸盖螺栓的拧紧力矩应符合原设计标准，如图 2-2-13 所示。
2. 气缸体上平面和气缸盖下平面的平面度不大于 0.05 mm。

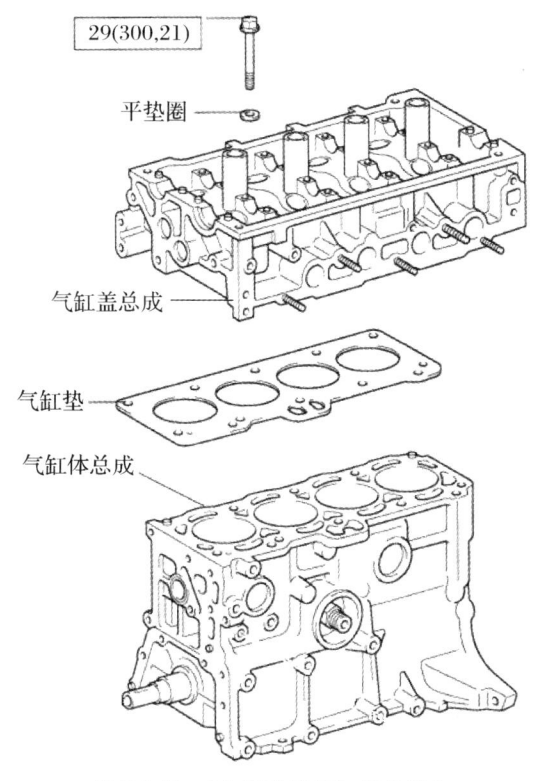

图 2-2-13　5A 发动机气缸盖的结构

三、任务步骤

1. 准备工作

整理工作台及场地；清点工具、量具及设备。

2. 气缸盖的拆卸

(1) 取下气门室罩放在规定位置，将油盆、垫木准备好，在油盆上做上记号。
(2) 清洁气门挺柱上表面，用黑色油性记号笔在挺柱上做好相应的记号。
(3) 用吸棒吸出挺柱按顺序放进油盆里。
(4) 用指针式扭力扳手拧松缸盖螺栓，分两次松 90°，再用摇弓将其摇出，用吸棒吸出螺栓放进油盆里，最后吸出垫片放进油盆。

(5)用胶锤敲击缸盖,然后再用起子撬松,取下缸盖侧放到垫木上。
(6)取下气缸垫放到规定位置上。

3. 气缸盖的清洗
(1)将工具车移到工作台旁,把毛刷、铲刀拿出,并在纸上做上记号。
(2)清洗挺柱、螺栓及垫片,用吹枪将挺柱、螺栓、垫片吹干,将其放在纸上。
(3)清洗缸盖,用清洗剂清洗燃烧室,用铲刀铲平面,再用毛刷清洗。
(4)将缸盖移出,放在垫木上,先用抹布擦拭一下,在用吹枪吹干。
(5)用清洗剂清洗缸体活塞顶部,再用铲刀铲两下,用吹枪吹螺纹孔,用布擦拭,再用吹枪吹干。

4. 气缸盖的检测
(1)测量气缸盖紧固螺栓。清洁游标卡尺,测量螺栓长度;将测量数据填表;清洁游标卡尺并放回盒里。
(2)测量缸盖平面。如图 2-2-14 所示,将缸盖放平,清洁刀口尺、塞尺,测量缸盖平面度。纵向、横向、交叉 6 个方向各测 5 个值,将数据填表,所有值中的最大值即为气缸盖的平面度;清洁刀口尺、塞尺,放回盒里。

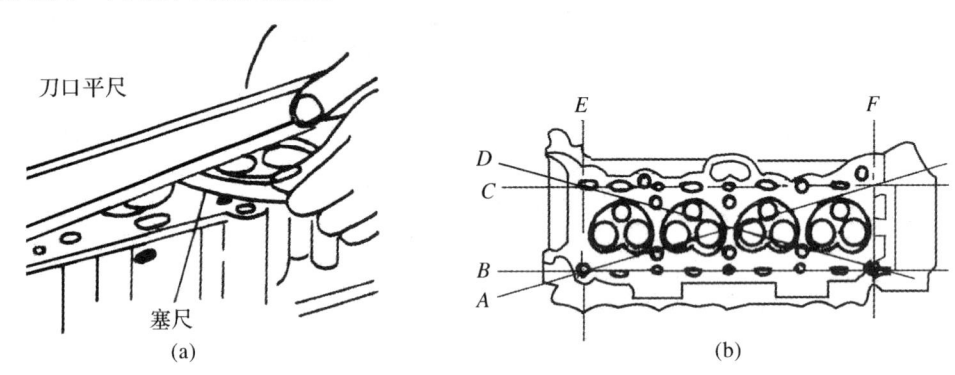

图 2-2-14 气缸盖的检测

5. 气缸盖的装配
(1)清洁缸垫,按规定方向装于缸体上,检查各油道孔、水道孔是否对准,位置是否正确。
(2)用双手平稳地将气缸盖放到缸体上,再用双手左右晃动一下,检查是否安装到位。
(3)安装螺栓垫片,在螺栓螺纹和结合面涂抹机油,用手将螺栓拧紧几牙,再用摇弓拧紧到位,然后用预制式扭力扳手拧紧至 29 N·m,用记号笔在螺栓前端打上记号,最后用指针式扭力扳手分两次按顺序将螺栓拧紧 90°,每拧紧一遍都需要观察一下所转动的角度。
(4)在挺柱表面均匀涂抹机油,根据拆卸时做的记号依次用手将挺柱安装到位。
(5)清洁缸盖表面,安装气门室罩,再清洁发动机气门室罩及外围。

小提示: 气门室罩安装时可涂抹少量衬垫密封胶,以保证密封性。

6. 结束工作
(1)清洁和整理工具、量具。
(2)清洁和整理设备及场地。

任务活动二　气缸体的检测

一、工作准备

抹布,量缸表,千分尺,钢直尺,游标卡尺,刀口平尺,塞尺,铲刀,维修手册等。

二、技能要求

1. 按照维修手册正确完成气缸体的检测。
2. 技术要求:
①气缸体上平面和气缸盖下平面的平面度不大于 0.05 mm。
②标准气缸孔径有 3 级尺寸,标记"1"的缸径为 78.700～78.710 mm,标记"2"的缸径为 78.710～78.720 mm,标记"3"的缸径为 78.720～78.730 mm。
③气缸的最大直径为 79.930 mm,加大尺寸为 0.50 mm,加大后的尺寸为 79.430 mm。

三、任务步骤(以 8A 发动机为例)

1. 测量前准备
(1)整理工作台及场地。
(2)清点工具、量具及设备。

2. 测量气缸体上平面的平面度
(1)清洁气缸体。先用铲刀分别从两边由内向外铲除气缸平面上的杂质;再用抹布由内向外擦掉气缸平面上的杂质;然后用压缩空气清洁气缸体,先吹螺栓孔,由中间向两边吹。

小提示：杂质不要掉入气缸或油道、水道、螺栓孔内;吹枪不准对着人吹,特别是眼睛。

(2)清洁量具。用抹布清洁刀口平尺和塞尺。
(3)测量。在缸体上依次测量对角线交叉 2 个位置的平面度,每个位置测量 5 个测量点。把塞尺放在测量点上,将刀口尺压在塞尺上,然后抽动塞尺。
(4)数据处理。测量点 1 为_____,测量点 2 为_____,测量点 3 为_____,测量点 4 为_____,测量点 5 为_____,测量点 6 为_____,测量点 7 为_____,测量点 8 为_____,测量点 9 为_____,测量点 10 为_____,平面度为_____。
(5)清洁量具。用抹布清洁量具,放回量具盒。

3. 估测气缸直径
(1)清洁气缸筒。用蘸过煤油或柴油的抹布对所要测量的气缸壁进行清洁。
(2)检视气缸。直观检查气缸垂直划痕。
(3)清洁、校验卡尺。用清洁布清洁卡尺,特别注意量爪清洁;卡尺校零。
(4)估测各缸缸径。用卡尺测量气缸口处的直径,确定的基本尺寸为_____。

小提示：测量时应避免卡尺与气缸平面倾斜,可轻轻晃动卡尺,以取得测量时的最大值。

4. 调校千分尺
(1)清洁千分尺。清洁校量棒和千分尺,特别注意千分尺的清洁。

(2)校正千分尺。夹持千分尺于台虎钳上,注意垫软质钳口;用校量棒校零。

(3)转至估测缸径值。将千分尺调到基本尺寸并锁止。

5. 组装量缸表

(1)清洁量缸表。清洁百分表和量缸表表杆。

(2)组装百分表及锁紧螺母。把百分表装在表杆上并预压 1~2 mm,然后锁紧螺母。

(3)组装固定接头。选择正确的测量杆,装上锁止螺母;将量缸表放到千分尺上,转动测量杆,使百分表再次预压 1~2 mm,然后锁紧锁止螺母。

(4)调校量缸表。在百分表上轻微地上下、左右转动百分表,同时用右手大拇指转动刻度盘,使百分表大指针对准 0 刻度。

6. 气缸测量

(1)测量部位。如图 2-2-15(a)所示,每个气缸测量 6 组数据:横向、纵向各 3 组。

(2)测量操作规范。如图 2-2-15(b)所示,测量时先将导向轮放入气缸并使其贴着缸壁移动,直到表头达到待测位置;读数时前后摆动百分表,正对百分表指针出现最大偏转时的读数,即为该位置气缸直径。

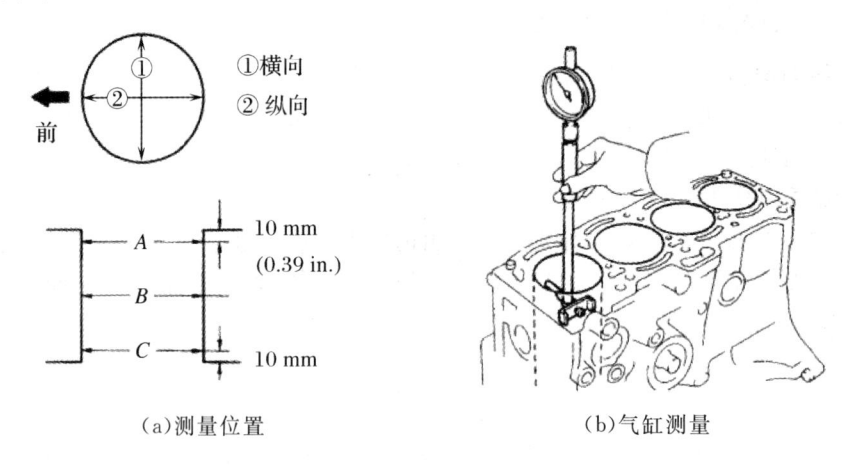

（a）测量位置　　　（b）气缸测量

图 2-2-15　气缸的测量位置及测量规范

7. 数据处理

(1)气缸圆度计算。$(D_{max}-D_{min})/2$,D_{max} 和 D_{min} 分别为同一横截面内的最大和最小测量直径,然后在三组数据中取最大值为该气缸的圆度。

(2)气缸圆柱度计算。$(D_{max}-D_{min})/2$,D_{max} 和 D_{min} 分别为全部 6 组测量值中的最大和最小测量直径。

(3)磨损量的计算。$D_{max}-D$,D_{max} 为全部 24 组测量值中的最大值,D 为气缸标准值。

(4)配缸间隙的计算。各气缸横向最小尺寸与活塞最大尺寸之差为各缸的配缸间隙。

8. 测量结果判断及处理意见

(1)确定是否需要修理。依据所计算的圆度和圆柱度以及磨损量确定是否需要修理。

(2)如需修理,确定修理尺寸。修理尺寸为气缸最大直径加上镗磨余量(一般取 0.1~0.2 mm),最后圆整至标准修理尺寸。

9. 结束工作(5S)

(1)清洁、整理量具及设备;

(2)清洁、整理工作台及场地。

【任务拓展】

一、燃烧室的形状

当活塞到达上止点时,气缸盖和活塞顶组成的密闭空间称为燃烧室。气缸盖是燃烧室的组成部分,燃烧室的形状对发动机的工作影响很大,由于汽油机和柴油机的燃烧方式不同,其气缸盖上组成燃烧室的部分差别较大。汽油机的燃烧室主要在气缸盖上,而柴油机的燃烧室主要在活塞顶部的凹坑。

1. 汽油机的燃烧室

汽油机常见的燃烧室形状有楔形、盆形和半球形三种类型,如图 2-2-16 所示。

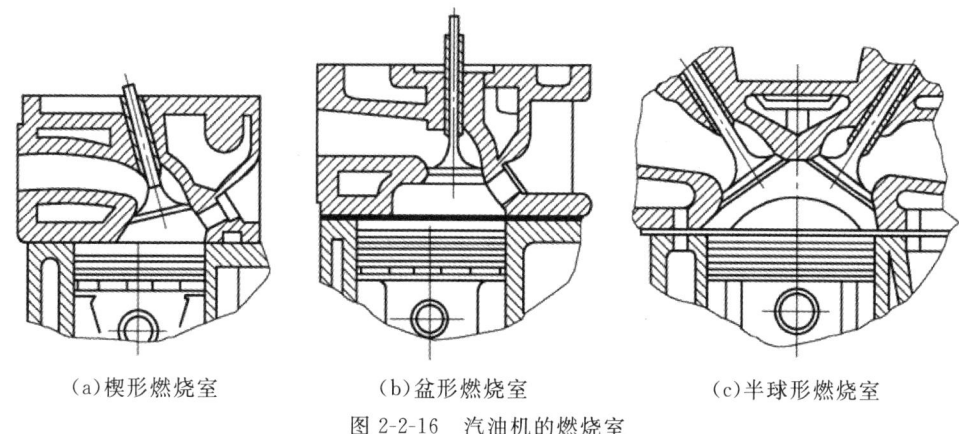

(a)楔形燃烧室　　(b)盆形燃烧室　　(c)半球形燃烧室

图 2-2-16　汽油机的燃烧室

(1)楔形燃烧室。楔形燃烧室结构简单、紧凑,散热面积小,热损失也小,能保证混合气在压缩行程中形成良好的涡流运动,有利于提高混合气的混合质量,进气阻力小,提高了充气效率。气门排成一列,使配气机构简单,但火花塞置于楔形燃烧室高处,火焰传播距离长些,切诺基轿车发动机采用这种形式的燃烧室。

(2)盆形燃烧室。气缸盖工艺性好,制造成本低,但因气门直径易受限制,进排气效果要比半球形燃烧室差。捷达、奥迪等轿车发动机采用盆形燃烧室。

(3)半球形燃烧室。半球形燃烧室结构紧凑,火花塞布置在燃烧室中央,火焰行程短,故燃烧速率高,散热少,热效率高。半球形燃烧室允许气门双行排列,进气口直径较大,故充气效率较高,虽然使配气机构变得较为复杂,但有利于排气净化,在轿车高速发动机上被广泛应用。

2. 柴油机的燃烧室

柴油机燃烧室的种类很多,通常分为统一式燃烧室和分隔式燃烧室两大类。

(1)统一式燃烧室。它由凹顶活塞顶部与气缸盖底部所包围的单一内腔组成,几乎全部容积都在活塞顶面上。燃油自喷油器直接喷射到燃烧室中,借喷出油束的形状和燃烧室形状的配合,以及燃烧室内空气涡流运动,迅速形成混合气。所以又叫做直接喷射式燃烧室。根据活塞顶凹坑的形状不同可分为 ω 形、球形和 U 形燃烧室,如图 2-2-17 所示。

浅ω形　　　深ω形　　　球形　　　U形

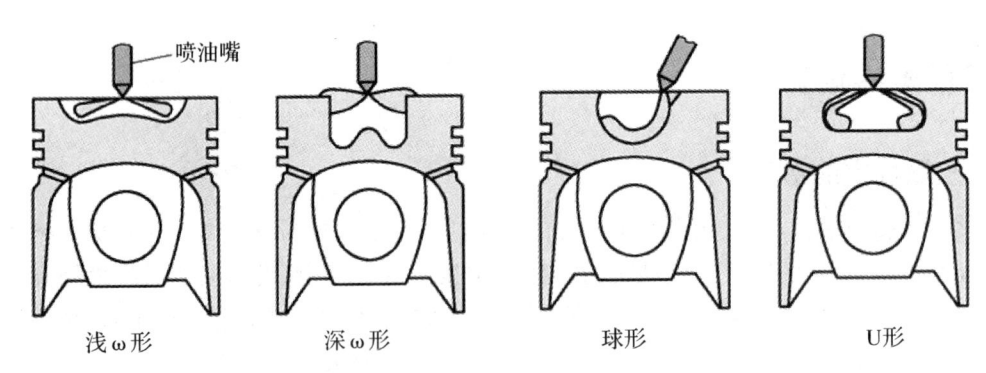

图 2-2-17　统一式燃烧室

①ω形燃烧室：目前车用柴油机大多采用ω形燃烧室及其各种改进型(四角形、微涡流形、花瓣形等)。柴油直接喷射在活塞顶的凹坑内，喷射的柴油雾化要好，而且均匀地分布在空气中。要求喷射压力高，一般 17～22 MPa，要求雾化质量高，因此，采用多孔喷嘴，孔数一般为 6～12 个。优点：形状简单，结构紧凑，燃烧室与水套接触面积小，散热少，可减少热损失，热效率高，经济性较好。缺点：工作粗暴，喷射压力高，制造困难，喷孔易堵。

②球形燃烧室：空气由缸盖螺旋形进气道沿切线方向进入气缸，绕气缸轴线做高速螺旋转动，并一直延续到压缩行程。喷油器沿气流运动的切线方向喷入柴油，使绝大部分柴油直接喷射在燃烧室壁面上形成油膜。小部分柴油雾珠散布在压缩空气中，并迅速蒸发燃烧，形成火源。油膜一方面受灼热的燃烧室壁面的加温，同时又受已燃柴油的高温辐射，使柴油机逐层蒸发，与涡流空气边混合边燃烧。具有工作柔和、噪音小等优点，所以又叫轻声发动机。缺点：起动困难，螺旋形进气道，结构复杂，制造困难。

③U形燃烧室：它是球形燃烧室的一种变形，使用单孔轴针式喷油器，喷油压力低，既降低对喷油设备的要求，又减少喷孔堵塞的可能；起动性能好，高速时发动机工作柔和，因此适应性好。

(2)分隔式燃烧室。分隔式燃烧室由两部分组成，一部分位于活塞顶与气缸底面之间，称为主燃烧室，另一部分在气缸盖中，称为副燃烧室。这两部分由一个或几个孔道相连。常见的有涡流室燃烧室和预燃室燃烧室两种形式，如图 2-2-18 所示。

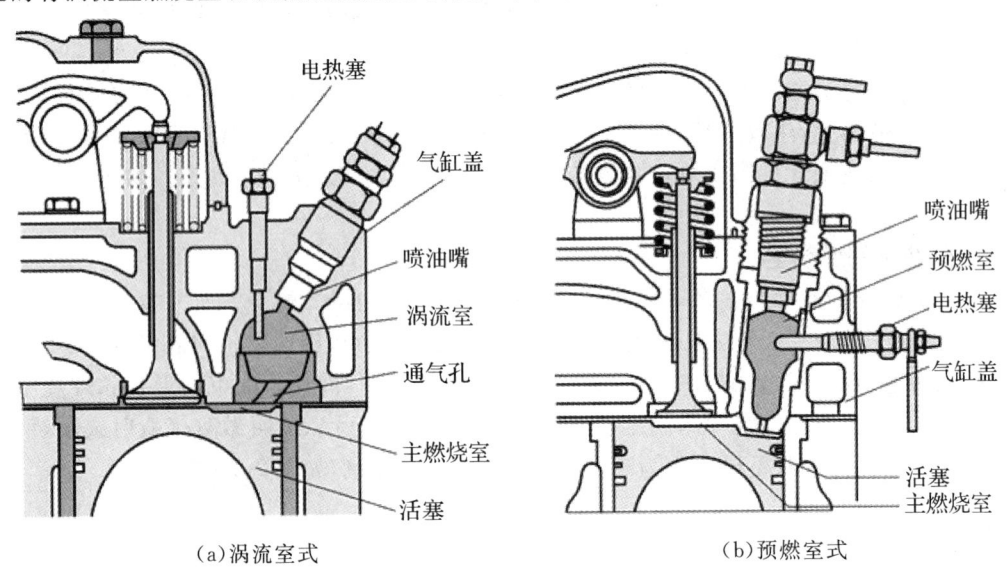

(a)涡流室式　　　(b)预燃室式

图 2-2-18　分隔式燃烧室

①涡流室式燃烧室：它的副燃烧室是球形或圆柱形的涡流室，其容积约占燃烧室总容积的50%～80%，涡流室有切向通道与主燃烧室相通。在压缩行程中，气缸内的空气被活塞推挤，经过通道进入涡流室，形成强烈的有组织的高速旋转运动（几百转/分）。柴油喷入涡流室中，在空气涡流的作用下，形成较浓的混合气。部分混合气在涡流室中着火燃烧，已燃与未燃的混合气高速（经通道）喷入主燃烧室，借活塞顶部的双涡流凹坑，产生第二次涡流，促使进一步混合和燃烧。要求：顺气流方向喷射，由于涡流运动促进了混合气的形成与燃烧，可采用较大孔径的喷油器，喷射压力也较低（12～14 MPa）。优点：工作柔和，空气利用率较高，喷射压力也较低。缺点：热损失大，经济性差，起动困难。

②预燃室式燃烧室：缸盖上制有预燃室，占燃烧室总容积的1/3，预燃室与主燃室有通道，活塞为平顶。因为通道不是切向的，所以压缩时不产生涡流。连通预燃室与主燃室的孔道直径较小，由于节流作用产生压力差，使预燃室内形成紊流运动，油束大部分射在预燃室的出口处，只有少部分与空气混合（出口处较浓，而上部较稀），上部着火后，产生高压，已燃的和出口处较浓的混合气一同高速喷入主燃烧室，在主燃烧室内产生强烈的燃烧拢流运动，使大部分燃料在主燃烧室内混合和燃烧。优缺点与涡流室式燃烧室基本相同。

二、如何判断气缸垫冲坏

气缸垫冲坏会引起多种故障现象，常见的判断气缸垫冲坏的方法有以下四种。

方法1：发动机运转时，气缸垫处有烟气冲出或伴有响声，或在缸体、气缸盖结合处有烟迹或水迹，这是气缸垫边缘被冲坏的现象。

方法2：发动机运转时，打开散热器盖，观察散热器内的冷却水有气泡冒出，有时还伴有"油花"；再拆下火花塞，电极上应有水珠；排气管排出水珠，这说明水道与气缸之间的气缸垫被冲坏。

方法3：发动机运转时，同时将相邻两缸的火花塞断火，发动机的声响与转速无明显变化，此时若用气缸压力表测量这两缸的压力，可以发现这两缸的压力很低，且数值相等，这说明两缸之间的气缸垫被冲坏。

方法4：气缸垫被冲坏时，会出现发动机震抖、转速不稳、功率下降，甚至无法起动的现象。

三、缸套的更换

1. 干式缸套的更换

(1) 气缸套的拆卸。用如图2-2-19所示的专用工具拉出旧气缸套，或用镗床镗去。

(2) 选择新缸套。根据承孔的大小和修理尺寸（标准、+0.05 mm、+1.00 mm、+1.50 mm）要求选配新缸套。

(3) 镗削缸套承孔。根据新缸套的外径尺寸进行镗削，并留适当的压入过盈量：一般有凸缘的缸套为0.05～0.07 mm，无凸缘的缸套为0.07～0.10 mm。有凸缘的缸套应镗出凸缘槽，且凸缘与槽口每边应有不小于0.05 mm的间隙。

(4) 镶装气缸套。如图2-2-20所示，在气缸套外径上涂以机油，将气缸套放正，用压力机徐徐压入，压力为20～50 kN为宜。

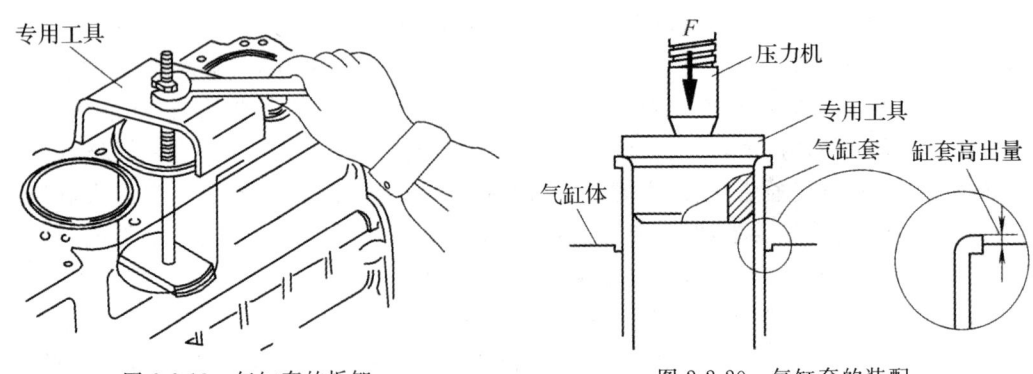

图 2-2-19 气缸套的拆卸　　　　　图 2-2-20 气缸套的装配

(5)装配后的试验。镶装好气缸套后要进行水压试验,确保其密封性,如图 2-2-21 所示为气缸体和气缸盖的水压试验,其方法是封闭缸体、缸盖的水道口,向水套内加入 300～400 kPa 的水压,保持 5 min,如有水珠出现,即该处密封不严。该法也用于缸体焊接后的试验和缸体裂纹的检查。

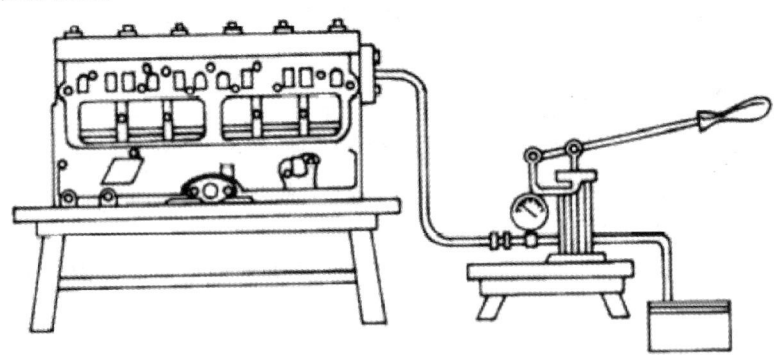

图 2-2-21 气缸体和气缸盖的水压试验

2. 湿式气缸套的更换

(1)拆卸旧气缸套。用专用工具拉出旧气缸套,并清除气缸体各个结合面的铁锈、污物。

(2)试装新缸套。如图 2-2-22 所示,将未装密封圈的气缸套装入缸体承孔内,压紧后检查气缸套的端面高出量,一般为 0.05～0.15 mm。如不符合要求,可在缸套台阶下装入铜垫片调整,使之符合要求,且相连两缸的高出误差不大于 0.04 mm。阻水圈的位置如图 2-2-23 所示。

图 2-2-22 湿式缸套高出量的检测　　　　　图 2-2-23 阻水圈的位置

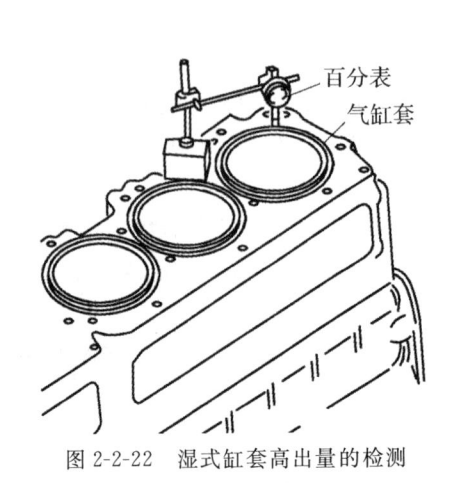

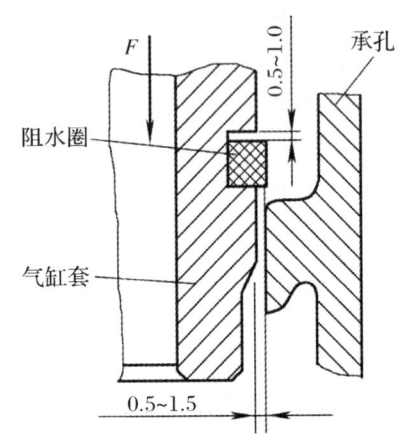

(3)装配新缸套。在缸套上装好密封圈,涂上机油或密封胶,然后稍加压力即可装入。
(4)装配后的水压试验。与干式气缸体装配后的试验相同。

【任务检测】

一、填空题

1. 气缸垫的种类有_____、_____、_____等,常用的是_____。
2. 汽油机常见的燃烧室形状有_____、_____、_____。
3. 气缸盖的主要耗损形式有_____、_____、_____、_____。
4. 气缸的磨损规律为_____
5. 气缸体常见的耗损形式主要有_____、_____、_____、_____等。
6. 常用气缸的修理加大尺寸为_____、_____、_____三级。

二、选择题

1. 下列为高速发动机典型燃烧室的为(   )。
   A. 楔形   B. 盆形   C. 半球形   D. L形
2. 直接与冷却水接触的气缸套为(   )。
   A. 干式   B. 湿式   C. 整体式   D. 以上都不是
3. 哪种探测裂纹方法是专为铝制缸盖和缸体设置的(   )。
   A. 贯入染料法   B. 磁力线法   C. 压力法   D. 磁力线法与压力法
4. 检测气缸体、气缸盖变形的工具为(   )
   A. 钢直尺和厚薄规   B. 量缸表和千分尺   C. 厚薄规与螺丝刀   D. 刀口直尺和厚薄规
5. 气缸盖安装时,螺栓拧紧顺序为(   )。
   A. 从中间向两边   B. 从两边向中间   C. 从左向右依次拧紧   D. 从左向右依次拧紧
6. 气缸盖出现哪种损伤必须更换(   )。
   A. 裂纹   B. 磨损   C. 变形   D. 腐蚀
7. 气缸盖为铝合金,气缸体为铸铁,因而安装气缸垫时卷边就朝向(   )。
   A. 气缸盖   B. 气缸体   C. 油底壳   D. 以上都不是

三、判断题

1. 气缸盖螺栓的安装顺序与拆卸顺序相反。（   ）
2. 气缸盖的主要耗损形式是变形。（   ）
3. 安装气缸垫时,有标记的一面朝向缸盖。（   ）
4. 铸铁缸盖要分两次拧紧,而铝合金缸盖只需在冷态下一次拧紧即可。（   ）
5. 气缸盖和气缸体同为铸铁时气缸垫卷边应朝向气缸盖(易修整)。（   ）
6. 直列式发动机各气缸排成一列并且都是垂直布置。（   ）

【评价与反馈】

班级：_____　　姓名：_____　　指导教师：_____

序号	考核项目	项目分值	考核内容	配分	考核标准	得分
1	出勤/纪律	5	出勤	2	违规一次不得分	
			行为规范	3	违规一次不得分	
2	安全/防护/环保	20	着装	2	违规一次不得分	
			个人防护	3	违规一次不得分	
			5S/EHS	5	违规一次不得分	
			设备使用安全	5	违规一次不得分	
			操作安全	5	违规一次不得分	
3	任务检测	20	任务测验成绩	20	测验成绩的20%计	
4	技能考核	35	技能测验成绩	35	测验成绩的35%计	
5	学习能力	10	工单填写,工艺计划制定	4	未做不得分	
			组内活动情况	5	酌情扣1~5分	
			资料查阅和收集	1	未做不得分	
6	任务拓展	10	知识拓展任务	2	未做不得分	
			技能拓展任务	8	未做不得分	
7	总分	100				

【教师评估】

序号	优点	存在问题	解决方案

教师签字：

任务三　活塞连杆组的检测与修复

【任务目标】

目标类型	目标要求
1.认知目标	(1)描述活塞的结构、组成； (2)阐述活塞环装配后的"三隙"； (3)叙述活塞销的连接方式； (4)叙述连杆组件的组成及结构； (5)认识活塞连杆组零件。
2.技能目标	达到汽车维修中级工如下要求： (1)完成单缸活塞的拆装； (2)运用所学技能拆装其他发动机活塞连杆组。
3.情感目标	(1)养成良好的学习和工作习惯； (2)养成操作过程中的"5S"和"EHS"意识； (3)注意操作安全、设备安全、个人防护等。

【任务描述】

活塞连杆组是发动机核心机构中重要的传力核心组件之一，它由活塞组和连杆组组成，具体零部件如图2-3-1所示。活塞连杆组件的选配和装配质量对发动机的性能和使用寿命有重要的影响。活塞连杆组的检测与修复不仅是发动机大修的必需关键项目，也是中、小修中的经常性作业。

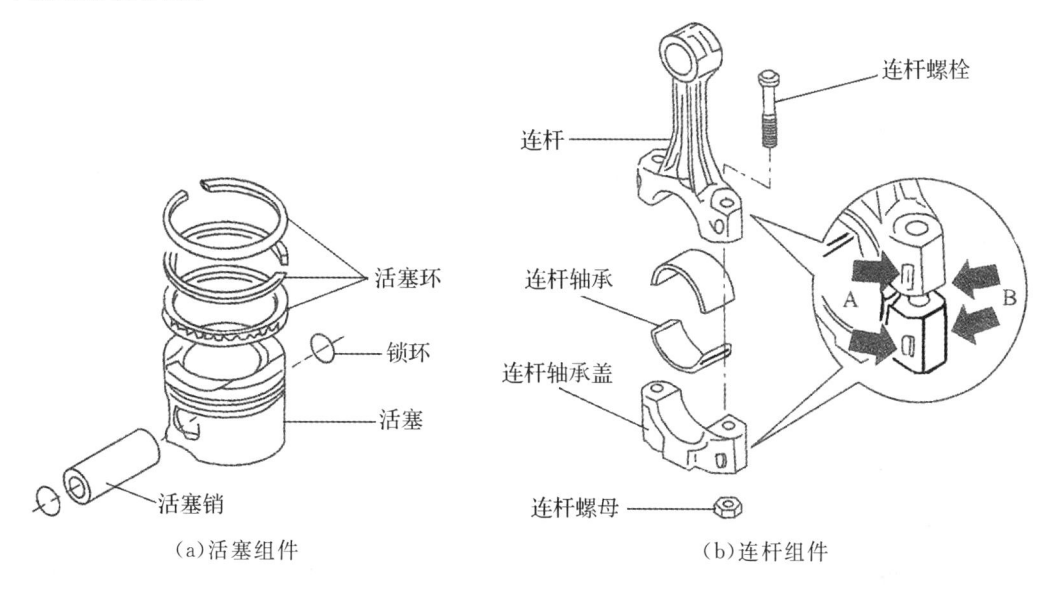

(a)活塞组件　　(b)连杆组件

图2-3-1　活塞连杆组的组成

【知识准备】

一、活塞

1. 活塞的概述

（1）作用。活塞顶面与气缸盖、气缸壁等共同组成燃烧室；承受气缸中气体压力，并通过活塞销将作用力传给连杆，以推动曲轴旋转；裙部起着导向和传热的作用。

（2）工作环境。活塞在高温、高压、高速、润滑不良等恶劣的条件下工作，会产生变形并加速磨损，还会产生附加载荷和热应力，同时受到燃气的化学腐蚀作用。

①高温：活塞直接与高温气体接触，瞬时温度可达 2 500 K 以上，受热严重，而散热条件又很差，所以活塞工作时温度很高，顶部高达 600～700 K，且温度分布很不均匀。

②高压：活塞顶部承受气体压强很大，特别是做功行程压强最大，汽油机高达 3～5 MPa，柴油机高达 6～9 MPa，增压发动机最高燃烧压强可达 14～16 MPa，使活塞产生冲击。

③高速：活塞在气缸内以很高的速度（8～12 m/s）做往复运动，且速度在不断地变化，这就产生了很大的惯性力，使活塞受到很大的附加载荷。

（3）性能要求。要有足够的刚度和强度，传力可靠；要求质量要小，以减小往复惯性力；热膨胀系数要小，以减小受热时的变形；导热性好，防止活塞过热发生损坏；耐磨性好，防止在往复运动中大量磨损。

（4）材料。早期的活塞和一些低速大缸径柴油机采用高级铸铁或耐热钢，现代汽车发动机活塞广泛采用高强度铝合金。

（5）成型方法。铸造、锻造和液态模锻。

2. 活塞的结构

如图 2-3-2 所示，活塞的基本结构一般由顶部、环槽部和裙部三部分组成，其中顶部和环槽部统称为头部。活塞一般做成上小下大，上厚下薄，裙部呈椭圆形。

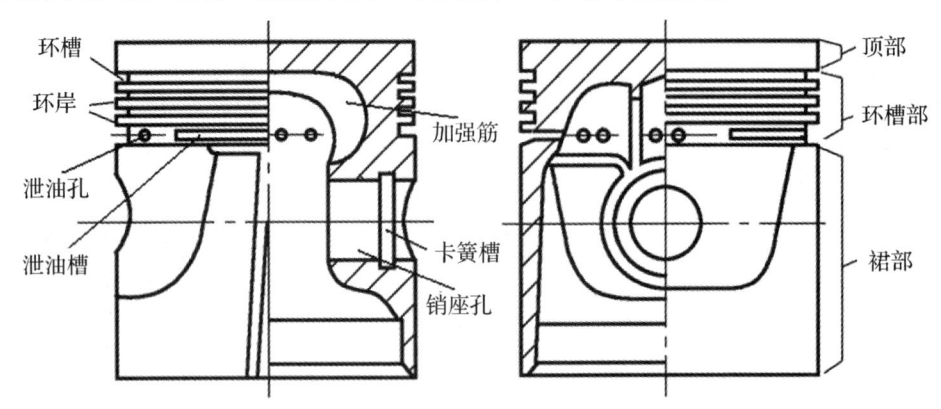

图 2-3-2 活塞的结构

（1）顶部。活塞顶部指活塞的顶面，它承受气体压力，并组成燃烧室。

①顶部形状：如图 2-3-3 所示，常见活塞头部形状有平顶、凹顶和凸顶。汽油机活塞多采用平顶，二行程汽油机多用凸顶，柴油机采用各种各样的凹坑。

②顶部内腔的加强筋：为了提高刚度、强度和散热能力，顶部的内腔制有加强筋。

(a)平顶　　　　　　(b)凸顶　　　　　　(c)凹顶

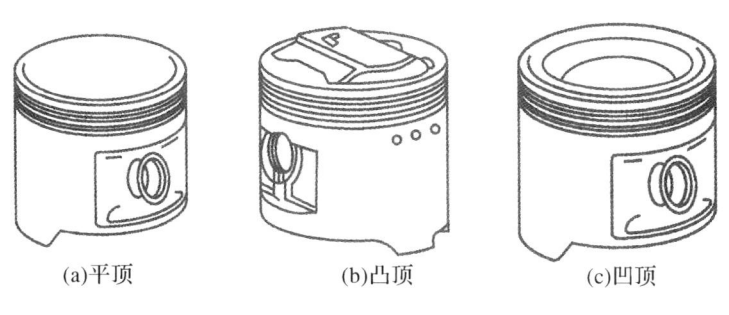

图 2-3-3　活塞头部形状

③顶部表面的标记：活塞顶部一般制有圆点或箭头或三角形等朝前标记，有的活塞顶制有避让气门的气门凹坑（气门让坑），以防运行过程中气门撞击活塞，有的制有活塞尺寸标记，如图 2-3-4 所示。

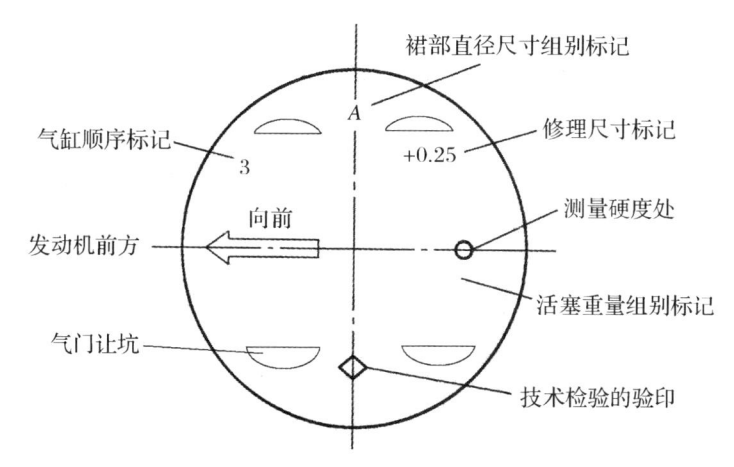

图 2-3-4　活塞顶部标记

（2）环槽部。用来安装气环和油环，实现气缸内气体的密封，将热量通过活塞环传给气缸壁。一般气环槽有 2~3 个，油环槽为 1~2 个，环槽断面通常为矩形或梯形，如图 2-3-5 所示。采用三环活塞中的"三环"指：上气环、下气环和油环，安装在活塞头部的环槽中。

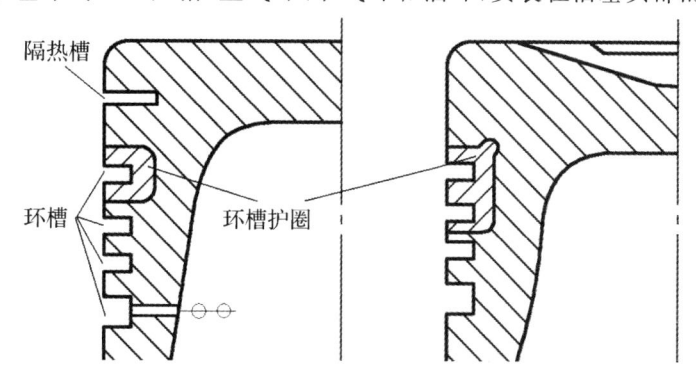

图 2-3-5　活塞环环槽的结构

①隔热槽：活塞顶面和燃气接触，易使活塞头部温度过高（600~700 K），导致气环损坏，造成漏气，因此有的发动机的活塞在第一道环的上方开一条窄而深的隔热槽，改变热流方向，降低第一道环的温度。隔断活塞顶传向第一道活塞环的热流，减轻其热负荷，防止活塞环黏结。

②环槽护圈:为了提高环槽寿命,保护环槽,防止高温下损坏,一般为热负荷较高的发动机采用。护圈的材料一般为耐热且膨胀系数与铝合金接近的高锰奥氏体铸铁。

③泄油槽:油环底部制有回油孔或泄油槽,使气缸壁上多余的机油流回油底壳。

(3)裙部。环槽以下部位称为裙部,在活塞运动时起着导向和传热并承受侧压力的作用。气缸与活塞在各工况下都应保持均匀的、适宜的配缸间隙(气缸横向最小直径与活塞裙部最大直径之差),以防止冷敲热拉、窜机油、漏气故障发生。

如图 2-3-6 所示,活塞在冷态下制成裙部断面为长轴垂直于活塞销方向的椭圆形;裙部一般为薄壁圆筒的全裙式;有的将裙部的非承压面去掉一部分构成半拖板式,以减少质量和防碰曲轴平衡重;有的将裙部的非承压面全部去掉构成拖板式;销座处凹陷 0.5~1.0 mm 构成冷却窝;裙部开槽(T 形或 II 形槽),其中横槽叫隔热槽,竖槽叫膨胀槽。在装配时应使其位于侧压力较小的一侧。柴油机活塞受力大,裙部一般不开槽。

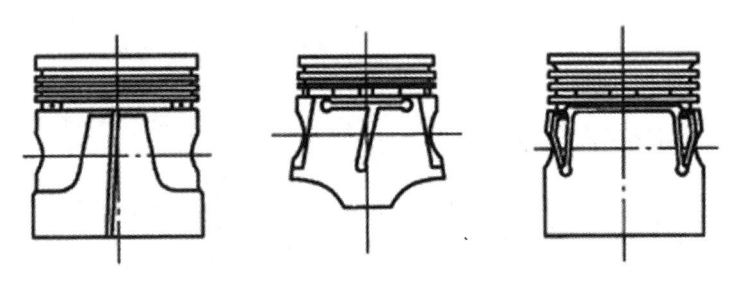

图 2-3-6 活塞裙部的变形

(4)活塞销座孔。用以安装活塞销。全浮式连接的活塞销,在销座孔两端有卡环槽,用以安装卡环,限制活塞销在座孔中轴向窜动。

①双金属活塞:如图 2-3-7 所示,在活塞裙部或销座内嵌铸钢片(恒范式钢片、自动调节式和筒形式钢片),以减少裙部的膨胀量。目前广泛采用恒范式钢片。

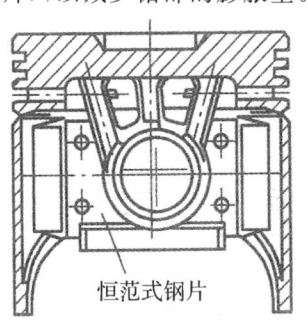

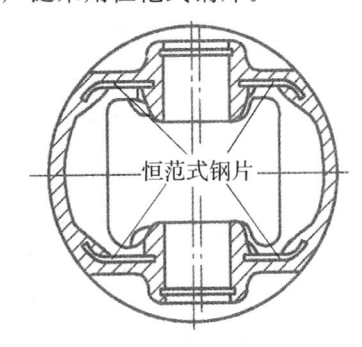

图 2-3-7 活塞销座孔偏移布置

②活塞销座偏移布置:活塞销座朝承受做功侧压力的一面偏移 1~2 mm,以减轻活塞换向时对气缸壁的敲击噪声,如图 2-3-8 所示。因销座偏置,在接近上止点时,作用在活塞销座轴线以右的气体压力(大于左边)使活塞倾斜,裙部下端提前换向;而活塞在越过上止点,侧压力反向时,活塞才以左下端接触处为支点,顶部向左转(不是平移),完成换向。

3. 活塞的强化处理

根据不同的目的和要求,进行不同的活塞表面处理,其方法有:

(1)活塞顶进行硬模阳极氧化处理,形成高硬度的耐热层,增大热阻,减少顶部吸热量。

(2)活塞裙部镀锡或镀锌,可以避免在润滑不良的情况下运转时出现拉缸现象,也可以起到加速活塞与气缸的磨合作用。

（3）在活塞裙部涂覆石墨，石墨涂层可以加速磨合过程，可使裙部磨损均匀，在润滑不良的情况下可以避免拉缸。

（4）在活塞环槽部进行激光合金化处理，以提高活塞环槽表面的耐热性和耐磨性。

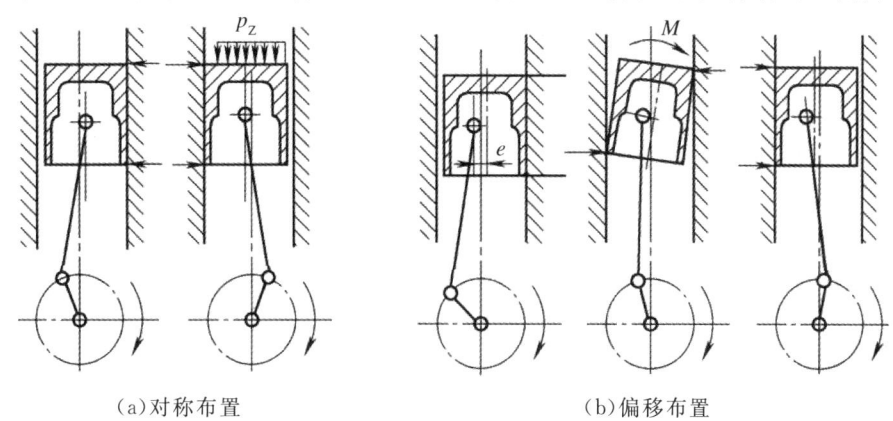

（a）对称布置　　　　　　（b）偏移布置

图 2-3-8　活塞销座孔偏移布置

4. 活塞的冷却

为了减轻活塞顶部和头部的热负荷，高强化发动机尤其是活塞顶上有凹坑的柴油机采用油冷活塞。常见的有自由喷射冷却、振荡冷却和强制冷却三种方法。

（1）自由喷射冷却法。如图 2-3-9 所示，从连杆小头或大头上的喷油孔或从安装在机体上的喷油嘴向活塞顶内壁喷射机油，以此冷却活塞。

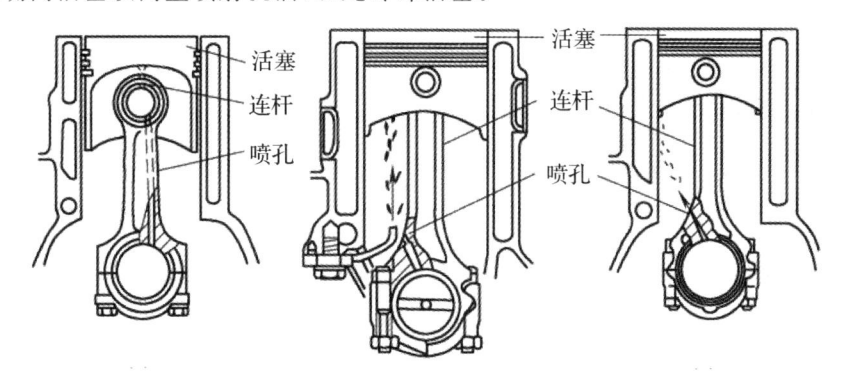

图 2-3-9　活塞自由喷射冷却

（2）振荡冷却法。从连杆小头上的喷油孔将机油喷入活塞内壁的环形油槽中，由于活塞的运动使机油在槽中产生振荡而冷却活塞，如图 2-3-10（a）所示。

（3）强制冷却法。在活塞头部铸出冷却油道或铸入冷却油管，使机油在其中强制流动以冷却活塞。强制冷却法为增压发动机所广泛采用，如图 2-3-10（b）所示。

(a)振荡冷却法　　　　　　　　(b)强制冷却法

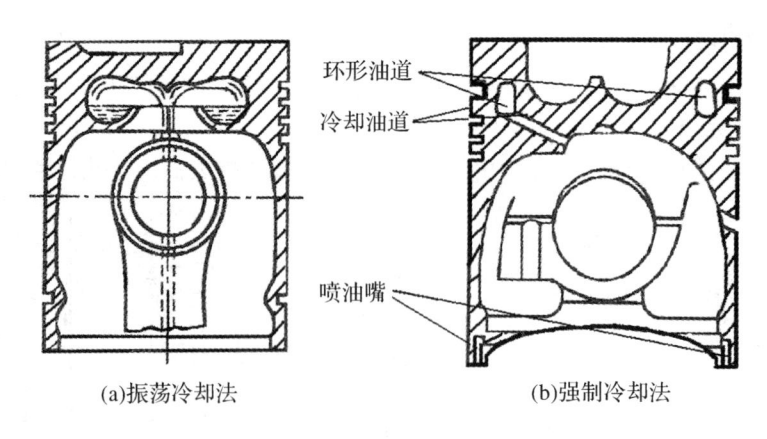

图 2-3-10　活塞的冷却

5. 活塞的耗损形式

活塞的损伤形式有环槽、裙部、活塞销座孔等处的正常磨损；也有少数因刮伤、烧顶、脱顶等原因造成的异常损坏。

二、活塞环

1. 活塞环的种类

（1）根据作用不同可分为气环和油环两类。油环又分为整体式和组合式两种。

（2）根据活塞环的断面不同，气环可分为矩形环、扭曲环（又分正扭曲环和反扭曲环）、梯形环、桶面环等多种形状，如图 2-3-11 所示。

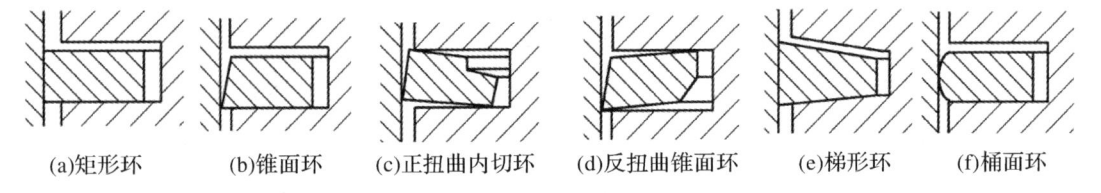

(a)矩形环　(b)锥面环　(c)正扭曲内切环　(d)反扭曲锥面环　(e)梯形环　(f)桶面环

图 2-3-11　活塞环的断面形式

（3）根据活塞环的接口不同可分为直接口式、斜接口式和搭接口式，如图 2-3-12 所示。

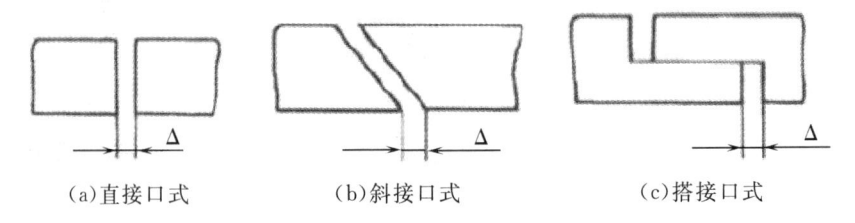

(a)直接口式　　　　(b)斜接口式　　　　(c)搭接口式

图 2-3-12　活塞环的接口形式

2. 活塞环的功用

（1）气环的作用。密封、散热和辅助油环刮油，其中密封作用是主要的。

（2）油环的作用。刮油、布油、散热和辅助气环起密封作用。

3. 活塞环的工作环境

活塞环在高温、高压、高速和润滑极其困难的条件下工作，尤其是第一道环最为困难，长期以来,活塞环一直都是发动机上使用寿命最短(磨损最快)的零件。

4. 活塞环的性能要求
要求活塞环弹性好、强度高、耐磨损。

5. 活塞环的材料
目前广泛采用的活塞环材料是合金铸铁,第一道环镀铬,其余环一般镀锡或磷化。

6. 活塞环的结构(如图 2-3-13 所示)
(1)气环。气环开有切口,具有弹性,在自由状态下外径大于气缸直径。与活塞一起装入气缸后,外表面紧贴在气缸壁上,形成第一密封面;被封闭的气体不能通过环周与气缸之间,便进入环与环槽的空隙,一方面把环压到环槽下端面形成第二密封面;同时,作用在环背的气体压力又大大加强了第一密封面的密封作用。气环的密封效果一般与气环数量有关,汽油机一般采用两道气环,柴油机多采用三道气环。

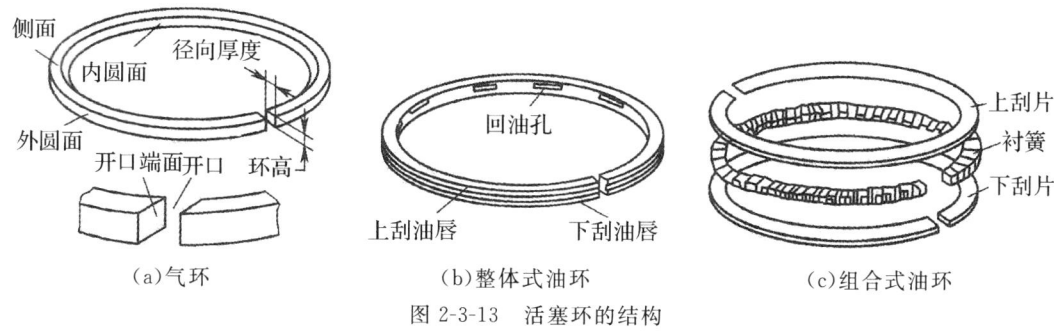

图 2-3-13 活塞环的结构

①矩形环:断面为矩形,其结构简单,制造方便,易于生产。但矩形环随活塞往复运动时,会把气缸壁面上的机油不断泵送入气缸中,这种现象称为气环的泵油作用。为了消除或减少有害的泵油作用,除了在气环的下面装有油环外,广泛采用了非矩形断面的气环。

②扭曲环:在矩形环的内圆上边缘或外圆下边缘切去一部分,使断面呈不对称形状,在环的内圆部分切槽或倒角的称内切环,在环的外圆部分切槽或倒角的称外切环。装入气缸后,在弹力的作用下使活塞环发生扭曲变形。目前广泛应用于第二道气环,安装时必须注意断面形状和方向,内切口朝上,外切口朝下,不能装反。

③锥面环:断面呈锥形,外圆工作面上加工一个很小的锥面(0.5°~1.5°),减小了环与气缸壁的接触面,提高了表面接触压力,有利于磨合和密封。安装时,不能装反,应将有记号的一面向上,否则会引起机油上窜。多用于第二、三道气环。

④梯形环:断面呈梯形,在工作过程中不断改变位置,把沉积在环槽中的积炭挤出去,避免了环被粘在环槽中而折断。但是加工困难,精度要求高。

⑤桶面环:桶面环的外圆为凸圆弧形,是近年来兴起的一种新型结构。当桶面环上、下运动时,均能与气缸壁形成楔形空间,使机油容易进入摩擦面,减小磨损。由于它与气缸呈圆弧接触,故对气缸表面的适应性和对活塞偏摆的适应性均较好,有利于密封,但凸圆弧表面加工较困难,普遍用作强化柴油机的第一环。

查一查:通过互联网查一查活塞环的表面处理方式是什么?

(2)普通油环。普通油环又叫整体式油环。在外圆柱面中间加工有凹槽,槽中钻有小孔或切槽,当活塞上、下运动时,将缸壁上多余的机油刮下,通过小孔或切槽流回曲轴箱;有的还在外侧上边制有倒角,使环在随活塞上行时形成油楔,可起均布润滑油的作用,下行刮油能力强,减少了润滑油的上窜。

(3)组合式油环。组合环由上、下两片侧轨环(刮油钢片)与中间的扩胀器(衬簧)组成，侧轨环用镀铬钢片制成，扩胀器的周边比气缸内圆周略大一些，可将侧轨环紧紧压向气缸壁。这种油环的接触压力高，对气缸壁面适应性好，而且回油通路大，重量小，刮油效果明显。近年来汽车发动机上越来越多地采用了组合式油环。它的主要缺点是制造成本高。

7. 活塞环装配后的"三隙"

发动机工作时，活塞、活塞环等会发生热膨胀。因此，活塞环安装时应留有端隙、侧隙、背隙三处间隙，以防止活塞环卡死在环槽和气缸中，确保其密封性能。如图 2-3-14 所示。

(1)端隙。指活塞环置于气缸内时在开口处呈现的间隙，也称为开口间隙，一般为 0.25～0.50 mm，第一道环因工作温度高，故其端隙比其余几道环大。

(2)侧隙。指活塞环高度方向与环槽之间的间隙，也称为边隙，第一道环因工作温度高，故取值为 0.04～0.10 mm，其他气环为 0.03～0.07 mm，普通油环为 0.025～0.07 mm，组合油环没有侧隙。

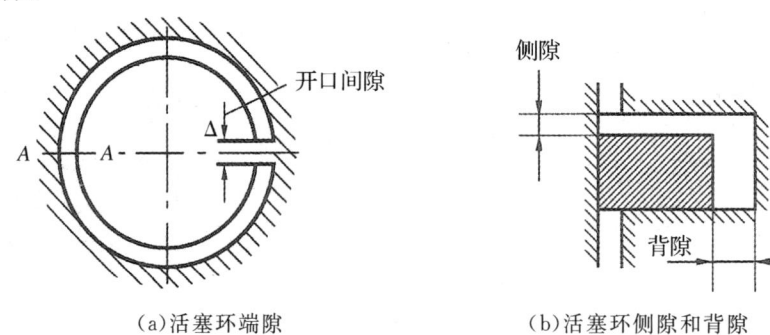

(a)活塞环端隙　　(b)活塞环侧隙和背隙

图 2-3-14　活塞环装配后的"三隙"

(3)背隙。指活塞环随活塞装入气缸后，环的背面与环槽底部之间的间隙，一般为 0.30～0.40 mm，为了便于测量，常以环的厚度与环槽的深度差表示背隙，此值比理论值小。

8. 活塞环的耗损形式

有磨损、弹性减弱和折断等。影响气缸的密封性(漏气和窜油)，使发动机功率下降。

9. 活塞环的安装

(1)安装顺序。注意活塞环侧面的装配标记，如"0""00"和"T_1""T_2"，安装顺序分别为第一道、第二道。安装时有标记的一面应朝上安装。

(2)安装方向。活塞环的安装方向应符合发动机说明书的规定。

(3)开口位置。为了提高气缸的密封性，活塞环的开口应相互错开，如图 2-3-15 所示。

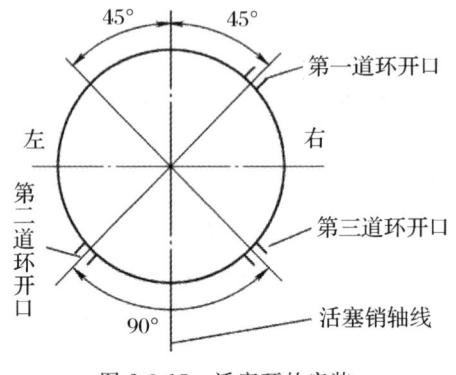

图 2-3-15　活塞环的安装

第二道气环和刮油片的开口互错180°,第三道气环和刮油片的开口互错120°。

三、活塞销

1. 活塞销的概述

(1)作用。连接活塞与连杆小头,承受气体压力并将力传给连杆。

(2)工作环境。在高温下周期性地承受很大的冲击载荷,其本身又做摆转运动,而且处于润滑条件很差的情况下工作。

(3)性能要求。要求活塞销具有足够的强度和刚度,表面韧性好,耐磨性好,质量轻。

(4)材料。低碳钢和低碳合金钢。

(5)连接方式。活塞销与销座孔及连杆衬套的连接方式有全浮式和半浮式两种。

①全浮式:如图2-3-16(a)所示,发动机工作时,活塞销、连杆小头和活塞销座都有相对运动,活塞销能在连杆衬套和活塞销座中自由摆动,使磨损均匀。为了防止全浮式活塞销轴向窜动刮伤气缸壁,在活塞销两端装有挡圈,进行轴向定位。全浮式应用较广泛。

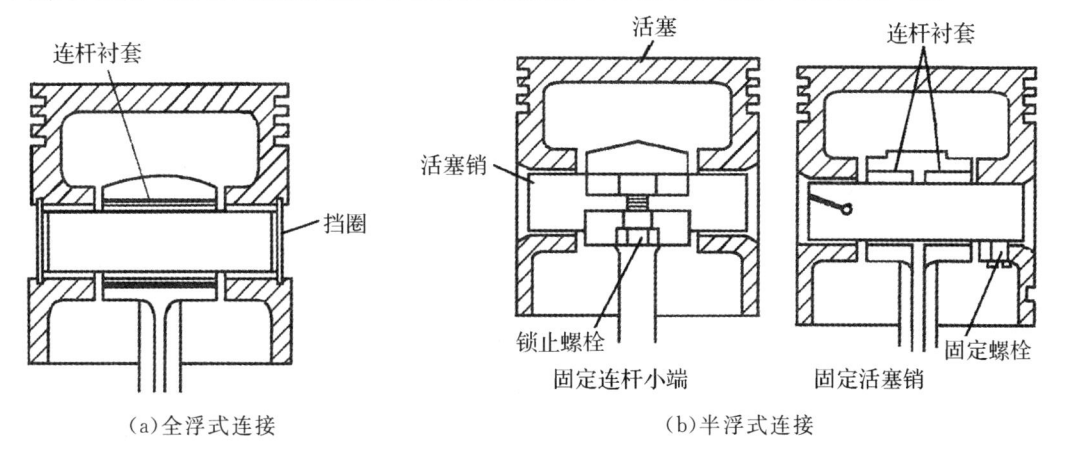

图2-3-16 活塞销的安装方式

②半浮式:如图2-3-16(b)所示,活塞销中部与连杆小头采用各种固定连接,活塞销只能在两端销座内做自由摆动,而与连杆小头没有相对运动。活塞销不会做轴向窜动,不需要锁片。小型轿车和微型汽车上应用较多。

2. 活塞销的结构

如图2-3-17所示,活塞销一般做成空心圆柱以减轻质量,空心柱可以是组合形或两端截锥形;它的外圆柱面经表面渗碳淬火后再精磨加工。外表面经渗碳淬火处理以提高硬度,精加工后进行磨光,有较高的尺寸精度和表面粗糙度。

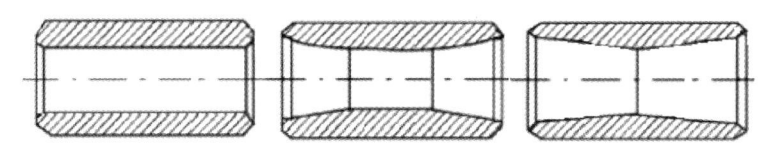

图2-3-17 活塞销的结构

3. 活塞销的耗损形式

活塞销的主要耗损形式是磨损和弯曲。全浮式活塞销的磨损部位在销座孔与连杆衬套的配合处,磨损后径向失圆,轴向呈台阶形,弯曲变形较小;半浮式活塞销磨损发生在与销座孔配合的部位,且磨损不均匀,上下方磨损较大,容易发生弯曲变形。

四、连杆组件的构造

1. 连杆组件的概述

(1)作用。连接活塞与曲轴,在它们之间转换运动;将活塞承受的燃气压力传给曲轴。

(2)工作环境。连杆工作时,承受活塞顶部气体压力和惯性力的作用,而这些力的大小和方向都是周期性变化的。连杆受到的是压缩、拉伸和弯曲等交变载荷。

(3)要求。要求连杆强度高,刚度大,质量轻。

(4)材料。一般用优质中碳钢或中碳合金钢锻造而成;有的采用纤维增强铝合金。

(5)连杆的种类。根据连杆大头切口位置的不同可分为平切口和斜切口(45°)两种。

(6)组成。如图2-3-18所示,连杆组件主要由连杆衬套、连杆体、连杆盖、连杆轴承、连杆螺栓等零件组成。其中连杆体又可分为连杆小头、杆身和连杆大头三部分。

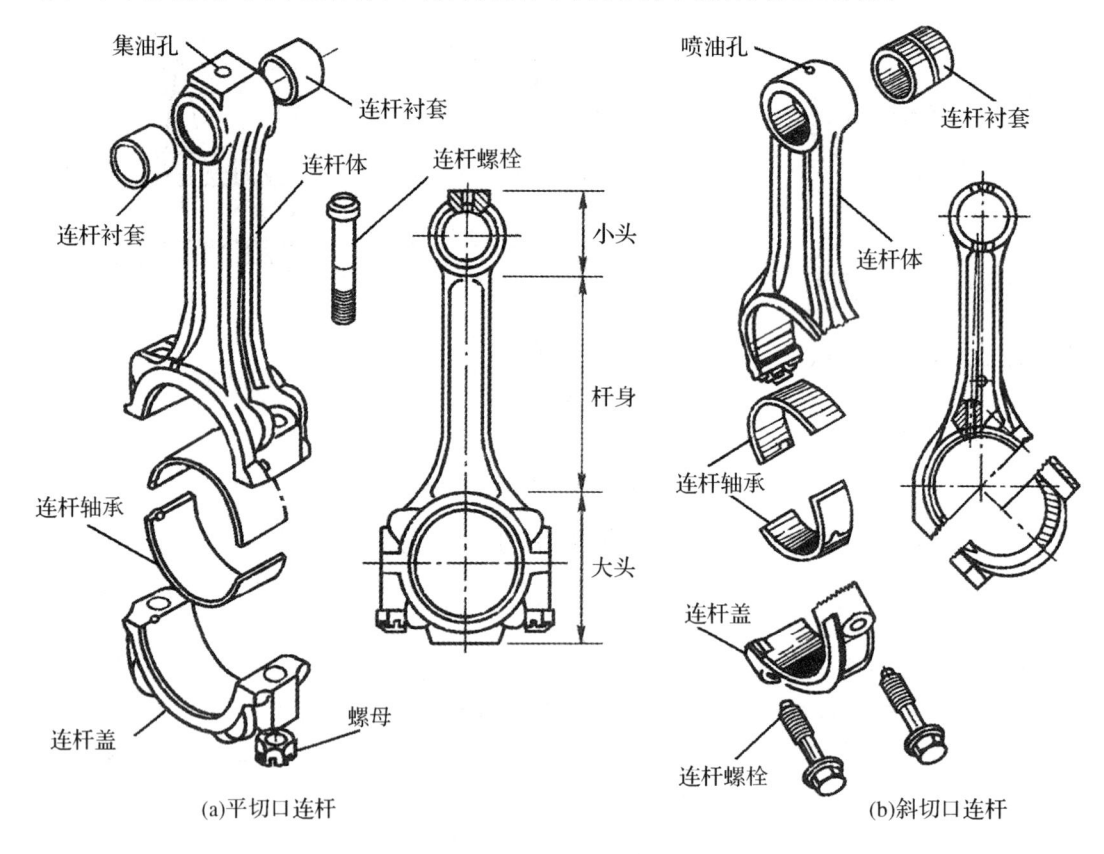

图 2-3-18 连杆组件的组成

小提示:V形发动机的连杆有并列式连杆、主副式连杆和叉形式连杆三种。

2. 连杆体的结构

(1)连杆小头。用来安装活塞销(半浮式)或连杆衬套(全浮式)。全浮式的座孔内镶有与之过盈配合的连杆衬套;为了润滑活塞销与衬套,在小头和衬套上铣有油槽或钻有油孔以收集飞溅的润滑油并用以润滑;有的发动机连杆小头采用压力润滑,在杆身内钻有纵向油道。采用半浮式的活塞销与连杆小头过盈配合,所以小头孔内不需要衬套,也不需要润滑。

查一查: 全浮式连杆小头座孔与连杆衬套的过盈量。

(2)杆身。制成"I"字形断面结构,抗弯强度好,质量轻,大圆弧过渡,且上小下大。有些柴油机在杆身钻有与轴承孔相通的纵向油道,机油经油道到达小头,一部分用来润滑活塞销和衬套,另一部分用来冷却活塞。杆身上还制有安装朝前标记(如凸点等)。

(3)大头。大头与连杆轴颈相连,有整体式和分开式两种。一般采用分开式,分开式又有平分式和斜分式。有的大头及轴承钻有一个径向小油孔(直径为1~1.5 mm),用来加强受侧压力较大的气缸壁和活塞的激溅润滑和冷却。一般汽油机连杆大头的横向尺寸都小于气缸直径,可以方便地通过气缸进行拆装,故采用平切口连杆;而柴油机的大头尺寸往往超过了气缸直径,为使大头能通过气缸,便于拆装,柴油机采用斜切口,最常见的是45°夹角。

3. 连杆盖

把连杆大头分开可取下的部分叫连杆盖,连杆与连杆盖配对加工,加工后在它们同一侧打上配对记号,安装时不得互相调换或变更方向。汽油机及小功率柴油机多采用连杆螺栓定位,利用连杆螺栓中部精加工的圆柱凸台或光圆柱部分与经过精加工的螺栓孔来保证定位的精度。大功率的柴油机一般采用斜切口连杆,利用锯齿定位、圆销定位、套筒定位和止口定位,其中以锯齿定位应用最广,如图2-3-19所示。

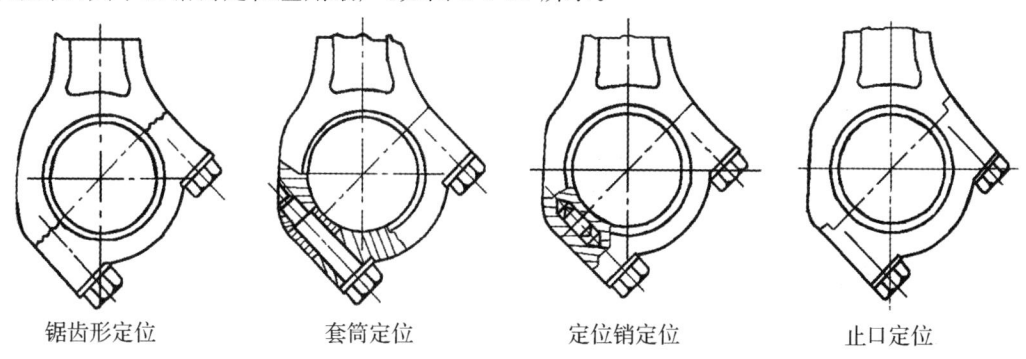

| 锯齿形定位 | 套筒定位 | 定位销定位 | 止口定位 |

图2-3-19 斜切口连杆盖的定位

4. 连杆螺栓

用来连接连杆盖和连杆大头,在工作中承受很大的冲击力,若折断或松脱,将造成严重事故。用优质合金钢制造,并精加工和热处理特制而成。装配时必须按规定力矩分2~3次均匀地拧紧,并用锁紧装置锁紧(如放松胶、开口销、双螺母、自锁螺母、保险片、螺纹表面镀铜等),以防螺栓松动。连杆螺栓损坏后绝不能用其他普通螺栓来代替。

5. 连杆轴承

为了减小摩擦阻力和连杆轴颈的磨损,连杆大头孔内装有瓦片式滑动轴承,俗称小瓦,如图2-3-20所示。目前多采用薄壁钢背轴瓦,在其内表面浇铸有耐磨合金层。耐磨合金常用的有巴氏合金、铜铝合金、高锡铝合金。连杆轴瓦的背面有很高的光洁度。轴瓦在自由状态下不是半圆形,装入连杆大头孔内时能均匀地紧贴在大头孔壁上,具有很好的承受载荷和导热的能力,可以提高工作可靠性和延长使用寿命。连杆轴瓦上制有定位凸键,以防轴瓦前后移动或转动。有的轴瓦上还制有油孔,安装时应与连杆上相应的油孔对齐。

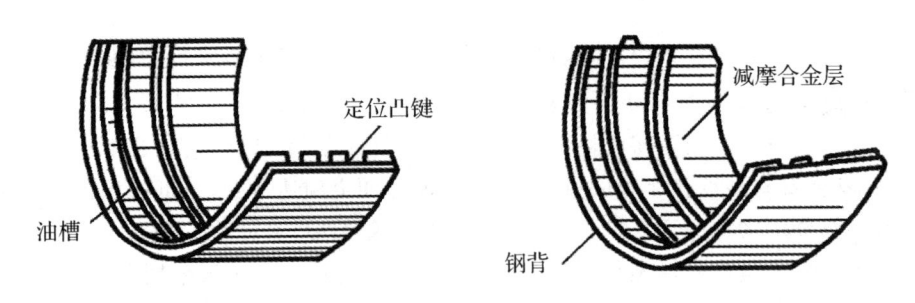

图 2-3-20 连杆轴承的结构

6. 连杆组件的耗损形式

连杆组件常见的损伤有杆身的弯曲、扭曲变形,大头孔、小头孔的失圆,连杆轴承、衬套的磨损,连杆螺栓、螺母的损伤。

【任务实施】

一、工作准备

抹布,吹枪,机油壶,14 mm 的套筒,短接杆,塑料保护套,塑料锤,棘轮扳手,扭力扳手,活塞环拆装钳,活塞环抱箍,外径千分尺,游标卡尺,直角尺,厚薄规,记号笔,维修手册。

二、技能要求

1. 连杆轴承的轴向间隙和径向间隙应符合维修手册要求。
2. 连杆螺栓的拧紧力矩应符合维修手册要求,拧紧力矩为 29 N·m,然后转动 90°。

三、任务步骤(8A 发动机单缸活塞拆装)

1. 准备工作

清洁工作台、场地;清点工具、量具。

2. 活塞连杆组的拆卸(拆 1 缸)

(1) 用吹枪清洁缸体四周。

(2) 检查 1 缸活塞是否处于上止点,否则转动曲轴使 1 缸活塞处于上止点,用毛巾清洁缸口和活塞顶部的朝前标记。再转动曲轴使 1 缸活塞处于下止点,用手上下移动检查 1 缸缸筒是否有缸肩和积炭。

(3) 摇转翻转架,使缸体上平面朝下。

(4) 用手前后移动连杆轴承盖,再上下用力压拉,检查连杆轴向间隙(0.15～0.25 mm,极限 0.30 mm)和油隙(0.02～0.051 mm,极限 0.08 mm);检查连杆大头和连杆盖的装配标记,用毛巾擦干净后检查连杆盖的朝前标记,若没有则做好标记。

(5) 用短接杆、14 mm 的套筒和指针式扭力扳手将 1 缸两颗连杆螺栓拧松 90°,再松 90°后换用短接杆和 14 mm 的套筒拧松,最后用手将两颗螺栓完全拧松后放到规定位置。

(6) 用胶榔头轻敲连杆螺栓将连杆盖振松,摇转翻转架将缸体倾斜 45°,用手将连杆大头稳住,并取下连杆盖放到工作台上,放在两颗螺母前方并注意标记。

小提示:敲击时用手护住 1 缸缸口,防止活塞掉下。

(7)用胶管将连杆螺栓套好,摇转翻转架使缸体回正。

(8)用木柄轻敲连杆大头边缘,取下活塞连杆组组件,检查连杆体的朝前标记。

(9)用小平口起子将连杆上、下轴承取下并放在规定位置,不能混乱。取下两个胶管。

(10)用活塞环拆装钳将两道气环拆下(先取第一道气环,再取第二道气环);用毛巾清洁活塞环,检查活塞环上是否有标记,没有就用记号笔做上标记。用手拆卸上、下刮油片和衬环,摆放时注意上、下刮油片的顺序、方向并打上记号。

> **小提示**：拆卸多缸活塞连杆时,为防止混乱,必须将连杆盖、轴承及螺母装合存放。

3. 活塞连杆组的分解

将活塞连杆组浸入 60 ℃ 热水中,并在热状态下拆卸下活塞销和活塞。

4. 零件的清洗

(1)清洗活塞环。用汽油、毛刷将所有活塞环清洁干净,注意刮油片不能混乱,用毛巾将活塞环擦干净再用吹枪吹干,记号洗掉的再在刮油环上、下打记号。

> **小提示**：严禁将压缩空气对着人体吹,特别是眼睛部位。

(2)清洗活塞、连杆总成。先用铲刀将活塞顶部的积炭清除,再用毛刷、汽油清洗干净,用毛刷清洗活塞环槽内的积炭,活塞内部各个油孔,连杆杆身等,用毛刷将活塞连杆组擦干净后用吹枪吹干。

(3)清洗上、下轴承及轴承盖。将上、下轴承和轴承盖清洗干净,注意上、下轴承不能混乱,清洗后用毛巾擦拭后再用吹枪吹干。

(4)清洗气缸筒与连杆轴颈。用毛巾、吹枪清洗1缸连杆轴颈,检查连杆轴颈有无麻坑和划痕。摇转翻转架使气缸体回到初始位置,用垫片铲刀、毛巾、吹枪清洗1至4缸上平面、缸口与缸筒,直观地检查气缸垂直划痕。

5. 检测

(1)检测活塞环侧隙。将第一道活塞环放入一道环槽内,滚动一周;用毛巾将塞尺(0.04 mm)清洁干净后,检查第一道活塞环与环槽的间隙(应在0.04～0.08 mm),检查配合的四个位置,并记录最大值,其值为_____。

(2)检测活塞环端隙。将第一道环用手装入气缸筒顶部,清洁游标卡尺并调到 97 mm 处锁紧。再用活塞将活塞环压入缸筒 97 mm 处,用游标卡尺深度测量尺检查活塞环是否在离缸筒上平面 97 mm 处,清洁塞尺(0.25 mm),测量活塞环端隙(标准值2C的应在0.25～0.45 mm,极限1.05 mm)并记录,其值为_____,取出活塞环。

(3)检测连杆螺栓。将螺母套按原来位置装在螺栓上,检查螺母能否用手容易拧到底。若转动困难则用卡尺测量螺栓外径。标准8.60～9.00 mm,极限8.60 mm,测量值_____。

(4)检测活塞直径。清洁千分尺,用游标卡尺在离活塞顶部 28.5 mm 处打好标记两个,将活塞倒放在毛巾上,用千分尺测量活塞直径,砧座的两端面应与标记在一个平面上(标准值2C的为78.625～78.635 mm),测量值_____。

(5)检测缸体上平面。清洁塞尺和刀口平尺,按规定顺序(横向、纵向、对角线)测量缸体上平面的平面度(0.05 mm)。每条线上测量五个位置,取最大值为平面度测量值,其值为_____。

(6)检测连杆小头与活塞销的间隙。间隙值为_____。

(7)检测气缸直径。

①估测缸径：先清洁游标卡尺,校零后,再测量各气缸直径,作为调校外径千分尺的基准。

②调校外径千分尺：先清洁外径千分尺，将其夹持到台虎钳，注意用软质钳口保护外径千分尺。用校正杆校零，再将千分尺校正到估测的缸径，锁紧锁紧装置。

③组装量缸表：清洁量缸表，把百分表装在表杆的上端，并使表盘朝向测量杆的活动点（具体朝向无要求），以便于观察，使表盘的短针有1～2 mm的压缩量。因为量缸表在此范围内测量精度较高。根据气缸的估测直径，选择合适的测量接杆，并将其固定在量缸表的下端。接杆固定好后与活动测杆的总长度应与被测气缸的尺寸相适应，锁紧螺母。

④调校量缸表，将量缸表校准到外径千分尺的尺寸，并使伸缩杆有1～2 mm左右的压缩行程，旋转表盘，使表针对正零位。

⑤测量：将量缸表的测量杆伸入到气缸上部测量第一道活塞环在上止点位置时所对应的气缸壁，根据气缸的磨损规律，分别测量平行、垂直方向二组数值的磨损量。将量缸表下移，用同样方法测量气缸中部和下部的磨损。气缸中部为上、下止点间的中间位置；气缸下部为距离气缸下边缘10 mm左右处。

⑥将所测得该缸的各组数据分别填入表中，根据表格数据计算气缸的圆度、圆柱度、气缸磨损量及配缸间隙。

6. 活塞连杆组的组装（如图2-3-21所示）

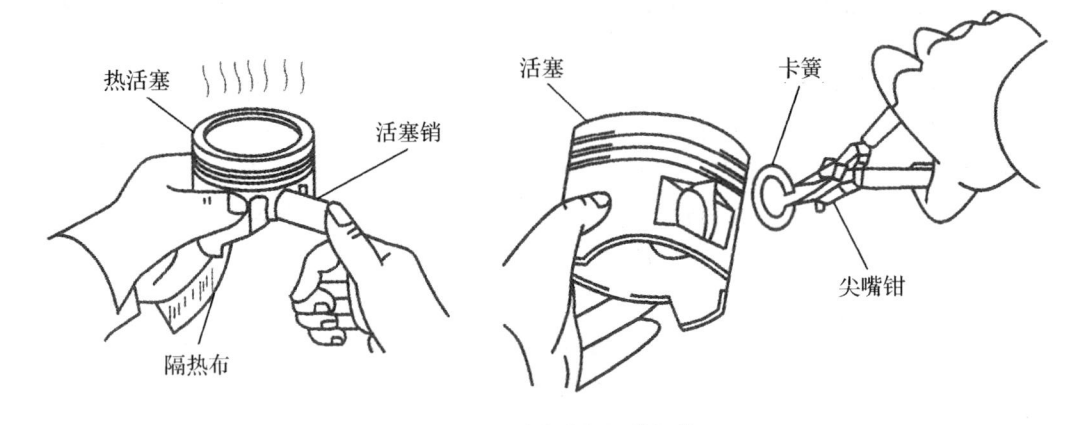

图2-3-21 活塞连杆组的组装

(1)将活塞置于水中加热至70～80 ℃取出，擦拭干净。

(2)在销座孔、连杆衬套孔和活塞销上涂抹一层机油，用大拇指把活塞销推入座孔，并迅速通过连杆衬套孔，直至另一侧销座孔的锁环槽边。

(3)安装活塞销两边的卡簧，注意卡簧开口位置。有磨损台阶的卡簧应予以更换。

(4)组装后的检测。

①卡簧嵌入环槽的深度应不少于卡簧直径的2/3，与活塞销两端有_____的间隙，标准间隙为_____。

②活塞和连杆的装配标记必须朝着同一方向（发动机曲轴输入端）。

③在连杆校验仪上检测连杆大头中心线和活塞中心线的垂直度，其误差为_____，要求其误差不大于_____，否则查找原因重新校正后再组装。

7. 活塞连杆组的装配

(1)安装油环。先用手先安装衬环，使衬环环口与活塞顶部朝前标记对齐，然后装下刮油片，再装上刮油片。装配时应注意上、下刮油片开口应相错180°，上刮油片或下刮油片应与衬环相错45°。

(2)装第二道气环。先检查活塞环上的标记(T),活塞环装入环槽内时标记应朝上。活塞环放在活塞环拆装钳内应放平,如图 2-3-22 所示。

(3)安装第一道气环。检查活塞环上所打的标记,先清洁干净再装入环槽,标记应朝上。活塞环放在活塞环拆装钳内应放平,如图 2-3-22 所示。

(4)安装连杆上轴承。按拆卸相反的顺序把轴承装回原位,不能混装。

(5)润滑各零部件。润滑气缸筒,在活塞环收紧器内涂抹适当机油,在活塞环、活塞裙部、连杆小头的油孔(并摇动连杆使其润滑)、轴承上涂抹适当的均匀的机油。

(6)调整活塞环开口方向。第一道气环应在侧压力小的排气侧,第二道气环应与第一道气环相错180°,油环不改变。用手转动活塞环使其润滑更加充分,再转回原位。

(7)安装螺栓胶管套。安装时先确认活塞顶部的朝前标记。将活塞连杆组装入气缸,注意标记应朝前。将活塞环收紧器直径调到适当位置,再将活塞环收紧到能压入气缸内,再次拧紧环收紧器,用胶锤棒将活塞压入气缸下止点,如图 2-3-23 所示。

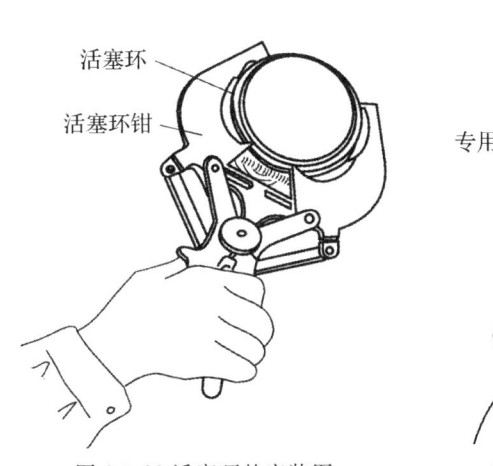

图 2-3-22 活塞环的安装图 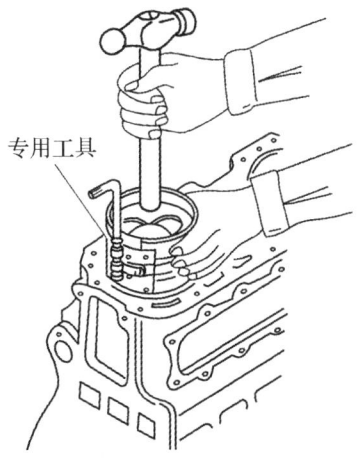　　2-3-23 活塞连杆组的安装

(8)摇转翻转架135°,在连杆轴颈和油孔打适当的机油,在轴承盖的轴承上涂抹适当的机油,将轴承盖装好(装配时请注意:轴承盖上的凸起标记和装配号码)。在连杆螺母下方涂一薄层机油装回原位,再摇转翻转架45°。

(9)拧紧连杆螺栓。用短接杆、14 mm 的套筒将两颗螺母分几次交替拧紧到位,用扭力扳手拧紧至29 N·m,用毛巾清洁螺栓头部,用记号笔在螺栓头部做记号(记号为"—"字并朝前)后再拧紧扭转90°。

(10)检查曲轴转动情况。转动曲轴至少一周,应能转动自如。

(11)查连杆轴向间隙和油隙。用手前后推拉连杆轴承盖,用塞尺检查连杆轴向间隙,测量值为_____标准值为_____;再上下用力拉压轴承盖,用塑料线规检查油隙,测量值为_____,标准值为_____。

(12)缸体转回原始位置,将工具车推到工作台前。

8. 结束工作

清点、整理工量具;清洁、整理设备及场地。

【任务检测】

一、填空题

1. 活塞环装入气缸后,其开口处的间隙叫_____;装入活塞后,在环高方向上与环槽之间的间隙叫_____;活塞环背面与环槽底部之间的间隙叫_____。
2. 气环按其断面形状不同常见的有_____。
3. 油环的结构形式有_____和_____两种。
4. 活塞环分为气环和油环,气环的作用为_____、_____和辅助_____;油环的作用是_____、_____和辅助_____。
5. V形发动机的连杆有_____、_____、_____三种布置形式。

二、选择题

1. YC6105QC柴油机的连杆与连杆盖的定位采用(　　)。
   A. 连杆螺栓本身　　B. 定位套筒　　C. 止口　　D. 锯齿定位
2. 活塞环背隙过小,将会造成(　　)。
   A. 气缸和活塞磨损加剧　　B. 背压增大
   C. 气缸密封性降低　　D. 没有影响
3. 连杆大头做成分开式的目的是(　　)。
   A. 便于加工　　B. 便于安装　　C. 便于定位　　D. 没有目的
4. 为了保护活塞裙部表面,加速磨合,在活塞裙部较多采用的措施是(　　)。
   A. 涂润滑剂　　B. 喷油润滑　　C. 镀锡　　D. 镀铬
5. 扭曲环之所以会扭曲,是因为(　　)。
   A. 加工成扭曲的　　B. 环断面不对称　　C. 摩擦力的作用　　D. 没有原因

三、判断题

1. 活塞顶是燃烧室的一部分,环槽部主要用来安装活塞环,裙部可起导向的作用。(　　)
2. 活塞在气缸内做匀速运动。(　　)
3. 活塞径向呈椭圆形,椭圆的长轴与活塞销轴线同向。(　　)
4. 校正连杆弯扭变形时,应先校扭,后校弯。(　　)
5. 裙部开有膨胀槽的活塞,其装配间隙相对较小。(　　)
6. 连杆杆身采用工字形断面主要是为了减轻质量,以减小惯性力。(　　)
7. 气环的密封原理除了自身的弹力外,主要靠少量高压气体作用在环背产生的背压而起的作用。(　　)

【评价与反馈】

班级：_____　姓名：_____　指导教师：_____

序号	考核项目	项目分值	考核内容	配分	考核标准	得分
1	出勤/纪律	5	出勤	2	违规一次不得分	
			行为规范	3	违规一次不得分	
2	安全/防护/环保	20	着装	2	违规一次不得分	
			个人防护	3	违规一次不得分	
			5S/EHS	5	违规一次不得分	
			设备使用安全	5	违规一次不得分	
			操作安全	5	违规一次不得分	
3	任务检测	20	任务测成绩	20	测验成绩的20%计	
4	技能考核	35	技能测验成绩	35	测验成绩的35%计	
5	学习能力	10	工单填写,工艺计划制定	4	未做不得分	
			组内活动情况	5	酌情扣1~5分	
			资料查阅和收集	1	未做不得分	
6	任务拓展	10	知识拓展任务	2	未做不得分	
			技能拓展任务	8	未做不得分	
7	总分	100				

【教师评估】

序号	优点	存在问题	解决方案

教师签字：

任务四 曲轴飞轮组的检测与修复

【任务目标】

目标类型	目标要求
1.认知目标	(1)描述曲轴的功用； (2)阐述曲轴的组成和结构特点； (3)叙述曲轴的耗损形式； (4)认识曲轴飞轮组的其他零件。
2.技能目标	达到汽车维修中级工如下要求： (1)完成曲轴飞轮组的拆装； (2)运用各种量具检测曲轴飞轮组的零件及其装配间隙。
3.情感目标	(1)养成良好的工作和学习习惯； (2)注意操作安全、设备安全、个人防护等。

【任务描述】

如图 2-4-1 所示，曲轴飞轮组主要由曲轴和飞轮以及其他不同功用的零件和附件组成。其零件和附件的种类和数量取决于发动机的结构和性能要求，但其基本构造是相同的。通过该任务的学习，学生能够识别曲轴飞轮组的组成及其拆装工艺，各零件的作用、结构、检测方法。

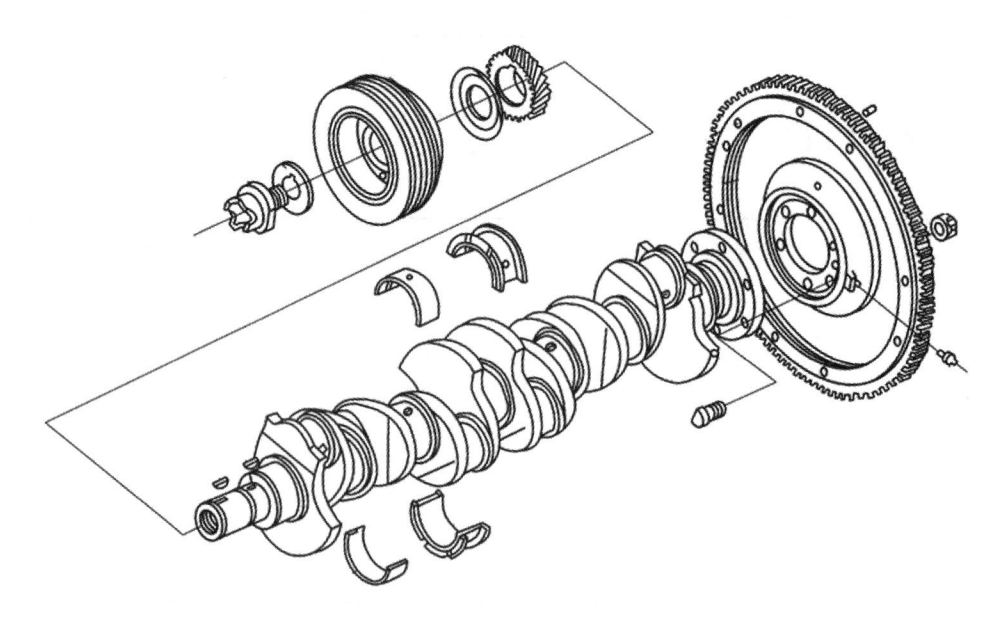

图 2-4-1 曲轴飞轮组的组成

【知识准备】

一、曲轴

(一)概述

1. 曲轴的功用

曲轴是发动机的重要零件之一。其功用是承受活塞、连杆传来的力,并转换成绕其轴线旋转的转矩,通过飞轮储存或对外输出,同时,驱动配气机构和其他辅助装置,如发电机、水泵、风扇、空气压缩机、转向助力泵等。

2. 曲轴的工作环境

(1)曲轴是高速旋转零件,其额定转速均为 4 000~6 000 r/min。

(2)工作时承受气体压力、惯性力及惯性力矩的作用,承受的力大而复杂。

(3)承受交变载荷的冲击作用。

3. 曲轴的性能要求

具有足够的强度和刚度;有良好的承受冲击载荷的能力;有良好的耐磨性和润滑性。

4. 曲轴的材料

一般用中碳钢或中碳合金钢锻造而成,现在球墨铸铁铸造的曲轴应用也较广泛。

> **小提示**:氮化曲轴为"一次性曲轴",只要无氮化层曲轴就应报废,不能磨削。

5. 曲轴的种类

(1)根据曲轴材料的不同可分为钢质曲轴和铸铁曲轴两种。

(2)根据曲拐的连接方式不同可分为整体式和组合式两种曲轴。各个曲拐锻造或铸造成一个整体的曲轴称为整体式曲轴,各个曲拐组合装配而成的曲轴称为组合式曲轴。整体式曲轴为中小型发动机广泛采用。

(3)根据曲轴的支撑形式不同可分为全支撑曲轴和非全支撑曲轴两种。主轴颈的数目比连杆轴颈数目多的曲轴称为全支撑曲轴,广泛用于各型发动机上。主轴颈的数目等于或少于连杆轴颈数目的曲轴称为非全支撑曲轴,只适于功率较小的汽油发动机。

(二)结构

如图 2-4-2 所示,曲轴主要由曲轴前端、若干曲拐和曲轴后端三部分组成。整体式曲轴的基本组成包括前端轴、主轴颈、连杆轴颈、曲柄、平衡重或平衡块、后端轴等。

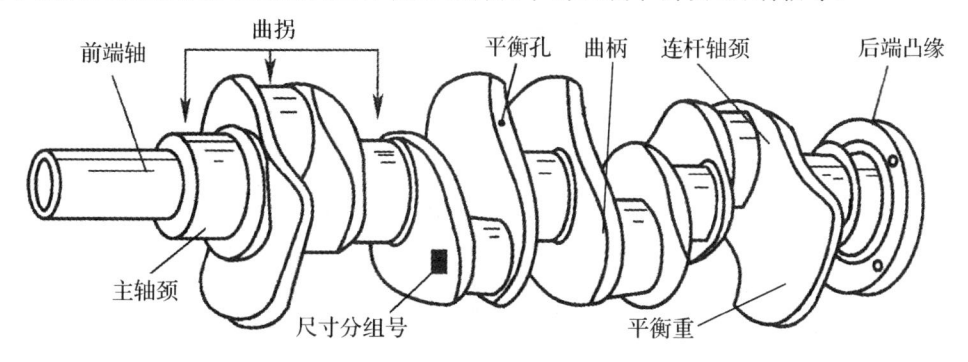

图 2-4-2 曲轴的构造

1. 曲轴前端

如图2-4-3所示,曲轴前端也称为自由端。主要用来驱动配气机构和水泵、风扇等附属装置。故前端轴上有正时齿轮(齿形带轮或链轮)、皮带轮、扭转减振器以及起动爪等。为了防止机油沿前端轴颈外泄漏,在曲轴前端装有甩油盘和油封。

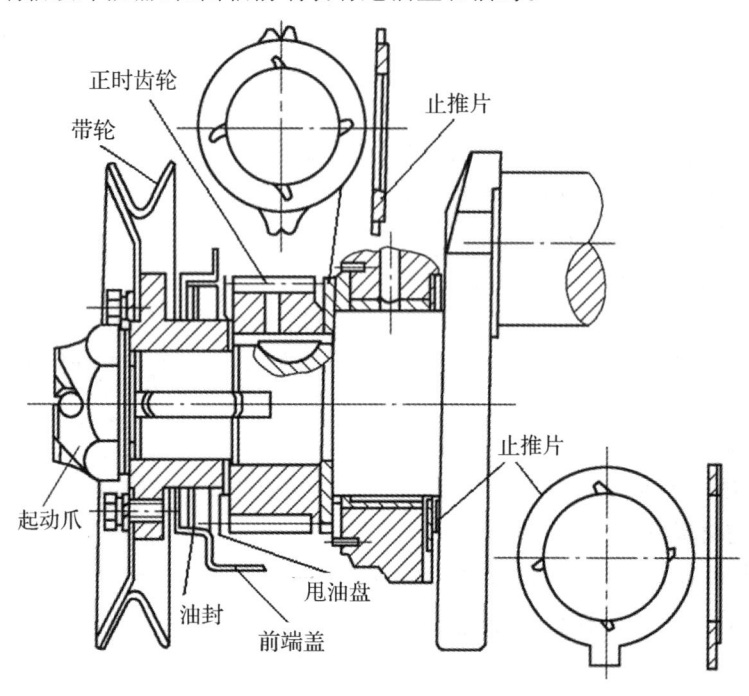

图 2-4-3　曲轴前端的构造

小提示：安装时,甩油盘的凹面朝向油封,油封唇口涂抹机油。

2. 曲拐

一个连杆轴颈和其两端的曲柄及主轴颈构成一个曲拐。曲轴的曲拐数取决于发动机气缸数目、气缸的排列形式和曲轴的支撑形式。直列式发动机曲轴的曲拐数目等于气缸数；V形发动机曲轴的曲拐数等于气缸数的一半。

(1)主轴颈。为曲轴的支撑点,用来支撑曲轴,一般是实心的,但也有的为了减轻质量而制成空心。要求主轴颈的轴线都在同一轴线上。

(2)连杆轴颈。又称为曲柄销,用来安装连杆大头。曲柄销通过曲柄与主轴颈相连,在连接处用圆弧过渡,以减少应力集中。直列式发动机的连杆轴颈数目与气缸数目相等；V形发动机连杆轴颈数目等于气缸数目的一半。

(3)曲柄。用来连接连杆轴颈和主轴颈。连杆轴颈、主轴颈和曲柄销上都加工有斜向、互通的润滑油道,如图2-4-4所示。曲柄是主轴颈和连杆轴颈的连接部分,断面为椭圆形。为了平衡惯性力,曲柄处铸有整体式平衡重(或紧固有装配式平衡块)。

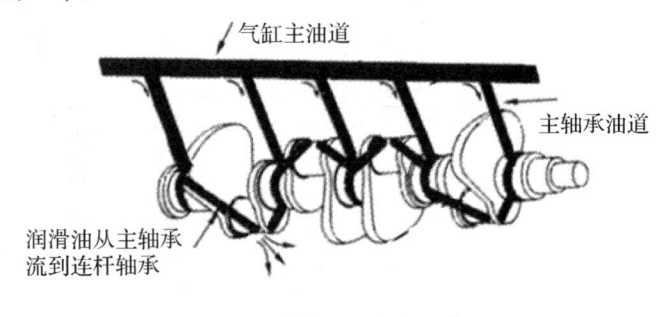

图 2-4-4　曲轴上的润滑油道

(4)平衡重。平衡重用来平衡连杆大头、连杆轴颈和曲柄等部件旋转时产生的离心力及力矩,以及活塞连杆组的往复惯性力及力矩,以使发动机运转平稳。曲轴是否加平衡重,要视具体情况而定。

3. 曲轴后端

曲轴后端亦称为功率输出端。多采用凸缘盘结构,用以安装飞轮。在后端轴颈和凸缘之间制有各种防漏油装置,如图2-4-5所示。现代汽车发动机广泛采用橡胶油封防漏装置。另外,电控发动机后端还装有发动机转速传感器信号转子(俗称靶轮)。

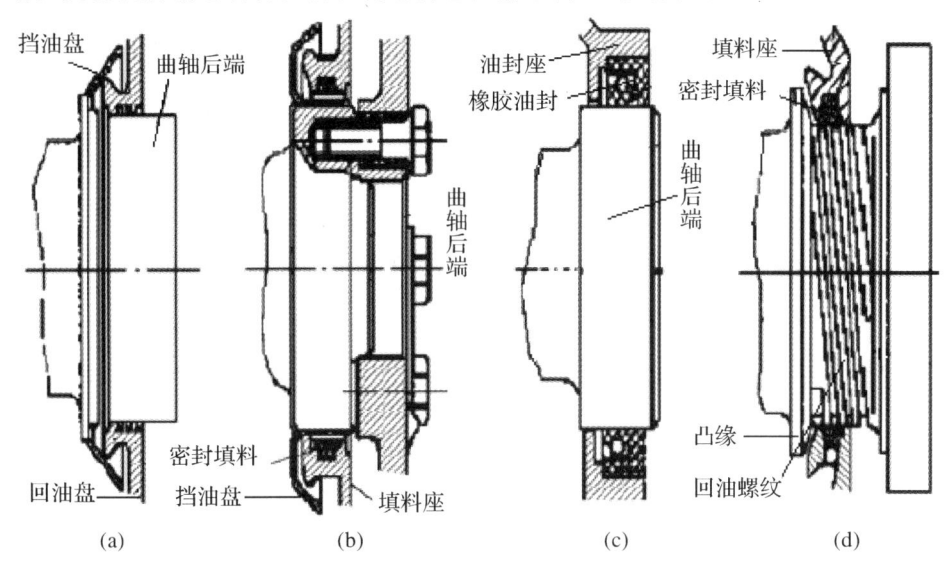

图 2-4-5 曲轴后端的结构

(三)多缸机曲拐的布置与工作循环

1. 基本要求

曲拐的形状和各曲拐的相对位置(曲拐的布置)主要取决于发动机的气缸数、气缸排列方式和着火顺序。

(1)在安排多缸发动机的点火顺序时,应使连续做功的两缸相距尽可能远,以减轻主轴承的载荷,同时避免进气重叠以至影响充气;

(2)做功间隔应力求均匀,也就是说发动机每完成一个工作循环,每个气缸都应着火做功一次,而且各缸着火的间隔时间(以曲轴转角表示亦称为着火间隔角)应尽量相同,因此四行程发动机的着火间隔角为 $720°/i$(i 为发动机气缸数目),即曲轴每转 $720°/i$,就应有一个气缸做功,以保证发动机运转平稳。

2. 直列四缸机的曲拐布置与工作循环

直列四缸四行程发动机曲轴曲拐对称布置于同一平面内,1、4 缸在上,2、3 缸在下,互相错开 180°,如图 2-4-6 所示;着火间隔角为 $720°/4=180°$,曲轴每转半圈做功一次,四个缸的做功行程是交替进行的,并在 720° 内完成;做功顺序(按照一定的顺序工作,也称发火顺序)有 1—2—4—3 和 1—3—4—2 两种,其工作循环见表 2-4-1 和表 2-4-2。

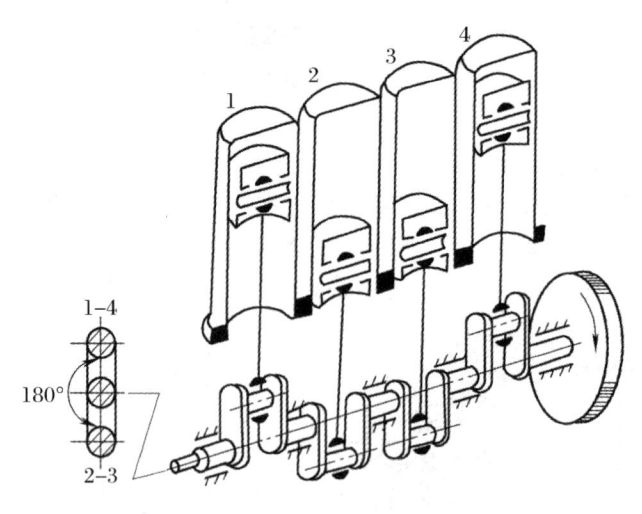

图 2-4-6　直列四缸发动机的曲拐布置

表 2-4-1　直列四缸四行程发动机的工作循环表(做功顺序为 1—2—4—3)

曲轴转角	第 1 缸	第 2 缸	第 3 缸	第 4 缸
0°～180°	做功	压缩	排气	进气
180°～360°	排气	做功	进气	压缩
350°～540°	进气	排气	压缩	做功
540°～720°	压缩	进气	做功	排气

表 2-4-2　直列四缸四行程发动机的工作循环表(做功顺序为 1—3—4—2)

曲轴转角	第 1 缸	第 2 缸	第 3 缸	第 4 缸
0°～180°	做功	排气	压缩	进气
180°～360°	排气	进气	做功	压缩
350°～540°	进气	压缩	排气	做功
540°～720°	压缩	做功	进气	排气

3. V 形六缸机的曲拐布置与工作循环

V 形六缸四行程发动机曲轴为三个曲拐均匀布置在互成 720°/6＝120°的三个平面内,如图 2-4-7 所示。做功顺序为 R1—L3—R3—L2—R2—L1,其工作循环见表 2-4-3。

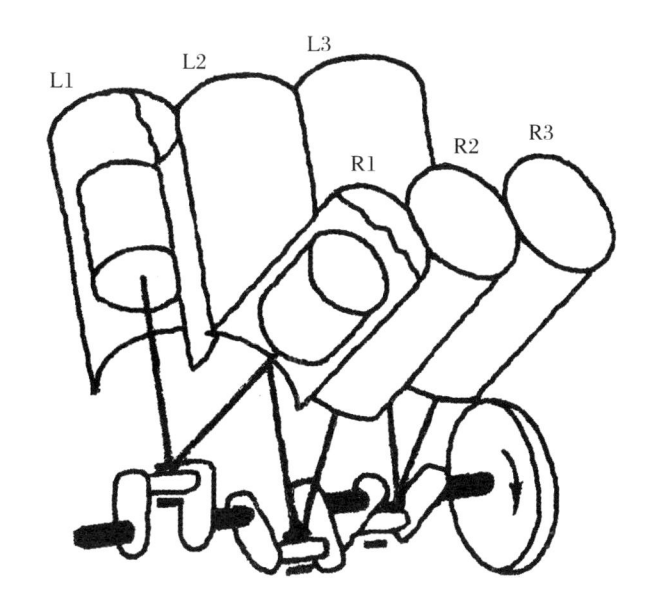

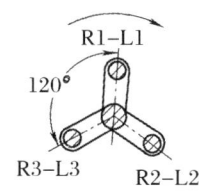

图 2-4-7　V 形六缸四行程发动机的曲拐布置

表 2-4-3　V 形六缸四行程发动机的工作循环表

曲轴转角		R1	R2	R3	L1	L2	L3
0°～180°	0°～60°	做功	排气	进气	做功	压缩	进气
	60°～120°						
	120°～180°		进气	压缩	排气	做功	
180°～360°	180°～240°	排气					压缩
	240°～300°						
	300°～360°			做功	进气	排气	
360°～540°	360°～420°	进气	压缩				做功
	420°～480°						
	480°～540°			排气	压缩	进气	
540°～720°	540°～600°	压缩	做功				排气
	600°～660°			进气	做功		
	660°～720°		排气			压缩	

查一查：直列三缸、直列六缸、V 形八缸和 V 形十二缸发动机的曲拐布置及工作循环。

(四) 曲轴的耗损形式

曲轴主要耗损形式有轴颈的磨损、弯曲与扭曲变形、断裂和其他损伤。最常见的是磨损。

1. 曲轴的磨损

曲轴轴颈轴向和径向的磨损是不均匀的,轴向磨损成锥形,径向磨损成椭圆形且各轴颈磨损也不一致。径向最大磨损部位在主轴颈和连杆轴颈相互靠近的一侧,且连杆轴颈大于主轴颈。轴向最大磨损部位在与连杆轴颈油道润滑油的流向相反的一侧。轴颈表面还可能出现擦伤(机油不清洁,坚硬磨粒划伤)和烧伤(轴承过热造成)。

2. 曲轴的弯扭变形

曲轴主轴颈的同轴度误差大于 0.05 mm 为曲轴弯曲;曲轴连杆轴颈的分配角误差大于 $0°30'$ 为曲轴扭曲。它们都是由于使用不当或修理不当造成的。弯曲变形会加剧活塞连杆组和气缸的磨损,曲轴轴颈和轴承的磨损,甚至使曲轴出现裂纹或断裂。扭曲变形会改变各缸间的曲柄夹角,影响发动机的配气正时和着火正时。

3. 曲轴的裂纹

曲轴裂纹多发生在曲柄与轴颈之间的过渡圆角处及油孔处,前者是径向裂纹,严重时造成曲轴断裂;后者多为轴向裂纹,沿斜置油孔的锐边顺轴向发展。它们都是由于应力集中引起的。

4. 其他损伤形式

曲轴的其他损伤形式有起动爪螺纹孔损伤、曲轴后端油封轴颈磨损、曲轴后端中间轴承孔磨损以及飞轮螺栓孔磨损。

二、曲轴轴承

1. 连杆轴承

连杆轴承俗称小瓦,安装在连杆大头,用来减少摩擦阻力和连杆轴颈的磨损。它是连杆盖上的被剖分成上、下两片的滑动轴承。由 1～3 mm 的薄低碳钢钢背和 1～3 层减磨合金层构成。合金层为铝合金衬片、0.3～0.7 mm 厚的铜铅基合金层、非常薄的软镀锡层,如图 2-4-8 所示。轴承在自由状态下不是半圆形,装配到承孔时有一定的过盈量,故能均匀地紧贴在承孔内,具有很好的承载和导热能力。钢背上制有凸键与承孔凹槽相对应,以便固定轴承。另外,钢背上制有轴承尺寸和型号等标记,便于轴承的选配。

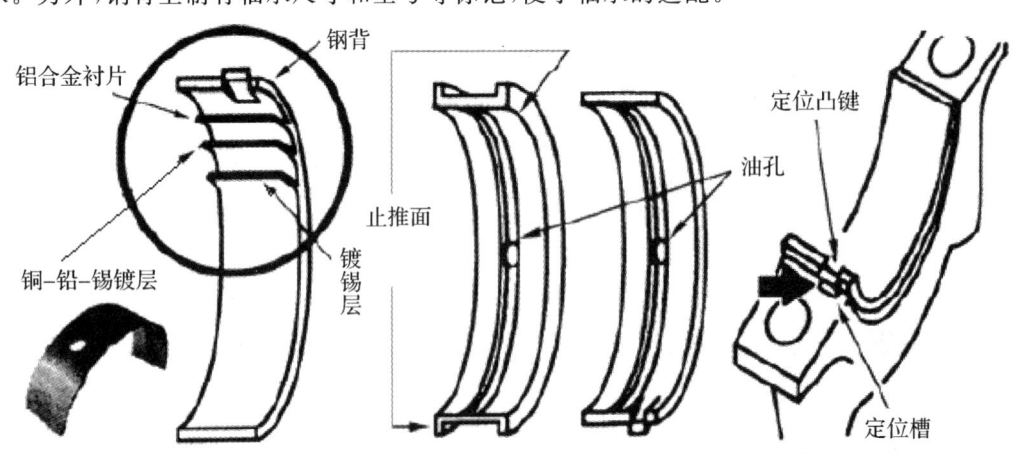

图 2-4-8 轴承的结构

2. 主轴承

主轴承俗称大瓦,其结构与连杆轴承基本相同。主要不同点是为了向连杆轴承输送润滑油,在主轴承内表面制有周向油槽和通油孔。对负荷不太大的发动机,上、下两片都开有油槽和油孔,可以通用;对负荷较重的发动机,只在上轴承片开油槽和油孔,而负荷较重的下轴承片不开油槽和油孔。

小提示:使用过的连杆轴承和主轴承不能互换,轴承盖上也有编号。

3. 止推轴承

止推轴承即曲轴的轴向定位装置,亦称为止推片或止推瓦,一般装在某一道轴承的两侧,用来保证曲柄连杆机构各零件的相对位置。如图 2-4-9 所示,止推片与轴瓦相似,受力面上有一层减磨合金层且制有凹槽,凹槽用来储存机油,使减磨面得到润滑。止推轴承有整体式(一般装在第一道轴颈上)和组合式及主轴承翻边式三种。安装时,应将止推片有减磨合金层的一面(凹槽)朝向旋转面(曲柄),曲轴的轴向间隙是由止推片的厚度来调整的。

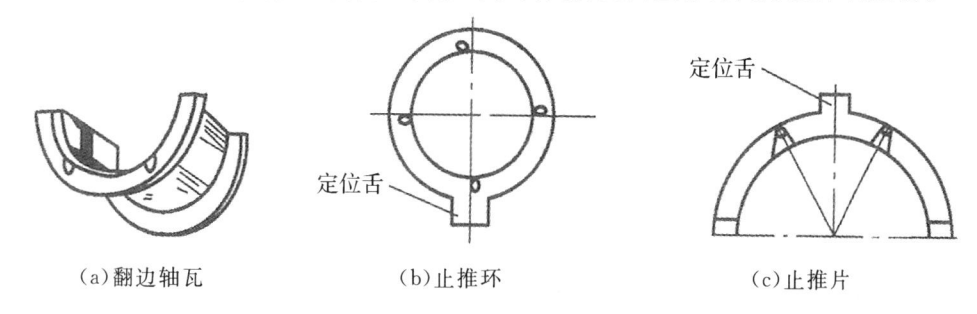

(a)翻边轴瓦　　(b)止推环　　(c)止推片

图 2-4-9　曲轴的轴向定位装置

查一查:曲轴为什么要有轴向定位装置?为什么只能设置一处?

三、飞轮

1. 飞轮的作用

飞轮是一个储能器,用来储存做功行程的部分能量并克服其他行程中的阻力;带动曲柄连杆机构越过上、下止点(死点);保证曲轴的转速和转矩的输出尽可能均匀;使发动机有克服短时间超负荷的能力;便于发动机起动;作为离合器的主动部分。

2. 飞轮的结构

如图 2-4-10 所示,飞轮是一个外镶有供起动用的钢制齿圈的质量较大铸铁圆盘,用螺栓紧固在曲轴后端凸缘上,具有很大的转动惯量。后端有一与离合器摩擦片接触的平面,用来驱动离合器从动盘转动。飞轮上通常刻有上止点记号,如图 2-4-11 所示,用来校准点火、喷油正时及调整气门间隙。电控发动机的飞轮上还装有传感器的触发齿轮。曲轴、飞轮都需各自进行静、动平衡试验,两者装配后也要进行动平衡试验,两者常常用定位销、不等距布置的螺孔、不等径的固定螺栓等方法来保证它们的相对位置不变。

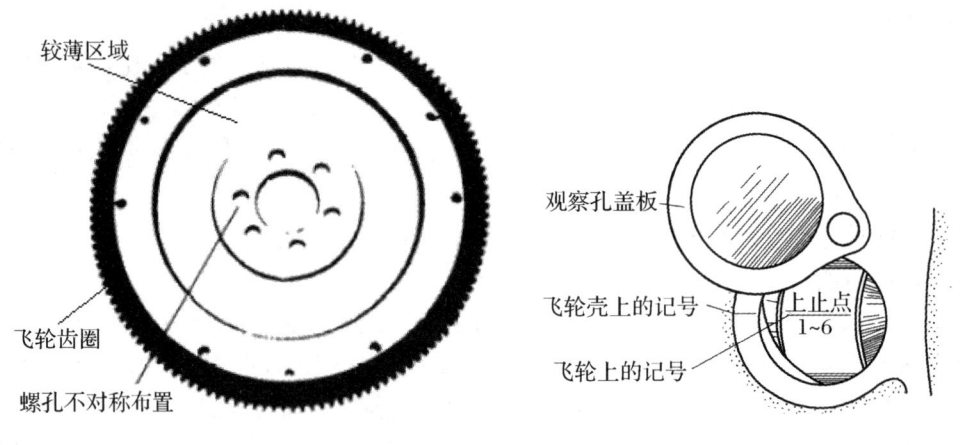

图 2-4-10 飞轮的结构   图 2-4-11 飞轮的记号

想一想：自动变速器的汽车发动机曲轴后端凸缘上装有飞轮吗？

3. 飞轮的耗损形式

飞轮的损伤有齿圈齿面的磨损、轮齿折断、端面的磨损、螺栓孔的损伤等。

【任务实施】

★ **实施活动一　识别曲轴飞轮组零件**

一、工作准备

曲柄连杆机构示教板，各型发动机曲柄连杆机构零部件，干净的抹布，维修手册。

二、技能要求

正确识别曲轴飞轮组各零部件名称、作用、结构特点和装配关系。

三、任务步骤

观察图 2-4-12，根据老师的讲解以及对实训室实物的观察，标注出各部件的名称并说出它们的作用及结构特点。

① _____　② _____　③ _____　④ _____

⑤ _____　⑥ _____　⑦ _____　⑧ _____

⑨ _____　⑩ _____　⑪ _____　⑫ _____

⑬ _____　⑭ _____　⑮ _____　⑯ _____

⑰ _____　⑱ _____　⑲ _____　⑳ _____

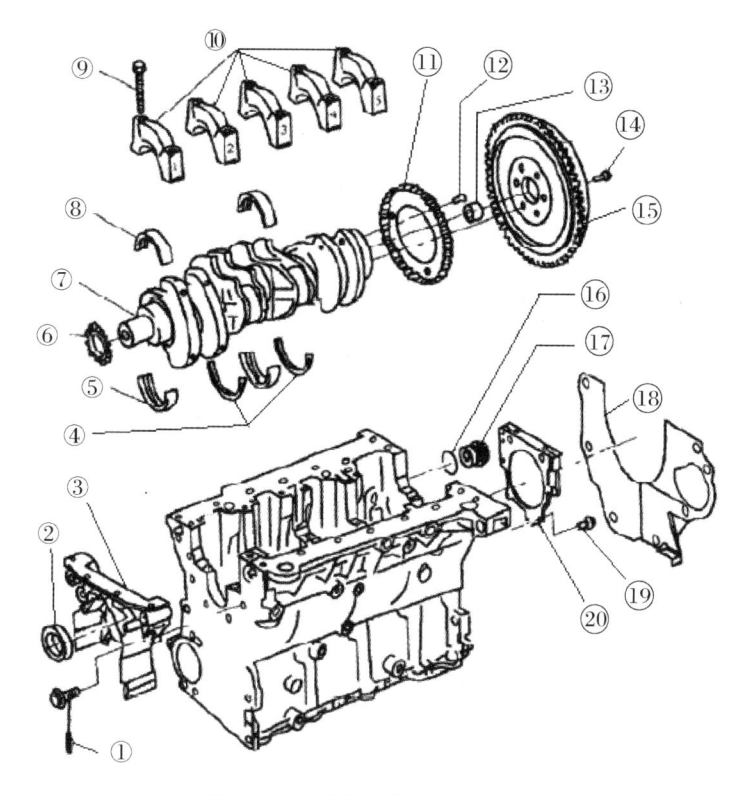

图 2-4-12　曲轴飞轮组的组成

★ 实施活动二　曲轴飞轮组的拆装（以 JL465Q 为例）

一、工作准备

检验平板 600 mm×900 mm，V 形铁，干净的抹布，常用工具，扭力扳手，刮刀，钢丝刷，外径千分尺，百分表，磁力表座，游标卡尺，厚薄规，维修手册等。

二、技能要求

1. 各螺栓的拧紧力矩应符合原厂规定。
2. 曲轴的轴向间隙应符合原厂规定，一般为 0.05～0.25 mm，使用极限为 0.35 mm。
3. 主轴承径向间隙应符合原厂规定，一般为 0.01～0.05 mm，使用极限为 0.15 mm。

三、任务步骤

1. 准备工作

清理工作台、场地；清点工量具；准备并填写作业表相关内容。

2. 曲轴飞轮组的拆卸

（1）拆卸飞轮。将飞轮止动器安装到缸体上，以防拆卸时飞轮旋转；再用 M10 扳手拧下 6 颗（M10-1.25-16）飞轮紧固螺栓，用托架支撑飞轮，拆下飞轮总成，如图 2-4-13 所示。

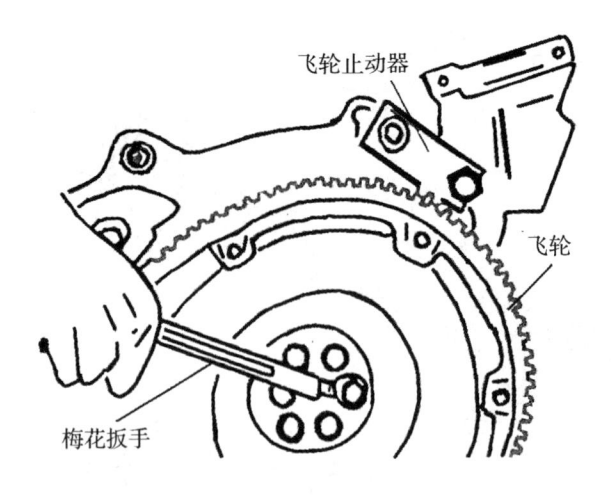

图 2-4-13 装止推轴承

（2）拆卸后端盖及油封。用 M6 扳手拧下 6 颗（M6-15、M6-20）后端盖紧固螺栓，从缸体上取下后端盖，拆下曲轴后油封，如图 2-4-14(a)所示。

（3）拆卸前端盖及油封。用 M6 扳手拧下 8 颗（M6-25、M6-30、M6-35、M6-40）前端盖紧固螺栓，从缸体上取下前端盖（机油泵），拆下曲轴前油封，如图 2-4-14(b)所示。

(a) 拆曲轴后端盖　　(b) 曲轴前后端盖的拆卸

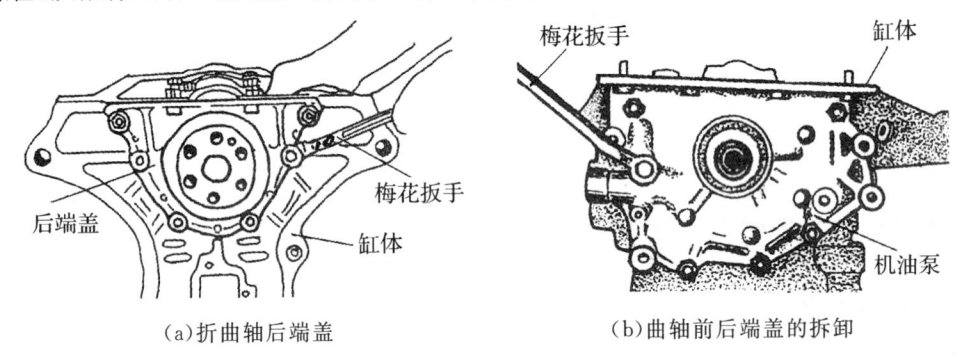

图 2-4-14 曲轴前、后端盖的拆卸

小提示：拆卸的密封垫片应作废处理，装配时须换用新的密封垫。

（4）拆卸主轴承盖螺栓。用 M10 扳手按规定的顺序（由两边向中间分几次）拧下 10 颗（M10-1.25-60）主轴承盖紧固螺栓，如图 2-4-15 所示。

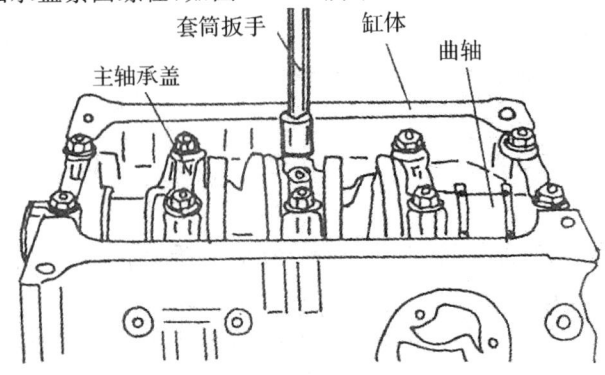

图 2-4-15 装止推轴承

(5)拆卸轴承盖及曲轴。从缸体上取下轴承盖,并取下下轴承片;并平稳抬下曲轴。

(6)拆卸止推片和上轴承片。从缸体上取下止推片和上轴承片。

小提示：拆卸时应注意主轴承盖的装配顺序、编号以及主轴承所对应的轴承盖和轴承座,不能搞混乱,必要时可以做相应的记号。

2. 零件的清洗

(1)核心部件的清洗。优先用洗油(煤油、汽油等)清洗曲轴、轴承、轴承盖,然后清洗拆卸工具。

(2)外围零件的清洗。先清洗螺栓,再清洗前、后端盖及飞轮。

(3)橡胶制件的清洗。曲轴前、后油封只能用抹布抹净。

3. **曲轴飞轮组各零件的检测**

(1)曲轴的检测

①曲轴外观质量检查。检查主轴颈、连杆轴颈外表有无拉伤、烧伤、严重磨损、裂纹或其他缺陷,如有不良,应予更换。

②曲轴轴颈尺寸的检测。用千分尺测量曲轴主轴颈和连杆轴颈的尺寸,如图2-4-16所示,第二道主轴颈的测量值为_____,标准值为_____;第三缸连杆轴颈的测量值为_____,标准值为_____。各自的圆度为_____,圆柱度为_____,极限值为_____。

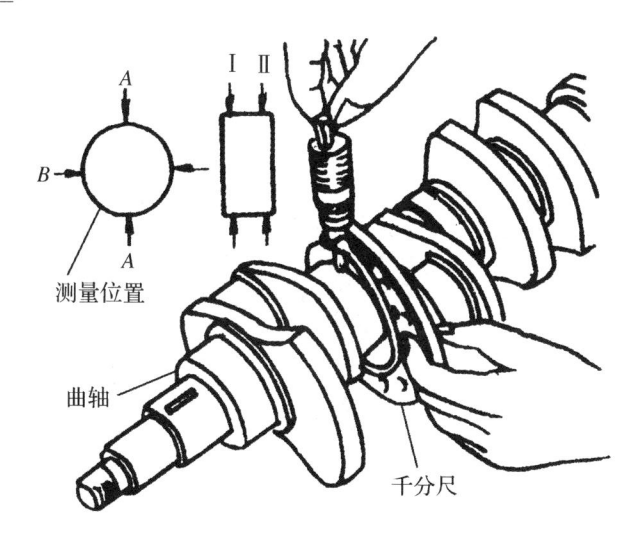

图2-4-16 曲轴轴颈尺寸的测量

③曲轴径向跳动的检测。用两V形块支撑曲轴,慢慢转动曲轴,测量第三主轴颈的径向跳动,如图2-4-17所示。测量值为_____,极限值为_____。

小提示：曲轴径向跳动超过使用极限值,则应修理,必要时应予更换。

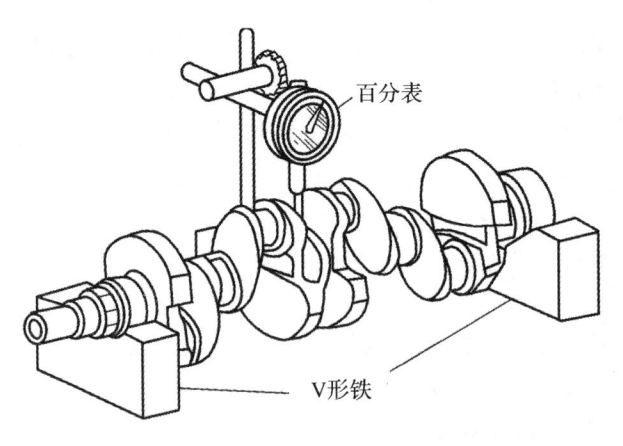

图 2-4-17 曲轴主轴颈的径向跳动检测

(2) 飞轮的检测

①飞轮外观检查。检查飞轮外表有无烧伤、裂纹等缺陷,如有裂纹应予更换,表面烧伤应修复,并进行动平衡,要求不平衡量不大于 25 g·cm。

②飞轮齿圈检查。检查齿圈牙齿是否单面磨损,个别牙齿是否断裂,齿圈是否松动。

③飞轮工作面检查。飞轮工作面磨损或起槽,深度超过 0.5 mm 时应光磨或精车后光磨,但厚度不少于新飞轮厚度 2 mm。

④飞轮工作面跳动检测。将飞轮安装到曲轴上,用两 V 形块支撑曲轴,慢慢转动飞轮,测量工作面的跳动,如图 2-4-18 所示。测量值为_____,极限值为_____。

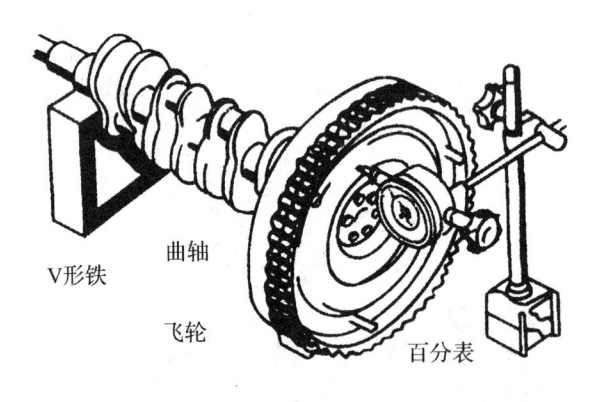

图 2-4-18 飞轮工作面跳动的检测

(3) 其他元件检测

①螺栓的检测。检测各螺栓的螺帽是否圆角,螺纹是否损伤,螺杆直径是否变小拉长。
②前后端盖的检测。检测前后端盖是否有裂纹、破损、变形等。

4. 曲轴飞轮组的装配

(1) 清洁气缸体。先用压缩空气把缸体里外吹干净,特别注意油道的清洁,然后倒置缸体,用纯棉毛巾擦净主轴瓦承孔及轴承盖结合面。

(2) 安装主轴承并润滑。将有油槽的上轴承装到曲轴箱上,而无油槽的下轴承装到轴承盖上,应确保这两半轴承规格(漆色)相同。在轴承及油道孔处加注润滑油,如图 2-4-19(a) 所示。注意要先把有定位的一端贴合,再推另一端使之与承座孔完全贴合,两端平齐。

(3) 安装止推轴承。在止推轴承的油槽面涂抹机油,使止推轴承的油槽朝向曲柄臂方向安装到气缸体的曲轴第三支承的两侧上,如图 2-4-19(b)所示。

(a)安装主轴承并润滑 (b)安装止推轴承

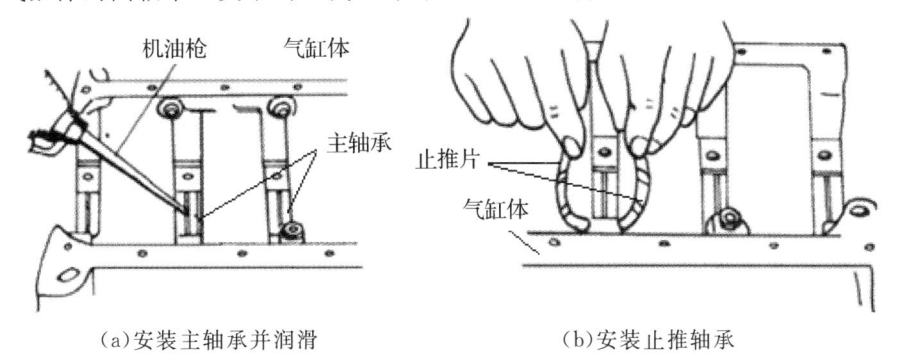

图 2-4-19 安装轴承并润滑

(4)安装曲轴并润滑主轴颈。把曲轴装在气缸体上,并对曲轴主轴颈及油道孔加入规定牌号的润滑油。如图 2-4-20(a)所示。注意曲轴的前、后端应与缸体的前、后端一致。

(5)安装主轴承盖。主轴承盖安装时,应将其箭头标记朝向曲轴带轮侧,并从带轮侧开始,依次装入 1、2、3、4、5 主轴承盖,并用胶锤(铜棒)轻敲到位,如图 2-4-20(b)所示。

(a)安装曲轴并润滑主轴颈 (b)安装主轴承盖

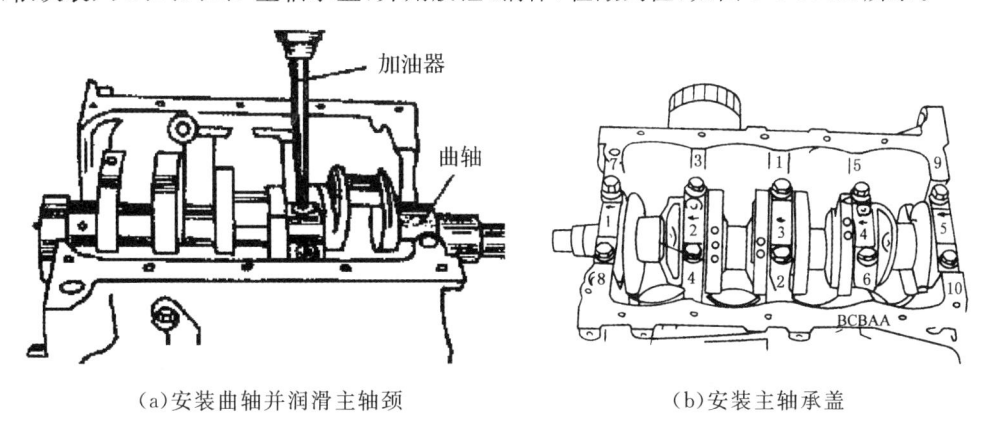

图 2-4-20 安装曲轴与主轴承盖

(6)安装主轴承盖螺栓。先用手旋上螺栓,再用摇号或快速扳手按规定顺序扭紧,然后用扭力扳手分两次按规定的顺序逐渐而均匀地拧到规定力矩(43~48 N·m)。

小提示:螺栓每拧紧一次,均应以 7 N·m 以下的扭矩转动或用手扳动曲轴,应能轻快地转动。

(7)曲轴装配后的检查。如图 2-4-21 所示,主轴承盖紧固完毕后应检查曲轴径向间隙和轴向间隙。轴向撬动曲轴检查其轴向间隙值为_____,标准间隙为_____,极限间隙为_____;用塑料线规检测其第三主轴颈的径向间隙为_____,标准间隙为_____,极限间隙为_____。各值应符合要求,轴承过紧或间隙不符合要求应查明原因,予以排除。

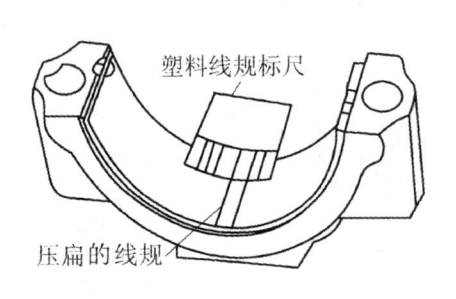

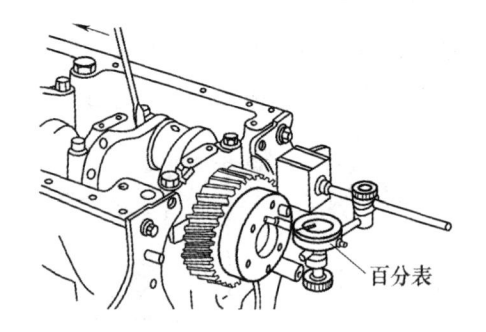

图 2-4-21 轴承间隙的检测

(8)安装前端盖。先将机油泵的两个定位销和新衬垫装到气缸体上,并在接合平面上涂密封胶;在新油封的密封唇上涂少量润滑油,将导向套筒定位在曲轴轴颈上,将油封导入导向套内,用同步带轮中间螺栓将油封压入;将机油泵装到气缸体上,并拧紧8颗紧固螺栓(力矩为9~12 N·m);然后检查油封唇部是否有损伤或上卷,再把油封导管取下来;最后用刀切去飞边,使接合处平整、光滑,如图2-4-22所示。

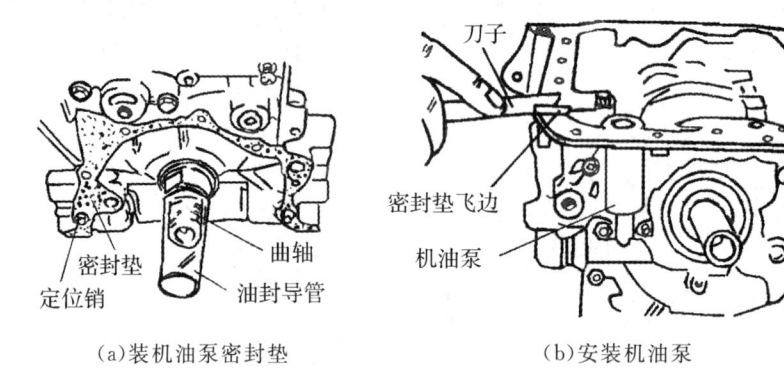

(a)装机油泵密封垫　(b)安装机油泵

图 2-4-22 曲轴前端盖的安装

(9)安装后端盖。与安装前端盖相同,后端为6颗紧固螺栓,如图2-4-23所示。

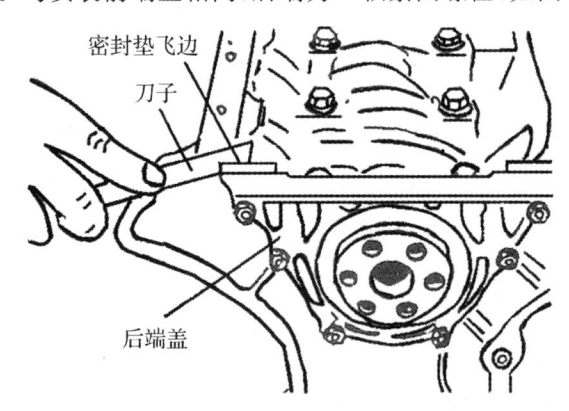

图 2-4-23 后端盖的安装

(10)安装飞轮。在曲轴后端凸缘上安装或检查飞轮定位销,并在凸缘盘的变速器输入轴支承孔内涂注润滑脂至该孔容积的60%,然后将飞轮套在凸缘盘上的固定销上,将6颗固定螺栓用手装在连接盘上,并用扳手旋紧,最后装上飞轮止动器并用扭力扳手拧紧,其拧紧力矩为40~45 N·m,其拧紧顺序如图2-4-24所示。

(a)　　　　　　　　　　　　　　(b)

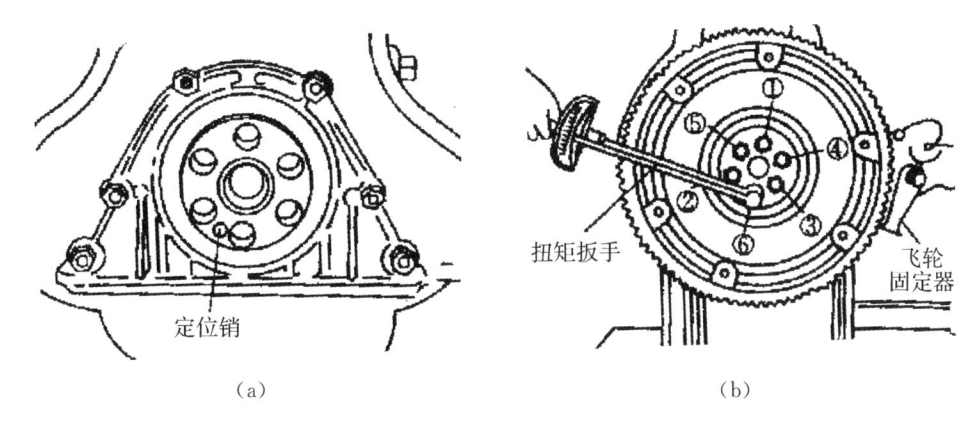

图 2-4-24　飞轮的安装

5. 结束工作

整理、清洁工量具；清洁、整理发动机和场地。

【任务拓展】

一、发动机的平衡机构

1. 平衡重或平衡块

平衡重用来平衡连杆大头、连杆轴颈和曲柄等部件旋转时产生的离心力及力矩，以及活塞连杆组的部分往复惯性力及力矩，以使发动机运转平稳。

2. 扭转减振器

发动机运转时，曲轴在周期性的转矩作用下各曲拐之间发生周期性的扭转现象称为扭转振动。当作用在曲轴上的扭转力的变化频率与曲轴自振频率成整数倍关系时，便出现共振。共振会引起功率损失，传动机构磨损加剧，严重时会将曲轴扭断。为了消减曲轴的扭转振动，许多发动机在曲轴上振幅最大的前端装有扭转减振器，一般与曲轴前端皮带轮作为一体。常用的扭转减振器有橡胶式、硅油式、硅油-橡胶复合式三种，其结构如图 2-4-25 所示。

(a) 橡胶式　　(b) 硅油式　　(c) 硅油-橡胶复合式

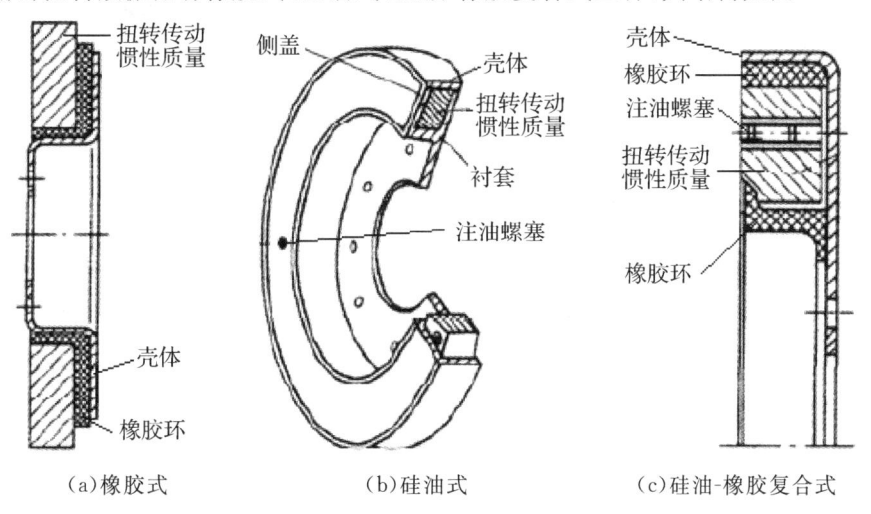

图 2-4-25　扭转减振器的结构

3. 平衡轴

发动机工作时,曲柄连杆机构产生的往复惯性力如图 2-4-26 所示。虽然大部分力及力矩都能被平衡重平衡,但是仍有一部分力(二阶往复惯性力 F_{jII})不能被平衡。因此,常需用一根或两根平衡轴来平衡,提高舒适性和降低噪声。平衡轴的结构如图 2-4-27 所示。

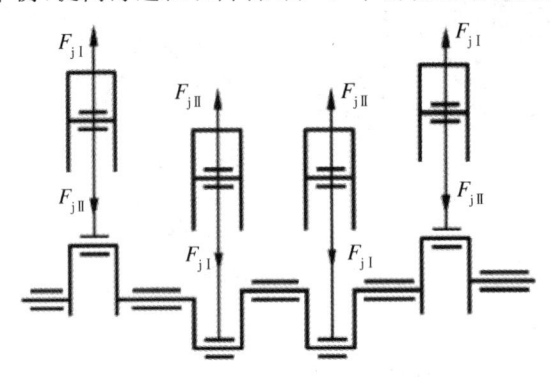

图 2-4-26 曲柄连杆机构的往复惯性力

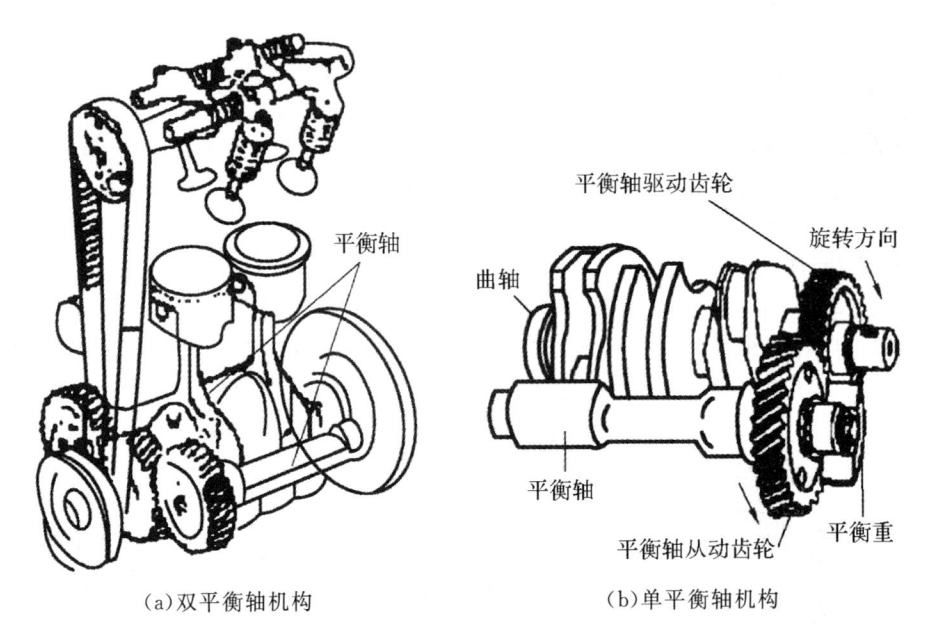

(a)双平衡轴机构　　(b)单平衡轴机构

图 2-4-27 平衡轴的结构

4. 发动机的支撑

发动机一般通过气缸体和飞轮壳或变速器壳上的三点或四点弹性支撑在车架上,如图 2-4-28所示,用来平衡活塞对气缸的侧压力、发动机的重力和汽车行驶中的惯性力。

(a)三点支撑　　　　　　　　　　　(b)四点支撑

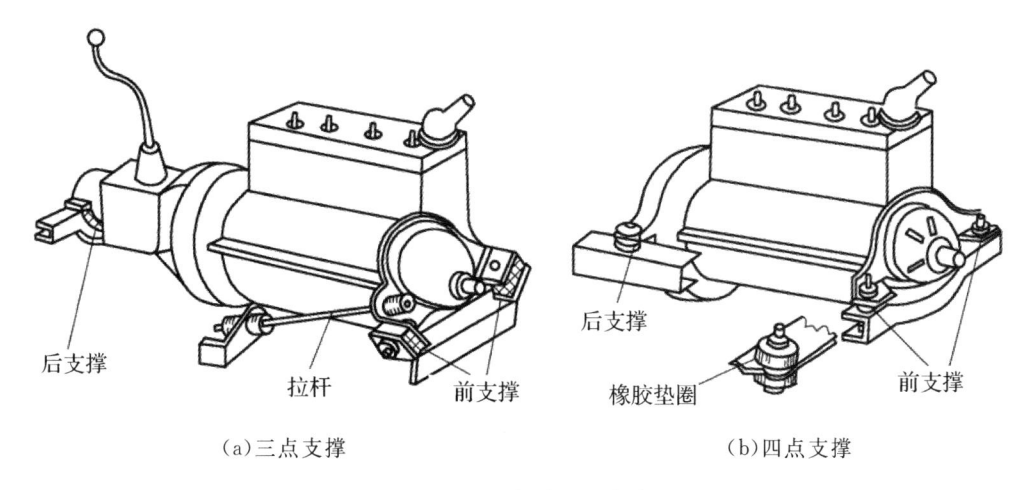

图 2-4-28　发动机的支撑

采用弹性支撑是为了消除汽车行驶中车架的扭转变形对发动机的影响,减少发动机传给底盘和乘员的振动和噪声。为了应对发动机运转时发生的横向角振动,凡是与发动机相连的各种管子和杆件等都必须保证在发动机振动时不致被破坏(如采用软管等)。为了防止踩离合和汽车制动、加速时因弹性支撑元件的变形而产生发动机纵向位移,有的装有纵向拉杆,如图 2-4-28(a)所示。为了更好地吸收和衰减发动机的振动,有的采用低刚度、大阻尼的液力后支撑(液力减振器),甚至用发动机 ECU 控制其刚度,如 ANQ 和 F23A3 发动机。

查一查： 电控发动机支座系统的工作原理。

【任务检测】

一、填空题

1. 曲轴主要由曲轴前端、若干曲拐(＿＿＿＿、＿＿＿＿、＿＿＿＿、＿＿＿＿)和曲轴后端三部分组成。

2. 四缸四行程发动机的做功顺序一般是＿＿＿＿或＿＿＿＿;六缸四行程发动机的做功顺序一般是＿＿＿＿,其做功间隙角为＿＿＿＿。

3. 安装曲轴上的止推轴承时,应将涂有＿＿＿＿的一面朝向＿＿＿＿。

4. 曲轴扭转减振器有＿＿＿＿、＿＿＿＿、＿＿＿＿等,其中＿＿＿＿应用广泛。

5. 曲轴的耗损形式主要有＿＿＿＿、＿＿＿＿、＿＿＿＿和其他部位损伤,其中最常见的耗损是＿＿＿＿。

二、选择题

1. 曲轴上的平衡重一般设在(　　)。
   A. 曲轴前端　　　B. 曲轴后端　　　C. 曲柄上　　　D. 曲轴中间

2. 曲轴轴颈修理尺寸的要点是(　　)。
   A. 所有轴颈必须一致　　　　　　B. 同名轴颈必须一致
   C. 每个轴颈都可采用单独的修理尺寸　　　D. 没有要求

3. 曲轴(连杆)轴承减磨合金能让机械杂质嵌入而不刮伤轴颈的能力称为(　　)。
   A. 减磨性　　　B. 顺应性　　　C. 嵌藏性　　　D. 没有要求

4. 非全支撑式曲轴的特点是(　　)。
   A. 主轴颈数等于或少于气缸数　　　B. 主轴颈数大于气缸数
   C. 主轴颈数等于气缸数　　　　　　D. 主轴颈数小于气缸数

5. 新发动机或更换飞轮和曲轴,装配后要进行(　　)。
   A. 磨合　　　B. 走合　　　C. 动平衡试验　　　D. 静平衡试验

三、判断题

1. 发动机曲轴的曲拐数等于气缸数。　　　　　　　　　　　　　　　(　　)
2. 有的发动机在曲轴前装有扭转减振器,其目的是为了消除飞轮的扭转振动。(　　)
3. 多缸发动机曲轴曲柄上均设置有平衡重或平衡块。　　　　　　　　(　　)
4. 多缸发动机的曲轴均采用全支承。　　　　　　　　　　　　　　　(　　)
5. 曲轴一定是顺时针转动,凸轮轴则一定是逆时针转动。　　　　　　(　　)

【评价与反馈】

班级：_____ 姓名：_____ 指导教师：_____

序号	考核项目	项目分值	考核内容	配分	考核标准	得分
1	出勤/纪律	5	出勤	2	违规一次不得分	
			行为规范	3	违规一次不得分	
2	安全/防护/环保	20	着装	2	违规一次不得分	
			个人防护	3	违规一次不得分	
			5S/EHS	5	违规一次不得分	
			设备使用安全	5	违规一次不得分	
			操作安全	5	违规一次不得分	
3	任务检测	20	任务测验成绩	20	测验成绩的20%计	
4	技能考核	35	技能测验成绩	35	测验成绩的35%计	
5	学习能力	10	工单填写,工艺计划制定	4	未做不得分	
			组内活动情况	5	酌情扣1~5分	
			资料查阅和收集	1	未做不得分	
6	任务拓展	10	知识拓展任务	2	未做不得分	
			技能拓展任务	8	未做不得分	
7	总分	100				

【教师评估】

序号	优点	存在问题	解决方案

教师签字：

项目三 配气机构

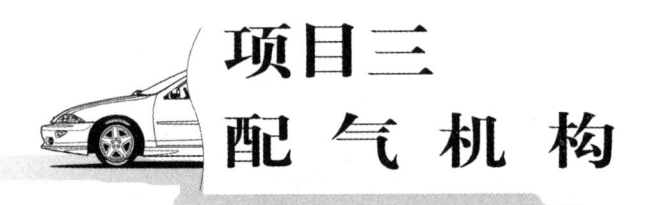

任务一 认识配气机构

【任务目标】

目标类型	目标要求
1.认知目标	(1)描述配气机构的功用及组成； (2)阐述配气机构的工作原理； (3)叙述配气相位的相关概念； (4)认识各种类型的配气机构。
2.技能目标	达到汽车维修中级工如下要求： (1)完成配气机构各组零部件的识别； (2)运用所学知识识别配气机构的类型； (3)完成发动机气门间隙的调整。
3.情感目标	(1)养成良好的学习和工作习惯； (2)注意操作安全、设备安全、个人防护等。

【任务描述】

一辆长安之星 SC6350A 在气缸盖上方发出连续的有节奏的"嗒、嗒"的敲击声。打开机油加注盖，有节奏的连续响声明显，逐渐加油时响声也随转速升高而加快，温度升高的响声减弱和单缸断火时响声也不变，确定为气门异响。那么如何进行气门间隙的检查和调整呢？

【知识准备】

一、概述

1. 配气机构的功用

配气机构的作用是根据发动机的工作顺序和各缸工作循环的要求，定时开启和关闭进排气门，使新鲜可燃气体或空气准时进入气缸，燃烧废气及时排出。

2. 配气机构的组成

配气机构由气门组和气门传动组两部分组成。如图 3-1-1 所示，气门组主要由气门、气门座(或气门座圈)、气门弹簧、气门弹簧座、气门弹簧垫(铝合金缸盖)、气门导管、气门油封、气门锁片(或锁销)等组成;气门传动组的具体零件组成与气门的位置、凸轮轴的位置和气门的驱动形式有关,它主要由凸轮轴驱动件(如正时齿轮、正时链轮、正时带轮等)、凸轮轴和凸轮轴传动件(如挺柱、推杆、摇臂、摇臂轴等)等组成。

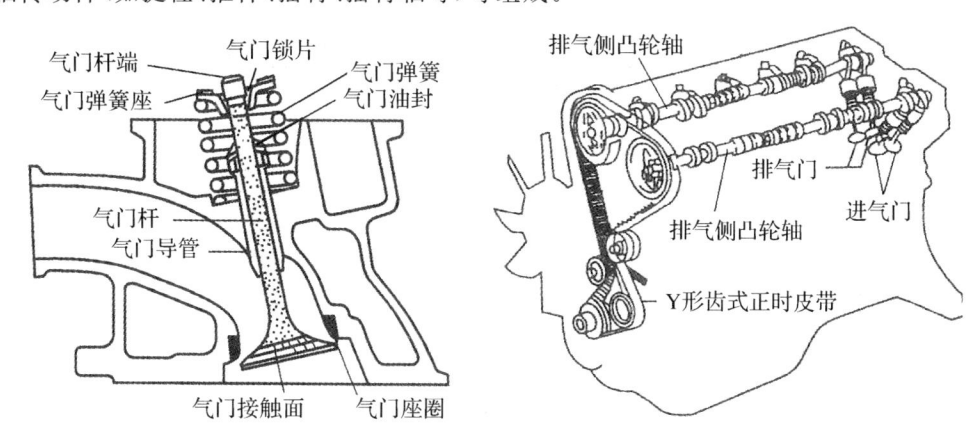

图 3-1-1 配气机构的组成

3. 配气机构的类型

发动机配气机构的类型多种多样,具体的类型与气门的布置和数量、凸轮轴的布置形式和驱动方式有关。

(1)按气门的布置形式不同分为侧置气门式和顶置气门式两类,如图 3-1-2 所示。目前广泛采用顶置气门式配气机构,侧置气门式配气机构因充气效率低已被淘汰。

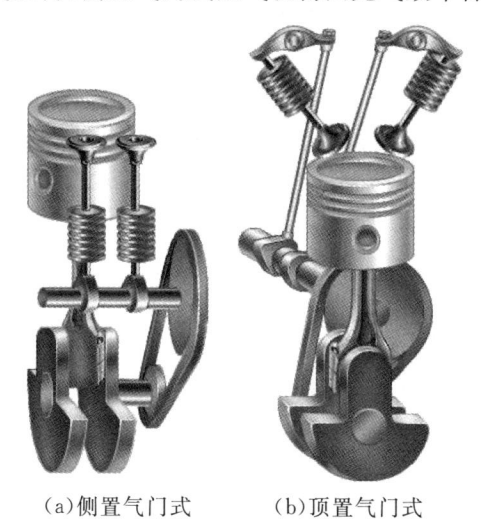

(a)侧置气门式　(b)顶置气门式

图 3-1-2 配气机构气门的布置形式

(2)按每缸气门数目不同分为双气门式和多气门式两类,如图 3-1-3 所示。双气门式指每个气缸有两个气门的发动机,而多气门式指每个气缸气门数超过两个的发动机,如三气门、四气门、五气门等等。由于四气门的特点决定现代汽车发动机广泛采用四气门式发动机。

(3)按凸轮轴的布置形式不同分为下置凸轮轴式、中置凸轮轴式和顶置凸轮轴式三类,

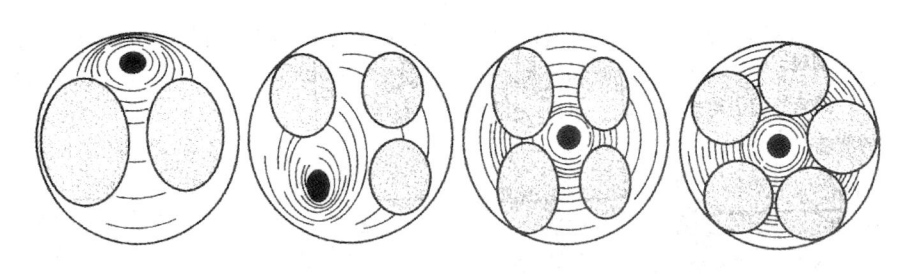

图 3-1-3 配气机构每缸气门的布置形式

如图 3-1-4 所示。而顶置凸轮轴式又分为单顶凸轮轴式和双顶凸轮轴式两种。双顶凸轮轴式由两根凸轮轴分别驱动进气门和排气门。凸轮轴下置式多用于低速发动机(如柴油机),凸轮轴顶置式适于高速发动机而被广泛采用。

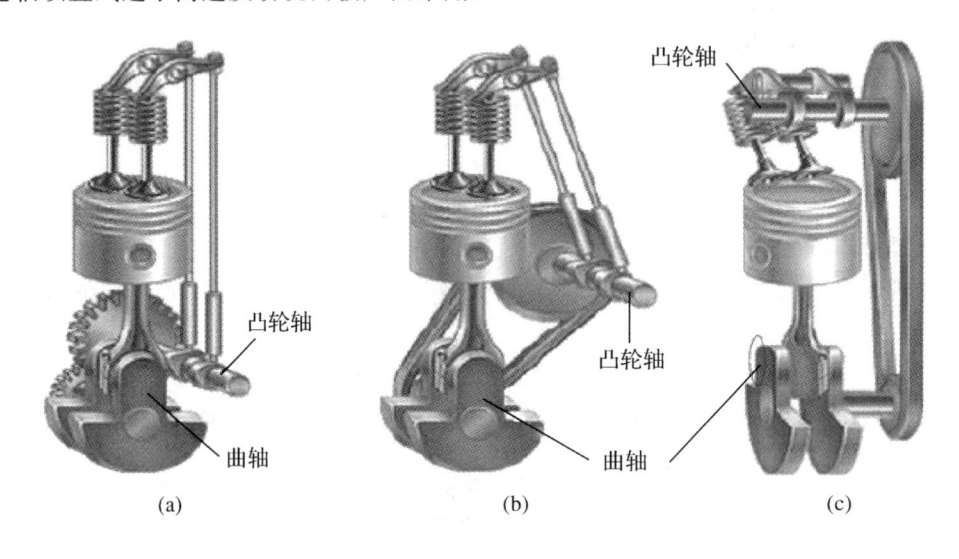

图 3-1-4 配气机构凸轮轴的布置形式

(4)按凸轮轴的传动方式不同分为齿轮传动式、链条传动式和齿形带传动式三类,如图 3-1-5 所示。由于齿形带传动噪声小、不需要润滑、成本低,所以它获得了广泛的应用。

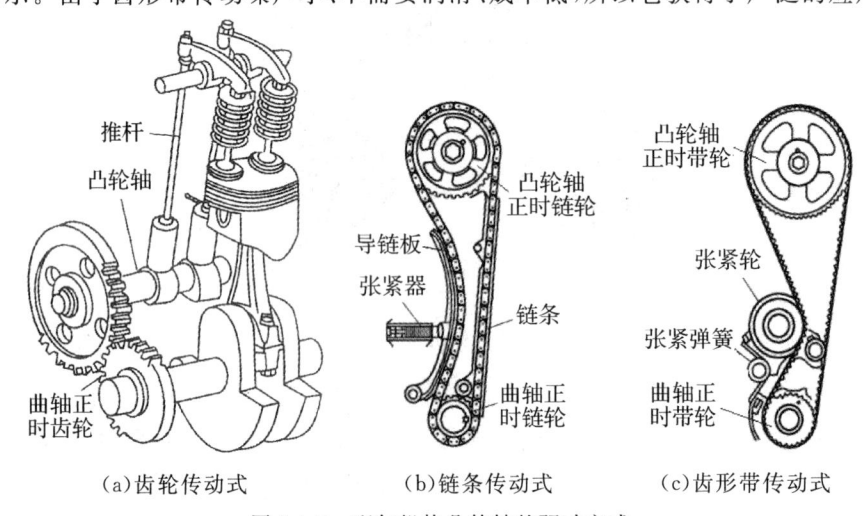

(a)齿轮传动式　(b)链条传动式　(c)齿形带传动式

图 3-1-5 配气机构凸轮轴的驱动方式

(5)按气门的驱动方式不同分为摇臂式和直动式两类,如图 3-1-6 所示。而直动式又分为挺柱驱动气门式（挺住式）和凸轮轴凸轮直接驱动气门式（无挺柱式）。

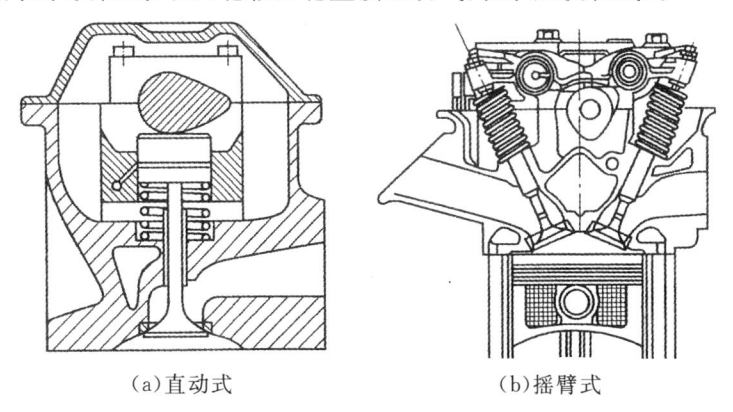

(a) 直动式　　(b) 摇臂式

图 3-1-6　配气机构气门的驱动方式

总之，现代汽车发动机多采用多气门、双凸轮轴顶置、挺柱驱动、齿形带式或链条结构。一些高性能轿车采用可变气门升程和可变配气相位的电控系统，它根据发动机的运行状况自动改变其气门升程和配气相位，使发动机在各工作转速下均能获得较佳的配气相位和进排气量，从而提高了发动机的动力性和经济性。

二、配气机构的工作原理

1. 气门的开启过程

如图 3-1-7(a) 所示，发动机工作时，曲轴正时轮通过驱动件驱动凸轮轴正时轮旋转，凸轮轴随着其正时轮一起旋转。当凸轮的凸起轮廓与挺柱接触时，凸轮便推动挺柱、推杆向上运动，使摇臂摆动，从而克服气门弹簧的弹力将气门向下顶开。

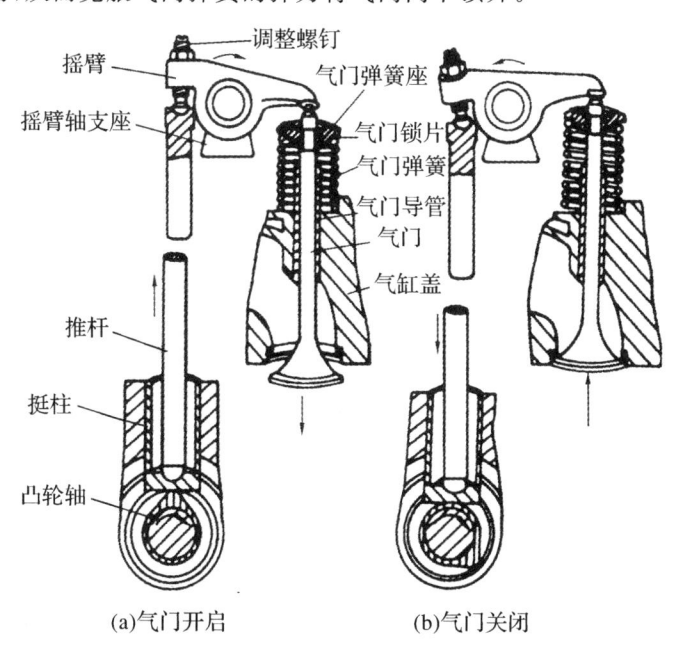

(a) 气门开启　　(b) 气门关闭

图 3-1-7　配气机构的工作原理

2. 气门的关闭过程

如图 3-1-7(b)所示,当凸轮的基圆轮廓与挺柱接触时,凸轮不能给挺柱、推杆及摇臂任何力,气门便在气门弹簧的弹力下逐渐关闭。

四行程发动机每完成一个工作循环,曲轴运转两周,凸轮轴旋转一周,各缸进排气门开闭一次。所以,曲轴与凸轮轴的传动比为 2∶1。

三、配气相位(配气正时或配气定时)

1. 配气相位的概述

(1)配气相位的概念。所谓配气相位就是用曲轴转角表示进排气门的开启与关闭时刻和开启持续时间,通常用环形图表示,即配气相位图,如图 3-1-8 所示。

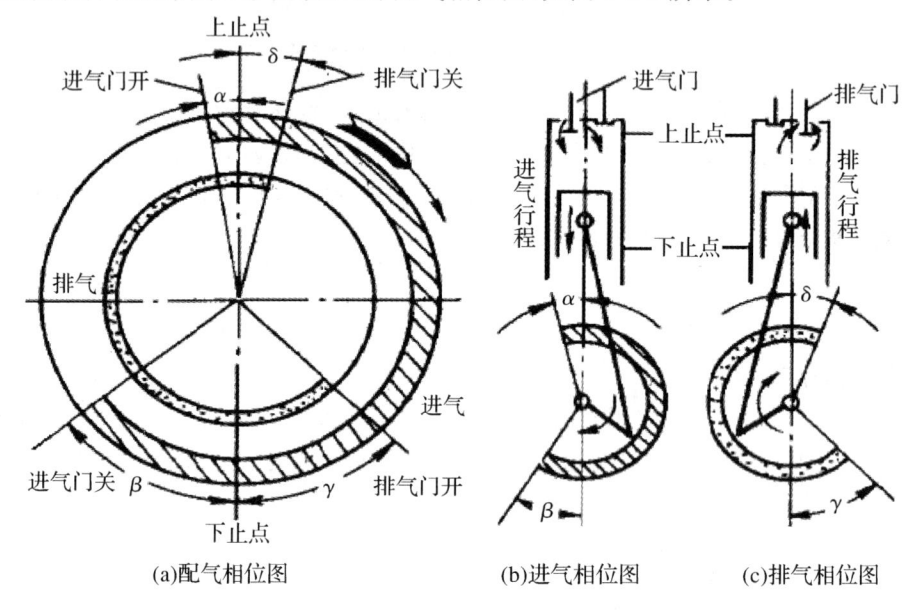

(a)配气相位图　　(b)进气相位图　　(c)排气相位图

图 3-1-8　配气相位图

(2)理论配气相位。由发动机工作原理可知,进气、压缩、做功、排气各 180°相位角,也就是说进排气门都是在上、下止点开闭,持续时间都是曲轴转角 180°。但是,这样简单的配气相位在实际工作中是很不适应的,特别是中、高速运行时不能满足发动机对进排气的要求。

(3)实际配气相位。为了使进气充足,排气尽净,除了从结构上改进外(如增大进排气道),还可以从配气相位上采取气门早开迟闭,从而延长进排气时间。

2. 进气相位

(1)进气提前角(α)。进气门提前开启是为了使进气一开始就有一个较大的通道面积和增大进气门的开启高度,减小进气阻力,增加进气量。从进气门开启到上止点间所对应的曲轴转角称为进气提前角,用 α 表示。α 一般为 10°~30°。

(2)进气迟后角(β)。活塞到达进气下止点时,由于进气吸力的存在,气缸内气体压力仍然低于大气压,在大气压的作用下仍能进气,此时进气气流还有较大的惯性。进气门晚关可以延长进气时间,增加进气量。从下止点延迟至进气门关闭所对应的曲轴转角称为进气延迟角,用 β 表示。β 一般为 40°~80°。

(3)进气相位。整个进气过程持续开启时间相当的曲轴转角为 230°~290°。

3. 排气相位

（1）排气提前角（γ）。排气门提前开启是利用做功的余压使高温废气高速冲出气缸，排气量约占50%。这样，大大减小了排气阻力，使排气干净，防止发动机过热。从排气门开启到下止点间所对应的曲轴转角称为排气提前角，用γ表示。γ一般为40°~80°。排气门早开势必造成功率损失，但气压低，损失并不大，而可以减少排气所消耗的功，又有利于废气的排出，所以总功率仍是提高的。

（2）排气迟后角（δ）。排气门晚关是为了延长排气时间，在废气压力和废气惯性力的作用下，使排气干净。从上止点延迟至排气门关闭所对应的曲轴转角称为排气延迟角，用δ表示。δ一般为10°~30°。

（3）排气相位。整个排气过程持续开启时间相当的曲轴转角为230°~290°。

4. 气门重叠

（1）气门重叠现象。由于进气门早开，排气门晚关，势必造成在同一时间内两个气门同时开启的现象，这种现象称为气门重叠。

（2）气门重叠角。把两个气门同时开启时间所对应的曲轴转角叫作气门重叠角（α+δ）。

（3）气门重叠角大小的影响。气门重叠角一般为20°~60°。由于进排气流都有各自的流动方向和流动惯性，而重叠时间又很短，不至于混乱，即吸入的可燃混合气不会随同废气排出，废气也不会经进气门倒流入进气管，而只能从排气门排出；进气门附近有降压作用，有利于进气。但是，气门重叠角过大，则会出现气体倒流现象。

5. 配气相位的影响因素

（1）发动机转速。发动机转速不同，配气相位也不同。转速越高，进排气流惯性越大，若增大进气迟后角和气门重叠角，则会增加进气量和减少残余废气量。若气门升程也能随转速升高而加大则更有利于进排气。

（2）发动机负荷。发动机负荷不同，配气相位也不同。发动机小负荷运转时，由于进气压力较低，要求气门重叠角减小，否则会出现废气倒流现象，使进气量减少。

6. 配气相位的确定

目前大多数发动机的配气相位是不可改变的。它是根据各种车型按照发动机的性能要求，通过试验来确定某一常用转速下较适合的配气相位，并由凸轮轴的形状、位置及配气机构来保证。现在，有部分电控发动机设有可变配气正时机构，其配气相位可随发动机的转速变化而自动调整，具体见发动机电控技术（VVA系统）。

四、气门间隙

1. 气门的概念

气门间隙是指气门完全关闭（凸轮的凸起部分不顶挺柱）时，气门杆尾端与摇臂或挺柱之间的间隙，用Δ表示，如图3-1-9所示。为了保证气门在任何状态下都能关闭，热车时气门也应有一定的间隙。所以，气门间隙可分为冷车间隙和热车间隙。

2. 气门间隙的作用

气门间隙的作用是给机件热膨胀留有余地，保证气门在任何状态下都能关闭严密。

3. 气门间隙的大小

气门间隙的大小由发动机制造厂家根据试验确定。一般冷车状态时，进气门间隙为0.25~0.30 mm，排气门间隙为0.30~0.35 mm，且排气门间隙大于进气门间隙。

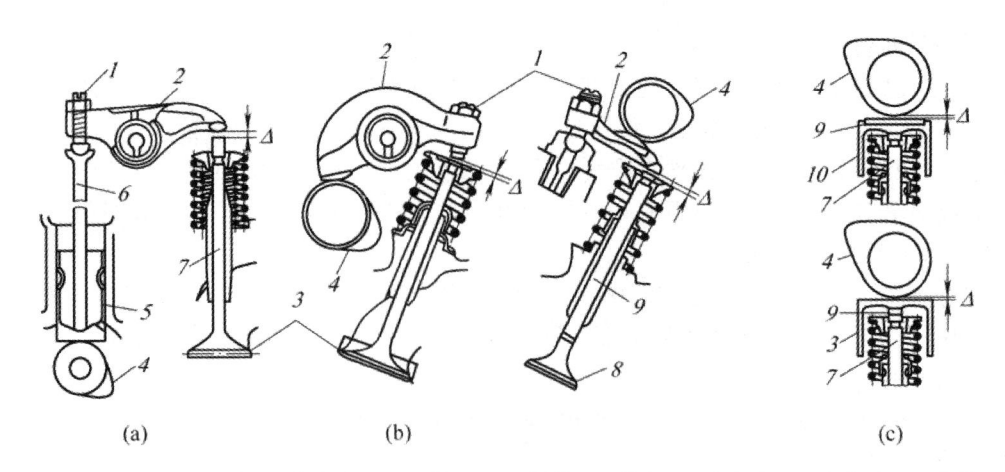

1—调整螺钉 2—摇臂 3—气门座 4—凸轮 5、10—调整 6—推杆 7—气门杆 8—气门头 9—垫块

图3-1-9 气门间隙及其调整装置

4. 气门间隙的影响

(1) 气门间隙过小,发动机正常工作后零件受热膨胀,将气门推开,使气门关闭不严,造成漏气,功率下降,并使气门的密封表面严重积炭或烧坏,甚至气门撞击活塞。

(2) 气门间隙过大,进排气门开启迟后,缩短了进排气时间,降低了气门的开启高度,改变了正常的配气相位,使发动机因进气不足,排气不净而功率下降。此外,还使配气机构零件的撞击增加,磨损加快。

5. 气门间隙的调整方法

气门间隙的调整是发动机维修中必须进行的一项作业。其调整方法有逐缸调整法和两次调整法(也称快速调整法或双排不进法)两种。调整时,挺柱或摇臂必须落在凸轮轴凸轮的基圆上;在气门开着、将要打开、刚关不久等调整出来的气门间隙都是不正确的。

五、配气相位的检查与调整

1. 配气相位的变化

汽车在使用过程中,因配气相位的失准,将影响发动机的动力性和经济性,其原因是:

(1) 制造、装配和维修中误差的影响。由于制造和装配产生的累计误差,在极限状态下可使配气相位偏差达到±3°,各缸的配气相位偏差达±2°。若加上凸轮轮廓误差、修磨曲轴和凸轮轴时引起的误差、配气机构传动间隙等的影响,配气相位将偏离标准值更大。

(2) 使用中配气相位变化的影响。发动机长期使用后,机件磨损、间隙增大(如气门间隙、正时齿轮间隙等)、凸轮轮廓的不对称磨损等都会引起配气相位发生变化。

(3) 动态变形引起配气相位偏移的影响。配气机构零件在工作中产生弹性变形。发动机转速越高或配气机构的刚度越差,其动态配气相位与静态配气相位的偏差越大。

(4) 使用条件的影响。由于各地使用条件不同对配气相位的要求也不相同。因此,原厂设定的配气相位不一定是最佳的,应根据实际的使用条件对配气相位进行必要的调整。

2. 配气相位的检测

顶置式发动机配气相位的检测方法有:刻度盘法、气门叠开法(如图3-1-10所示)和发动机综合测试仪检测法等。各种车型的维修手册都提供了发动机的配气相位角度,但是要直接测量进排气门的开启和关闭角度却很难。在实际工作中,往往用新发动机气门叠开的升程作为标准,用气门叠开法测量其升程并与之比较,判断配气相位是否提前或延后。

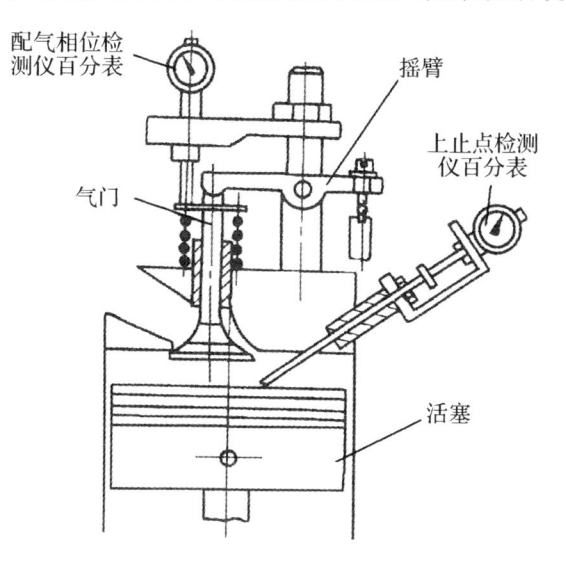

图 3-1-10 配气相位的检测

查一查：气门叠开法检测配气相位的步骤。

3. 配气相位的调整

调整配气相位时,应根据不同的情况采取不同的措施。如个别气门配气相位偏早或偏迟不大时,可通过调整该气门间隙的方法予以解决;若进排气门的微开量相比有大小,且不符合规定值时,表明各缸迟早不一,通常是凸轮磨损严重所致,应修磨或更换凸轮轴;若各缸进气门的微开量比排气门都大,表明进排气门相位均提前,应将其适当推迟,反之,表明进排气门相位均延迟,应将其适当提前。常用的调整方法有凸轮轴偏位键法(如图 3-1-11 所示)、凸轮轴正时齿轮轴向移动法、气门间隙法和改变正时齿轮键槽法。

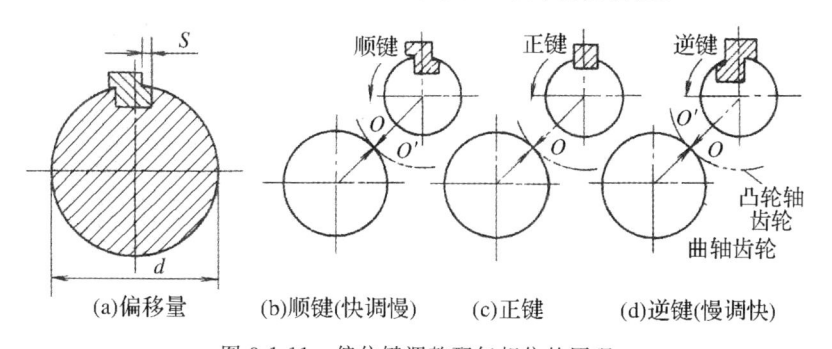

(a)偏移量　(b)顺键(快调慢)　(c)正键　(d)逆键(慢调快)

图 3-1-11 偏位键调整配气相位的原理

查一查：配气相位调整的各种方法的具体步骤。

【任务实施】

★ 实施活动一　识别配气机构的类型及各零部件

一、工作准备

各型发动机的配气机构,配气机构示教板,配气机构各组零件,干净的抹布,维修手册。

二、技能要求

正确识别配气机构的类型和各零部件的名称、作用、结构和运动特点。

三、任务步骤

1. 结合学校的实训设备和老师讲解的配气机构的类型和特点,完成下列表格内容。

汽车发动机型号 分类标准	(1)＿＿＿＿＿＿＿＿	(2)＿＿＿＿＿＿＿＿
气门的数量	双气门□ 多气门□(＿＿＿气门)	双气门□ 多气门□(＿＿＿气门)
气门的布置形式	侧置□ 顶置□	侧置□ 顶置□
气门的驱动方式	摇臂式□ 挺柱式□ 凸轮直动式□	摇臂式□ 挺柱式□ 凸轮直动式□
凸轮轴的位置	上置式□ 中置式□ 下置式□	上置式□ 中置式□ 下置式□
凸轮轴的数量	单凸轮轴□ 双凸轮轴□	单凸轮轴□ 双凸轮轴□
凸轮轴的传动方式	齿轮传动□ 链条传动□ 齿形带传动□	齿轮传动□ 链条传动□ 齿形带传动□

2. 根据学校的实训设备和下列各图所示,指认配气机构中各零件的名称,说明其作用。

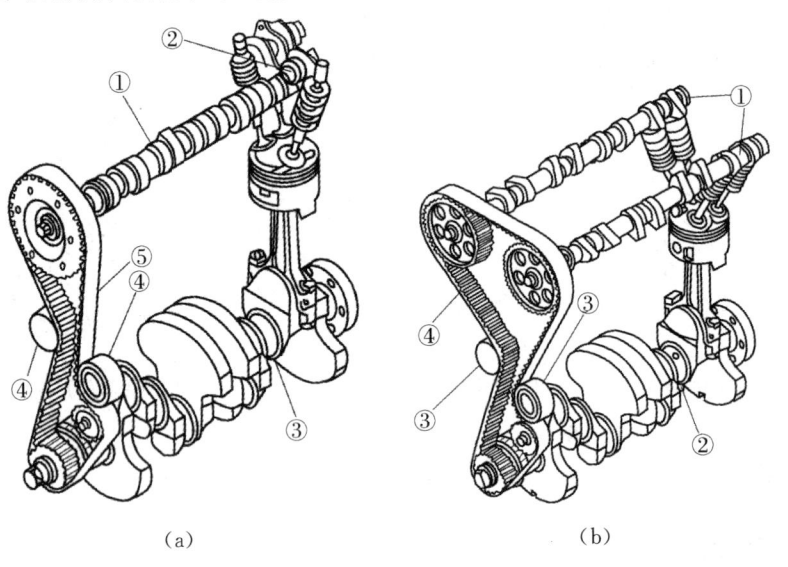

(a)　　　　　　　　　　(b)

图 3-1-12　齿形带传动的组成

(a)＿＿＿＿＿其中①＿＿＿＿＿,②＿＿＿＿＿,③＿＿＿＿＿,④＿＿＿＿＿,
⑤＿＿＿＿＿;(b)＿＿＿＿＿其中①＿＿＿＿＿,②＿＿＿＿＿,③＿＿＿＿＿,
④＿＿＿＿＿。

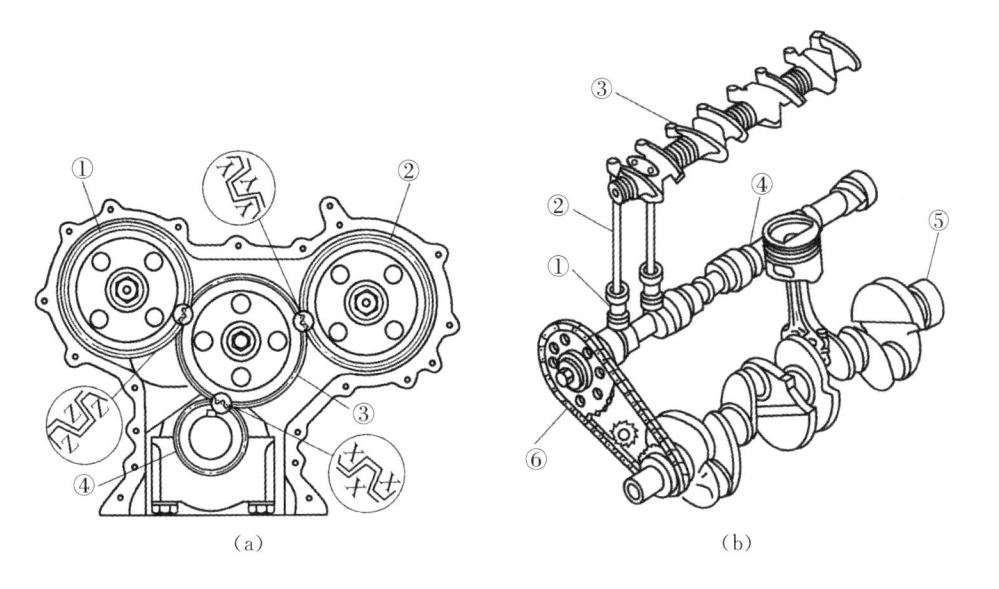

图 3-1-13 齿轮传动和链条传动的组成

(a)_____其中①_____,②_____,③_____,④_____;
(b)_____其中①_____,②_____,③_____,④_____,
⑤_____,⑥_____。

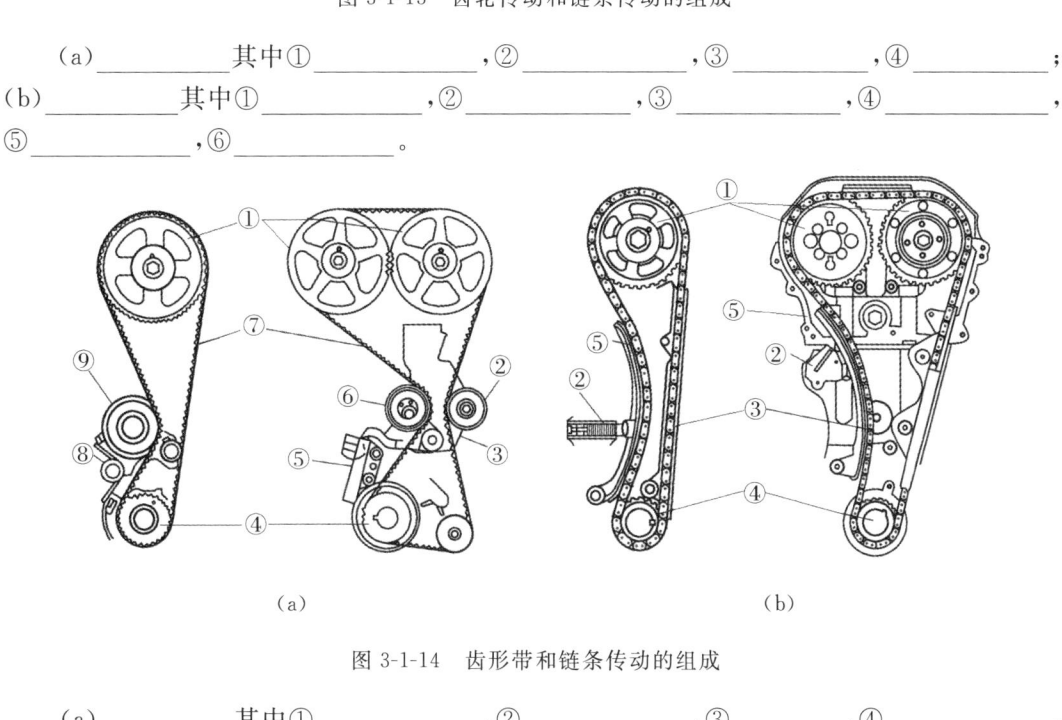

图 3-1-14 齿形带和链条传动的组成

(a)_____其中①_____,②_____,③_____,④_____,
⑥_____,⑦_____,⑧_____,⑨_____;(b)_____其中
①_____,②_____,③_____,④_____,⑤_____。

3. 根据老师的讲解以及在实训室对配气机构实物的观察,依据图 3-1-15 的标注写出发动机各部分的名称并填写发动机各机构和系统的组成零部件名称。

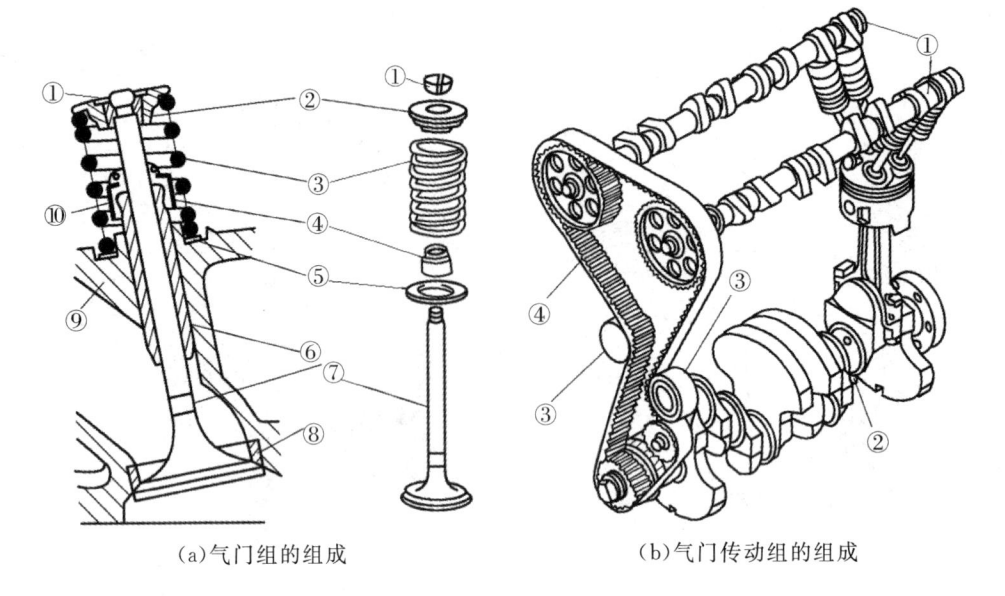

(a)气门组的组成　　　　(b)气门传动组的组成

图 3-1-15　配气机构的组成

(a)图中①_____,②_____,③_____,④_____,⑥_____,⑦_____,⑧_____,⑨_____,⑩_____;(b)图中①_____,②_____,③_____,④_____。

★ 实施活动二　气门间隙的调整(摇臂式气门间隙的调整)

一、工作准备

各型发动机的配气机构,配气机构示教板,配气机构的各零部件,维修手册。

二、技能要求

1. 发动机气门间隙大小应符合具体车型的维修手册上的要求。
2. 调整后锁紧螺母一定要锁紧。

三、任务步骤

1. 清洁发动机上部外表

铺设防护用具(车身两边翼子板防护布和前格栅防护布),用压缩空气枪吹净气门室罩及其周围的灰尘和杂物。若没有压缩空气枪,则用抹布清洁。

2. 拆卸气门室罩

先拆卸气门室罩上的外围零件(如橡胶管和电器元件),再用相应的工具拆卸气门室罩。

3. 确认进排气门

(1)根据气门与所对应的气道进行确认。进气歧管所对应的是气缸盖上的进气道和进气门;排气歧管所对应的是气缸盖上的排气道和排气门。

(2)用转动曲轴方法观察确认。转动曲轴,观察各缸的气门,先动的为排气门,随后动的为进气门,并在气门上做记号。

4. 1缸压缩上止点的确定

1缸压缩行程上止点的判断方法有分火头判断法、逆推法和1缸上止点记号法等等。在实际中较适用的逆推法是转动曲轴,观察与1缸连杆轴颈同在一个方位的最后缸(如四缸机的第4缸或六缸机的第6缸)的排气门打开又逐渐关闭到进气门动作的瞬间,为第4缸或第6缸在排气行程上止点,即1缸压缩上止点,如图3-1-16(a)所示。

(a)确定1缸压缩上止点　　(b)调整气门间隙

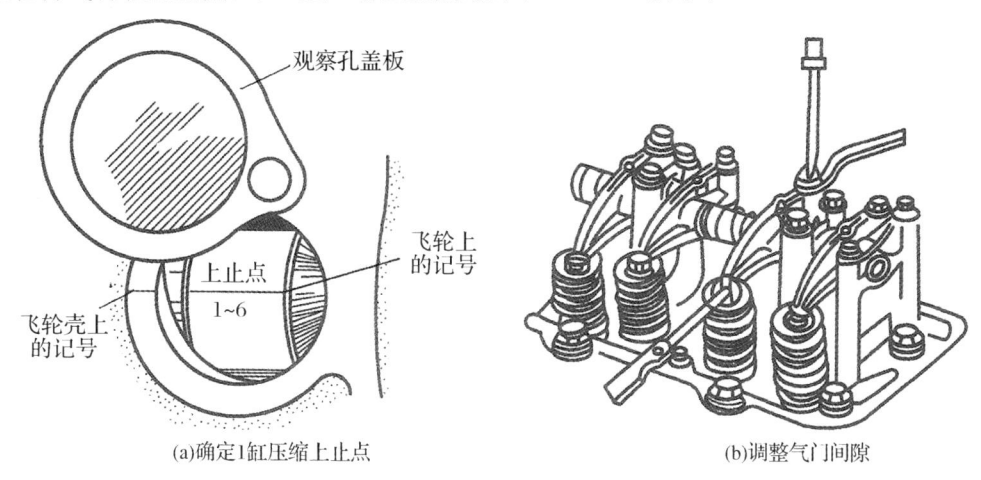

图 3-1-16　气门间隙的调整方法

想一想: 其他方法是如何确定1缸压缩行程上止点的?

5. 确定可调整气门

根据发动机的做功顺序和双排不进的原则确定第一次可以调整的气门。对于做功顺序为1—3—4—2的四缸机可以调整的气门为1缸、2缸的进气门和1缸、3缸的排气门;对于做功顺序为1—5—3—6—2—4的六缸机可以调整的气门为1缸、2缸、4缸的进气门和1缸、3缸、5缸的排气门;其他的依此类推确定可调整气门。

6. 第一次调整可调气门

如图3-3-16(b)所示,调整气门间隙时,一手用一字旋具固定住气门调整螺钉,另一只手用梅花扳手拧松锁紧螺母,将塞尺插入气门间隙处,然后转动调整螺钉,使摇臂端头将塞尺轻轻压住,用轻微力量抽动塞尺,以感到有轻微阻力为宜,然后将调整螺钉保持不动,拧紧锁紧螺母,最后再复查一次气门间隙,以防止拧紧螺母时,间隙发生变化。

7. 摇转曲轴一周,调整余下气门

转动曲轴一周(360°),转动时也可用逆推法判断。重复第6步调整剩余气门。

8. 装配气门室罩

清洁缸盖、气门室垫(损坏时更换)、气门室罩,将气门室罩装配在缸盖上,按固定的力矩和顺序拧紧气门室罩紧固螺钉;装配气门室罩外围零件。

9. 结束整理工作

清洁、整理工量具;清洁、整理设备和场地。

【任务拓展】

一、直动式气门间隙的调整(以 5A 发动机为例)

1. 准备工作(与摇臂式气门间隙的调整一样)
2. 拆卸气门室罩(与摇臂式气门间隙的调整一样)
3. 将 1 号气缸摇至压缩行程上止点(如图 3-1-17(a)所示)

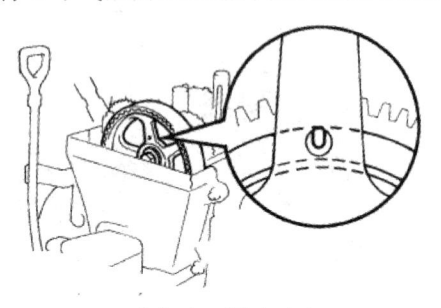

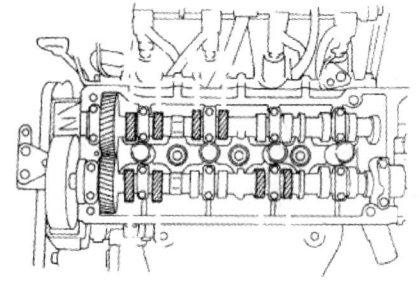

(a)确定1缸压缩上止点　　　　　(b)气门间隙的检查

图 3-1-17　确定 1 缸上止点与各缸气门间隙的检查

转动曲轴皮带轮,使它的缺口与正时皮带罩的正时标记"0"对正。检查凸轮轴正时带轮的"K"标记与轴承盖的正时标记对正,若没有对准,转动曲轴一圈(360°)。

4. 检查气门间隙(如图 3-1-17(b)所示)

(1)根据做功顺序和"双排不进"确定检查间隙的气门为 1 缸的进排气门和 2 缸的进气门及 3 缸的排气门。进气门标准值:0.15～0.25 mm,排气门标准值:0.25～0.35 mm。

(2)使用塞尺测量挺柱与凸轮之间的间隙,并记录超出标准的间隙值,以便更换垫片时使用。

(3)转动曲轴一圈(360°),使它的缺口与正时皮带罩的正时标记"0"对正。检查间隙的气门为 4 缸的进排气门和 2 缸的排气门及 3 缸的进气门。

(4)使用塞尺测量挺柱与凸轮之间的间隙,并记录超出标准的间隙值,以便更换垫片时使用。

5. **调整气门间隙(如图 3-1-18 所示)**

(1)转动曲轴,把要调的气门对应的凸轮"桃尖"朝上,使挺柱的缺口朝向排气歧管一侧。

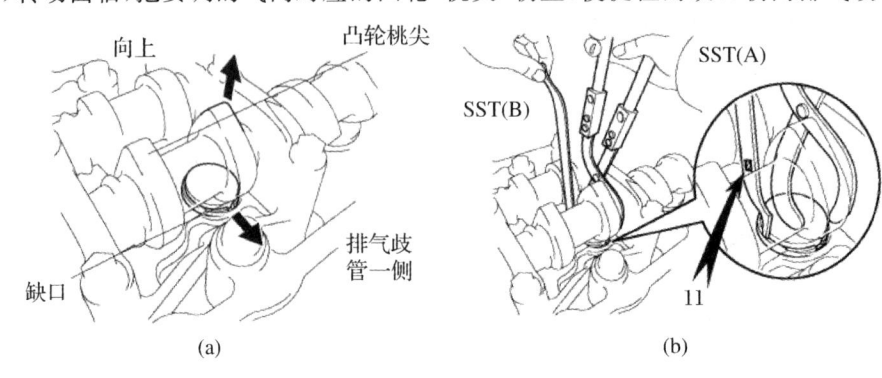

图 3-1-18　调整气门间隙

(2)使用 SST(A)专用工具压下气门挺柱,在凸轮轴和气门挺柱之间放置 SST(B)(如图 3-1-18 所示),使标记"11"朝向 SST(B)的一侧。

(3)使用一个小起子和磁力棒拆下调整垫片,并测量垫片的厚度。如图 3-1-19 所示。

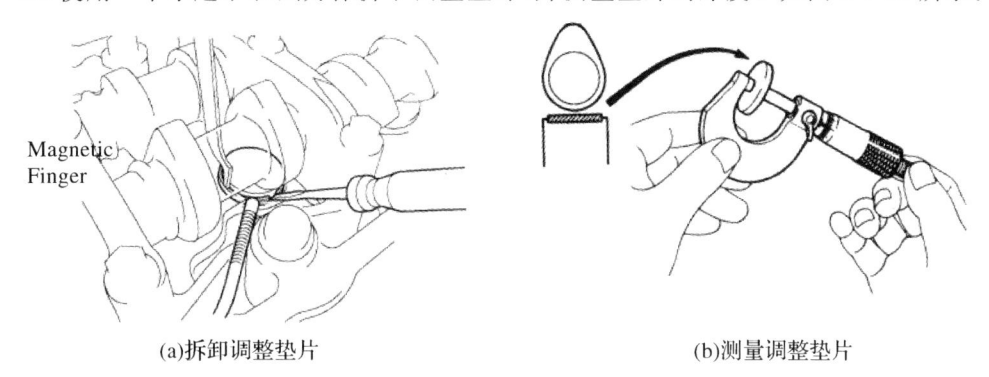

(a)拆卸调整垫片　　　　　　　(b)测量调整垫片

图 3-1-19　调整垫片的拆卸和测量

(4)按照进气:$N=T+(A-0.20)$,排气:$N=T+(A-0.30)$计算,T 为拆下垫片的厚度,A 为测量的气门间隙,N 新调整垫片的厚度。

(5)选择一个厚度尽可能接近计数值的新垫片,装回相应的挺柱。

6. 结束工作

(1)清洁发动机上半部和所用过的工具和塞尺。
(2)整理现场的工量具、设备和场地。

二、VVA 系统简介

传统的发动机采用固定的气门升程和正时,发动机的油耗、排放和输出转矩都不能保持最佳。现代汽车发动机拥有的 VVA 系统,可以随时改变气门升程和正时,从而改进发动机的油耗、排放和输出转矩。

VVA 系统即 Variable Valve Actuation 的缩写,可变气门驱动系统。它包括 VVT(Variable Valve Timing,可变气门正时)和 VVL(Variable Valve Lift,可变气门升程)。VVA 系统一般分为凸轮式和无凸轮式两种。凸轮式的 VVL 主要有本田的 VTEC、保时捷的 Vairocan、宝马的 Valve Tronic、日产的 VVEL 等;凸轮式的 VVT 主要有丰田的 VVT-i(进气可变正时)、起亚的 CVVT(连续可变正时)、君越的 D-VVT(进排气双连续可变气门正时)等;无凸轮式的 VVA 系统主要由 EMVVA 电磁控制可变气门驱动系统和 EHVVA 电控液动可变气门驱动系统。

凸轮式 VVA 系统现在已广泛应用于各型汽车上,而无凸轮式 VVA 系统还处于研发试制中,相信不久的将来它会广泛用于汽车上。它与凸轮式相比:没有凸轮的制约,在可变气门升程和正时上有更大的控制范围,另外还可以关闭单个气门或单个气缸,特别是在低负荷下可选择性地使一个或多个气缸停止工作(闭缸技术)。无凸轮式 VVA 系统能提供更多的控制灵活性和更大的性能优势,在某些工况下能降低油耗 15%～18%。

查一查:通过互联网查一查 EMVVA 电磁控制可变气门驱动系统和 EHVVA 电控液动可变气门驱动系统的结构和工作原理。

【任务检测】

一、填空题

1. 配气机构工作性能的好坏对发动机有重要的影响,要求其气门关闭要_____,开启要_____,开度要_____。
2. 配气机构中气门的驱动方式有_____、_____、_____。
3. 气门间隙是指在_____和_____之间留有适当的间隙。气门间隙过大,气门开启时刻变_____,关闭时刻变_____;气门间隙过小,易使气门_____。
4. 为了使进气_____,排气_____,发动机都采用进排气门_____,增加_____,因此这个过程的曲轴转角叫_____。
5. 配气相位的检测方法有_____、_____、_____等。

二、选择题

1. 四行程发动机转速为 4 000 r/min 时,则同一排气门在 2 分钟内开闭的次数为( )。
   A. 1 000 次　　　　B. 2 000 次　　　　C. 3 000 次　　　　D. 4 000 次
2. 高速发动机最适宜的凸轮轴布置形式为( )。
   A. 上置式　　　　B. 中置式　　　　C. 下置式　　　　D. 侧置式
3. 发动机曲轴和凸轮轴的转速之比为( )。
   A. 1∶1　　　　　B. 1∶2　　　　　C. 2∶1　　　　　D. 2∶3
4. 齿形带传动中存在( )缺点。
   A. 结构复杂　　　B. 工作噪音大　　C. 容易跳齿
5. 顶置式气门的气门间隙的调整部位是在( )。
   A. 挺杆上　　　　B. 推杆上　　　　C. 摇臂上
6. 气门叠开时该气缸处于( )。
   A. 进气终了　　　B. 排气终了　　　C. 压缩终了　　　D. 做功开始
7. 发动机的气门间隙过大,则气门将( )。
   A. 过早开,过晚关　　　　B. 过晚开,过晚关
   C. 过早开,过早关　　　　D. 过晚开,过早关

三、判断题

1. 发动机的转速和负荷不同,配气相位也不相同。　　　　　　　　　　　　( )
2. 同步带传动在现代高速轿车发动机上得到广泛的应用。　　　　　　　　( )
3. 目前一些电喷发动机的配气相位是随发动机的转速变化而自动调整的。　( )
4. 气门间隙是指气门与气门座之间的间隙。　　　　　　　　　　　　　　( )
5. 链传动的配气机构噪声大,需要定期润滑和定期张紧。　　　　　　　　( )

【评价与反馈】

班级：_____ 姓名：_____ 指导教师：_____

序号	考核项目	项目分值	考核内容	配分	考核标准	得分
1	出勤/纪律	5	出勤	2	违规一次不得分	
			行为规范	3	违规一次不得分	
2	安全/防护/环保	20	着装	2	违规一次不得分	
			个人防护	3	违规一次不得分	
			5S/EHS	5	违规一次不得分	
			设备使用安全	5	违规一次不得分	
			操作安全	5	违规一次不得分	
3	任务检测	20	任务测验成绩	20	测验成绩的20％计	
4	技能考核	35	技能测验成绩	35	测验成绩的35％计	
5	学习能力	10	工单填写,工艺计划制定	4	未做不得分	
			组内活动情况	5	酌情扣1~5分	
			资料查阅和收集	1	未做不得分	
6	任务拓展	10	知识拓展任务	2	未做不得分	
			技能拓展任务	8	未做不得分	
7	总分	100				

【教师评估】

序号	优点	存在问题	解决方案

教师签字：

任务二　气门组的检测与修复

【任务目标】

目标类型	目标要求
1.认知目标	(1)描述气门组的组成； (2)阐述气门组各零部件的构造特点； (3)叙述气门组各零部件的作用。
2.技能目标	达到汽车维修中级工如下要求： (1)完成气门组各零部件的检测； (2)运用所学知识更换气门组零件。
3.情感目标	(1)养成良好的学习和工作习惯； (2)注意操作过程中的5S和EHS。

【任务描述】

一辆长安悦翔发动机故障灯间歇点亮，发动机动力有所下降，且怠速不稳。测量气缸压力发现三缸压力始终偏低，提取数据流分析，可能为三缸气门密封不严或气门积炭，造成漏气所致。卸下缸盖检查，三缸气门密封锥面严重烧蚀，可见是明显漏气点，且气门杆上积炭严重。需要检查气门组件或更换三缸进排气门。

【知识准备】

一、概述

(1)功用。气门组的功用是密闭进气道和排气道。

(2)组成。主要由气门、气门座(或气门座圈)、气门弹簧、气门弹簧座、气门弹簧垫(铝合金缸盖)、气门导管、气门油封、气门锁片(或锁销)等组成，如图3-2-1所示。

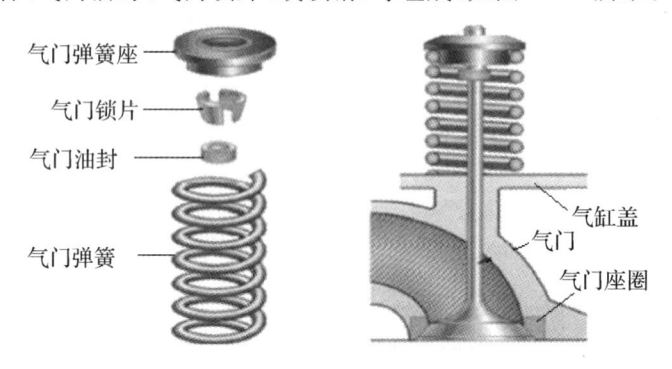

图3-2-1　气门组的组成

二、气门

1. 气门的类型

气门的类型有进气门和排气门,其作用是密封进排气道。

2. 气门的组成

气门由气门头部和杆身两部分圆弧连接而成,如图 3-2-2 所示。气门头部与气门座配合,密封进排气道;气门杆身与气门导管配合,为气门的往复运动导向和导热。进气门一般采用中碳合金钢,排气门多采用耐热合金钢。

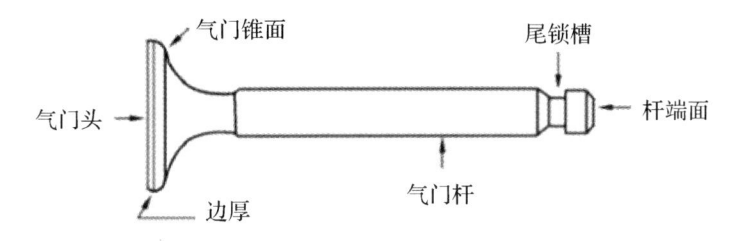

图 3-2-2 气门的组成

3. 气门的构造

(1)气门头部形状:平顶、凸顶(球面顶)和凹顶(喇叭形顶)等,如图 3-2-3 所示。平顶进排气门均可以采用;凹顶适合做进气门,不宜做排气门;凸顶适合于排气门。

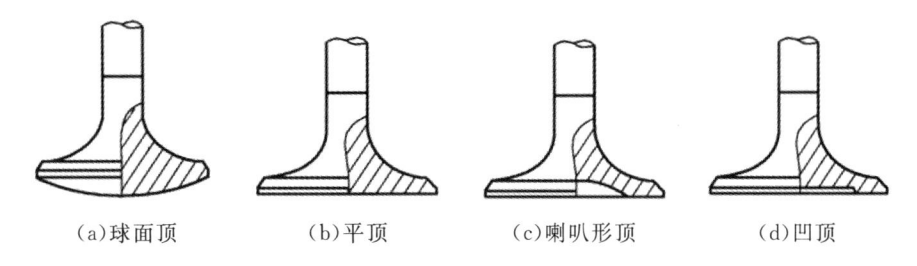

(a)球面顶　　(b)平顶　　(c)喇叭形顶　　(d)凹顶

图 3-2-3 气门的构造及头部形状

(2)气门头部工作面锥角:如图 3-2-4 所示,气门锥角一般为 45°。为了增大气流的流通面积,使进气充分,有的进气门锥角做成 30°。

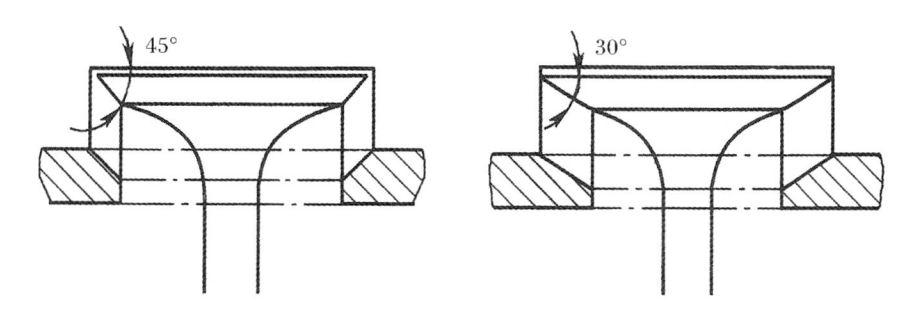

图 3-2-4 气门工作面锥角

(3)气门杆身尾部形状:如图 3-2-5 所示,气门杆端常用两半锥形的锁片来固定气门弹簧座,有的用锁销来固定气门弹簧座。

(a) (b)

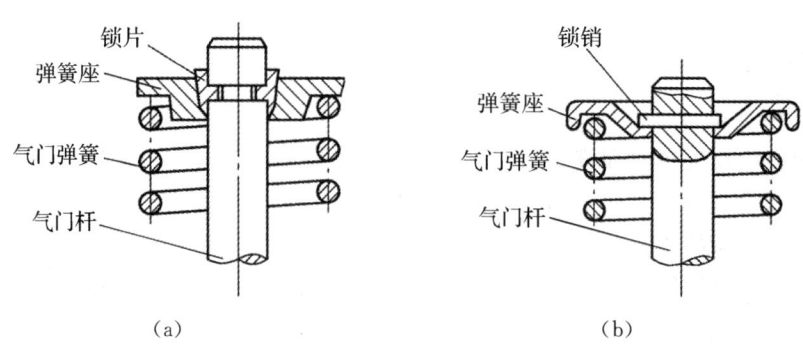

图 3-2-5 气门弹簧座的固定方式

三、气门座

1. 位置:进排气道口与气门工作面接触部位。
2. 功用:与气门配合密封进排气道。
3. 类型:镶入式(气门座圈)和整体式(与缸盖一体)。
4. 气门座锥角:3 个部分组成,如图 3-2-6 所示。

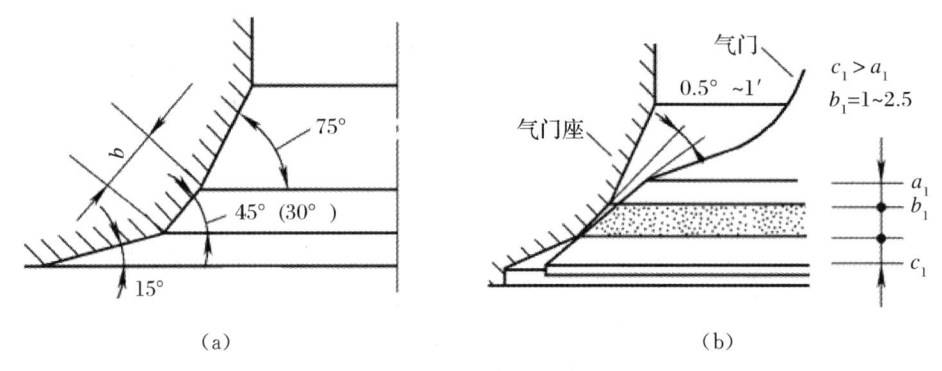

(a) (b)

$c_1 > a_1$
$b_1 = 1 \sim 2.5$

图 3-2-6 气门锥角

四、气门导管

1. 位置:安装于气缸盖上的气门导管承孔中。
2. 功用:与气门杆身配合为气门导向、散热。
3. 结构特点:如图 3-2-7 所示,空心管状结构,伸入气道部分成锥形;上端装气门油封;有些带有限位卡环;与座孔过盈配合;内孔与气门杆间隙配合。

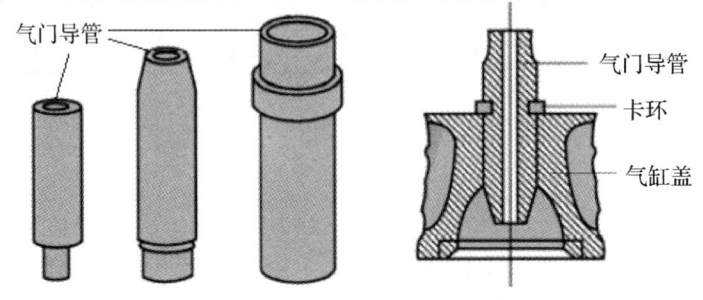

图 3-2-7 气门导管的结构

五、气门油封

1. 位置。气门导管上部。
2. 功用。防止润滑机油泄漏。
3. 组成。橡胶圈和弹簧,如图 3-2-8 所示,有些进排气门油封略有不同。
4. 更换时机。如果机油沿气门杆漏油。

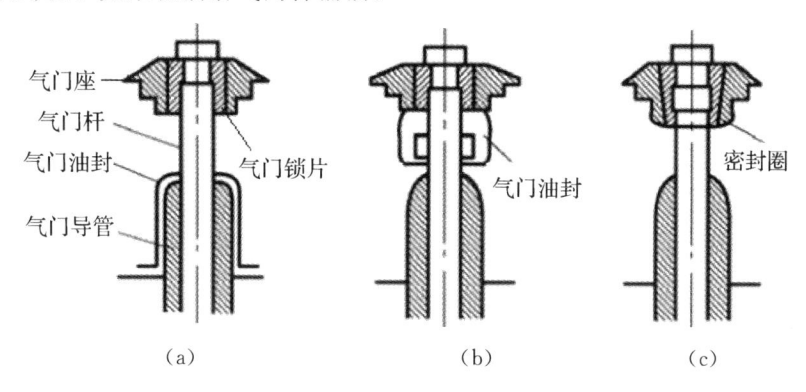

图 3-2-8 气门油封

六、气门弹簧

1. 位置。缸盖气门杆上,弹簧一端支承在气缸盖上,另一端弹压在气门杆端的弹簧座上,弹簧座用锁片固定在气门杆的末端。
2. 功用。使气门与气门座压紧,关闭进排气道。
3. 结构特点。多为圆柱形螺旋弹簧。
4. 类型。根据弹簧的结构可分为等螺距、变螺距和双弹簧等,如图 3-2-9 所示。

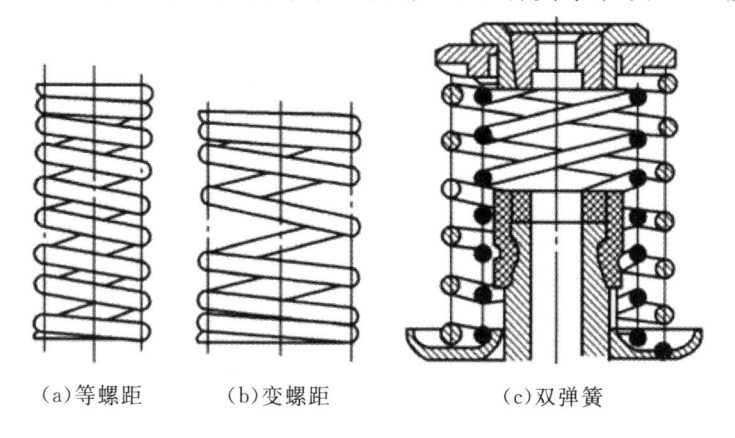

(a)等螺距　(b)变螺距　(c)双弹簧

图 3-2-9 气门弹簧的类型

想一想：气门弹簧还有其他防共振方法吗？变螺距弹簧和双气门弹簧是如何安装的？

【任务实施】

一、工作准备

抹布,常用工具,气门拆装钳,刮刀,钢丝刷,两脚量缸表,导管拆卸工具,气门研磨机,弹簧测试仪,外径千分尺,百分表,游标卡尺,直角尺,厚薄规,研磨剂,维修手册。

二、技能要求

1. 气门与气门座的工作锥面角度一致,新车和大修后气门比座圈小 0.5°~1°。
2. 气门与气门座圈的密封带应位于中部靠内侧。
3. 气门与气门座圈的密封带宽度应符合原设计标准,一般为 1.2~2.5 mm。
4. 气门杆与气门导管的配合间隙应符合原厂规定,一般为 0.05~0.12 mm。

三、任务步骤

1. 准备工作

清理工作台、场地;清点工量具;准备并填写相关表格内容。

2. 气门组的拆卸

(1)按正确的顺序分 2~3 次拆卸气缸盖螺栓,再拆卸气缸盖。
(2)拆卸气门组零件,如图 3-2-10 所示。
①组装气门拆卸钳;
②用气门拆卸钳压缩气门弹簧并取出两个气门锁片(或锁销);
③卸下气门弹簧座、气门弹簧和气门;
④用专用工具拆卸气门油封;
⑤按整套组件顺序放置好各零件。

查一查:通过互联网查一查其他发动机气门组的拆卸顺序是怎样的。

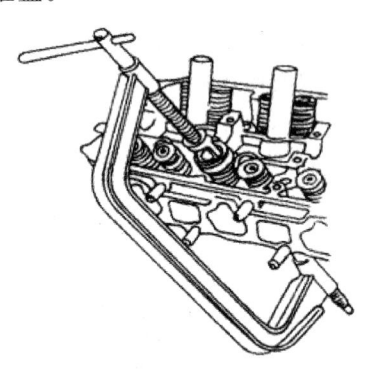

图 3-2-10 气门组的拆卸

3. 清洗

(1)用刮刀将气门头部的积炭刮除干净;
(2)用钢丝刷彻底清洁气门;
(3)用清洗液清洗气门组件。

4. 检测

(1)检测气门导管和气门杆。
①用两脚量缸表测量气门导管的内径,如图 3-2-11 所示。测量值为_____,标准值为_____。(任选一组数据填写)如果测量值不符合规定,应如何修复?
②气门杆弯曲的检测,如图 3-2-12 所示。将气门架在检测台上,转动气门杆一圈,百分表的摆差不得大于 0.06 mm,否则应更换气门或在平板上进行冷压校直。

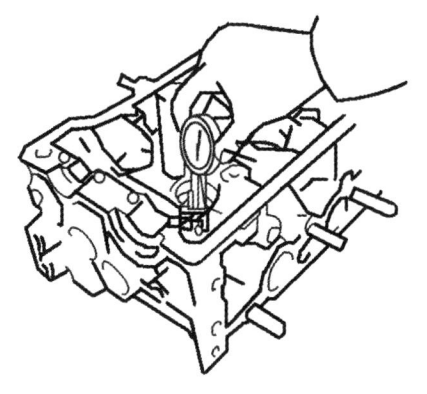

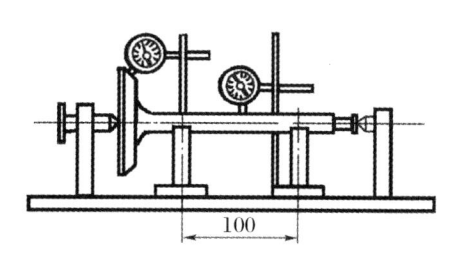

图 3-2-11 气门导管内径的测量　　　　图 3-2-12 气门杆弯曲的测量

③气门杆部直径的检测,如图 3-2-13 所示。用 0~25 mm 的外径千分尺测量进排气门杆部的直径。测量值为:进气门_____,排气门_____;标准值为:进气门_____,排气门_____。(任选一组数据填写)如果测量值不符合规定,应如何修复?

④气门杆与气门导管衬套油膜间隙的计算:油膜间隙＝气门导管衬套内径－气门杆直径。计算值为:进气门_____,排气门_____;标准值为:进气门_____,排气门_____。最大油膜间隙值为:进气门_____,排气门_____。

小提示：测量气门前一定要彻底清洗气门头部的积炭。

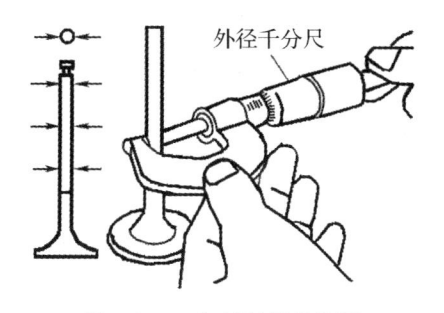

图 3-2-13 气门杆部的检测　　　　图 3-2-14 气缸盖的加热

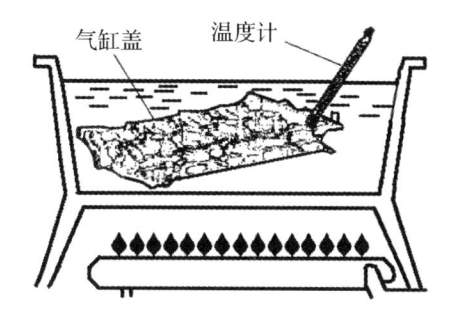

(2)气门导管的更换。
①如图 3-2-14 所示,将气缸盖逐渐加热至 80~100 ℃(更换气门座圈也采用此方法)。
②用专用工具和锤子敲出气门导管,如图 3-2-15 所示。
③用两脚量缸表测量气门导管衬套孔的内径。测量值为_____。
④选择新的气门导管衬套(标准尺寸加大 0.05 mm)。
⑤将气缸盖逐渐加热至 80~100 ℃。
⑥用专用工具和锤子敲入新的气门导管,直至规定的伸出高度。伸出高度为:进气门_____,排气门_____。
⑦用铰刀铰削导管衬套,使其与气门杆之间的间隙达到规定标准,如图 3-2-16 所示。

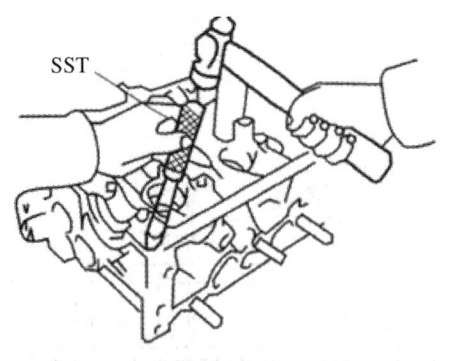

图 3-2-15　气门导管的拆卸　　　　图 3-2-16　气门导管的铰修

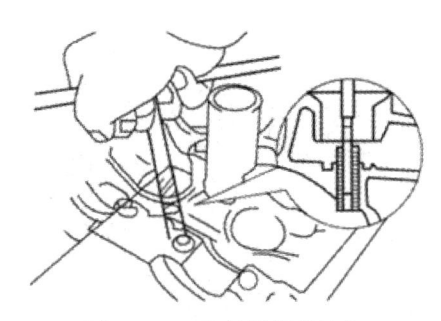

(3) 检查并研磨气门。

① 光磨气门密封锥面,直至磨去小坑和积炭。

② 检查气门是否光磨出正确的工作锥面角。

③ 检查气门头部边缘的厚度,如图 3-2-17 所示。标准边缘厚度为_____,测量的边缘厚度值为_____。如果边缘厚度小于最小值,则应更换气门。

④ 气门长度的检查,如图 3-2-18 所示。用游标卡尺外径量爪测量进排气门的长度值。测量值为:进气门_____,排气门_____;标准值为:进气门_____,排气门_____。

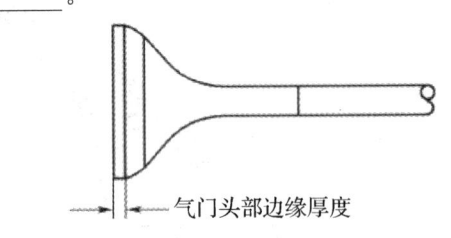

图 3-2-17　气门头部边缘厚度　　　　图 3-2-18　气门长度的测量

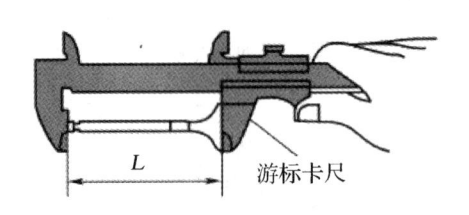

⑤ 气门与气门座密封性的检查。

用软铅笔在气门头部工作面上每隔 4 mm 的距离画线,如图 3-2-19 所示。然后把气门插回气门座并与气门座接触,转动气门 1/4 圈,取出气门观看画线。如果所有线条都被切断,说明密封良好;如果未全断,再转动气门一圈,线条全断则是气门座圈的问题,若仍未全断则是气门的问题。

查一查:通过互联网查一查气门密封性检查的其他方法。

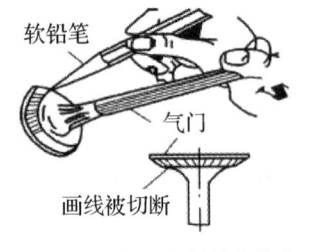

图 3-2-19　气门密封性的检查　　　　图 3-2-20　气门铰刀

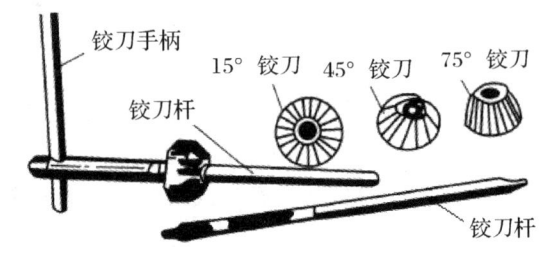

⑥ 气门锥面密封带的检查。

如果气门锥面密封带位置不对可用以下方法修正气门座,铰刀如 3-2-20 所示。气门锥面密封带位置偏高(偏向气门杆端),则用_____和_____铰刀修正气门座;气门锥面密封带位置偏低(偏向气门头部),则用_____和_____铰刀修正气门座。

⑦气门的研磨。

气门与气门座的研磨既可使用研磨机修磨,也可人工修磨。研磨气门时,在气门和气门座之间涂抹少量研磨膏,用气门捻子捻住气门顶面转动手柄进行打磨,如 3-2-21 所示,注意用力均匀。研磨一段时间后取出气门,清洁后作密封检查。

(4)气门弹簧的检查

做一做:请自己动手,使用游标卡尺测量气门弹簧的长度。

①用游标卡尺检测。把气门弹簧的两端平整地与游标卡尺接触,在游标卡尺上读出气门弹簧的自由长度,如图 3-2-22 所示。测量值为_____,标准值为_____。

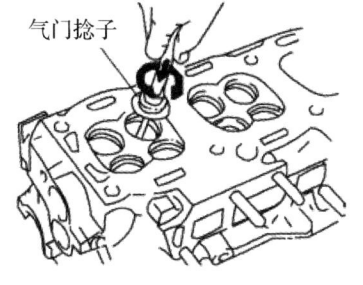

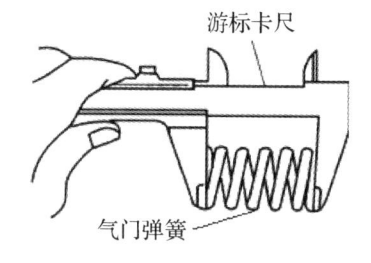

图 3-2-21 气门的研磨　　图 3-2-22 气门弹簧自由长度的检测

②用专用直角尺和厚薄规检测。对气门弹簧垂直度的检测,如图 3-2-23 所示。测量值为_____,标准值为_____。

③用气门弹簧检测仪检测。如图 3-2-23 所示,检测仪通过气门弹簧处于完全压缩状态下所对应长度的张紧力来确定气门弹簧的弹力。

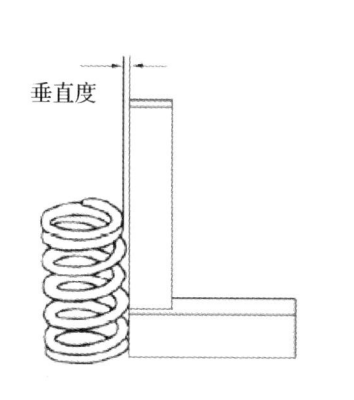

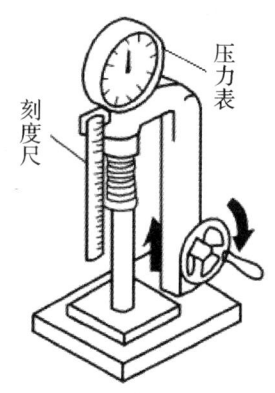

图 3-2-23 气门弹簧垂直度和弹力的测量

想一想:如果气门弹簧长度、垂直度以及弹力检测值不符合规定,应该如何修复?

5. 气门组的安装

(1)装配气门组的步骤。清洁所有的零件,更换所有的气门油封,并在油封上涂抹润滑油。用气门拆装钳逐一装配气门组零件及其驱动组零件。

(2)安装气缸盖。

6. 结束工作

清洁、整理工量具;整理、清洁设备和场地。

【任务拓展】

一、钠冷却气门

如图 3-2-24 所示,某些高度强化发动机采用充钠冷却气门,目的是减轻气门质量和气门运动的惯性力,降低排气门的温度,增强排气门的散热能力。

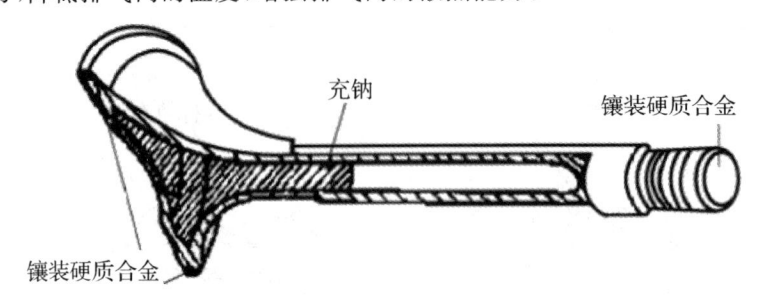

图 3-2-24 钠冷却气门

这种气门在中空的气门杆中填入一半金属钠。气门工作时钠变成液体,在气门杆内上下晃动,不断地把气门头部的热量传给气门杆,再经导管传给气缸盖,使气门头部得到冷却。钠冷气门的制造成本比普通排气门高出几倍,但有十分明显的冷却效果,在一些轿车发动机上得到了成功的应用,如奔驰190、尼桑 SR 系列和大众捷达 EA113 发动机等。

想一想:废弃充钠气门的处理方法。

二、气门旋转机构

气门在实际工作中容易产生积炭和其他沉积物,从而造成气门过热引起变形,甚至关闭不严而漏气。为了改善气门和气门座密封面的工作环境,设法让气门在工作中能相对气门座缓慢旋转。这样,气门头部沿圆周方向的温度分布比较均匀,从而减小气门头部的热变形。同时,在密封锥面产生轻微的摩擦力,有阻止沉积物形成的自洁作用。

气门的旋转机构较多,下面介绍一种强制式气门旋转机构,如图 3-2-25 所示。在旋转机构的壳体中,有 6 个具有一定斜面深度的凹槽,凹槽中装有带回位弹簧的钢球。蝶形弹簧安装在旋转机构的壳体与气门弹簧座之间。

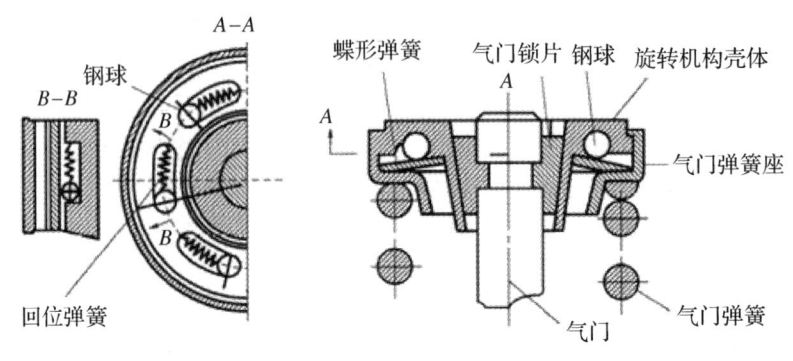

图 3-2-25 强制式气门旋转机构

气门关闭时,蝶形弹簧没有压紧在钢球上,钢球在回位弹簧的作用下位于凹槽的最浅处。

当气门开始打开时,不断增大的气门弹簧弹力将蝶形弹簧压平而迫使钢球沿着凹槽的斜面滚动,同时带动旋转机构的壳体、气门锁片及气门一起旋转一定的角度。

当气门在关闭的过程中,蝶形弹簧的负荷减小而恢复原来的蝶形,钢球即在回位弹簧的作用下回到原来的位置。

【任务检测】

一、填空题

1. 气门常见的损伤形式:气门不停地开启和关闭,由于相互撞击、敲打、摩擦和高温的影响,气门容易产生_____、_____、_____等损伤,导致气门关闭不严而漏气等故障。

2. 气门密封性的检查方法有_____、_____、_____、_____。

3. 气门杆身润滑困难,长期处于_____状态下工作。

4. 气门与气门座的密封带宽度要求应符合原厂规定,一般进气门的宽度_____排气门的宽度,柴油机气门的宽度_____汽油机气门的宽度。

5. 为了防止发生共振现象,气门弹簧常采用的结构措施为_____、_____、_____。

二、选择题

1. 安装变螺距的气门弹簧时,螺距小的一端应朝向(　　)。
   A. 气门头部　　　B. 气门杆端　　　C. 气门室罩　　　D. 没有要求
2. 气门导管与气缸盖上的气门导管孔的配合为(　　)。
   A. 间隙配合　　　B. 过渡配合　　　C. 过盈配合　　　D. 任意配合
3. 球面顶的气门适合做(　　)。
   A. 进气门　　B. 排气门　　C. 进排气门均可　　D. 没有球面顶的气门
4. 气门与座圈研磨后的接触环带是(　　)。
   A. 白色　　　B. 浅灰色　　　C. 灰色　　　D. 黑色
5. 气门干涉角一般为(　　),且走合结束后逐渐消失。
   A. 15°　　　B. 45°　　　C. 75°　　　D. 0.5°～1°

三、判断题

1. 排气门的材料一般要比进气门的材料好些。　　　　　　　　　　　　(　　)
2. 进气门头部直径通常要比排气门的头部大,而气门锥角有时比排气门的小。(　　)
3. 安装双气门弹簧时内外两根弹簧的旋向应该相反。　　　　　　　　　(　　)
4. 气门密封锥面与气门顶平面之间的夹角称为气门干涉角。　　　　　　(　　)
5. 研磨后的气门不能互换。　　　　　　　　　　　　　　　　　　　　(　　)

【评价与反馈】

班级：＿＿＿＿＿＿＿　　姓名：＿＿＿＿＿＿＿　　指导教师：＿＿＿＿＿＿＿

序号	考核项目	项目分值	考核内容	配分	考核标准	得分
1	出勤/纪律	5	出勤	2	违规一次不得分	
			行为规范	3	违规一次不得分	
2	安全/防护/环保	20	着装	2	违规一次不得分	
			个人防护	3	违规一次不得分	
			5S/EHS	5	违规一次不得分	
			设备使用安全	5	违规一次不得分	
			操作安全	5	违规一次不得分	
3	任务检测	20	任务测验成绩	20	测验成绩的20％计	
4	技能考核	35	技能测验成绩	35	测验成绩的35％计	
5	学习能力	10	工单填写,工艺计划制定	4	未做不得分	
			组内活动情况	5	酌情扣1～5分	
			资料查阅和收集	1	未做不得分	
6	任务拓展	10	知识拓展任务	2	未做不得分	
			技能拓展任务	8	未做不得分	
7	总分	100				

【教师评估】

序号	优点	存在问题	解决方案

教师签字：

任务三　气门传动组的检测与修复

【任务目标】

目标类型	目标要求
1. 认知目标	(1)描述气门传动组的组成； (2)叙述气门传动组各零部件的作用； (3)阐述气门传动组各零部件的构造特点； (4)认识气门传动组各零部件的名称及实物。
2. 技能目标	达到汽车维修中级工如下要求： (1)完成气门传动组的拆装； (2)运用所学知识更换气门传动组零件。
3. 情感目标	(1)养成良好的学习和工作习惯； (2)注意操作安全、设备安全、个人防护。

【任务描述】

一辆力帆 620 轿车行驶 100 000 km 后，驾驶时感到该车行驶无力。经技师诊断：底盘行驶部分没有问题，发现为发动机加速无力所致。清洁发动机油路、进气系统及排气系统，仍然未解决故障；检测气缸压力(压力正常)和更换火花塞，仍然未解决故障；拆卸气门室罩，发现凸轮轴凸轮非常光亮，确认故障为凸轮轴润滑欠佳，以致凸轮轴凸轮磨损严重，气门升程不够，影响配气相位。然后，清洗润滑油路，更换凸轮轴，重新调整气门间隙，故障排除。

【知识准备】

一、概述

1. 气门传动组的功用

气门传动组的功用是使进排气门按配气相位规定的时刻开启，且保证有足够的升程。

2. 气门传动组的组成

气门传动组主要由凸轮轴及其传动机构(传动零件有挺柱、推杆、摇臂总成等)和驱动机构(驱动零件有曲轴正时齿轮或链轮或带轮、齿形同步带或链条、张紧器、导向件、凸轮轴正时齿轮或链轮或带轮)等组成，具体的组成视发动机机型而定。

二、凸轮轴驱动机构

1. 同步带驱动件

如图 3-3-1 所示，它主要由曲轴正时带轮、凸轮轴正时带轮、齿形同步带及其张紧机构等组成。同步带可用氯丁橡胶制成，中间夹有玻璃纤维以增加强度。同步带驱动机构广泛用在高速汽车发动机上,如一汽奥迪、捷达、宝来、桑塔纳等轿车。

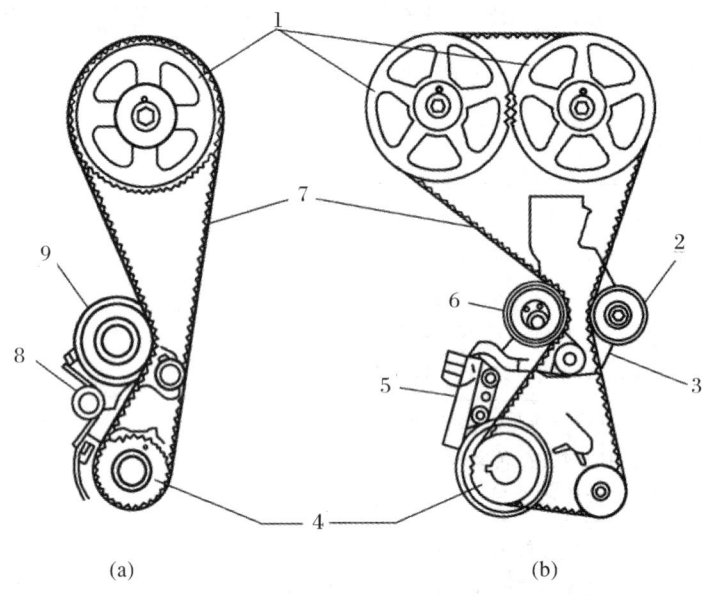

1-凸轮轴正时同步带轮　2-右张紧轮　3-张紧轮支架　4-曲轴正时同步带轮
5-张紧器　6-左张紧轮　7-齿形同步带　8-张紧器弹簧　9-张紧轮
图 3-3-1　同步带驱动件的结构

2. 链条驱动机构

如图 3-3-2 所示,它主要由曲轴正时链轮、凸轮轴正时链轮、链条及其张紧机构组成。链条驱动机构特别适用于凸轮轴顶置式配气机构,如广州标致 505、本田雅阁等轿车。

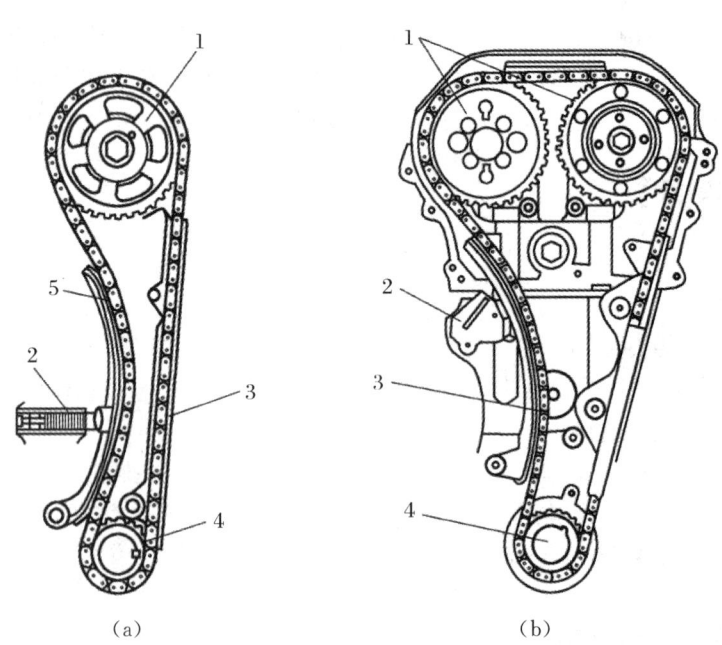

1-凸轮轴正时链轮　2-张紧器　3-链条　4-曲轴正时链轮　5-导链板
图 3-3-2　链条驱动件的结构

3. 齿轮驱动机构

如图 3-3-3 所示,它主要由一系列齿轮组成。汽油机一般只用一对正时齿轮即曲轴正时齿轮和凸轮轴正时齿轮；柴油机需要同时驱动喷油泵和机油泵，所以增加了中间齿轮。为了啮合平稳，减少噪声和磨损，正时齿轮一般用斜齿轮，曲轴正时齿轮常采用钢制造，而凸轮轴齿轮则采用铸铁或夹布胶木制成。广泛用于低速发动机，如各型柴油机 BN492Q 等。

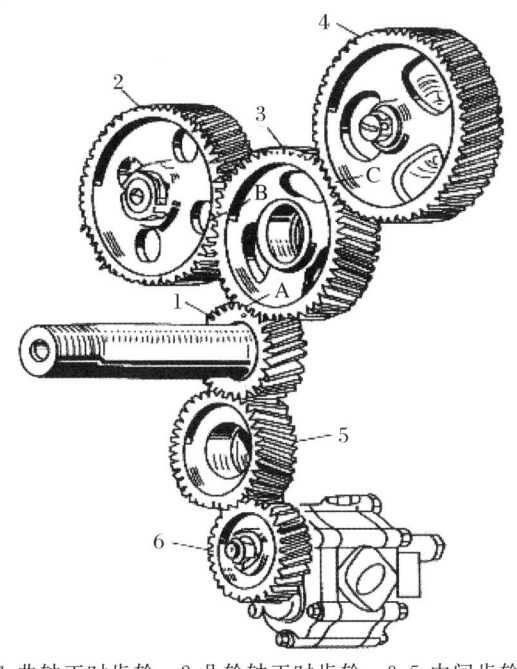

1-曲轴正时齿轮　2-凸轮轴正时齿轮　3、5-中间齿轮
4-喷油泵正时齿轮　6-机油泵传动齿　A、B、C-正时记号
图 3-3-3　齿轮驱动件的结构

想一想： 三种凸轮轴驱动机的优缺点及发展趋势是什么？

三、凸轮轴

1. 概述

（1）功用。凸轮轴是气门传动组的主要部件，其作用是控制气门的开启和关闭及升程的变化规律。有的发动机还依靠凸轮轴来驱动机油泵、汽油泵和分电器等装置。

（2）要求。凸轮轴要有足够的韧性和刚度，凸轮表面要耐磨。

（3）材料。凸轮轴采用优质铸铁、中碳钢或中碳合金钢制成，并经调质处理，以提高疲劳强度。凸轮表面淬火、光磨，以提高其耐磨性。

（4）种类。有整体式和组合式两种凸轮轴，现代汽车发动机广泛采用整体式凸轮轴。

（5）凸轮轴的安装及布置。安装在气缸盖上或气缸体一侧的座孔或剖分式轴承座中。

2. 凸轮轴的结构

如图 3-3-4 所示，凸轮轴主要由凸轮和轴颈两部分组成，有的还有偏心轮（驱动汽油泵）和螺旋齿（驱动机油泵和分电器）。

（1）凸轮。凸轮是凸轮轴的主要工作部分，其轮廓应保证气门开闭时刻及持续时间符合配气相位的要求，使气门有合适的升程和运动规律。凸轮的排列影响气门的开闭时刻和工作顺序。凸轮轴在工作中受到气门间歇性开启的周期性冲击载荷。

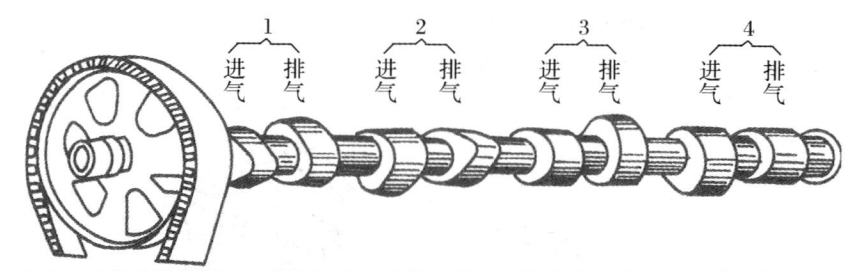

1-凸轮 2-凸轮轴轴颈 3-驱动汽油泵的偏心轮 4-驱动分电器和机油泵的螺旋齿轮

图 3-3-4 四行程四缸机的凸轮轴

①凸轮轮廓。如图 3-3-5 所示,凸轮轮廓由凸顶、凸跟、打开凸面和关闭凸面组成,它决定了气门的开启和关闭方式和开启持续时间。气门升程是指从基圆直径到凸顶的高度。

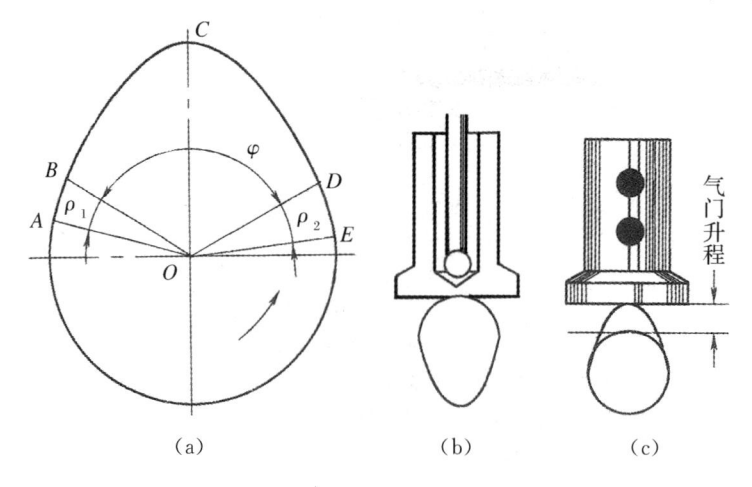

图 3-3-5 四行程四缸机的凸轮轴

②凸轮的相对位置。如图 3-3-6 所示,凸轮轴上各缸的进气凸轮(或排气凸轮)称为同名凸轮,各同名凸轮的相对位置(夹角)为做功间隔角的 $\frac{1}{2}$,即四缸发动机为 90°,六缸发动机为 60°;同一气缸的进排气凸轮称为异名凸轮,它们之间的相对位置与发动机的配气相位和凸轮轴的转动方向有关,异名凸轮的夹角要由配气相位求得。

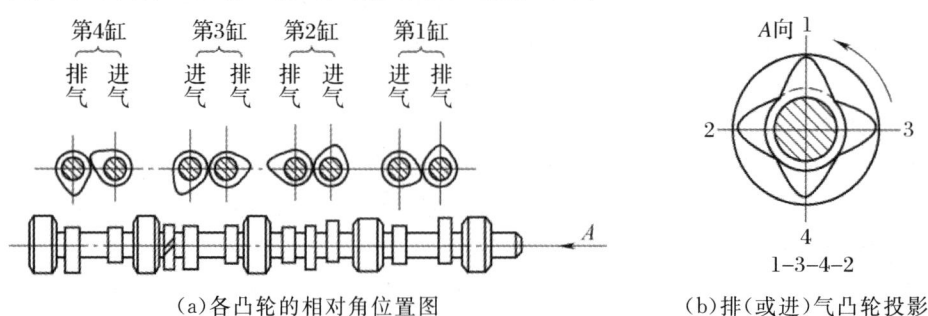

(a)各凸轮的相对角位置图　　(b)排(或进)气凸轮投影

图 3-3-6 四行程四缸机的凸轮轴

③同一气缸进排气凸轮的判别。顺着凸轮轴旋转方向转动,按照先排气后进气的规律判别进排气凸轮。

④依据凸轮轴凸轮的排列判断做功顺序。从凸轮轴的前端看,各缸同名凸轮逆着凸轮

轴旋转方向的排列顺序,它既是发动机各缸的进气(或排气)顺序,也是发动机的做功顺序。

(2)轴颈。凸轮轴的轴颈用来支撑凸轮轴。采用全支撑和非全支撑两种方式;轴颈直径的大小与装配方式有关,有的轴颈直径相等,有的则从前向后依次减小,以便于安装。

3. 凸轮轴与曲轴的正时

为了让气门的开闭时刻与曲轴的位置保持正确的关系,凸轮轴必须根据曲轴设定正时。通常在凸轮轴驱动件及附件上做相应的正时记号,如图 3-3-7 所示。装配时正时记号要对齐。

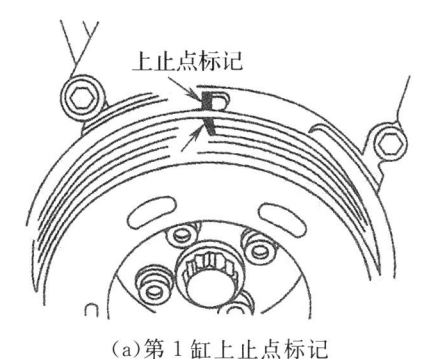

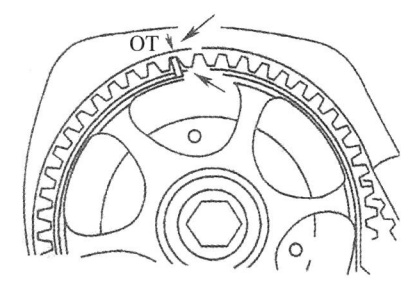

(a)第1缸上止点标记　　　(b)凸轮轴同步带轮与同步带防护罩上的标记

图 3-3-7　配气正时记号

4. 凸轮轴的轴向定位

为了防止凸轮轴轴向窜动,影响配气机构的正常工作,凸轮轴必须有轴向定位装置。常用的定位装置有止推轴承、止推片和止推螺钉,如图 3-3-8 所示。

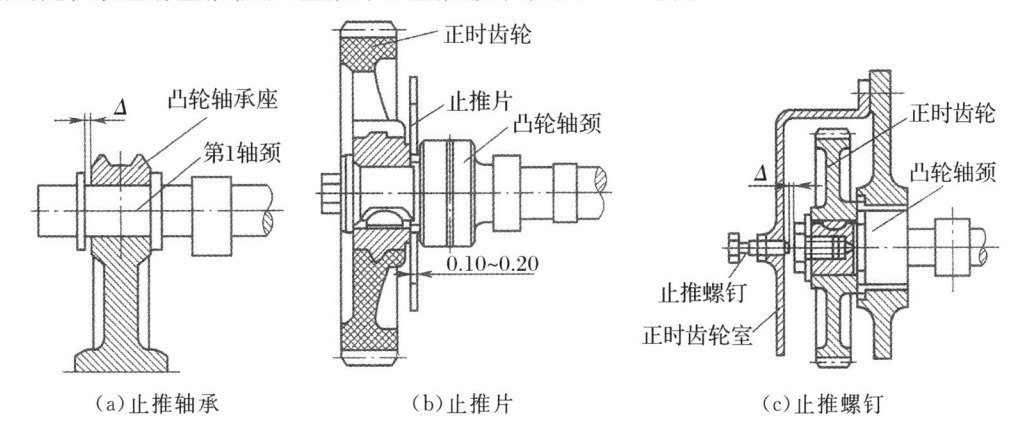

(a)止推轴承　　　(b)止推片　　　(c)止推螺钉

图 3-3-8　凸轮轴的轴向定位装置

四、凸轮轴传动机构零件

1. 挺柱

(1)作用。其作用是将凸轮的推力传给推杆或气门杆,并承受凸轮轴旋转时所施加的侧向力。

(2)材料。镍铬合金铸铁或冷激合金铸铁。

(3)种类。有普通挺柱和液力挺柱两类,而普通挺柱又有菌形(已淘汰)、筒式和滚轮式三种。近年来,液力挺柱被广泛采用。

(4)液力挺柱。普通挺柱不能解决机件受热膨胀的影响,而液力挺柱能自动补偿气门间隙,消除了机件的冲击和噪声,不需调整气门间隙,其结构如图 3-3-9 所示。

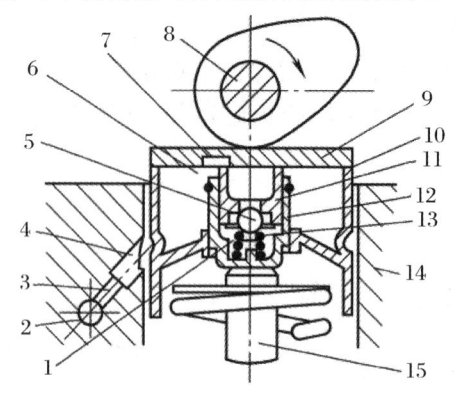

1—高压油腔　2—气缸盖油道　3—量油孔　4—斜油孔　5—球阀　6—低压油腔　7—键形槽　8—凸轮轴
9—挺柱体　10—挺柱焊缝　11—柱塞　12—油缸　13—补偿弹簧　14—气缸盖　15—气门杆

图 3-3-9　液力挺柱的结构

想一想： 液力挺柱的工作原理是什么？

(5)普通挺柱。如图 3-3-10 所示为常见的三种挺柱形式。筒式挺柱质量轻,一般和推杆配合使用；滚轮式挺柱成本较高、结构复杂,与凸轮间的摩擦力小,适于中速大功率的柴油机。菌式挺柱现在已经淘汰。

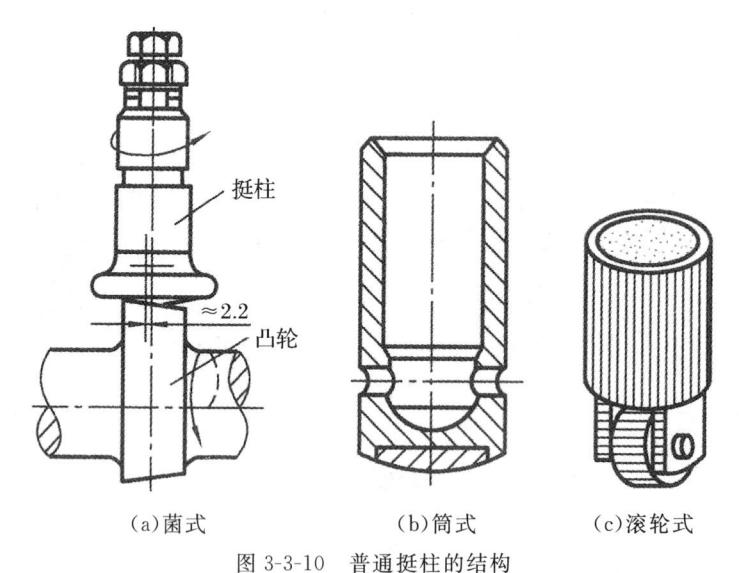

(a)菌式　　(b)筒式　　(c)滚轮式

图 3-3-10　普通挺柱的结构

2. 推杆

(1)作用。它是配气机构中最容易弯曲的零件,其作用是将挺柱传来的凸轮推力传递给摇臂。在凸轮轴中、下置式配气机构中采用。

(2)要求。足够的刚度,在动载荷大的发动机中,推杆应尽量做得短些。

(3)结构。常用的推杆是细而长的空心杆,上、下两端压入或焊接经淬火和精加工的凹、凸球头,以提高其耐磨性。推杆的结构如图 3-3-11 所示。

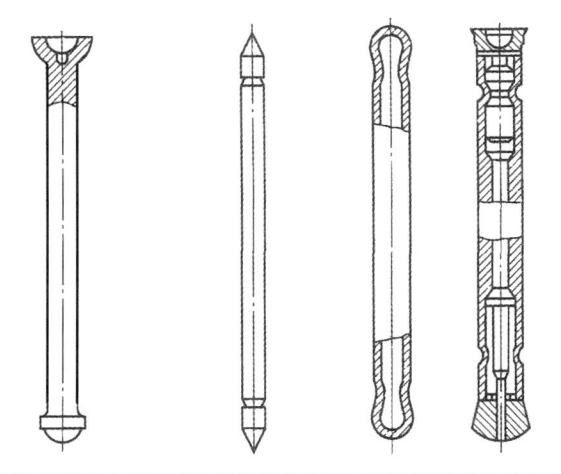

(a)钢制实心推杆　(b)硬铝棒推杆　(c)钢管制成的推杆

图 3-3-11　推杆的结构

3. 摇臂总成组件

(1)作用。将推杆或凸轮传来的力改变方向(180°)后传给气门,作用到气门杆端使气门开启。

(2)组成。摇臂组件主要由摇臂、摇臂轴、摇臂支座、气门调整螺钉、气门调整螺钉、锁紧螺母等组成,如图 3-3-12 所示。

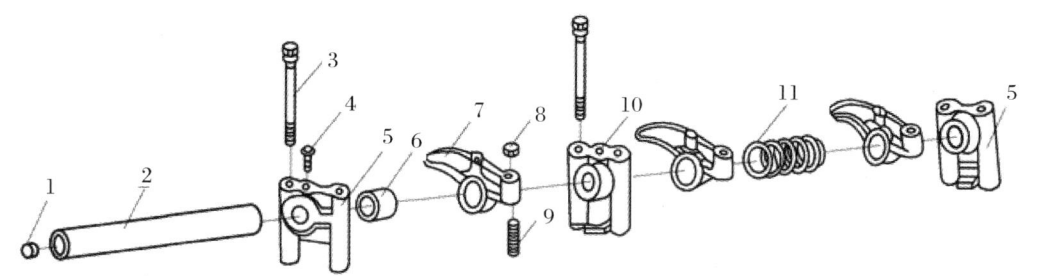

1-碗形　2-摇臂轴　3-螺栓　4-摇臂轴固定螺钉　5、10-摇臂轴支座　6-摇臂衬套
7-摇臂　8-气门调整螺钉锁紧螺母　9-气门间隙调整螺钉　11-定位弹簧

图 3-3-12　摇臂组的结构

(3)摇臂的结构。如图 3-3-13 所示,摇臂是以摇臂轴为支撑的不等臂杠杆,短臂一侧有气门调整螺钉,长臂一端与气门杆端接触。有的摇臂制有油孔,以润滑气门杆端等部位。

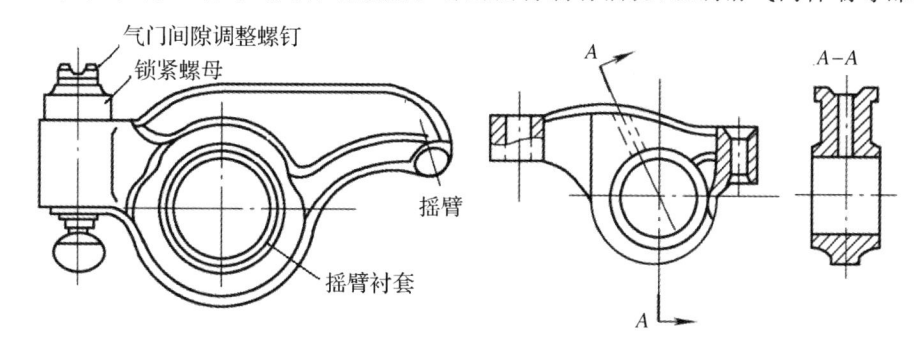

图 3-3-13　摇臂的结构

【任务实施】

一、工作准备

干净的抹布，常用工具，外径千分尺，百分表，游标卡尺，发动机维修手册等。

二、技能要求

1. 正时驱动机构的拆、装应严格按照图 3-3-14 所示的要求。

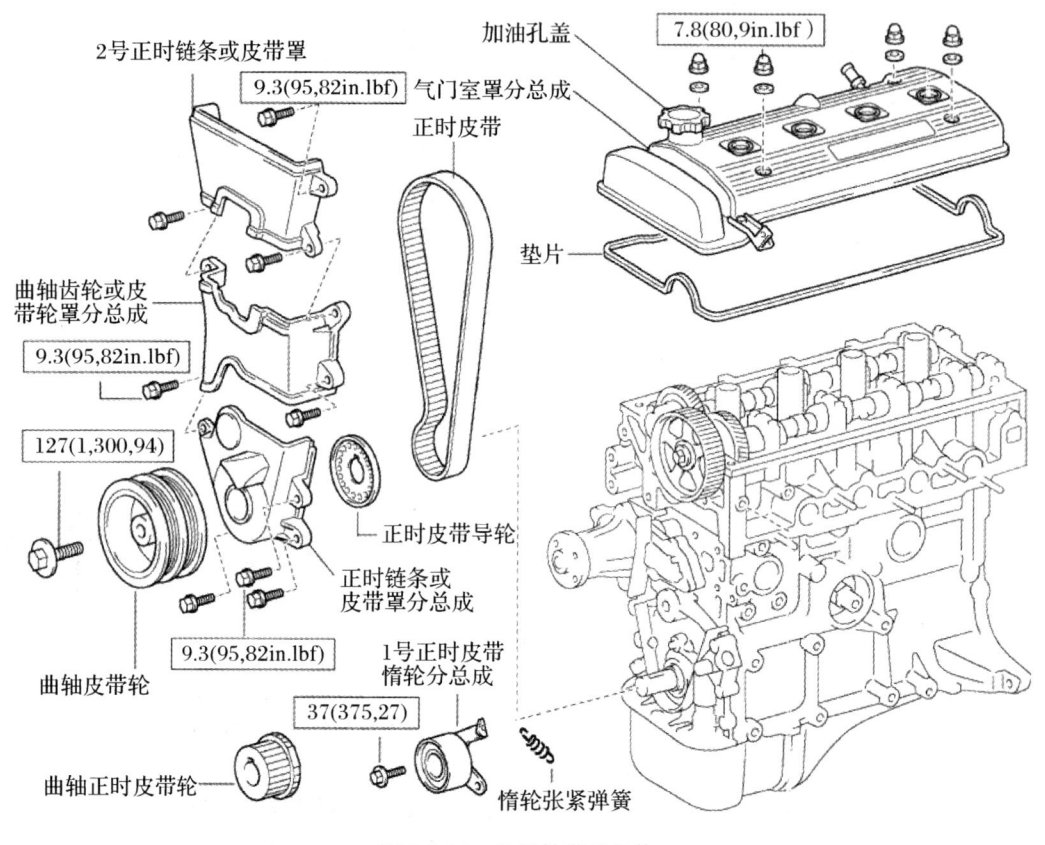

图 3-3-14 凸轮轴驱动机构

2. 凸轮轴的拆、装应严格按照图 3-3-15 所示的要求。

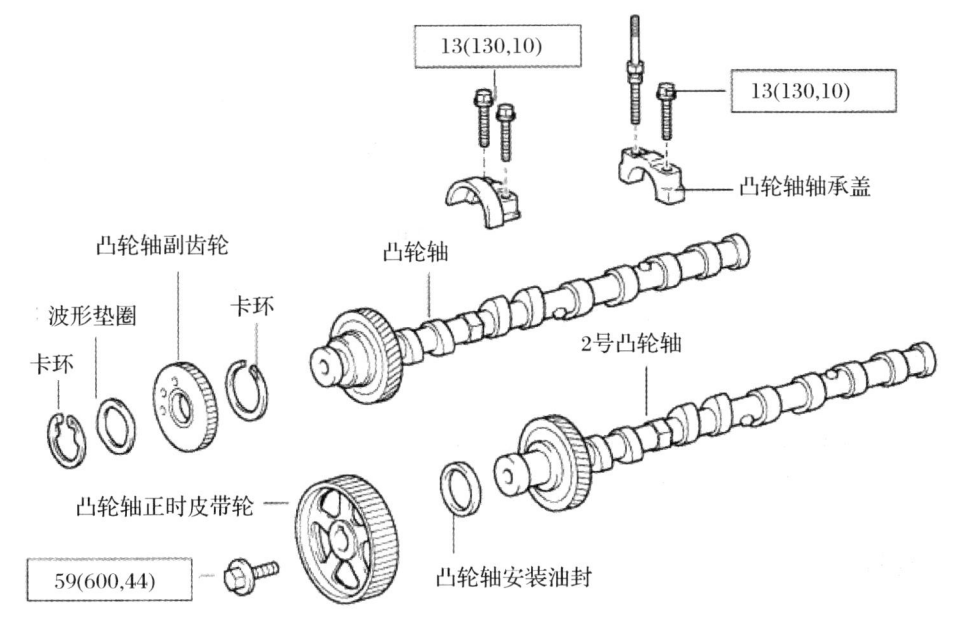

图 3-3-15　凸轮轴的结构

三、任务步骤(5A 或 8A 气门传动组的拆装)

1. 准备工作
整理和清点工作台、零件车以及工量具。

2. 拆卸
(1)拆卸气门室罩盖总成。用 10 mm 的套筒、接杆和快速扳手按对角对称的顺序拆下四颗气门室罩螺母;再用平口起子撬出气门室罩垫片;最后用橡胶锤振松气门室罩,用双手取下气门室罩并放在规定的位置。

(2)拆卸同步带罩上、中罩盖。用 10 mm 的套筒、接杆和快速扳手按对角对称的顺序分别拆下皮带罩螺母;用双手取下皮带罩并放在规定的位置。

(3)检查正时标记。将 1 缸摇至压缩行程上止点,检查正时皮带轮的"K"标记与轴承盖的正时标记是否对准,否则,转动曲轴一周(360°)。

(4)拆卸曲轴皮带轮。用专用工具固定皮带轮,用 17 mm 的套筒、接杆和指针式扭力扳手拧松皮带轮紧固螺栓;再用拉拔器拉出皮带轮。

(5)拆卸同步带罩下罩盖。用 10 mm 的套筒、接杆和快速扳手按对角对称的顺序拆下四颗皮带罩下罩螺母;用双手取下皮带罩并放在规定的位置。

(6)拆卸正时皮带导轮。用双手取下正时皮带导轮并放在规定的位置。

(7)拆卸正时张紧弹簧。用 10 mm 的套筒、接杆和扭力扳手拧松惰轮紧固螺栓,使正时惰轮定位销脱离位置;再用尖嘴钳取下张紧弹簧并放在规定的位置。

(8)拆卸正时皮带。用记号笔在皮带上做好正时带轮旋转方向的标记;检查带轮正时标记是否对齐(若没有记号则人工做上记号);最后,用双手取下正时皮带并放在规定的位置。

(9)拆卸张紧轮。用 10 mm 的套筒和扳手拧下惰轮紧固螺栓;取下并放在规定的位置。

(10)拆卸凸轮轴正时皮带轮。用 10 mm 的套筒、接杆和快速扳手拆卸进气凸轮轴 1 号轴承盖螺栓;取下1号轴承盖;安装维修定位螺栓;用17 mm的套筒、接杆和指针式扭力扳手拧松凸轮轴正时带轮紧固螺栓;取下凸轮轴正时带轮并放在规定的位置。

(11)拆卸进气凸轮轴(1号副凸轮轴)。用10 mm的套筒、接杆和快速扳手按2—5—4—3顺序分3次拆下轴承盖螺栓;用橡胶锤轻敲轴承盖两端,使其松动。用双手取下轴承盖并按1—2—3—4—5的顺序放在规定的位置。

(12)拆卸排气凸轮轴(2号主凸轮轴)。用10 mm的套筒、接杆和快速扳手拆卸排气凸轮轴1号轴承盖螺栓;取下1号轴承盖;再按2—5—4—3顺序分3次拆下轴承盖螺栓;用橡胶锤轻敲轴承盖两端,使其松动。用双手取下轴承盖并按1—2—3—4—5的顺序放在规定的位置。

2. 清洗

(1)用洗油(煤油、汽油等)清洁所有的金属件,再用吹枪吹净后按规定位置摆放。
(2)用毛巾擦洗所有橡胶制件,然后按规定位置摆放。
(3)清洗所有用过的工具,并用吹枪吹净后放至规定位置。

3. 检测

(1)凸轮轴的检测。

将凸轮轴清洁干净后放在V形铁上,用百分表测量中间轴颈的径向跳动,如图3-3-16所示。测量值为_____,最大值为_____。如超过最大值则更换凸轮轴。

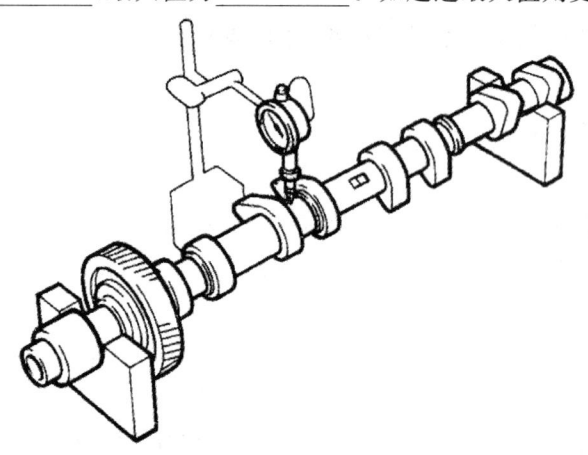

图3-3-16 凸轮轴弯曲度的测量

用外径千分尺按照如图3-3-17所示的位置分别测量各道轴颈和凸轮的尺寸,如图3-3-18所示。进气凸轮轴轴颈测量值为_____,标准值为_____,进气凸轮H值为_____,最小H值为_____;排气凸轮轴轴颈测量值为_____,标准值

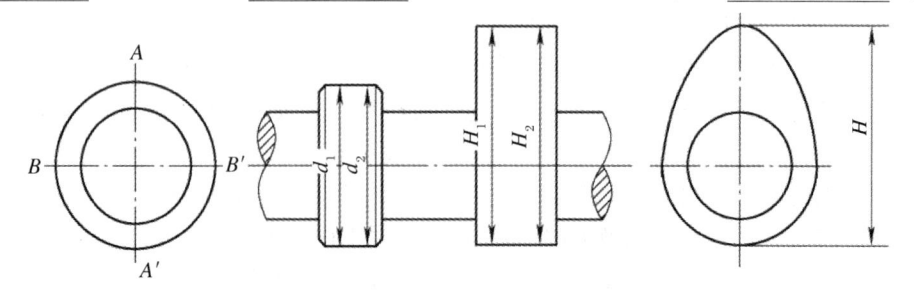

图3-3-17 凸轮轴轴颈和凸轮磨损的测量部位

为_____,排气凸轮 H 值为_____,最小 H 值为_____。如果所测量尺寸不符合,则更换凸轮轴。

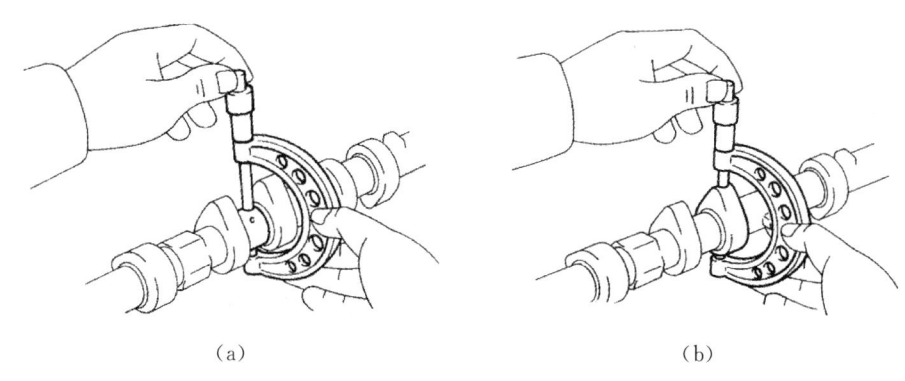

图 3-3-18 凸轮轴磨损的测量

(2)挺柱的检测。

用内径百分表测量缸盖挺柱孔径和挺柱直径,如图 3-3-19 所示。挺柱孔径测量值为_____,标准值为_____;挺柱直径测量值为_____,标准值为_____;用挺柱孔径减去挺柱直径即为配合间隙,配合间隙测量值为_____,标准值为_____,最大间隙为_____;如果油隙超过最大值,更换挺柱,如果有必要,更换气缸盖。

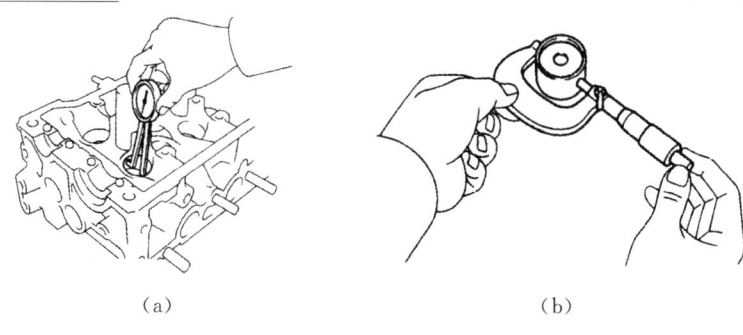

图 3-3-19 挺柱孔径和直径的测量

(3)卡环的检查。用游标卡尺测量卡环端面的自由间隙,如图 3-3-20 所示。自由间隙测量值为_____,标准值为_____。如果自由间隙不符合标准,则更换卡环(齿轮弹簧)。

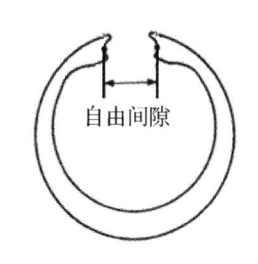

(3)同步带的检视。齿形带应定期更换,一般每行驶100 000 km 换一次。目视检查正时带外表面,如有橡胶层开裂断层、严重磨损时,应及时更换正时齿带;将齿形带的内齿面稍弯曲,检视正时带齿,如有剪切、脱层或齿根松裂等情况应更换齿带。

图 3-3-20 卡环自由间隙的测量

4. 装配

与拆卸的顺序相反,但要注意相关装配技术要求。

(1)用塑料线规检查凸轮轴轴颈的油隙,标准间隙为 0.035～0.072 mm,最大间隙为 0.10 mm。如油隙超过最大值,则更换凸轮轴齿轮。如有必要,需成套更换轴承盖和气缸盖。

(2) 用百分表检查凸轮轴的止推间隙,如图 3-3-21(a)所示。进气侧标准间隙为 0.030~0.085 mm;排气侧标准间隙为 0.035~0.090 mm,最大间隙为 0.11 mm。如止推间隙超过最大值,则更换凸轮轴齿轮。如有必要,需成套更换轴承盖和气缸盖。

(3) 用百分表检查凸轮轴齿轮的啮合间隙,如图 3-3-21(b)所示。标准间隙为 0.020~0.200 mm,最大间隙为 0.30 mm。如啮合间隙超过最大值,则更换凸轮轴齿轮。

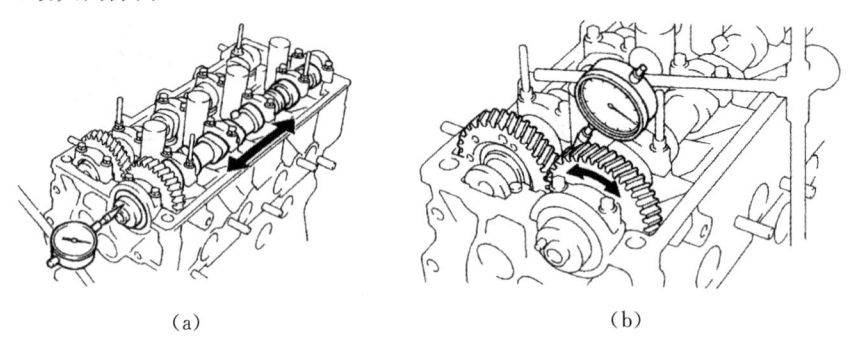

(a)　　　　　　　　　　　　　(b)

图 3-3-21　百分表检查凸轮轴相关间隙

5. 结束工作

清洁、整理工量具;清洁、整理设备场地。

【任务拓展】

一、液力挺柱的工作原理

1. 在气门打开过程中,如图 3-3-22(a)所示,凸轮推压挺柱下移,单向阀关闭高、低压油腔,使高压油腔形成高压,此时液力挺柱为一个不可压缩的刚体元件推动气门杆。

2. 在气门关闭过程中,如图 3-3-22(b)所示,气门弹簧推动气门和挺柱体上移,单向阀仍然关闭,液力挺柱仍相当于一个尺寸不变的刚体,直至气门落座关闭为止。

3. 在气门关闭以后,如图 3-3-22(c)所示,凸轮不顶压挺柱体,单向阀打开,润滑油从低压储油腔进入高压腔,使挺柱外移,弥补挺柱与气门杆之间的间隙。

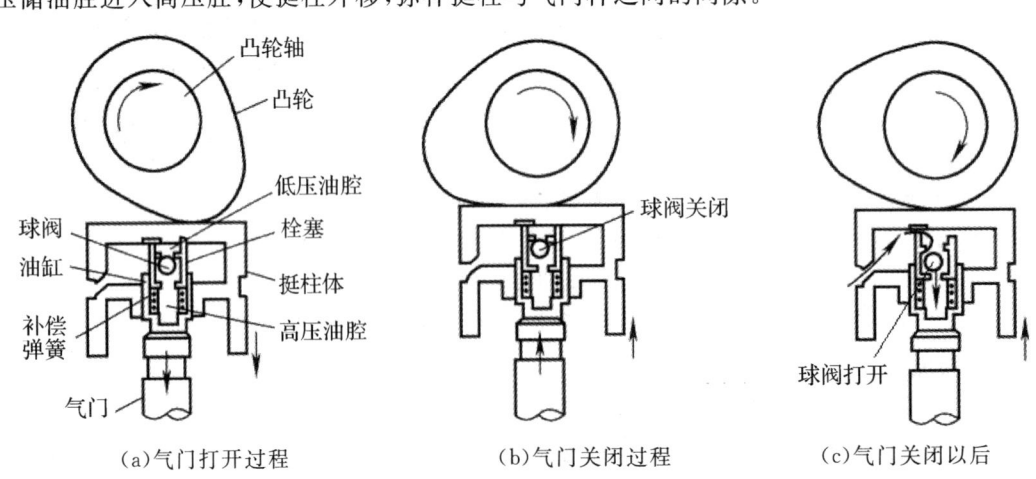

(a) 气门打开过程　　　(b) 气门关闭过程　　　(c) 气门关闭以后

图 3-3-22　液力挺柱的工作原理

二、无声摇臂的工作原理

在很多轿车发动机上装有如图 3-3-23 所示的气门间隙自动补偿器,实现了零气门间隙。气门间隙自动补偿器的结构和原理与液力挺柱相同。

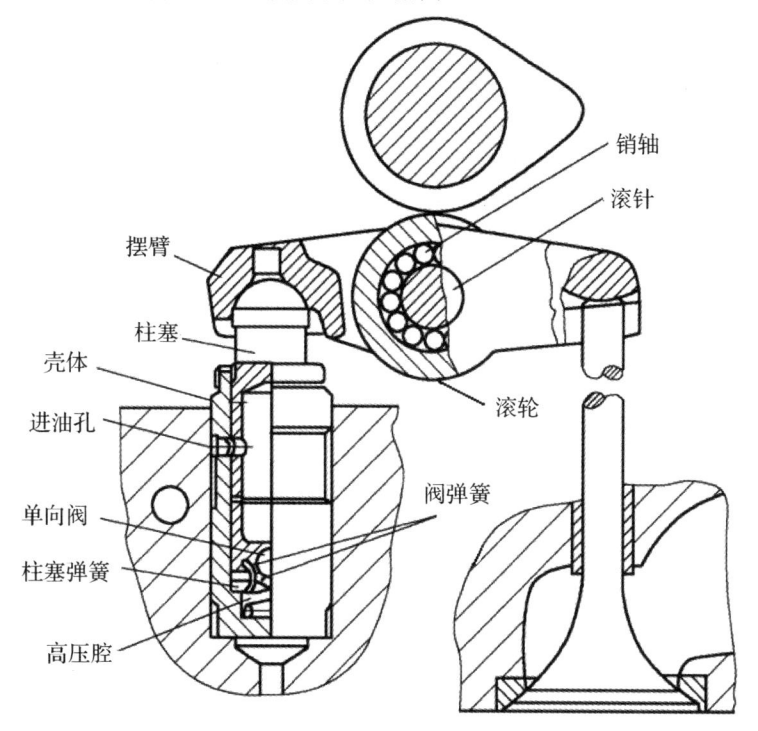

图 3-3-23 摇臂与气门间隙自动补偿器

【任务检测】

一、填空题

1. 凸轮轴一般由_____、_____、_____、_____等组成。
2. 推杆一般由_____、_____、_____三部分组成。
3. 常见的挺柱有_____、_____、_____、_____等几种。
4. 摇臂组件一般由_____、_____、_____、_____、_____等组成。
5. 凸轮轴的定位装置有_____、_____、_____等几种。

二、选择题

1. 气门的升程取决于（   ）。
   A. 凸轮的轮廓　　　B. 凸轮轴的转速　　　C. 配气相位　　　D. 凸轮的基圆直径
2. 一般发动机的凸轮轴轴颈是（   ）设置一个。
   A. 每隔一个气缸　　　　B. 每隔两个气缸　　　　C. 每隔三个气缸
3. CA6102发动机由曲轴到凸轮轴的传动方式是（   ）。
   A. 正时齿轮传动　　　B. 链传动　　　C. 齿形带传动
4. 摇臂的两端臂长是（   ）。
   A. 等臂的　　　　B. 靠气门端较长　　　　C. 靠推杆端较长
5. 四行程发动机曲轴，当其转速为3 000 r/min时，则同一气缸的进气门在1 min时间内开闭次数应该是（   ）。
   A. 3 000次　　　　B. 1 500次　　　　C. 750次
6. 凸轮轴上凸轮的轮廓的形状决定（   ）。
   A. 气门的运动规律　　　B. 气门的密封状况　　　C. 气门的磨损规律

三、判断题

1. 正时齿轮装配时，必须使正时标记对准。　　　　　　　　　　　　　　（   ）
2. 凸轮轴前端的正时齿轮是焊接在轴上的。　　　　　　　　　　　　　　（   ）
3. 挺杆在工作时，既有上下往复运动，又有旋转运动。　　　　　　　　　（   ）
4. 摇臂是一个双臂杠杆，为了加工方便，一般摇臂的两臂是等长的。　　　（   ）
5. 正时齿轮装配时，必须使正时标记对准。　　　　　　　　　　　　　　（   ）
6. 推杆是承受压力的细长杆，很容易弯曲变形。　　　　　　　　　　　　（   ）
7. 改变止推凸缘的厚度不能调整凸轮轴的轴向间隙。　　　　　　　　　　（   ）

【评价与反馈】

班级：_____ 姓名：_____ 指导教师：_____

序号	考核项目	项目分值	考核内容	配分	考核标准	得分
1	出勤/纪律	5	出勤	2	违规一次不得分	
			行为规范	3	违规一次不得分	
2	安全/防护/环保	20	着装	2	违规一次不得分	
			个人防护	3	违规一次不得分	
			5S/EHS	5	违规一次不得分	
			设备使用安全	5	违规一次不得分	
			操作安全	5	违规一次不得分	
3	任务检测	20	任务测验成绩	20	测验成绩的20％计	
4	技能考核	35	技能测验成绩	35	测验成绩的35％计	
5	学习能力	10	工单填写,工艺计划制定	4	未做不得分	
			组内活动情况	5	酌情扣1~5分	
			资料查阅和收集	1	未做不得分	
6	任务拓展	10	知识拓展任务	2	未做不得分	
			技能拓展任务	8	未做不得分	
7	总分	100				

【教师评估】

序号	优点	存在问题	解决方案

教师签字：

项目四 冷却系统

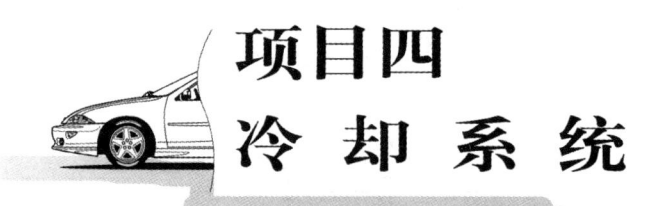

任务一 冷却系统的维护

【任务目标】

目标类型	目标要求
1.认知目标	(1)描述冷却系统的作用; (2)阐述冷却系统的组成; (3)叙述冷却系统的循环液路; (4)认识冷却系统各部分的零部件。
2.技能目标	达到汽车维修中级工如下要求: (1)完成冷却系统的维护作业; (2)能对照实车讲述冷却液的循环路线。
3.情感目标	(1)养成良好的学习和工作习惯及"5S"和"EHS"意识; (2)注意维护中的操作安全、设备安全、个人防护等。

【任务描述】

随着发动机运行时间的延长,冷却管路积垢的增多,零部件耗损的增加,加上零部件的质量差异和不正当的使用,冷却系统会发生一些运行性的故障。因此,需要及时检查、补给、清洗和视情修理,以保证冷却系统的性能完好。

【知识准备】

一、冷却系统的功用

1. 使工作中的发动机得到适度的冷却,从而保持在最适宜的温度范围内工作。采用风冷式发动机机件的温度一般为 150~180 ℃;采用液冷式发动机冷却液的工作温度一般为 80~105 ℃,如:桑塔纳 2000GSI 轿车 AJR 发动机为 93~105 ℃,EQ6100-1 发动机为 80~85 ℃,康明斯 6BTA5.9 发动机为 88 ℃左右。

2. 冷却系统还为暖风系统、怠速空气阀等提供热源。

想一想:发动机冷却的必要性是什么?冷却温度对发动机的影响是什么?

二、冷却系统的类型

1. 发动机冷却系统根据冷却介质的不同可分为液冷式和风冷式两大类。液冷式根据冷却液的不同分为软水冷却式和防冻液冷却式，根据冷却效果的不同分为强制（压力）循环式和自然对流（蒸发）循环式。

2. 根据冷却水箱的数量可分为无水箱式、单水箱式和双水箱式三大类。

现代汽车发动机普遍使用强制式、液冷式、单水箱闭式冷却系统，采取各种措施来自动调节冷却液温度。

三、冷却系统的组成

强制循环式液冷系统由冷却装置、冷却强度调节装置和液温显示装置三部分组成，如图4-1-1 所示。

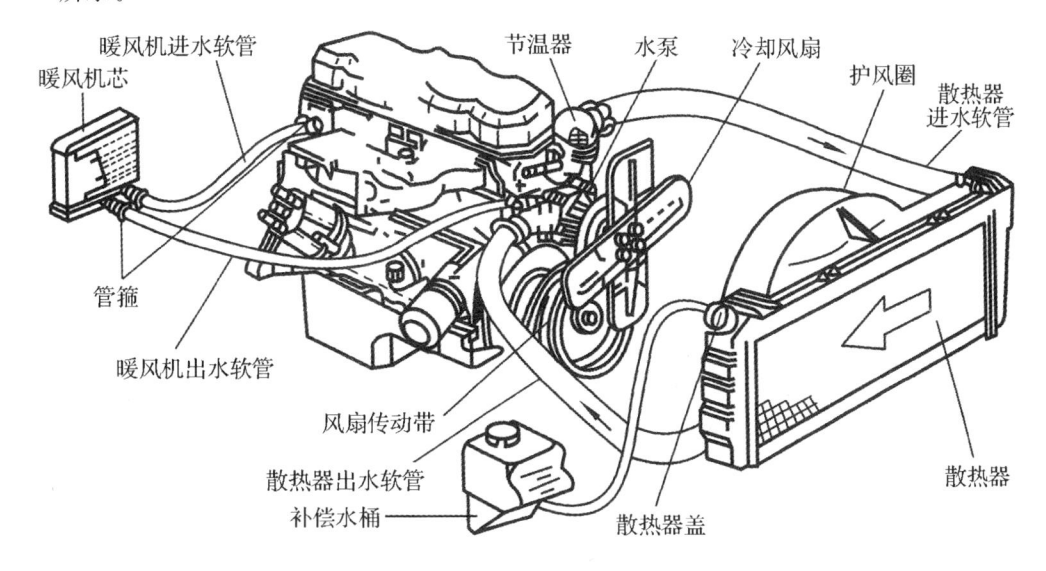

图 4-1-1 冷却系统的组成

1. 冷却装置

冷却装置主要由冷却液泵、冷却风扇、散热器、冷却液套及管路等组成。用于冷却液的循环和热量的交换。

2. 冷却强度调节装置

冷却系统的散热能力一般是根据发动机在常用工况和气温较高情况下，为保证可靠的冷却效果而设计的。如果使用条件（转速、负荷、气温等）变化时，就必须改变冷却装置的散热能力，以保证发动机在最适宜的温度环境下工作。冷却强度可以通过改变流经散热器的冷却液流量（节温器）和改变空气流量（风扇、风扇离合器、百叶窗、温控开关等）的方法来调节。

3. 液温显示装置

液温显示装置主要由液温表、液温传感器等组成。用于显示液温，以使驾驶员和ECU及时掌握发动机冷却系统的工作性能，确保发动机安全、经济运行。

四、冷却液路

1. 冷却液路

发动机冷却系统中,冷却液的循环路线称为液路(俗称水路)。发动机冷却系统在不同的冷却温度和使用条件下进行不同的液路循环。冷却系统的循环液路有小循环液路、大循环液路、暖风循环液路和混合循环液路等,如图4-1-2所示。

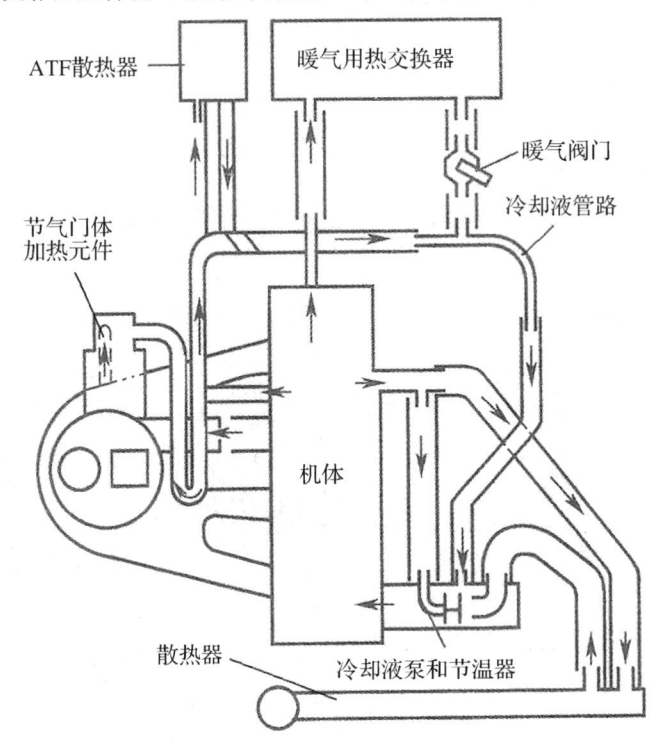

图 4-1-2　冷却系统循环液路

2. 小循环液路

当发动机液温低于70 ℃(具体温度随机型不同而不同)时,节温器相应的阀门动作(双阀式为主阀门关闭,副阀门打开),切断气缸至散热器的冷却液通道。冷却液由气缸盖水套流出,经节温器、旁通管(俗称小水管)进入冷却液泵,再经冷却液泵进入气缸体水套。由于冷却液未经过散热器散热,可使发动机温度迅速提高。这种循环方式称为小循环。

3. 大循环液路

当发动机液温高于80 ℃(具体温度随机型不同而不同)时,节温器相应的阀门动作(双阀式为主阀门打开,副阀门关闭),冷却液全部由气缸盖水套流出,经节温器、上水管进入散热器散热,冷却液温度迅速下降,然后再由下水管经冷却液泵进入气缸体水套。这种循环方式称为大循环。

4. 混合循环液路

当发动机液温在70~80 ℃(具体温度随机型不同而不同)之间时,节温器相应的阀门动作(双阀式为主、副阀门都处于部分开启状态),此时大、小循环都存在,只有部分冷却液流经散热器散热。

5. 暖风循环液路

当驾驶员需要暖风时,打开风机和暖风开关,从而开启暖风进水阀门(俗称软水阀),冷却液由气缸盖水套、软水阀到暖风机芯进行热交换,再由暖风出水软管回到冷却液泵,最后送回气缸体水套。

查一查: 冷却液还有其他哪些循环液路?

五、冷却液

冷却液是发动机冷却系统中最重要的工作介质,汽车发动机上常采用的冷却液大多为冷却软水和防冻冷却液。

1. 冷却软水

冷却软水即含矿物质较少的水,如雨水、雪水、自来水、蒸馏水等。如果只有硬水,则需要经过软化处理方可加入冷却系中使用。硬水软化的常用方法是在 1 L 水中加入 0.5~1.5 g 的碳酸钠或 0.5~0.8 g 的氢氧化钠。

2. 防冻液

(1)防冻液是由软水、防冻剂和添加剂三部分组成,常见的添加剂有抑沸剂、阻垢剂、防腐剂、着色剂(冷却液呈橘红色或蓝绿色,以便于识别)等。在液路循环中起到冷却、防冻、防腐蚀、防积垢和抑制泡沫产生等作用。

(2)防冻液按防冻剂的种类不同分为酒精型、甘油型、乙二醇型和二甲基亚砜型四种,目前使用较多的为乙二醇型防冻冷却液。

(3)乙二醇型防冻液的牌号。乙二醇型防冻液有防冻冷却液和防冻浓缩液两类。前者可直接加入冷却系统中使用,按其凝固点不同有−25、−30、−35、−40、−45、−50 共 6 个牌号;后者是为了便于储存运输,使用时应严格按产品说明书规定的比例,用软水或去离子水稀释。

查一查: 无水冷却液的功效及优缺点。

3. 防冻液的选用注意事项

应根据汽车行驶地区的环境温度和发动机的工况选择防冻液。建议优先选用乙二醇型防冻液;对于极寒地区,建议选用二甲基亚砜型防冻液。具体牌号的选择应使防冻液的凝固点比使用环境最低气温低 10 ℃左右。

(1)在使用过程中,水蒸气蒸发后应及时补充软水,避免防冻液的凝固点升高。

(2)防冻液中有些物质和添加剂有毒,应避免长期或反复与皮肤接触,严禁吞食。

(3)不同类型的防冻液不宜混用,如改用不同牌号的防冻液时必须清洗发动机液路。

(4)防冻液的品牌、规格的选用应尽量参照该车型制造厂的规定。

(5)防冻液具有显著而稳定的颜色,以使驾驶员区分散热器内是否添有防冻液,并根据颜色深浅的变化判断防冻液的浓度是否发生了变化。

(6)每日保养和首次起动前要检查冷却液液面和泄漏情况。

(7)防冻液不要储存在有强烈阳光、潮湿严寒或超过 60 ℃的地方。

(8)排出的防冻液应用干净的容器收集以便处理或再次使用,从而保护环境。

【任务实施】

一、工作准备

集油盘,通用工具,抹布,各种防护布,车轮挡块,吹枪,清洗液,冷却液,维修手册。

二、技术要求

(1)发动机冷却液的容量及牌号应符合原厂规定。
(2)冷却液的更换周期一般为1~2年或20 000~40 000 km。
(3)冷却液卡箍的安装应符合要求。

三、任务步骤

1. 准备工作

(1)拉起驻车制动器,安装车轮挡块。
(2)打开发动机机舱盖,铺垫各种防护布。

2. 冷却系统的外观检查

(1)检查各软管。检查各冷却液软管有无老化、裂纹和软管卡箍有无松动现象。
(2)检查散热器。检查散热器有无渗漏现象;正面有无污物,如有则用压缩空气由后向前逆向吹净。

小提示:现代很多企业采用着色法检查冷却系统的渗漏现象。

3. 冷却系统液位的检查

(1)清洁膨胀水箱或储水箱的外表。
(2)观察冷却液液面,应在规定刻线("MAX~MIN"或"FULL~LOW"或"GAO~DI")之间。检查液位时发动机应在冷机状态;补充时应使用同种冷却液或软水。

4. 冷却液的排放

(1)将仪表上的暖风控制阀打开,使冷却管路上的暖水阀开启。
(2)在储液罐和散热器的盖子上各盖一块湿抹布,小心地旋开盖子。

安全提示:在热态时不宜立即取下盖子,否则会有蒸汽喷出,易伤人。

(3)在发动机总成下放置一个干净的收集盘。
(4)旋松散热器和气缸体放水开关(或松开夹箍拔下散热器下水管),放尽冷却液。

5. 冷却系统的清洗

(1)一般清洗。先放出旧冷却液,然后向冷却系统加满清洁水(自来水),起动发动机,运转5分钟后放出。放出的水若比较浑浊,重复上述步骤直至水清为止。
(2)彻底清洗。先起动发动机,预热后停机,放净冷却液,将混有清洗剂的清洗液加入冷却系统中;再次起动发动机怠速运转20~30分钟后,停机,放出清洗液;然后用清洁的水按图4-1-3所示的方法来冲洗冷却系统;最后加满清洁水,再次起动发动机运行10分钟后放出即可。如果排出的液体仍然较脏,应继续用清水反复清洗直到放出清水为止。

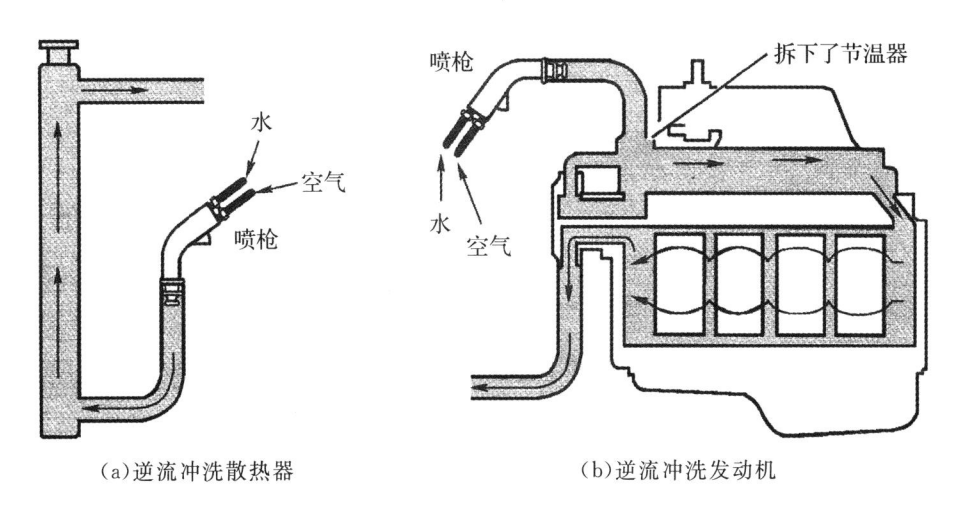

(a)逆流冲洗散热器　　　　　　(b)逆流冲洗发动机

图 4-1-3　冷却系统的冲洗

6. 冷却液的加注
(1)旋紧散热器和气缸体放水开关(或装复散热器下水管)。
(2)加注冷却液至储液罐最高标记。
(3)旋紧储液罐和散热器盖子。
(4)运行发动机5~7分钟。
(5)检查发动机冷却液液面高度(或检查散热器下水管的泄漏情况),必要时加注冷却液到最高标记。

7. 结束工作
(1)收起防护布,关闭发动机机舱盖,收起车轮挡块(三角木)。
(2)整理工具,清洁车辆、场地。

【任务拓展】

一、冷却系统泄漏的检测
(1)将发动机预热,在水箱盖或膨胀箱盖上包上湿抹布,小心打开散热器盖或膨胀箱盖。
(2)将冷却系统压力测试仪安装在散热器或膨胀箱盖上,如图4-1-4所示。

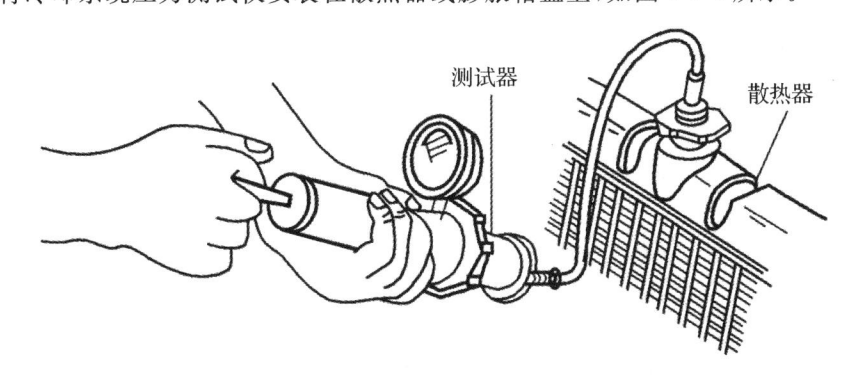

图 4-1-4　冷却系统密封性检查

(3)使用手动真空泵产生约 0.2 MPa 的压强(真空表表压)。

(4)如果压强迅速下降,说明冷却系统有泄漏,应找出泄漏位置并排除故障。

二、冷却系统的仪器清洗

1. 功用

发动机冷却系统管路长时间使用,管路内壁会产生液垢,特别是散热器或冷却液套积垢,导致管路阻塞、液流不畅,发动机温度升高,冷却效果降低。采用冷却系统免拆清洗机清洗,能将管路、散热器和水套中的液垢、杂质清洗干净,提高冷却系统的散热功能。如图 4-1-5 所示为 WX-1000 型发动机冷却系统免拆清洗机,它由转换阀、时间控制器、压力表、调压阀、出水管、压缩空气进气管和进水管组成。

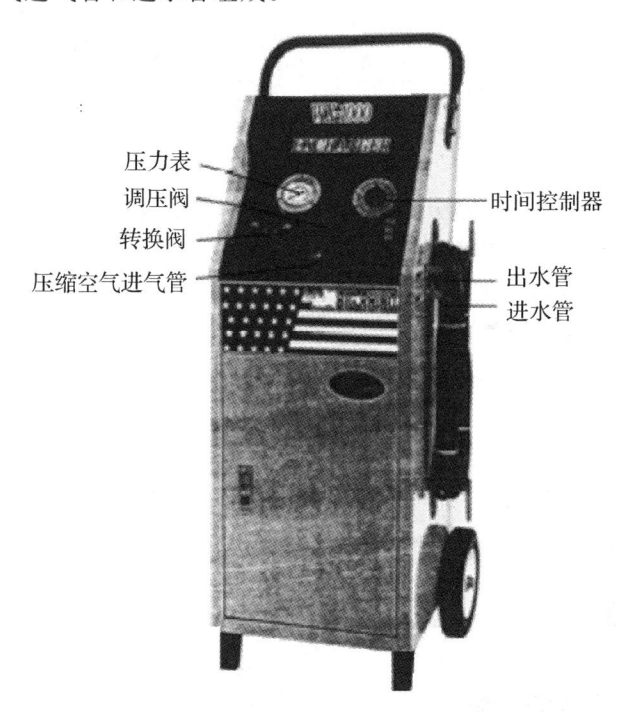

图 4-1-5 WX-1000 型发动机冷却系统免拆清洗机的结构

2. 清洗操作步骤

(1)将清洗剂加入清洗机水桶内。

(2)确认发动机处于停止状态,加注适量的自来水于发动机散热器中。

(3)找出发动机连接暖水箱的水管,拆除接头,接上合适的配套接头。

(4)将压力输出管至配套接头上,将空气压缩机的空压管接到清洗机上。

(5)将转换阀转至"PRESSURE"位置。

(6)打开散热器盖。

(7)将调压阀调至 30PSI(可视汽车的新旧和散热器的状况,增加或减少压力)。

(8)设定清洗时间,一般为 15 分钟。若打开蜂鸣开关,则设定时间结束时蜂鸣器响起。

(9)散热器内的清洗液进入冷却管路中,在清洗过程中可反复将转换阀转至"AIR"位置,使气压产生脉动,以增加清洗效果。

(10)清洗结束时,关闭调压阀,拆除配套接头,恢复冷却管路,清洗完成。

【任务检测】

一、填空题

1. 冷却系统的功能是使发动机冷却液的温度保持在_____，同时为_____提供热源。
2. 发动机冷却强度是通过改变散热器的_____和_____来实现的。
3. 防冻液有_____、_____、_____、_____四种，其中_____使用广泛。
4. 冷却系统主要由_____组成。
5. 发动机的冷却液循环液路有_____、_____、_____、_____。

二、选择题

1. 发动机冷却液温度（　　）。
   A. 越高越好　　　B. 越低越好　　　C. 正常值最好　　　D. 任意值
2. 汽车发动机采用的闭式水冷系中均采用带有（　　）的散热器盖。
   A. 蒸气阀　　　B. 空气阀　　　C. 蒸气阀和空气阀　　　D. 安全阀
3. 发动机工作的正常温度一般为（　　）。
   A. 80 ℃～105 ℃　　B. 25 ℃～30 ℃　　C. 30 ℃～50 ℃　　D. 任意值
4. 液冷式冷却系统主要由散热器、风扇、百叶窗、冷却液泵、（　　）、冷却液道等组成。
   A. 调节器　　　B. 节温器　　　C. 节流器　　　D. 减压器
5. 废气渗入冷却系统，最可能的原因是（　　）损坏。
   A. 气缸垫　　　B. 进排气歧管垫　　　C. 冷却液泵　　　D. 散热器软管
6. 加注冷却水时，最好选择（　　）。
   A. 井水　　　B. 泉水　　　C. 江河水　　　D. 蒸馏水

三、判断题

1. 发动机在使用时，冷却液的温度越低越好。　　　　　　　　　　　　（　　）
2. 任何水都可以直接作为冷却液加注。　　　　　　　　　　　　　　　（　　）
3. 发动机工作温度过高时，应立即打开散热器盖，加入冷却液。　　　　（　　）
4. 加压型散热器盖能使冷却液的沸点超过100 ℃。　　　　　　　　　　（　　）
5. 风扇离合器是冷却供给装置的元件之一。　　　　　　　　　　　　　（　　）

【评价与反馈】

班级：_____　　姓名：_____　　指导教师：_____

序号	考核项目	项目分值	考核内容	配分	考核标准	得分
1	出勤/纪律	5	出勤	2	违规一次不得分	
			行为规范	3	违规一次不得分	
2	安全/防护/环保	20	着装	2	违规一次不得分	
			个人防护	3	违规一次不得分	
			5S/EHS	5	违规一次不得分	
			设备使用安全	5	违规一次不得分	
			操作安全	5	违规一次不得分	
3	任务检测	20	任务测验成绩	20	测验成绩的20%计	
4	技能考核	35	技能测验成绩	35	测验成绩的35%计	
5	学习能力	10	工单填写,工艺计划制定	4	未做不得分	
			组内活动情况	5	酌情扣1～5分	
			资料查阅和收集	1	未做不得分	
6	任务拓展	10	知识拓展任务	2	未做不得分	
			技能拓展任务	8	未做不得分	
7	总分	100				

【教师评估】

序号	优点	存在问题	解决方案

教师签字：

任务二 冷却系统主要零部件的检测与修复

【任务目标】

目标类型	目标要求
1.认知目标	(1)描述冷却液泵的结构、组成； (2)阐述散热器的结构和组成； (3)叙述节温器的结构和原理； (4)认识冷却系统其他部件的结构。
2.技能目标	达到汽车维修中级工如下要求： (1)完成冷却液泵的拆装； (2)完成节温器的检测； (3)完成散热器的拆装。
3.情感目标	(1)养成良好的学习和工作习惯； (2)注意操作安全、设备安全、个人防护等。

【任务描述】

发动机冷却系统中的总成、附件达不到使用要求或使用中出现故障，发动机工作时就不能及时散热，使发动机温度高于规定值，造成机件磨损并加剧润滑条件恶化，甚至卡死机件，影响发动机的使用寿命，因此，应视具体情况对他们进行拆装和检测。

【知识准备】

一、冷却液泵(水泵)

1. 水泵的概述

(1)水泵的功用。水泵的功用是对冷却液加压，保证其在冷却系统中循环流动。

(2)水泵的安装与驱动。常见的水泵安装在发动机机体外，与风扇同轴通过 V 带驱动；也有的安装在机体内(内藏式)单独驱动；有些发动机的水泵由凸轮轴直接驱动。

2. 水泵的结构

汽车发动机广泛采用离心式水泵。离心式水泵由泵壳、水泵盖、水泵轴、叶轮、水泵轴承、水封等组成，其结构如图 4-2-1 所示。水泵叶轮由铸铁或塑料制造，叶轮上通常有 6~8 个径向直叶片或后弯叶片。水泵壳体由铸铁或铸铝制成，进、出水管与水泵壳体铸成一体。

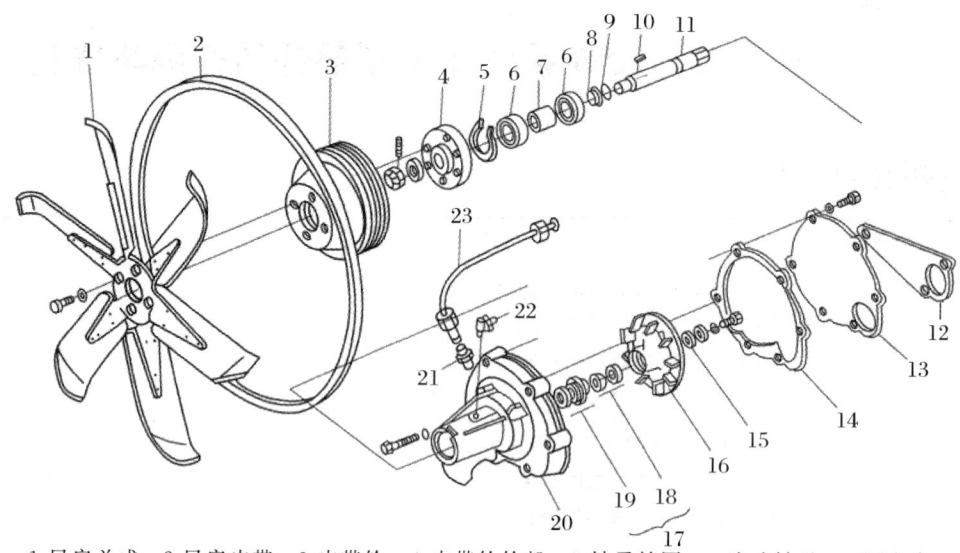

1-风扇总成 2-风扇皮带 3-皮带轮 4-皮带轮轮毂 5-轴承挡圈 6-滚珠轴承 7-隔离套
8-抛水圈 9-水泵轴挡圈 10-半圆键 11-水泵轴 12、14、15-衬垫 13-水泵盖 16-叶轮
17-水封总成 18-动环 19-静环 20-壳体 21-管接头 22-油杯 23-小循环管

图 4-2-1　发动机水泵及风扇的分解图

3. 水泵的工作原理

如图 4-2-2 所示,当水泵叶轮旋转时,水泵中的冷却液被叶轮带动一起旋转,并在离心力的作用下被甩向水泵壳体的边缘,同时产生一定的压力,然后从出水管流出。在叶轮的中心处由于冷却液被甩出而压强下降,散热器中的冷却液在水泵进口与叶轮中心的压差作用下经进水管流入叶轮中心。如此连续作用使冷却液在水路中不断地循环。

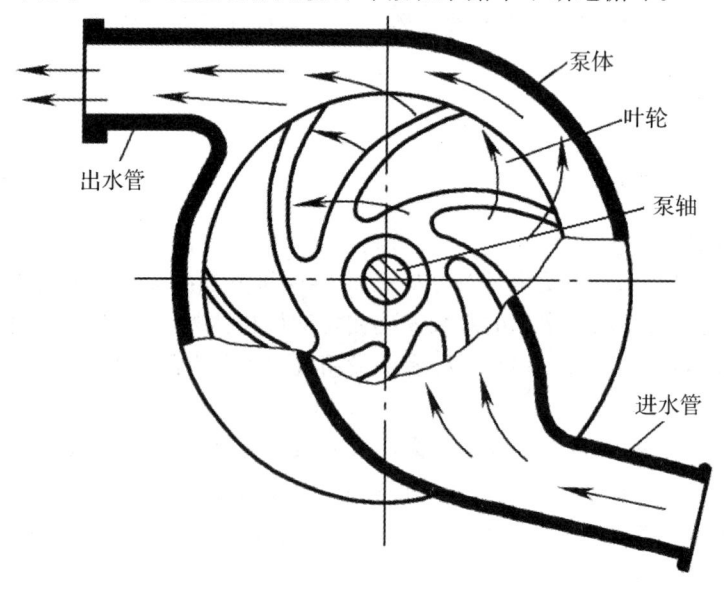

图 4-2-2　离心式水泵的工作原理

4. 水泵的耗损形式

水泵常见的耗损有壳体变形、破裂、渗漏;叶轮锈蚀、破裂;水封失效;水泵轴与轴承磨损;轴承座孔磨损等。

二、散热器(水箱)

1. 散热器的功用

散热器俗称水箱,用于增大散热面积,加速冷却液的冷却。流经散热器后的冷却液温度可降低 10~15 ℃。为了增强散热效果,在散热器后面装有冷却风扇。

2. 散热器的种类

(1)根据散热器中冷却液流动的方向可分为纵流式和横流式两种。大多数新型轿车采用横流式散热器,这可使发动机罩的外廓较低,有利于改善车身前端的空气动力性。

(2)根据散热器芯所用材料不同可分为铜芯散热器和铝芯散热器两种。

(3)根据散热器芯的结构不同分为管片式、管带式和板式。

(4)根据散热器冷却管的布置形式分为单列式、双列式和三列式。双列式冷却管散热器结构简单,冷却效果好,所以在轿车上获得广泛应用。

3. 散热器的结构

散热器由进水室、出水室及散热器芯等三部分构成,如图 4-2-3 所示。冷却液在散热器芯内流动,空气在散热器芯外通过。热的冷却液由于向空气散热而变冷,冷空气则因为吸收冷却液散出的热量而升温,所以散热器是一个热交换器。

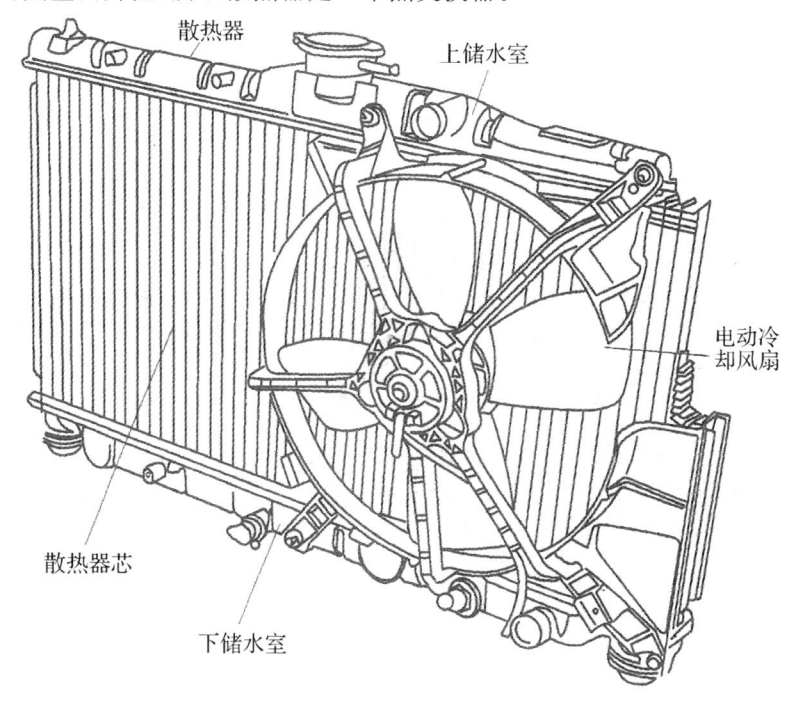

图 4-2-3 散热器的结构

4. 散热器盖

(1)作用。其作用是密封水冷系并调节系统的工作压强。使冷却系统的压强提高 98~196 kPa,使冷却液的沸点温度提高到 120 ℃,防止冷却液的蒸发损失。

(2)结构。散热器盖的结构如图 4-2-4 所示,它由散热器盖、上密封衬垫、下密封衬垫、空气阀、真空阀及弹簧等组成。

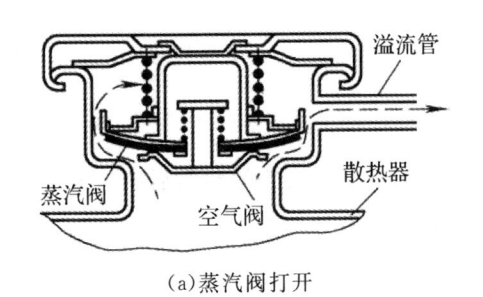

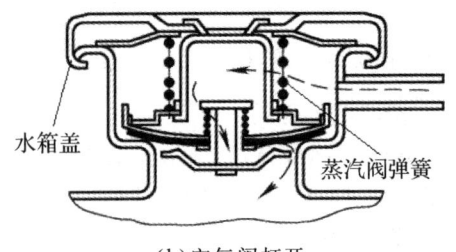

图 4-2-4 散热器盖的结构及其工作原理

(3) 工作原理。当发动机工作时,冷却液的温度逐渐升高。由于冷却液容积膨胀使冷却系统内的压力增高。当压力超过预定值时,压力阀开启,一部分冷却液经溢流管流入补偿水桶,以防止冷却液胀裂散热器。当发动机停机后,冷却液的温度下降,冷却系内的压力也随之降低。当压力降到大气压力以下出现真空时,真空阀开启,补偿水桶内的冷却液部分流回散热器,可以避免散热器被大气压力压坏。

5. 散热器百叶窗

一些货车和大客车在散热器前面装有百叶窗,通过改变吹过散热器的空气流量来调节发动机的冷却强度,保证发动机经常在适当的温度范围内工作。在冷起动或暖车期间,冷却液的温度较低,这时将百叶窗部分或完全关闭,以减少吹过散热器的空气流量,使冷却液的温度迅速升高。百叶窗可由驾驶人通过驾驶室内的手柄来操纵其开闭,也可用感温器自动控制。

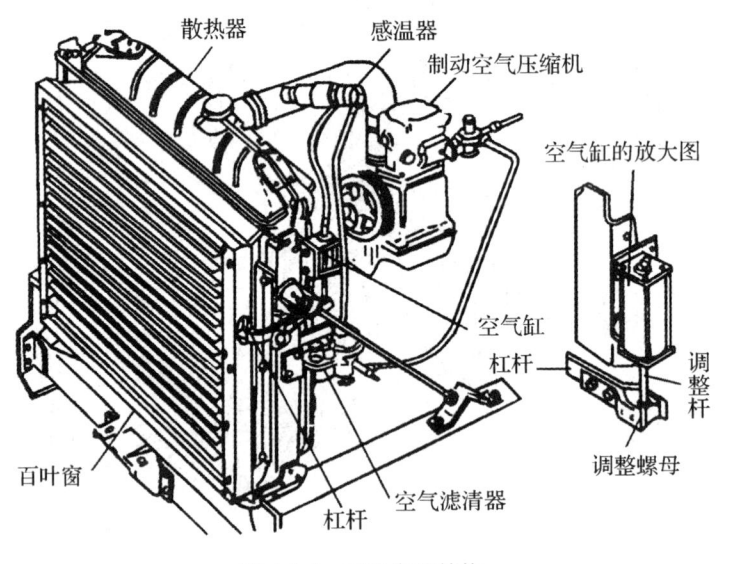

图 4-2-5 百叶窗的结构

6. 散热器的耗损形式

散热器的故障与损伤现象主要有受到振动及碰伤而泄漏冷却液,冷却管受到腐蚀而损坏,散热器内部沉积水垢而淤塞,散热器外表脏污,这些都会影响其散热性能。

三、膨胀箱(或补偿桶)

1. 功用

加注了防锈液、防冻液的汽车发动机常采用膨胀箱。其功用是把冷却系统变成永久性的封闭系统,减少冷却液的损失;避免空气进入引起机件氧化腐蚀,减少穴蚀;使冷却液中水、气分离,保持系统内压力稳定,提高了水泵的泵水量。

2. 膨胀箱的结构

如图 4-2-6 所示,膨胀水箱多用半透明的塑料制造,通过箱体可直接观察液面高度。上部用软管与散热器加冷却液口上的溢流管连接,底部通过水管与水泵的进水侧相连接,位置略高于散热器。

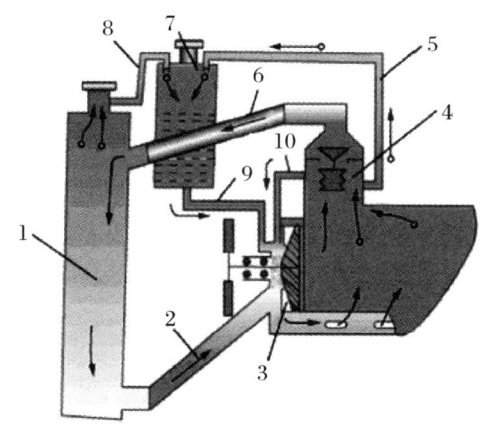

1-散热器 2-水泵进水管 3-水泵 4-节温器 5、6-水套出气管
7-膨胀水箱 8-散热器出气管 9-补充水管 10-旁通管

图 4-2-6 膨胀水箱的结构

3. 补偿桶的结构

有的冷却系统不用膨胀箱而使用补偿桶(亦称为储液罐或蓄水桶),如图 4-2-7 所示,由半透明的塑料制造并用软管与散热器加冷却液口上的溢流管连接。在补偿桶的外表面上刻有两条与膨胀箱一样的标记线。这种装置只能解决水、气分离和冷却液消耗问题,对穴蚀没有明显的改善。

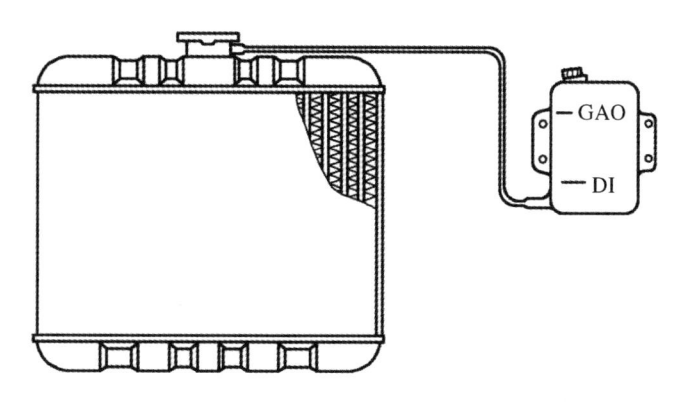

图 4-2-7 补偿桶装置

想一想: 比较膨胀箱与补偿桶,它们之间的区别是什么?

四、节温器

1. 节温器的概述

(1)作用。大多数节温器布置在气缸盖(或散热器)出水管路中。其作用是根据发动机负荷的大小及冷却液温度的高低自动改变冷却液的流动路线和流量,调节发动机冷却强度,使发动机工作在正常的温度范围内。

(2)种类。节温器有蜡式和乙醚皱纹筒式两种,蜡式节温器又有单阀式和双阀式之分。现代汽车发动机广泛采用蜡式双阀式节温器。

2. 节温器的结构

双阀式节温器的结构如图 4-2-8 所示,中心杆上端与阀座固定连接,而锥形的下端插入橡胶管内。橡胶管与感温体之间的空间充满特制的石蜡。感温体上部套装在主阀门上,下端与副阀门铆接在一起。主阀门用于关闭发动机与散热器间的通道。副阀门用于关闭发动机与水泵间的通道。

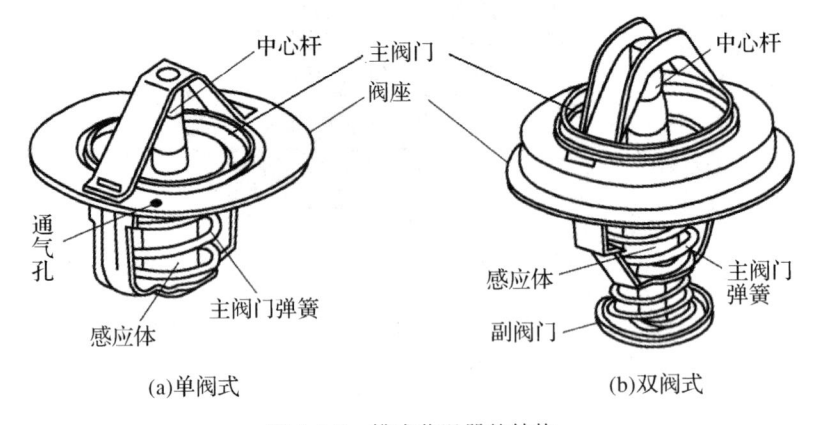

图 4-2-8 蜡式节温器的结构

3. 节温器的工作原理

(1)当冷却液温度较低时,如图 4-2-9 所示,感温体内的石蜡呈固态,主阀门在弹簧的作用下关闭发动机与散热器间的通道,而副阀门开启,冷却液经水泵返回发动机进行小循环。

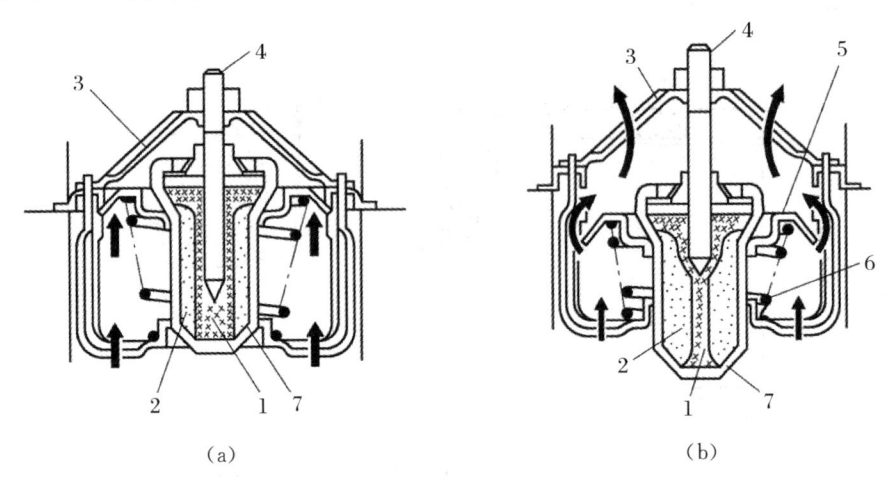

1-橡胶管 2-石蜡 3-支架 4-中心杆 5-主阀门 6-主阀门弹簧 7-感应体

图 4-2-9 蜡式节温器的工作原理

(2)当冷却液温度逐渐升高时,石蜡变成液态,体积膨胀使橡胶管受挤压变形产生位移,迫使感温体压缩弹簧,使主阀门逐渐开启,副阀门逐渐关闭,冷却液进入混合循环。随着温度的升高,主阀门开启增大,大循环的冷却液增多。

(3)当冷却液温度较高(达到规定值)后,如图 4-2-9 所示,节温器主阀门全开,副阀门全闭,全部冷却液流经散热器进行大循环。

4. 节温器的更换周期

蜡式节温器长期使用后性能逐渐衰退,主阀门开度减少,发动机逐渐过热。其安全寿命一般为汽车行驶里程 50 000 km 或两年。因此要求应在大修或行驶 50 000 km 时更换。

五、冷却风扇

1. 风扇的功用及结构

(1)风扇的作用。风扇置于散热器与发动机之间,其作用是将空气吸进散热器并吹向发动机外表,加速散热器中冷却液的降温,同时使发动机外表和附件得到适当冷却。

(2)风扇的种类。车用发动机风扇的品种很多。按照风扇驱动的动力不同分为机械风扇和电动风扇,目前有些高级轿车车用双电动风扇冷却系统;按照制造材料不同分为金属叶风扇和工程塑料风扇,现代发动机风扇通常使用塑料风扇。

(3)风扇的结构。

如图 4-2-10 所示,风扇的扇风量主要与风扇直径、转速、叶片形状、叶片安装角及叶片数有关。叶片的断面形状有圆弧形和翼形两种,前者由薄钢板冲压而成,后者用塑料铸制。翼形风扇效率高、消耗功率少,在轿车和轻型汽车上得到了广泛的应用。一般叶片与风扇旋转平面成 30°~45°角(叶片安装角)。叶片数为 4、5、6 或 7 片。叶片之间的间隔角或相等,或不相等。间隔角不等的叶片可以减小叶片旋转时的振动和噪声。

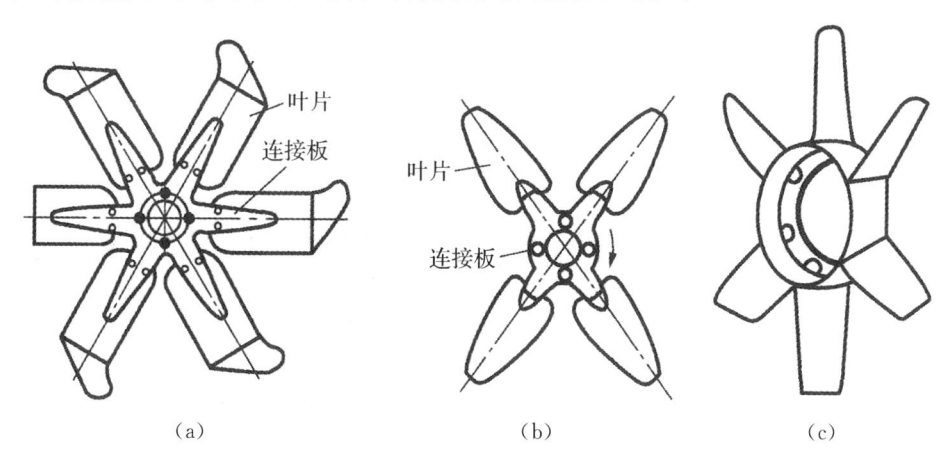

(a)　　　　　　(b)　　　　　　(c)

图 4-2-10　风扇的结构

2. 风扇控制装置

(1)作用。风扇控制装置用以控制风扇的运转转速,从而调节冷却系统的冷却强度,减少风扇的功率消耗,降低发动机噪声。

(2)类型。机械风扇的控制装置的类型很多,目前采用的主要有硅油式风扇离合器和电磁式风扇离合器两种。

(3)硅油风扇离合器。它是以硅油为介质,利用通过散热器芯吹向风扇的气流温度的高低来改变风扇转速的装置,其结构如图 4-2-11 所示。

(4)电磁风扇离合器。它是根据冷却液温度,通过液温感应开关和电路(或微机)控制风扇的转速的装置。

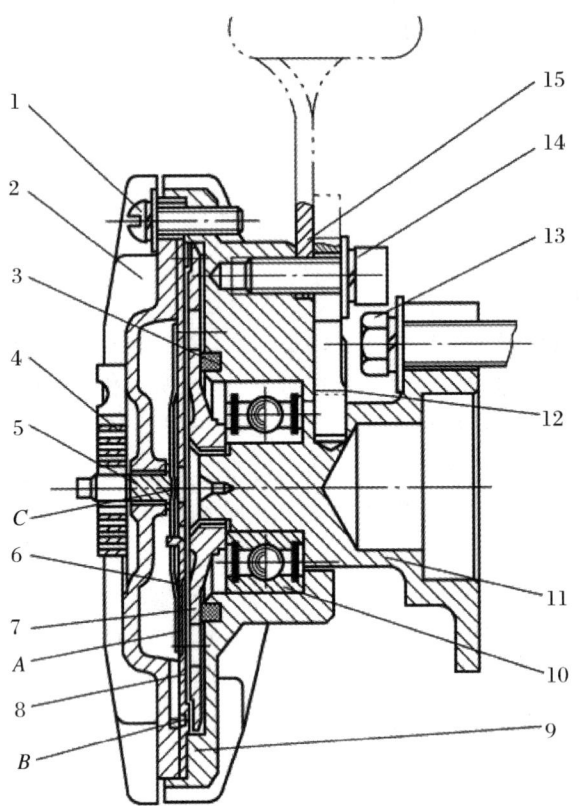

1-螺钉 2-前盖 3-密封毛毡 4-双金属感温器 5-发片轴 6-阀片 7-主动盘 8-从动盘 9-壳体
10-轴承 11-主动轴 12-锁止板 13-螺栓 14-内六角螺钉 15-风扇 A-进油孔 B-回油孔 C-漏油孔
图 4-2-11 硅油式风扇离合器

3. 电动风扇

很多轿车发动机的冷却系统采用电动风扇,尤其发动机横置前轮驱动的汽车。如图 4-2-12所示,电动风扇转速与发动机转速无关,由风扇电动机驱动并由蓄电池供电,温控开关和继电器(或微机)控制。冷却液温度传感器向电脑传输与冷却液温度相关的信号。当冷却液温度达到规定值时,电脑使风扇继电器搭铁,继电器触点闭合并向风扇电动机供电,风扇工作。电动风扇的优点是结构简单,布置方便,不消耗发动机功率使燃油经济性得到改善。此外,采用电动风扇不需要检查、调整或更换风扇传动带,因而减少了维修的工作量。

查一查:电动风扇和电控风扇的区别是什么?

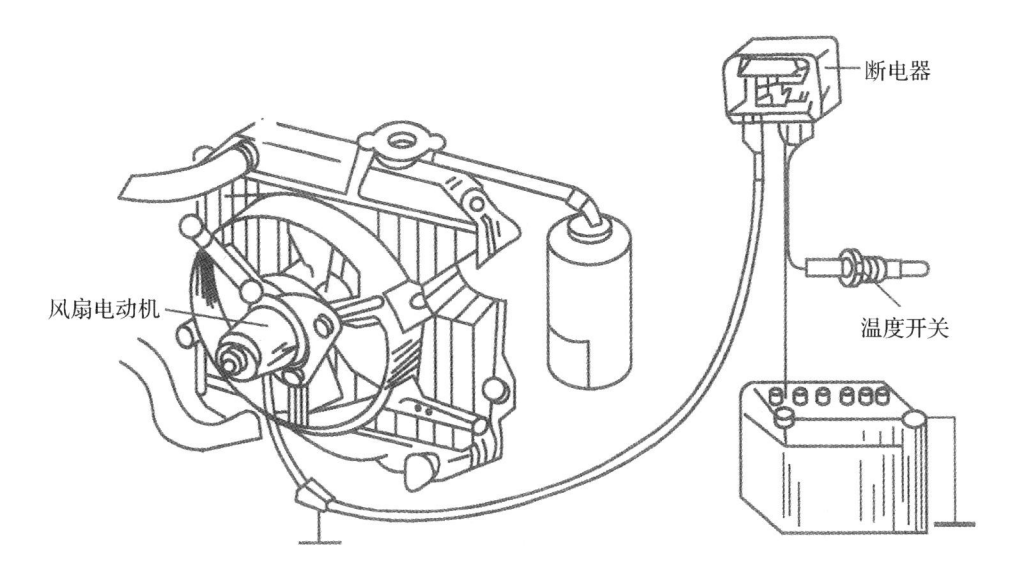

图 4-2-12 电动风扇

【任务实施】

★ 实施活动一 散热器的拆装

一、工作准备

常用工具、实训车辆、集油盘、检漏仪、维修手册等。

二、技能要求

(1)散热器各固定螺栓、螺母应按固定力矩拧紧。
(2)散热器盖各阀的开启压力应符合要求。

三、任务步骤

1. **准备工作**

清理工作台、场地;清点工具、量具。

2. **就车拆卸**

(1)在发动机下摆放好集油盘,排放冷却液。
(2)松开冷却液软管夹箍,拔下散热器的冷却软管。
(3)拔下风扇电机电路插接器。
(4)拆下冷却风扇及吸风罩壳。
(5)拆下散热器。

安全提示:拆卸时不要损坏冷凝器及制冷管路,不得压迫、扭曲及弯曲制冷管路。

3. **检修**

(1)清除散热器内部沉积的液垢。
①机械法清除。拆卸上水室,用钢片清除水垢。

②化学法除垢。利用酸液或碱液与水垢进行化学反应,生成可溶于水的物质将水垢清除。清洗时最好采用循环法,一般3~5分钟循环后即可清洗干净。

(2)散热器渗漏检测。将散热器进出水孔堵塞,在散热器内注入压强为0.05~0.1 MPa的压缩空气,并将其浸没于清水中。如有气泡冒出,说明该处漏气,做好笔记,以便维修。

(3)散热器的修复。

①储水室的修理。破损较大可用补板法修复,凹陷处可用拉平法修复,腐蚀破损不严重时可用焊锡法修复。

②散热器渗漏的修理。如果冷却管与上、下水室间的连接处有细微破漏,可用钎焊修复;如果冷却管出现渗漏,可采用局部封堵,但散热管数量不得超过总数的10%;如果冷却管破损严重,可采用接管法或换管法修复。

(4)检查散热器盖密封性。将散热器盖套在测试仪上,使用手动真空泵使压强上升到约0.15 MPa。在0.12~0.15 MPa时,限压阀必须打开;在大于-0.01 MPa(绝对压强0.09 MPa)时,真空阀应打开,如图4-2-13所示。

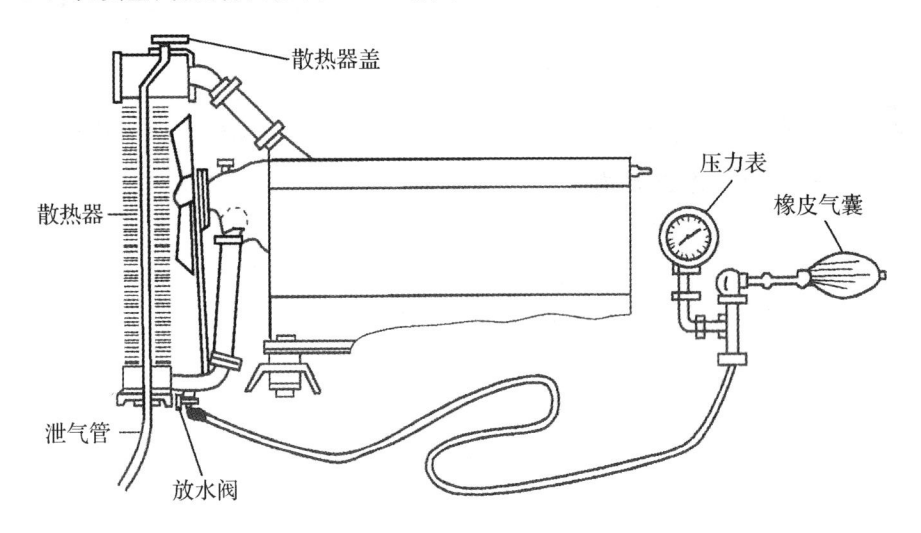

图 4-2-13 散热器的渗漏检测

4. 安装

安装散热器时,以拆卸的相反顺序进行。

5. 结束工作

(1)清洁和整理工作台、场地及工具量具。
(2)将工作台上的所有工具清洁后,放回原位。

★ 实施活动二 冷却液泵的拆装

一、工作准备

常用工具、实训车辆、冷却液泵、水泵试验台、塞尺、游标卡尺、千分尺、测量平板、台钳、皮带轮拆卸拉器、磁性百分表,维修手册等。

二、技能要求

(1) 水泵叶轮与端面间隙应符合要求,一般为 1～1.8 mm。
(2) 水泵叶轮与泵壳间隙应符合要求,一般为 0.8～2.2 mm。

三、任务步骤(以 AJR 型发动机水泵为例)

1. 准备工作

清理工作台、场地;清点工具、量具。

2. 冷却液泵的拆卸

(1) 使发动机位于维修工作台上,排放冷却液。
(2) 拆卸驱动 V 形带,拆卸风扇电机。
(3) 拆下同步带的上、中防护罩,将曲轴调整到第一缸上止点位置。
(4) 拆下凸轮轴上的同步带,但不必拆下曲轴 V 形带轮,保持同步带在曲轴同步带轮上的位置。
(5) 旋下螺栓,拆下同步带后防护罩,旋下水泵,小心地将其拉出,如图 4-2-14 所示。

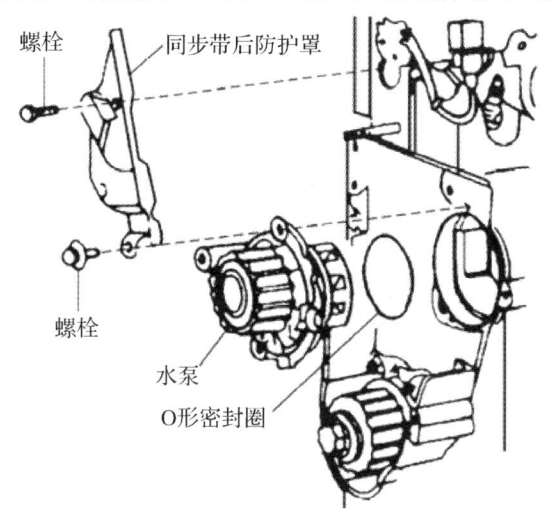

图 4-2-14 AJR 型发动机冷却液泵

3. 水泵的安装

(1) 清洁 O 形密封圈的密封表面,用冷却液浸湿新的 O 形密封圈。
(2) 安装水泵,罩壳上的凸耳朝下。
(3) 安装同步带后防护罩,拧紧水泵螺栓至 15 N·m。
(4) 安装同步带(调整配气相位),安装驱动 V 形带。
(5) 加注冷却液。

4. 水泵的检测

(1) 水泵壳体。水泵壳体破损、渗漏、轴承承孔磨损,一般更换新件;壳体平面翘曲不大时可在平板上修磨,若变形过大则更换新件。
(2) 水泵叶轮的检查。叶轮破损,应换用新件。
(3) 水封检查。水封座圈外径磨损,水封老化、变形,水封弹簧弹力减弱或腐蚀,应更换水封总成。

(4)水泵轴与轴承的配合间隙。其测量值为_____,标准值应不大于_____,否则,应换用新件。水泵轴弯曲度超过_____mm,应冷压校正。

(5)水泵叶轮与端面间隙的检查。其测量值为_____,标准值一般为_____,否则,用垫片调整。

(6)水泵叶轮与泵壳间隙的检查。其测量值为_____,标准值一般为_____,否则,应更换叶轮。

5. 水泵的装配及试验

(1)水泵的装配。水泵的组装与分解顺序相反。

(2)水泵的试验。水泵装配后用手转动皮带轮,泵轴应转动自如,叶轮和泵壳应无卡滞现象,然后检查水泵的排水量。

6. 水泵的安装与调整

(1)水泵的安装。水泵的就车安装顺序与拆卸顺序相反。

(2)风扇皮带的安装。用螺栓将风扇安装在水泵轴前端的皮带轮或凸缘盘上。

(3)水泵皮带张紧度的调整。如图 4-2-15 所示,利用发电机移动支架予以调整。调整后用大拇指以 50 N 的力按下皮带,能产生 10~15 mm 的挠度为宜。

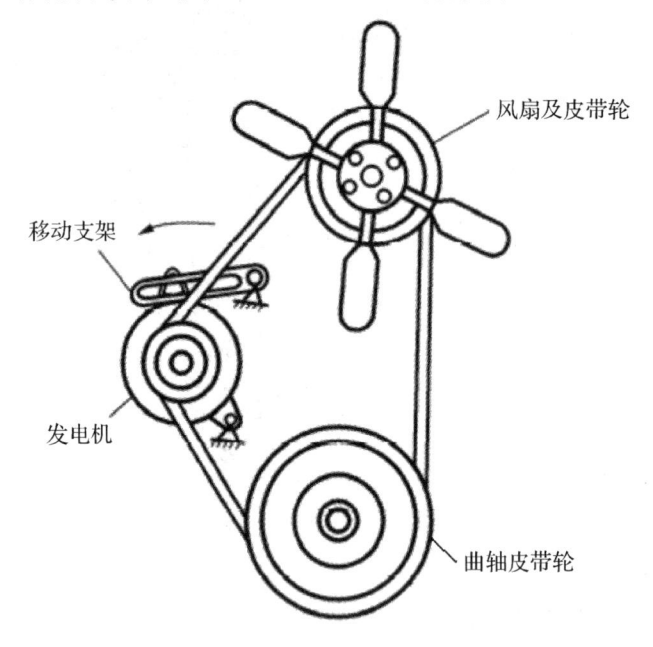

图 4-2-15　风扇皮带张紧力的调整

小提示：皮带过紧会增加轴承和皮带的磨损;过松会出现皮带打滑,使风扇和水泵转速下降,风扇量和泵水量减小,发动机过热。

7. 结束工作

(1)清洁和整理工作台、场地及工量具。

(2)将工作台上的所有工具清洁后,放回原位。

★ 实施活动三　节温器的检测

一、工作准备

加热器、温度计、钢板尺、实验用节温器、维修手册。

二、技能要求

(1)节温器主、副阀门的开启温度应符合原厂设计要求。
(2)节温器主、副阀门的开启升程应符合原厂设计要求。

三、任务步骤

1. 准备工作

清理工作台、场地；清点工具、量具。

2. 节温器的拆卸

(1)将发动机前端置于维修工作台上。
(2)在关闭点火开关的情况下，拆下蓄电池负极搭铁线。
(3)排放冷却液于收集盘中。
(4)拧松螺栓，取出节温器盖、O形密封圈和节温器，如图4-2-16所示。

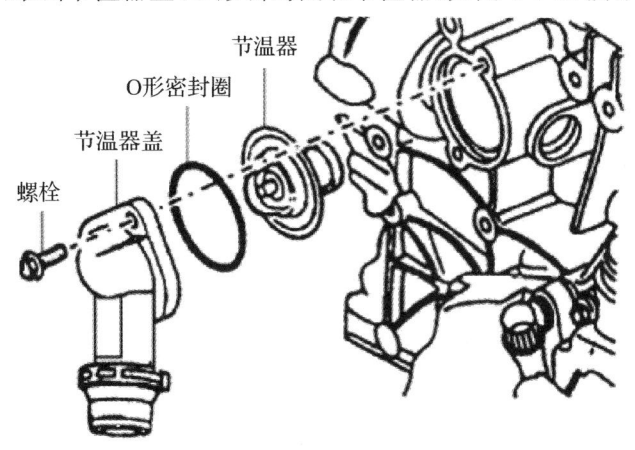

图 4-2-16　节温器的拆卸

3. 节温器的检查

(1)如图4-2-17所示，将节温器和温度计放置于加热器水中加热。
(2)节温器阀门的开启温度和升程应符合要求。主阀门开启温度为_____℃，推荐值为_____℃，主阀门升程为_____mm，标准值为_____mm；副阀门开启温度为_____℃，推荐值为_____℃，副阀门升程为_____mm，标准值为_____mm。

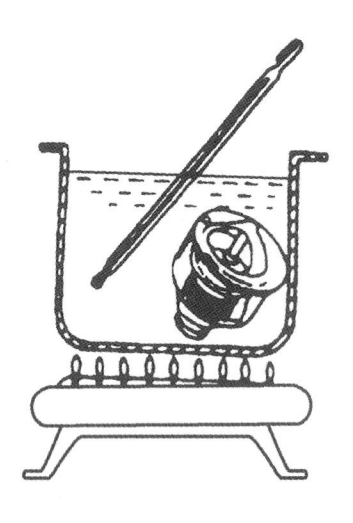

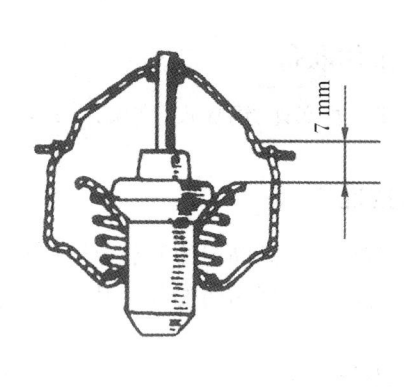

图 4-2-17 节温器的检测

4. 节温器的安装

(1)清洁 O 形密封圈的密封表面。

(2)安装节温器,节温器的感温部分必须在气缸体内。

(3)用冷却液浸湿新的 O 形圈。

(4)安装节温器盖,拧紧螺栓。

(5)加注冷却液。

(6)起动发动机,检查节温器周围是否泄漏。

5. 结束工作

(1)清洁和整理工作台、场地及工量具。

(2)将工作台上的所有工具清洁后,放回原位。

想一想： 如何就车检测节温器的工作温度？

【任务拓展】

一、双水箱冷却系统

为确保发动机的工作温度以及冷起动发动机后冷却液能快速达到正常工作温度,且当发动机负荷大时,仍能使冷却液温度不致过高,有些发动机采用双散热器冷却系统,如图 4-2-18 所示。其工作过程分为三个阶段(以日产蓝鸟发动机为例)：

(1)第一阶段。冷却液在 82 ℃以下时,节温器阀门不打开,冷却液在发动机水套和副散热器之间循环,电动风扇不工作,冷却液温度很快上升。

(2)第二阶段。冷却液温度超过 82 ℃时,节温器阀门打开,同时,冷却液经主、副散热器循环,冷却能力增大,使冷却液温度保持在 82～92 ℃之间(发动机最佳工作温度)。

(3)第三阶段。当冷却液温度超过 92 ℃时,副散热器上的电动风扇开始工作,副散热器的散热能力大增,冷却液温度迅速降低。当温度低于 88 ℃时,温控开关切断,电动风扇停止运转。风扇停转后温度上升至大于 92 ℃时,温控开关再度闭合,使电动风扇运转。这样,发动机冷却液温度可维持在 88～92 ℃之间。

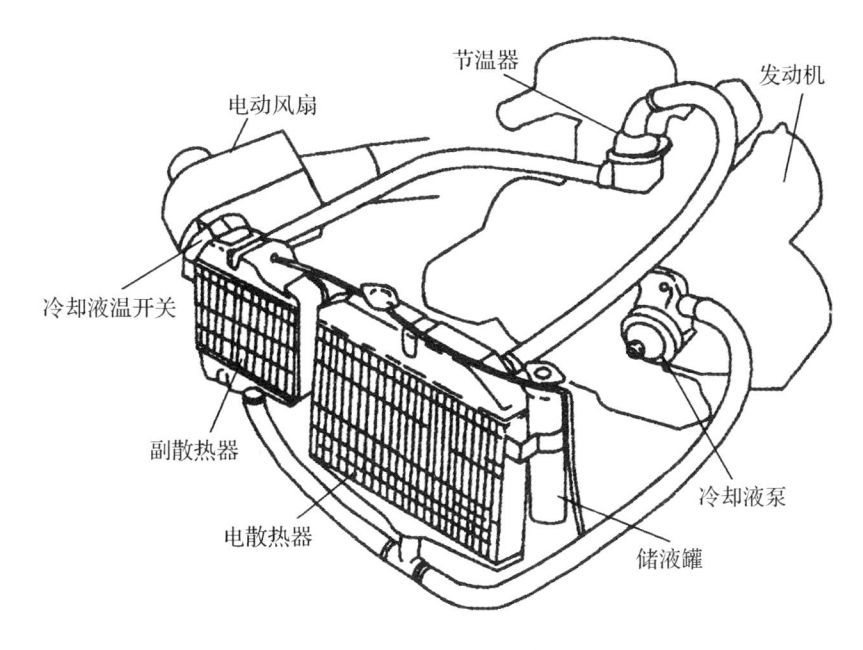

图 4-2-18 双散热器冷却系统

二、风冷式冷却系统

1. 风冷发动机的特点

风冷发动机利用大流量风扇使高速空气流直接吹过气缸盖和气缸体的外表面。为了有效地降低受热零件的温度和改善其温度的分布,在气缸盖和气缸体的外表面精心布置了一定形状的散热片,确保发动机在最适当的温度范围内可靠地工作。

风冷发动机有以下特点:

(1) 对地理环境和气候环境的适应性强。风冷发动机特别适于在沙漠或高原等缺水的地区工作。另外,在酷热的气候条件下工作不会过热,在严寒季节也不易过冷。气温的变化对散热片与环境空气间温差的影响相对较小,即风冷发动机对气温的变化不敏感。

(2) 热负荷高。风冷发动机的气缸盖、气缸体等受热零件的温度高(150~180 ℃)。因为空气的传热系数只有水的传热系数的 $\frac{1}{20} \sim \frac{1}{30}$,空气的比热容只有水的 $\frac{1}{4}$。这表明风冷发动机要得到足够的冷却,不仅要合理地布置散热片,而且需要较大的空气流量。

(3) 冷起动后暖机时间短。由于风冷发动机在冷起动后气缸温度上升快,在短时间内即可进入大负荷工作状态。

(4) 维护简便。风冷发动机由于省去了散热器和许多管道而减少了维护点,而且由于通用化、系列化的程度高,主要零件均可互换,因此拆装容易,维修简便。

风冷系的最大缺点是热负荷较高,工作噪音大。小型单缸或双缸发动机常以前进时的空气流直接吹拂缸体、缸盖来达到散热目的,而多缸发动机则必须以高速风扇引风强制冷却。

2. 冷却系统的布置及冷却风扇

如图 4-2-19 所示,冷却风扇位于两排气缸中间,由气缸盖、气缸体、机油冷却器、前后挡板和顶盖板等构成风压室。在气缸盖和气缸体的背风面设有挡风板,用来调节风量的分配。

冷空气经冷却风扇增压后进入风压室,再由风压室流过各个需要冷却的零部件表面。由于各零部件的通道阻力不同,因此流过的风量有多有少,以保证其适度而又可靠的冷却。

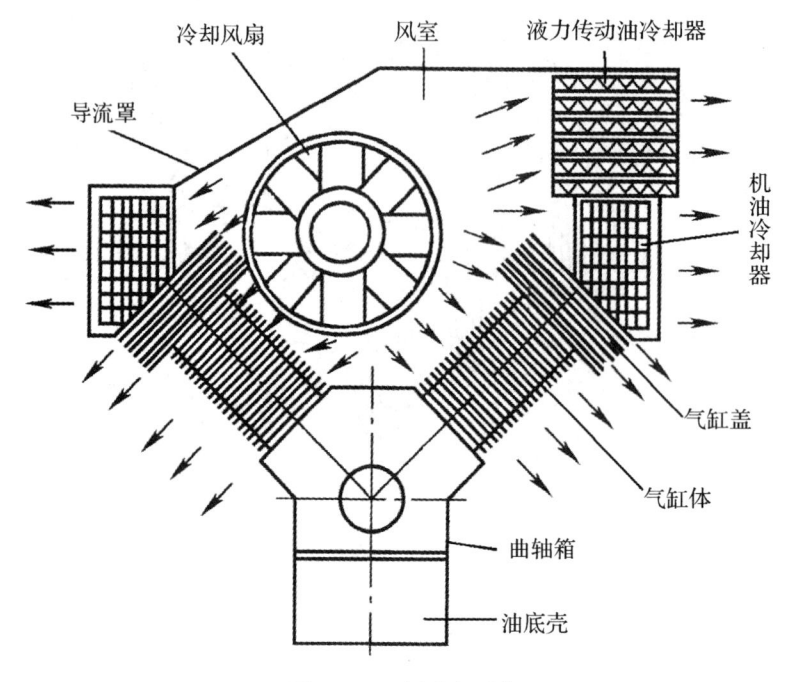

图 4-2-19 风冷却系统

冷却风扇有轴流式和径流式两种。多缸风冷发动机采用轴流式。冷却风扇主要由静叶轮和动叶轮两部分组成。静叶轮为铝合金精密压铸件,静叶轮毂内装液力耦合器。动叶轮与风扇外壳之间的间隙很小,以提高风扇效率。动叶片与静叶片的断面均为翼形。

3. 冷却强度的调节

为了保持风冷发动机在不同工况下都能在最适当的温度范围内正常工作,需对其冷却强度随时进行调节。当负荷增加时,排气温度升高,温控阀开度增大,进入耦合器的油量增多,风扇转速增高,风量增加,冷却强度增强;反之,当负荷减小时,冷却强度随之减弱。自动调节系统能够根据发动机负荷的变化,自动调节冷却风量,使其始终保持在最佳的状态。

查一查:通过互联网查一查电控冷却系统的工作原理。

【任务检测】

一、填空题

1. 冷却风扇多装在散热器之_____，旋转时产生轴向吸力，以增加流过散热器芯的_____流量。
2. 膨胀水箱的功用是_____。
3. 水冷系统冷却强度主要可通过_____、_____、_____等装置来调节。冷却水的流向与流量主要由_____来控制。
4. 散热器芯的结构形式有_____和_____两种。
5. 发动机冷却系统大循环时，冷却液主要由水套经_____、_____、_____而又流回水套。小循环时，冷却液主要由水套经_____、_____、_____流回水套。

二、选择题

1. 使冷却液在散热器和水套之间进行循环的水泵旋转部件叫做（　　）。
   A. 叶轮　　　B. 风扇　　　C. 壳体　　　D. 水封
2. 采用自动补偿封闭式散热器结构的目的是（　　）。
   A. 降低冷却液损耗　　　B. 提高冷却液沸点
   C. 加强散热　　　D. 防止冷却液温度过高蒸汽从蒸汽引出管喷出伤人
3. 发动机冷却系统中锈蚀物和水垢积存的后果是（　　）。
   A. 发动机温升慢　　B. 热容量减少　　C. 发动机过热　　D. 发动机怠速不稳
4. 如果节温器阀门打不开，发动机将会出现（　　）的现象。
   A. 发动机温升快　　B. 热容量减少　　C. 不能起动　　D. 怠速不稳定
5. 水泵泵体上溢水孔的作用是（　　）。
   A. 减少水泵出水口工作压力　　　B. 减少水泵进水口工作压力
   C. 及时排出向后渗漏的冷却液，保护水泵轴承　　　D. 便于检查水封工作情况
6. 冷却系统中提高冷却液沸点的装置是（　　）。
   A. 水箱盖　　　B. 散热器　　　C. 水套　　　D. 水泵

三、判断题

1. 风扇工作时，风是向散热器方向吹的，这样有利于散热。（　　）
2. 膨胀水箱中的冷却液面过低时，可直接补充任何牌号的冷却液。（　　）
3. 风扇离合器失效后，应立即修复后使用。（　　）
4. 蜡式节温器失效后，发动机易出现过热现象。（　　）
5. 硅油风扇离合器，具有降低噪声和减少发动机功率损失的作用。（　　）

【评价与反馈】

班级:＿＿＿＿＿＿＿　姓名:＿＿＿＿＿＿＿　指导教师:＿＿＿＿＿＿＿

序号	考核项目	项目分值	考核内容	配分	考核标准	得分
1	出勤/纪律	5	出勤	2	违规一次不得分	
			行为规范	3	违规一次不得分	
2	安全/防护/环保	20	着装	2	违规一次不得分	
			个人防护	3	违规一次不得分	
			5S/EHS	5	违规一次不得分	
			设备使用安全	5	违规一次不得分	
			操作安全	5	违规一次不得分	
3	任务检测	20	任务测验成绩	20	测验成绩的20％计	
4	技能考核	35	技能测验成绩	35	测验成绩的35％计	
5	学习能力	10	工单填写,工艺计划制定	4	未做不得分	
			组内活动情况	5	酌情扣1～5分	
			资料查阅和收集	1	未做不得分	
6	任务拓展	10	知识拓展任务	2	未做不得分	
			技能拓展任务	8	未做不得分	
7	总分	100				

【教师评估】

序号	优点	存在问题	解决方案

教师签字:

项目五 润滑系统

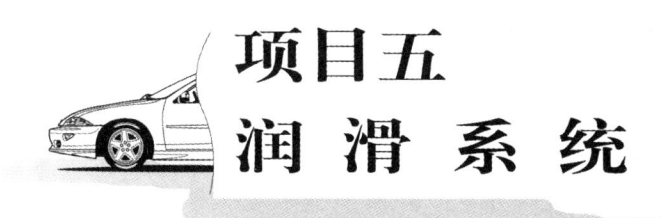

任务一 润滑系统的维护

【任务目标】

目标类型	目标要求
1.认知目标	(1)描述润滑系统的功用； (2)阐述润滑系统的组成； (3)叙述发动机的润滑方式； (4)认识各种润滑油路。
2.技能目标	达到汽车维修中级工如下要求： (1)能完成润滑系统的检查； (2)能完成润滑机油和机油滤芯器的更换。
3.情感目标	(1)养成良好的学习和工作习惯及"5S"和"EHS"意识； (2)注意操作安全、设备安全、个人防护等。

【任务描述】

润滑系统随着发动机运行时间的延长,机油滤清器的脏、堵,各油道沉积油垢,零部件耗损的增加,加上零部件的质量差异和不正确的使用均会发生一些运行性的故障。因此,需要及时的检查、补给、清洗、调整和视情修理,保证润滑系统的性能完好。

【知识准备】

一、润滑系统的功用

(1)润滑作用。将润滑机油输送到发动机中具有相对运动的零件表面上,润滑零件的摩擦表面,减少零件的摩擦阻力,减少发动机的功率消耗和零件磨损。

(2)冷却作用。利用机油的流动性,带走发动机零件的部分热量,防止零件温度过高。

(3)清洁作用。利用机油的流动性,还可以将在工作中磨下的金属微粒、吸入的大气尘土及燃料燃烧产生的固体物质带走,减少零件的磨损。

(4)密封作用。利用机油的黏性,机油附着于运动零件的表面,提高零件的密封效果。

(5)减振作用。吸收曲轴及其他零件的振动,从而减少发动机的噪声,延长发动机的使用寿命。

(6)防锈作用。润滑油吸附于零件的表面,阻止零件表面与水、空气直接接触而发生氧化和腐蚀,从而保护零件的表面,防止零件表面生锈。

二、发动机的润滑方式

发动机各运动零件的工作条件不同,对润滑强度的要求也不同,它主要取决于零部件工作环境的好坏、承受载荷的大小、摩擦表面的相对运动速度。现代汽车发动机广泛采用压力、飞溅的复合式润滑系统。

1. 压力润滑

对负荷较大、相对运动速度较高的摩擦面,其润滑强度要求较高,往往将具有一定压力的润滑油强制性地输送到摩擦表面,对其进行压力润滑。如曲轴主轴承、连杆轴承、凸轮轴轴承及摇臂轴等处。但是,其润滑强度受机油泵泵油能力的影响。

2. 飞溅润滑

对表面裸露的零件和负荷较小的摩擦面,则利用曲轴的运动将从轴承两侧甩出润滑油和曲轴箱内的油滴或油雾,飞溅到各摩擦面进行飞溅润滑,如气缸壁、活塞销、气门及挺柱等处。但是,其润滑效果受发动机转速高低的影响。

3. 定期润滑

对一些分散的、不太重要的且负荷较小的摩擦面,则只需定期加注润滑脂润滑即可。如冷却液泵轴承、发电机轴承、起动机轴承和分电器轴承等处。有些发动机采用耐磨润滑材料(如尼龙、二硫化铜等)的轴承替代加注润滑脂的轴承。

三、润滑系统的组成

发动机润滑系统一般由机油供给装置、机油滤清装置、机油压力显示与报警装置和辅助装置等组成,如图 5-1-1 所示。

1. 供给装置

机油供给装置主要由机油泵、油管、油道、限压阀、油底壳等组成。它主要用来保证润滑油以一定的压力、流量、路线和润滑部位进行润滑循环。

2. 滤清装置

机油滤清装置主要由集滤器、粗滤器、细滤器、旁通阀等组成。它主要用以清除机油中的各类杂质和胶质,保证润滑油具有足够的清洁度。

3. 压力显示与报警装置

压力显示与报警装置主要由堵塞指示器、油压传感器、油压报警器、指示灯、机油压力表等组成。它主要用以使驾驶员及时掌握发动机润滑系统的机油压力,确保发动机安全运行。

4. 辅助装置

辅助装置包括机油散热器、各种阀及机油尺等辅助设备,使润滑系的性能更加完善。

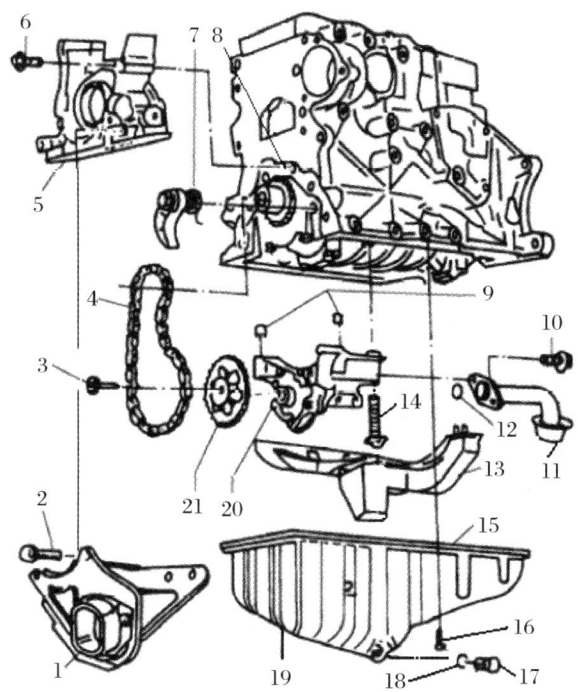

1-扭力臂 2、3-螺栓 4-机油泵链条 5-曲轴前油封凸缘 6-固定螺栓 7-链条张紧器
8-曲轴链轮 9-销钉 10、14、16-螺栓 11-吸油管 12-O形密封圈 13-挡油板 15-衬垫
17-放油螺塞 18-密封圈 19-油底壳 20-机油泵 21-机油泵链轮

图 5-1-1 桑塔纳 AJR 发动机润滑系统部件分解图

四、润滑系统的油路

1. 润滑油路

发动机润滑系统中,机油流动的循环路线称为油路。油路的基本结构相同,但随机油滤清形式的不同而分为全流过滤式、分流过滤式和并联过滤式三种,如图 5-1-2 所示。

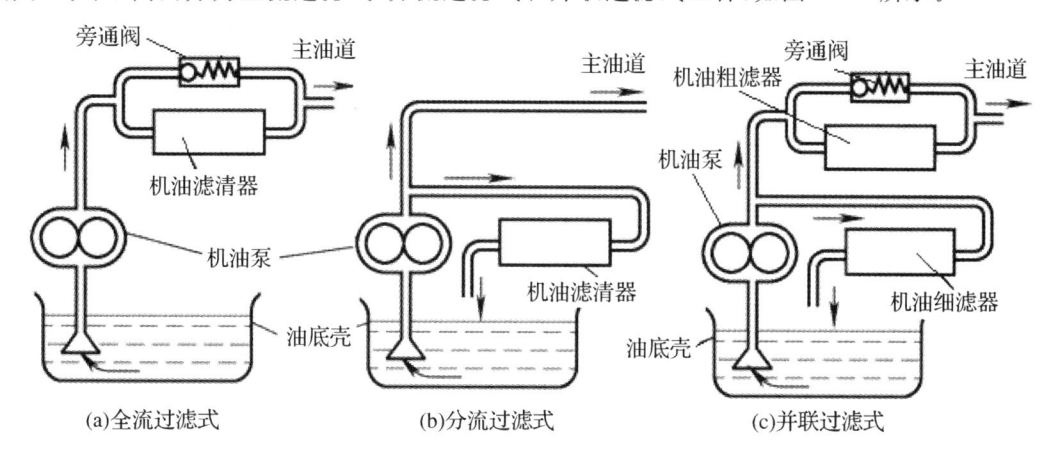

图 5-1-2 润滑油路的类型

2. 全流过滤式润滑油路

如图 5-1-3 所示,滤清器与主油道串联,机油泵泵出的压力机油全部经过滤后进入主油

道,当滤清器的滤芯堵塞,旁通阀才打开,机油不经过滤直接由旁通阀进入主油道,以保证供给足够的压力油,进行润滑。这种润滑油路形式广泛应用于各型轿车和微型汽车发动机上。

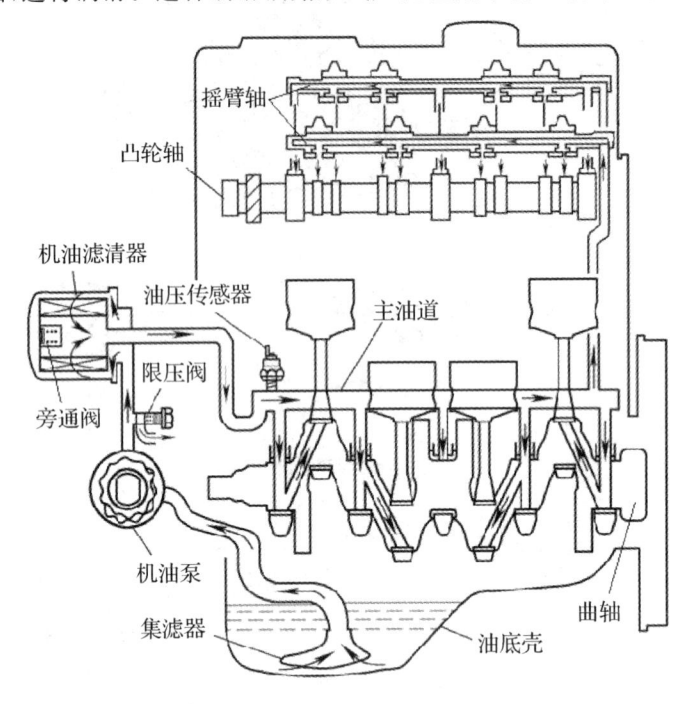

图 5-1-3　全流过滤式润滑油路

3. 并联过滤式润滑油路

如图 5-1-4 所示,粗滤器和细滤器是并联的,机油泵泵出的压力油大部分(90％左右)经粗滤器过滤后进入主油道,小部分(10％左右)的润滑机油经细滤器过滤后回到油底壳。用于中、重型货车发动机上。

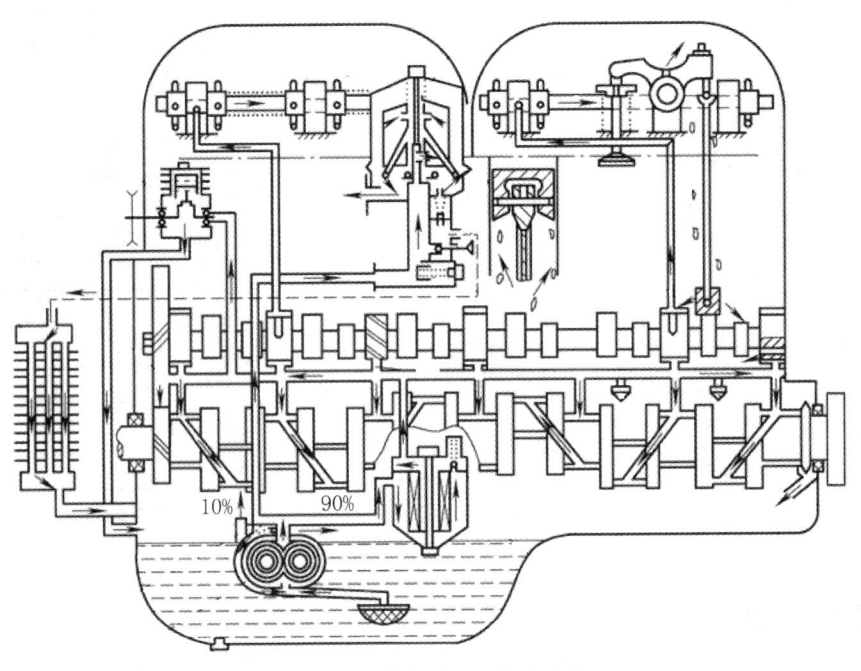

图 5-1-4　并联过滤式润滑油路

4. 分流过滤式润滑油路

如图 5-1-2(b)所示,滤清器与主油道并联,机油泵泵出的压力油大部分(60%~90%)直接进入主油道,小部分(10%~40%)的润滑机油经滤清器过滤后回到油底壳,该种方式仅在少部分车辆上应用。

五、发动机润滑机油

1. 发动机润滑机油的概述

发动机润滑机油是所有润滑油中用量较多的,而且是较重要的一种。它的工作条件比较苛刻,除与温度较高的机件(如气缸、活塞等)接触外,还要受到燃气的影响。

发动机润滑机油是以精制的矿物油(从石油中提炼出来)或合成油(以有机酸、酒精、煤、和石油为原料用化学方法制造而成)为基础,再加入各种添加剂混合而成的。添加剂有金属清净剂、无灰分散剂、抗氧化抗腐蚀剂、黏度指数改进剂、降凝剂、抗泡剂、防锈剂等。

2. 发动机润滑机油的分类

发动机润滑机油的品种和规格是按基础油的性能和各种添加剂所含数量来划分的。我国参照美国的质量性能分类法(API)和黏度等级分类法(SAE),制定了 GB11121—2006《内燃机机油分类》和 GB/T14906—1994《内燃机机油黏度分类》两项国家标准。

(1)质量分类法。GB/T7631.3—1995 将内燃机机油划分为汽油机机油(用"S"表示)和柴油机机油(用"C"表示)两个系列。各系列又根据加入添加剂的品种和数量的不同构成不同的质量等级。汽油机机油又分为 SA~SN 等 12 个质量等级(美国 API 为 9 个等级);柴油机机油又分为 CA、CB、CC、CD、CD—Ⅱ、CE、CF—4 共 7 个质量等级(美国 API 多 CG—4J 级,少 CD—Ⅱ级牌号)。级别越靠后,性能越好(其中 SA、SB、CA、CB 已废除)。为了简化品种,我国也生产汽油机和柴油机的通用机油,如 SH/CD15W/40 机油,表示该机油既可用于要求使用 SH15W/40 级的汽油机,也可用于要求使用 CD15W/40 级的柴油机。

> **小提示**:比较新的车型尽量选用 SL、SM 和 SN 级别的符合环保标准的机油。

(2)黏度分类法。GB/T14906—1994 是按机油 100 ℃时最小黏度、最大低温动力黏度和最高边界泵送温度来划分的。内燃机机油分为单级油和多级油,单级油共有 0W、5W、10W、15W、20W、25W 等 6 个低温黏度等级号(W 组系列为冬季用油)和 20、30、40、50、60 等 5 个 100 ℃运动黏度等级号(非 W 组系列为春秋和夏季用油)。多级油主要有 5W/20、5W/30、10W/30、15W/40、20W/40 等牌号,其中分子 5W、10W、15W、20W 表示低温黏度等级,分母 20、30、40 表示 100 ℃运动黏度等级。多级油可以四季通用,所以亦称为"四季油"。

3. 发动机润滑机油的选用

(1)选择原则。发动机润滑油主要依据发动机的结构特点、使用条件、气候条件和汽车使用说明书等选择润滑油的质量等级和黏度级别。

(2)质量等级的选择。质量等级必须严格按照汽车使用说明书的规定来选择。在无使用说明书的情况下,应根据发动机结构特点和使用条件来选用。可用高一级的机油替代低级别的机油,但绝不能用低级别的代替高级别的。

(3)黏度等级的选用。机油黏度等级应根据车辆使用地区和季节气温来选用。由于单级油不能同时满足低温和高温的要求,因此,只能根据当地的季节气温适当选用;而多级油黏温性好,适应温度范围宽,应尽量选用。

【任务实施】

★ 实施活动一 润滑系统的检查

一、工作准备

实训车辆,安全防护用具,车轮挡块,扭力扳手,吸附纸,抹布,常用工具,维修手册。

二、技能要求

发动机润滑机油的容量和机油质量应符合原厂规定。

三、任务步骤

1. 准备工作

(1)车辆停放水平位置,安装好尾排;起动发动机预热,使润滑机油温度高于60 ℃。
(2)发动机熄火等待几分钟,使润滑机油流回到油底壳。
(3)拉起驻车制动器,安装车轮挡块。
(4)打开发动机机舱盖,铺垫各种防护布。

2. 润滑系统的外观检查

(1)检视发动机各结合面外围是否漏油,是否有严重的油污存在。
(2)检视发动机各油封周围是否漏油。
(3)检视曲轴箱废气通风管路。各橡胶管路是否老化裂纹,连接是否可靠。
(4)检视机油滤清器壳体。滤清器壳体不得有损伤或变形,否则应更换滤芯。

3. 检查机油油液高度

(1)拔出机油尺,用干净的抹布擦干,然后再将其插入到底。
(2)再次拔出机油尺,水平放置机油尺,观察机油侵蚀机油尺的位置。
(3)如果机油在机油尺上、下两刻线之间,则油面高度适宜;如果低于下刻线,则需要添加机油;如果高于上刻线,则说明机油量过多,需要排放部分机油。

小提示:观察机油尺机油侵蚀高度时,机油尺禁止倒立或倒倾,防止吸附机油借重力下滑,影响检查结果。

3. 检查润滑机油质量

拔出机油尺,把机油滴在多层吸附纸上,让吸附纸吸附完机油,观察吸附纸上留下的杂质多少和吸附纸的颜色,以此判断机油质量。若杂质较多且吸附纸呈黑色,则说明机油质量较差,建议更换。

小提示:严禁用传统的用手捻机油和用鼻子嗅气味的方法检查机油质量。

4. 结束工作

(1)收起防护布,关闭发动机机舱盖,收起车轮挡块(三角木)。
(2)清洁车辆、场地,整理工具。

★ 实施活动二　机油和机油滤清器的更换

一、工作准备

实训车辆,专用滤芯扳手,安全防护用具,车轮挡块,扭力扳手,集油盘或机油接收器,抹布,常用工具,零件车,实训车辆维修手册。

二、技能要求

1. 发动机润滑机油的容量及机油牌号应符合原厂规定。
2. 机油和滤清器的更换周期:重庆地区一般为5 000 km。
3. 油底壳放油螺塞和机油滤清器的拧紧力矩应符合原厂规定,一般为20 N·m左右。

三、任务步骤

1. 准备工作

(1)车辆停放水平位置,起动发动机预热,使润滑机油温度高于60 ℃。
(2)发动机熄火等待几分钟,使润滑机油流回到油底壳。
(3)拉起驻车制动器,安装车轮挡块和尾气排放管。
(4)打开发动机机舱盖,铺垫各种防护布。

2. 泄放润滑机油

(1)拧下机油加注口盖,用抹布挡住加注口,以防灰尘、异物落入气门室罩内。
(2)把集油盘或机油接收器(须关闭发动机机舱盖和举升车辆,收起车轮挡块)置于发动机油底壳下方。
(3)用合适的扳手拧松放油螺塞,用手小心地拧下螺塞,让机油流到机油接收容器中。

小提示:放机油时应带好防护用具以防烫伤手和泄放到地面上。

3. 拆卸、更换机油滤芯

(1)用专用滤清器扳手拧松滤芯,再用手小心拧下滤芯。
(2)待机油放净后,更换放油螺塞垫圈,按规定力矩拧紧放油螺塞,清洁螺塞周围。
(3)用抹布清洁滤芯座,在新滤芯内装入适量的机油,并在滤清器油封上涂抹机油。
(4)用手拧紧滤芯,再用滤芯器扳手按规定力矩拧紧滤芯或用专用扳手拧转$\frac{3}{4}$圈。

4. 加注机油并检查

(1)移出集油盘或机油接收器,降下车辆,安装车轮挡块。注意,不要滴油于地面上。
(2)按规定加入新机油,注意不要溢附于发动机外表上。切记,加油可适量少些但决不能多。
(3)起动发动机并运行几分钟,检查发动机的机油压力(观察机油报警灯是否熄灭),并检查滤清器和放油螺塞周围是否漏油(通过观察检查)。
(4)发动机熄火等待几分钟,检查发动机的机油油面高度,油位低了再进行添加。

5. 结束工作

收起防护布,关闭发动机机舱盖,收起车轮挡块;清洁车辆、场地,整理工具。

【任务拓展】

一、润滑油路的免拆清洗

1. 功用

发动机免拆清洗是用专门的免拆清洗机将发动机内的油泥、积炭溶解,从而把润滑系统清洗干净,改善发动机内润滑机油的品质,恢复发动机功率,减少有害废气的排放,并延长发动机的使用寿命。如图5-1-5所示为美国巨犀LX—900型发动机免拆清洗机的结构。

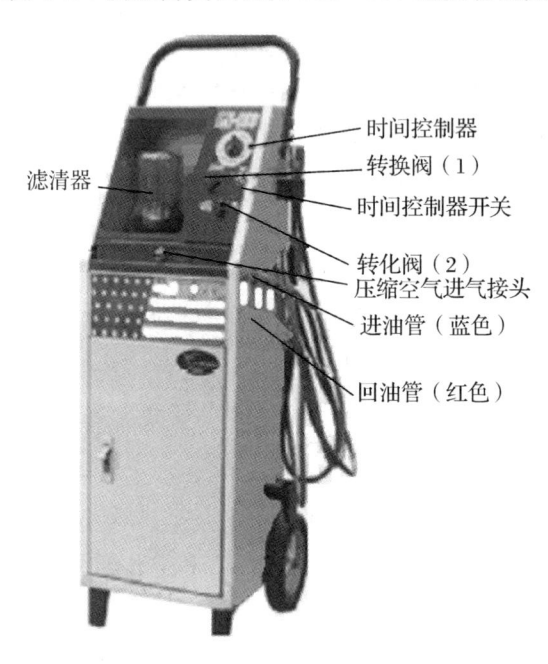

图 5-1-5 润滑系统免拆清洗机

2. 清洗时机

(1)每行驶5 000~20 000 km或半年至一年应清洗一次。
(2)机油超过更换时期而未换,或换用其他等级或品牌的机油时应清洗。
(3)发动机进水或其他杂质,机油太脏、变质时应清洗。
(4)发动机噪声大、动力明显下降,机油压力不够、温度高时应清洗。
(5)需要检测废气前或二手车出售前都应清洗。

3. 清洗操作步骤

(1)使待清洗的汽车处于制动状态,拉紧驻车制动器和安装车轮挡块。
(2)放掉发动机润滑机油,并拆下机油滤清器滤芯。
(3)选择合适的专用接头将蓝色油管连接到油底壳放油螺塞孔处。
(4)选择合适的接头和O形密封圈将红色油管连接到机油滤清器座接头上。
(5)更换清洗机上滤清器,再次确认各连接管路。
(6)先将转换阀(2)旋至RECYCLE位置,再将转换阀(1)旋至START位置,清洗机便进入循环—清洗—过滤程序。应注意检查各接头的漏气、漏油现象。
(7)清洗时间由操作者控制,当判定清洗干净时,将转换阀(2)旋至RETURN位置,清洗机便进入吸油状态；当回收完毕时将转换阀(1)旋至OFF位置，清洗机停止工作。

(8)将蓝色、红色油管拆卸下，装回油底壳放油螺塞，更换新的机油滤芯。

(9)将新的机油加入发动机后，起动发动机并运转几分钟后熄火，检查机油油位。

二、如何判断发动机烧机油

发动机烧机油不仅会造成润滑机油的浪费，还会给车辆带来损害，特别会使气缸内积炭增多，加剧气缸与活塞的摩擦，降低发动机的有效功率。发动机烧机油一般有以下几种现象：

1. 发动机起动时排气管冒蓝烟，而工作一段时间后又恢复正常（冷车冒蓝烟）。其原因是气门导管与导管承孔密封不严，润滑机油在发动机熄火后沿导管承孔渗入燃烧室。

2. 发动机正常工作时排气管冒蓝烟，而加注口无脉动蓝烟。这是由于活塞与气缸壁密封良好，而气门杆和导管过度磨损或气门油封失效，使气门室内的机油被吸入燃烧室所致。

3. 发动机工作时排气管冒蓝烟，同时机油加注口冒出脉动蓝烟。这是由于活塞与缸壁的间隙过大，活塞环弹力减小、抱死或对口磨损严重引起的端隙或边隙过大等，致使润滑机油燃烧后废气进入曲轴箱所致。

三、机油压力的检测与调整

1. 准备工作

(1)将车辆停放在实训位置，拉起驻车制动器，安装车轮挡块和各种防护用具。

(2)将直感式机油压力表连接到主油道上。

(3)将二极管测试灯连接到各机油压力开关和蓄电池正极上。

2. 机油压力检测

(1)起动发动机，读出冷车怠速时发动机的机油压力值为 _____。

(2)热车后，读出发动机高速时的最大机油压力值为 _____。

(3)检测各压力开关动作时的机油压力，低压开关动作（测试灯熄灭）时压力 _____；高压开关动作时压力 _____。

(4)检测热车后发动机怠速的最低机油压力 _____。

3. 机油压力调整

(1)如果机油压力偏低，则增加机油泵或滤清器座上的限压阀螺塞下面或弹簧座处的垫片来调整。

(2)如果机油压力偏高，则减少机油泵或滤清器座上的限压阀螺塞下面或弹簧座处的垫片来调整。

4. 结束工作

(1)卸下机油压力表和测试灯，收起各种防护用具；

(2)整理和清洁车辆、工量具、场地。

【任务检测】

一、填空题

1. 润滑系统的主要作用是_____作用,另外兼起_____、_____、_____、_____和保护_____作用。
2. 发动机各零件上采用的润滑方式有_____、_____、_____3种。
3. 更换发动机机油时,发动机必须处于_____状态。
4. 发动机润滑系统润滑油路有_____、_____、_____3种方式。
5. 发动机润滑机油的牌号中"S"表示_____,"C"表示_____,"SE/CD"表示_____。
6. 发动机正常工作时润滑机油的油温为_____。

二、选择题

1. 发动机的活塞与气缸壁间的润滑多采用(　　)润滑。
   A. 压力　　　B. 定期　　　C. 飞溅　　　D. 综合
2. 电喷汽油发动机所选用润滑机油的质量等级为(　　)。
   A. SC级　　　B. SD级　　　C. SE级　　　D. SG级
3. 强化系数小于50的柴油机所选用润滑机油的黏度等级为(　　)。
   A. CC级　　　B. CD级　　　C. CE级　　　D. CF-4级
4. 曲轴连杆轴颈处的润滑油多来自于(　　)。
   A. 竖向油道　　B. 曲轴主轴颈　　C. 凸轮轴轴颈　　D. 正时齿轮
5. 当汽油发动机机油窜入气缸产生异常燃烧时,排气管排烟颜色应为(　　)。
   A. 黑色　　　B. 蓝色　　　C. 白色　　　D. 无色
6. 牌号为SH/CD10W/30的机油又称为(　　)。
   A. 四季机油　　B. 通用机油　　C. 单级油　　D. 多级油
7. 发动机烧机油时排气管排出的烟色为(　　)。
   A. 灰色　　　B. 黑色　　　C. 白色　　　D. 蓝色

三、判断题

1. 为了保证发动机各运动副都得到可靠的润滑,润滑油路油压越高越好。(　　)
2. 曲轴轴承间隙过大将造成机油压力降低。(　　)
3. 5W/20中的"W"为Winter(冬天)的缩写,意为冬天低温天气使用的机油。(　　)
4. 汽车行驶时机油压力应保持在0.2～0.5 MPa,怠速时不应低于0.15 MPa。(　　)
5. 并联过滤式润滑油路中有90%的润滑油经细滤器过滤后进入主油道。(　　)
6. 全流过滤式润滑方式仅在少部分车辆上应用。(　　)

【评价与反馈】

班级：_____ 姓名：_____ 指导教师：_____

序号	考核项目	项目分值	考核内容	配分	考核标准	得分
1	出勤/纪律	5	出勤	2	违规一次不得分	
			行为规范	3	违规一次不得分	
2	安全/防护/环保	20	着装	2	违规一次不得分	
			个人防护	3	违规一次不得分	
			5S/EHS	5	违规一次不得分	
			设备使用安全	5	违规一次不得分	
			操作安全	5	违规一次不得分	
3	任务检测	20	任务测试成绩	20	测验成绩的20%计	
4	技能考核	35	技能测验成绩	35	测验成绩的35%计	
5	学习能力	10	工单填写,工艺计划制定	4	未做不得分	
			组内活动情况	5	酌情扣1~5分	
			资料查阅和收集	1	未做不得分	
6	任务拓展	10	知识拓展任务	2	未做不得分	
			技能拓展任务	8	未做不得分	
7	总分	100				

【教师评估】

序号	优点	存在问题	解决方案

教师签字：

任务二　润滑系统主要零部件的检测与修复

【任务目标】

目标类型	目标要求
1. 认知目标	(1)描述机油泵的功用及种类； (2)阐述各型机油泵的结构和原理； (3)叙述机油滤清器的作用和结构； (4)认识润滑系统的其他零部件。
2. 技能目标	达到汽车维修中级工如下要求： (1)完成机油泵的检修； (2)完成对润滑系统的压力检测和调整。
3. 情感目标	(1)养成良好的学习和工作习惯； (2)养成正确的"5S"和"EHS"意识； (3)注意操作安全、设备安全、个人防护等。

【任务描述】

一辆装有云柴4100Q发动机的北泉客车，在行驶中突然机油报警灯点亮报警。诊断技师检查报警线路、传感器正常；检查润滑机油，润滑机油油位正常；用直感式机油压力表检测，主油道无油压。因此，该车故障出现在润滑机油供给装置上，拆下机油泵检查泵油能力正常，拆下机油泵驱动连接套，发现驱动连接套内花键齿严重损坏，更换连接套，故障消失。

该故障说明在诊断润滑系统故障时，常常要检测润滑系统的油压和视具体情况拆卸、检测各零部件，根据检测结果更换相应的零件。

【知识准备】

一、机油泵

1. 机油泵的概述

(1)机油泵的作用。提高机油压力，保证机油在润滑系统内不断循环，把具有一定流量和压力(0.2～0.5 MPa)的机油送往各润滑点。

(2)机油泵的种类。汽车发动机润滑系广泛采用齿轮式机油泵和转子式机油泵，而齿轮式机油泵又可分为内啮合式齿轮泵和外啮合式齿轮泵，如图5-2-1所示。它们都是容积泵，其工作原理都是：利用泵腔容积的增大将机油吸入机油泵，再利用泵腔容积的减少将机油压出。

(a)转子泵　　　　　　(b)内啮合式　　　　　　(c)外啮合式

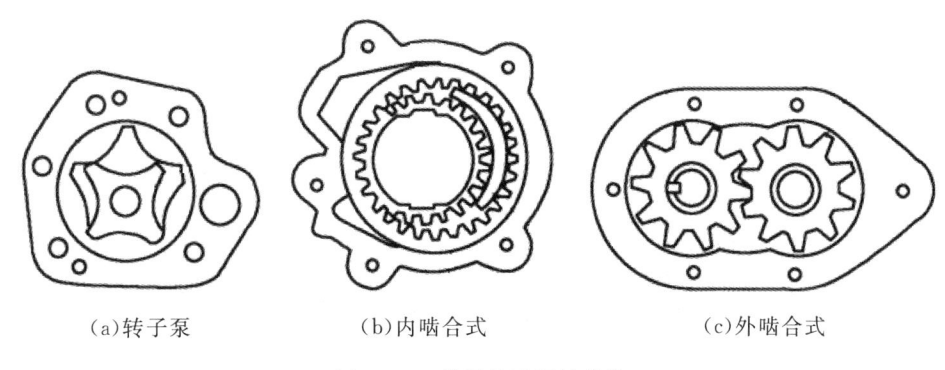

图 5-2-1　常用机油泵的种类

2. 外啮合齿轮泵

(1)外啮合齿轮泵的结构。如图 5-2-2(a)所示,外啮合齿轮泵主要由泵体、泵盖、主动齿轮、从动齿轮、限压阀、齿轮轴等组成。

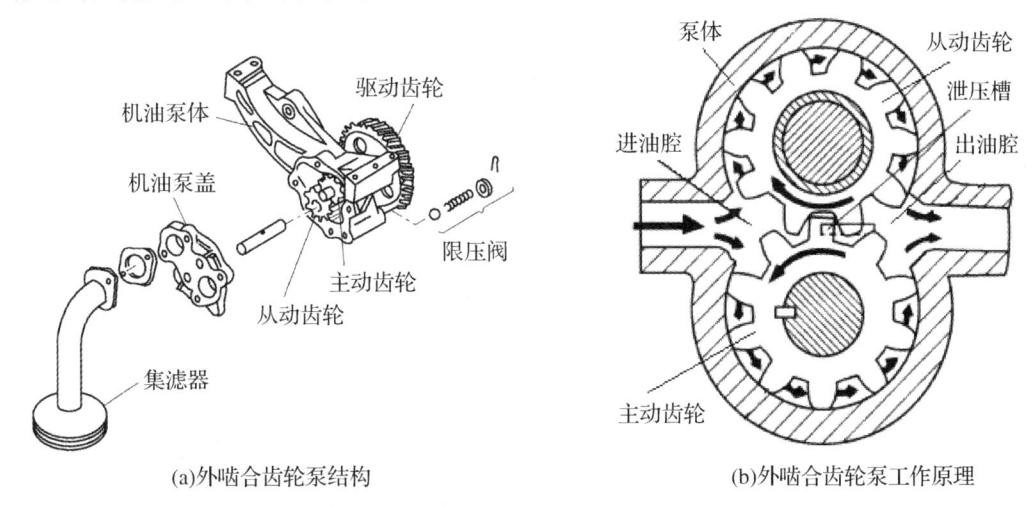

(a)外啮合齿轮泵结构　　　　　　(b)外啮合齿轮泵工作原理

图 5-2-2　外啮合齿轮泵的结构和工作原理

看一看：观察各种机油泵的结构。

(2)外啮合齿轮泵的工作原理,如图 5-2-2(b)所示。发动机工作时,机油泵主动齿轮油经凸轮轴上的螺旋齿轮驱动的主动齿轮轴带动旋转,并带动从动齿轮按如图方向旋转;在机油泵的进油口处产生真空度,机油便从进油口被吸入,随着齿轮副的转动,沿齿轮与泵壳之间的空间被齿轮带到出油口;当机油泵出油压力超过规定的供油压力时,限压阀打开,这时部分机油经限压阀流回油底壳,从而保持一定的供油压力。

(3)外啮合齿轮泵的特点。外啮合齿轮泵结构简单,加工方便,工作可靠,使用寿命长,能产生较高的供油压力,在中、重型发动机上应用广泛。

3. 内啮合齿轮泵的结构

(1)内啮合齿轮泵的结构。如图 5-2-3 所示,内啮合齿轮泵主要由主动齿轮、从动齿轮、限压阀、泵盖和泵壳等组成。主动齿轮为一较小的外齿轮,一般直接由曲轴驱动;从动齿轮为一较大的内齿圈。

小提示：内啮合式齿轮泵一般和气缸体前端盖制成一体。

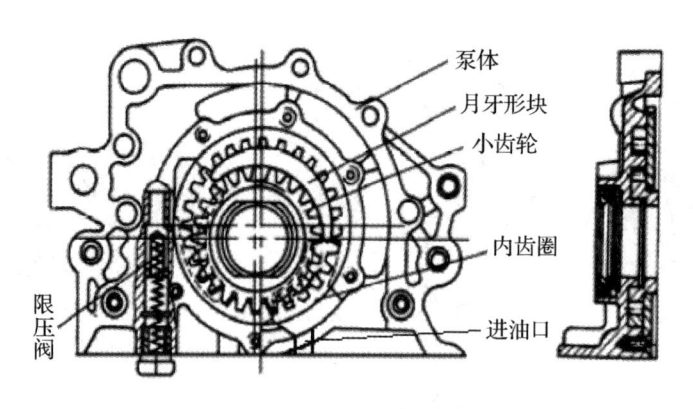

图 5-2-3 内啮合齿轮泵的结构

(2) 内啮合齿轮泵的工作原理。发动机工作时,主动小齿轮随曲轴一起转动并带动从动内齿圈沿相同的方向旋转。内外齿轮转到进油口处时开始逐渐脱离啮合,并沿旋转方向形成的空间逐渐增大,产生一定的真空度,将机油从进油口吸入。随着齿轮的继续旋转,月牙形块将内、外齿轮隔开,齿轮旋转时把齿间所存的机油带往出油口。在靠近出油口处,内、外齿轮间的空间逐渐减少,油压升高,机油便从出油口进入到油道中,内外齿轮又重新啮合。

(3) 内啮合齿轮泵的特点。内啮合齿轮泵零件数量少,制造成本低,占用空间小,但泵油效率低,仅在微型发动机上应用。

4. 转子式机油泵

(1) 转子式机油泵的结构。如图 5-2-4 所示,转子式机油泵由壳体、内转子、外转子和泵壳等组成。内转子用键或销子固定在转子轴上,由曲轴齿轮直接或间接驱动,内、外转子旋转中心有偏心距,内转子带动外转子沿同一方向转动。内转子有 4 个凸齿,外转子有 5 个凹齿,这样,内、外转子做同向不同步的旋转运动。

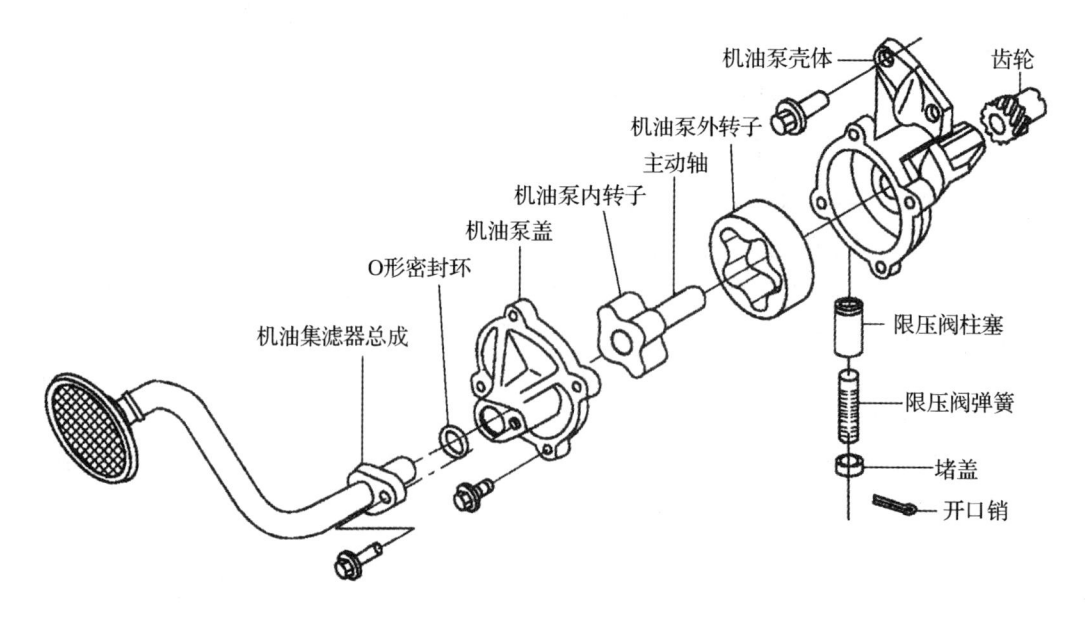

图 5-2-4 转子机油泵的结构

(2) 转子式机油泵的工作原理。如图 5-2-5 所示,由于转子齿轮的齿形齿廓设计得使转子转到任何角度时,内、外转子每个齿的齿廓线上总能互成点接触。这样,内、外转子间形成的4个工作腔,随着转子的旋转而容积不断地变化。在进油道的一侧空腔,由于转子脱开啮合而容积增大,产生真空度,机油便被吸入;转子继续旋转,机油被带到出油道的一侧,此时,转子正好进入啮合而该侧空间容积减少,油压升高,润滑机油从齿间挤出并经油道压送出去。

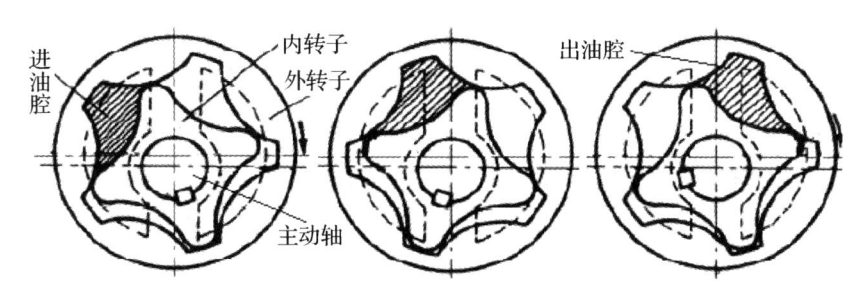

图5-2-5 转子式机油泵的工作原理

(3)转子式机油泵的特点。转子式机油泵结构紧凑,外形尺寸小,重量轻,吸油真空度较大,供油量大,供油均匀性好,成本低,在中、小型发动机上应用广泛。

二、机油滤清器

1. 机油滤清器的作用

滤除润滑机油中的各类杂质(如金属屑、机油中的胶质和落到机油中的积炭等),提高润滑机油的清洁度,降低发动机的机械磨损。

2. 机油滤清器的种类

(1)根据滤清能力不同可分为集滤器、细滤器和粗滤器三大类。他们各自滤清的杂质粒度不同。

(2)根据安装位置不同可分为全流式和分流式两类。与主油道并联的滤清器称为分流式滤清器,一般为细滤器,过油量为10%～30%;与主油道串联的滤清器称为全流式滤清器,一般为粗滤器。现代轿车上普遍采用全流式机油滤清器。

(3)根据滤芯材质不同可分为纸质滤清器、金属片缝隙式滤清器(已淘汰)和金属网滤清器。现代汽车发动机广泛采用纸质滤清器。

3. 集滤器

集滤器也称"滤网",一般都是金属网滤清器,安装在机油泵的进油管上,其作用是防止粒度较大的机械杂质进入机油泵。通常有浮筒式和固定式两种,其结构如图5-2-6所示。

查一查: 两种集滤器的工作原理是什么?两种集滤器的区别及适用范围是什么?

4. 粗滤器

机油粗滤器用以滤去机油中粒度较大(0.05 mm以上)的杂质。它对机油的流动阻力较小,故可串联于机油泵与主油道之间,即属于全流式滤清器。现代汽车发动机广泛采用一次性的旋转式纸质粗滤器,其结构如图5-2-7所示,它把纸质滤芯、安全阀和薄的金属外壳制成不可拆式结构,到维护时使用专用扳手更换新滤清器,无需清洗。

滤网未被淤塞

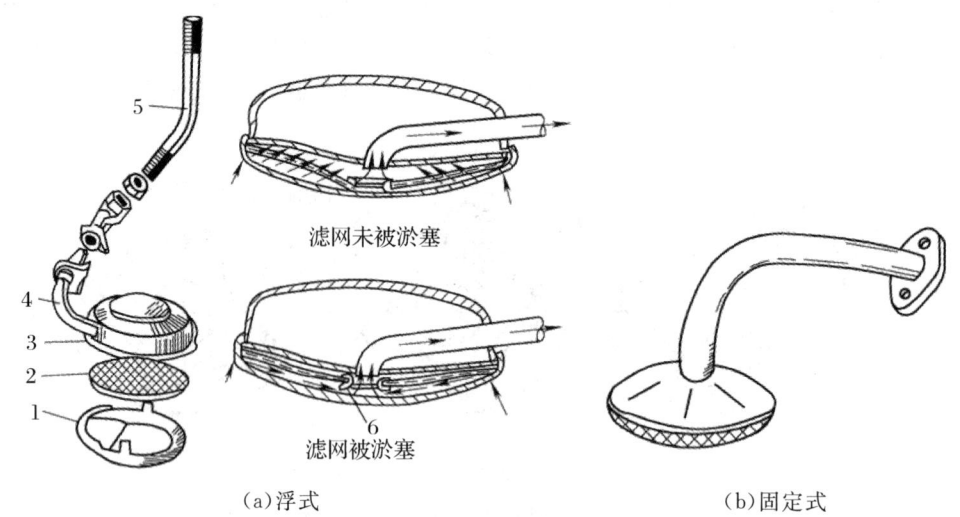

滤网被淤塞

(a)浮式   (b)固定式

1-罩 2-滤网 3-浮子 4-吸油管 5-固定管 6-滤网环口

图 5-2-6 集滤器的结构及种类

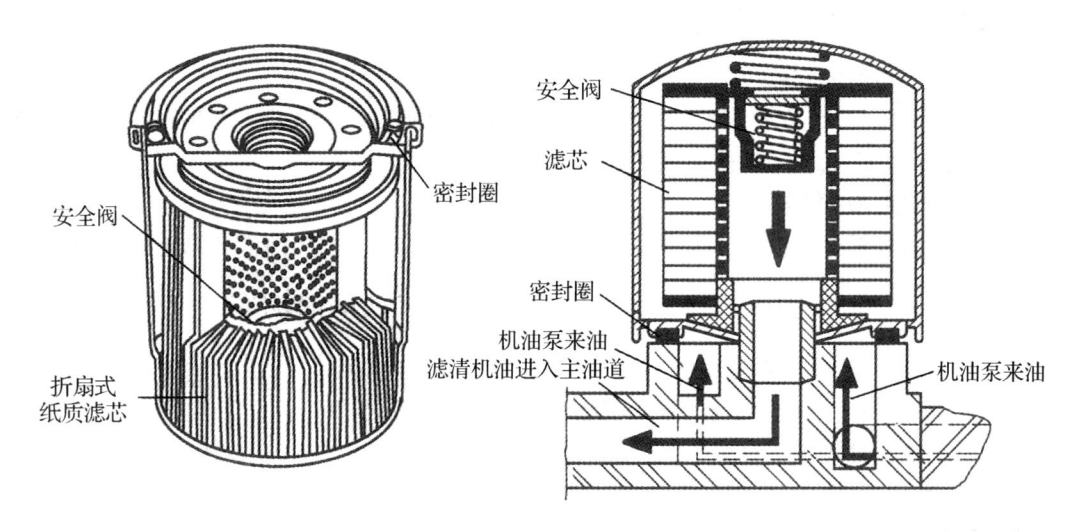

安全阀
滤芯
密封圈
折扇式纸质滤芯
安全阀
密封圈
机油泵来油
滤清机油进入主油道
机油泵来油

图 5-2-7 机油粗滤器的结构

5. 细滤器

机油细滤器用以滤除机油中直径在 0.001 mm 以上的细小杂质。它对机油的流动阻力较大,故多做成分流式,即与主油道并联,只有少量机油通过细滤器。按清除杂质的方法不同可分为过滤式和离心式机油细滤器两种类型,其结构原理与粗滤器相似。

三、机油散热器

1. 机油散热器的概述

发动机运转时,机油黏度会随温度的升高而变稀,从而降低机油的润滑能力。因此,一些热负荷较大的发动机装用了机油散热器,亦称机油冷却器。

(1)作用。对润滑油进行强制冷却,保证润滑油具有一定的黏度,使润滑油保持在适宜的温度范围内(70～90 ℃)工作。

（2）种类。根据冷却介质不同分为液冷式和风冷式两种形式。

2. 风冷式机油散热器

风冷式机油散热器一般安装在发动机冷却液散热器的前面，利用冷却风扇的风力使机油冷却。如图 5-2-8 所示，它是横流管片式结构，与一般冷却系统的散热器类似。

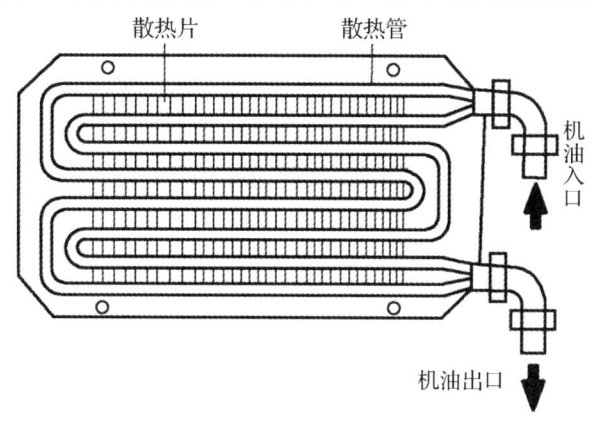

图 5-2-8 风冷式机油散热器

3. 液冷式机油散热器

液冷式机油散热器亦称为机油冷却器。一般串联在机油粗滤器前，装在发动机冷却液路中，用冷却液的温度来控制润滑油的温度。柴油发动机多采用此种机油冷却形式。如图 5-2-9 所示，它是管栅式结构，装在发动机缸体一侧水套内，当润滑油温度高时，靠冷却液降温，而起动暖车期间润滑油温度较低时，则从冷却液吸热迅速提高润滑油温度。

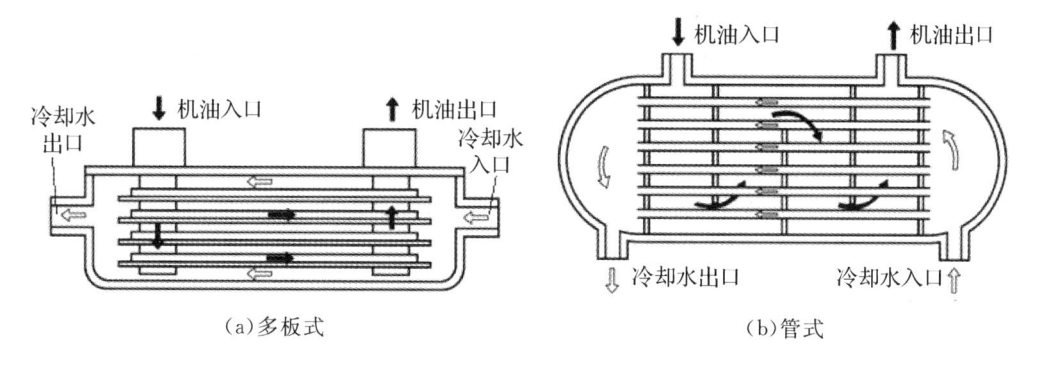

(a) 多板式　　　　　　(b) 管式

图 5-2-9 水冷式机油散热器的结构

四、各种阀门

在润滑系统中都设有几个限压阀和旁通阀，以确保润滑系统的正常工作。

1. 限压阀

润滑机油油压随发动机转速的增高而增大，且当润滑油油路淤塞、轴承间隙过小或使用的机油黏度过大时，也将使供油压力增高。因此，在机油泵和主油道上设有限压阀，限制润滑机油最高压力，以确保安全。当机油油压超过预定的压力时，克服限压阀弹簧的作用力，顶开阀门，使部分机油从侧面通道流回油底壳内；油道内的油压下降至设定的正常值后，阀门关闭。

2. 旁通阀

旁通阀用以保证润滑系统内油路的畅通。当机油滤清器堵塞时,机油通过并联在其上的旁通阀直接进入主油道,防止主油道断油。旁通阀的结构与限压阀基本相同,只是安装位置、控制压力和溢流方向不同,通常旁通阀的弹簧刚度比限压阀小得多。

五、机油标尺

1. 功用

机油标尺是用来检查油底壳中润滑机油的存量和油质。

2. 机油标尺的结构

机油标尺是一根扁平杆,如图 5-2-10 所示,插在气缸体检查孔内。标尺上刻有 $\frac{2}{4}$、$\frac{4}{4}$(或 min 与 max)的刻线,机油的油面应处在两者之间。

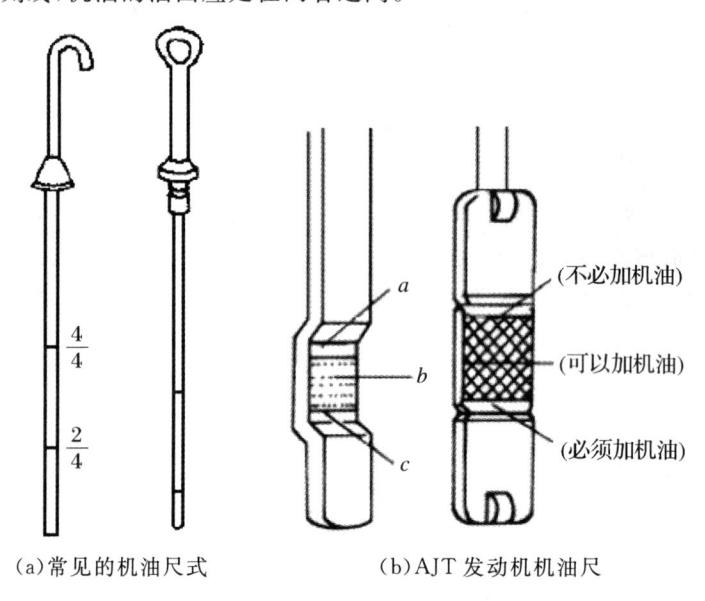

(a)常见的机油尺式　　(b)AJT 发动机机油尺

图 5-2-10　机油尺的结构

查一查: 机油平面过高或过低对发动机运转的影响。

六、油底壳的构造

1. 概述

(1)作用。储存、冷却、稳定润滑机油并密闭曲轴箱。

(2)材料。薄钢板和铝合金。

2. 结构(如图 5-2-11 和图 5-2-12 所示)

(1)稳油挡板。为了防止汽车震动时或在崎岖不平的道路行驶时,润滑机油四处飞溅,从而避免产生大量的泡沫,在油底壳内设置挡油板。

(2)磁性放油螺塞。为了便于放出润滑机油,吸附润滑油中的金属屑,以减少发动机的磨损,在油底壳最低处设置磁性放油螺塞。

(3)油位传感器。有些轿车上设置油位传感器,用于检测它所处的高度是否有润滑油,

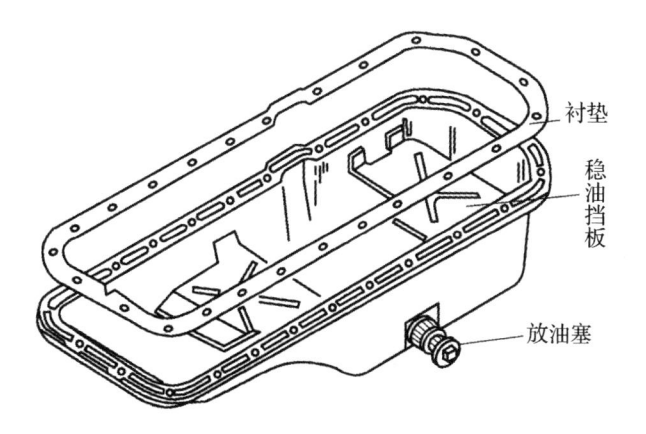

图 5-2-11　钢质油底壳的结构

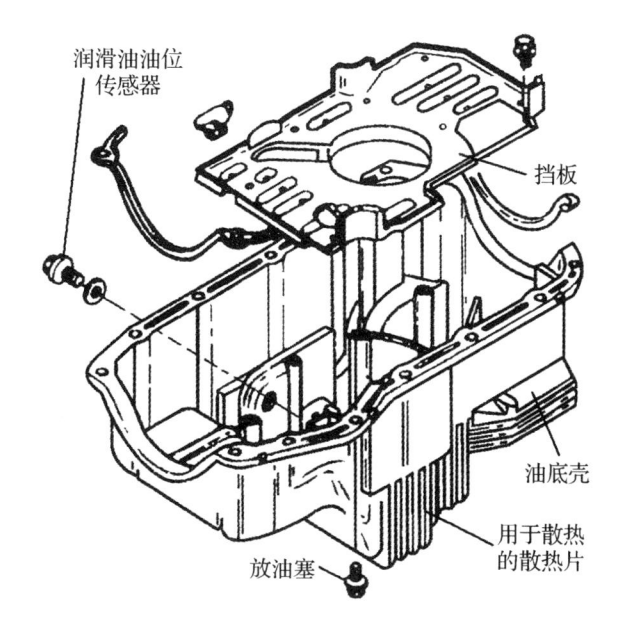

图 5-2-12　铝质油底壳的结构

通过仪表上的指示灯提醒驾驶员。

（4）加强筋或散热片。为了提高强度,薄钢板冲压有加强筋;为了辅助散热,铝合金油底壳上均制有散热片。

【任务实施】

★ 实施活动一　油底壳的拆装

一、工作准备

通用工具,干净抹布,垫片铲刀,油底壳衬垫,密封胶,润滑机油,洗油。

二、技能要求

(1)油底壳放油螺塞的拧紧力矩应符合规定,一般为 20 N·m 左右。
(2)油底壳紧固螺钉的拧紧力矩应符合规定,一般为 10 N·m 左右。

三、任务步骤

1. 准备工作

(1)清点工量具;清理工作台、场地。
(2)准备并填写作业表相关内容。

2. 就车油底壳的拆卸

(1)举升车辆,放出发动机润滑机油。
(2)用发动机托架拖住发动机。
(3)旋下副梁螺栓,缓慢放下副梁。
(4)用套筒扳手旋下油底壳上所有螺栓。
(5)用橡胶锤轻轻敲击油底壳,必要时用垫片铲刀铲出垫片,取下油底壳。
(6)清洁油底壳。先用水冲洗外部,再用洗油清洗内部和外表。

3. 油底壳的安装

(1)更换新的油底壳衬垫,必要时使用密封胶。
(2)交替对角拧紧油底壳紧固螺钉,拧紧力大小以将弹簧垫压平为止。
(3)安装副梁,按规定力矩拧紧副梁螺栓。
(4)降下发动机托架并移走。
(5)降下车辆,加注润滑机油。
(6)起动发动机几分钟后,熄火检查泄漏情况。

4. 结束工作

(1)清洁、整理工量具。
(2)清理设备和场地。

★ 实施活动二　转子式机油泵的检修

一、工作准备

机油泵,通用工具,干净抹布,垫片铲刀,直尺,塞尺,洗油2升。

二、技能要求

(1) 机油泵内、外转子间的径向间隙不小于 0.15 mm，极限值为 0.25 mm。
(2) 机油泵外转子与泵体径向间隙一般为 0.1 mm，许用极限为 0.30 mm。
(3) 机油泵泵体与转子之间的轴向间隙为 0.03～0.09 mm，许用极限为 0.20 mm。

三、任务步骤

1. 准备工作
(1) 清点工量具；清理工作台、场地。
(2) 准备并填写作业表相关内容。

2. 机油泵的拆卸
(1) 举升车辆，放出润滑机油，拆下油底壳，从发动机上拆下机油泵总成。
(2) 拆卸机油管和机油集滤器。
(3) 分解机油泵壳体，取出内、外转子。
(4) 分解限压阀。
(5) 先用洗油清洗各零件，再用压缩空气吹干，最后分类摆放各零件。

3. 机油泵的检查（如图 5-2-13 所示）

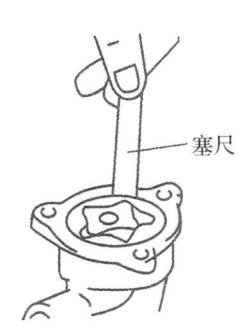

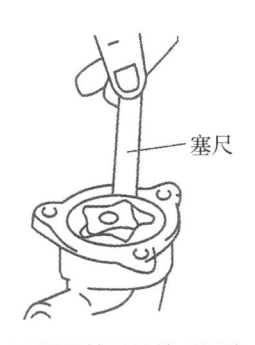

(a) 测量内转子齿顶与外转子内表面间的间隙　　(b) 测量外转子与泵体间的间隙　　(c) 测量转子的端面间隙

图 5-1-13　转子机油泵的检修

(1) 用塞尺测量内转子齿顶与外转子内表面间的径向间隙，其值为 ＿＿＿＿＿＿＿＿＿。
(2) 用塞尺测量外转子与泵体径向间隙，其值为 ＿＿＿＿＿＿＿＿＿。
(3) 用直尺和塞尺测量泵体与转子之间的轴向间隙，其值为 ＿＿＿＿＿＿＿＿＿。
(4) 检查泵轴的弯曲度，泵轴与轴承的配合间隙，检查限压阀。
(5) 机油泵检修完毕，装合后应在机油泵试验台上进行试验。

4. 机油泵的安装
按拆卸相反的顺序安装机油泵，但要在各转子表面涂抹润滑机油，更换合适的衬垫，安装油封时要涂抹润滑机油，确保油封唇部置于正确的方向。

5. 结束工作
清洁、整理工量具；整理、清洁设备和场地。

【任务拓展】

曲轴箱通风装置

1. 概述

(1)功用。及时排出曲轴箱内的气体或将其吸入气缸中燃烧。

查一查：曲轴箱通风的必要性以及废气的成分。

(2)通风方式。曲轴箱通风的方式有自然通风和强制通风两类，而强制通风又有一般式、单向阀式、油气分离式和综合式4种。常见的是单向阀式，又称为PCV系统。

(3)影响。从气缸中窜入曲轴箱的高温、高压气体(部分可燃混合气、燃烧废气、酸性物质和水蒸气等)会使机油变质，曲轴箱内压力和温度升高加速发动机各接合面的漏油。

2. 自然通风

如图5-2-14(a)所示，利用汽车行驶时的气流及冷却风扇的气流作用，在通风管出口处形成一定的真空度，将曲轴箱内的气体抽出，新鲜空气则从进气管经空气滤清器和节流阀总成进入曲轴箱。

3. 综合式强制通风

如图5-2-14(b)所示，利用进气系统的真空度将曲轴箱内的气体强制地吸入气缸。在通风管中装有流量控制阀(PCV阀)和油气分离器，PCV阀可防止发动机怠速时过多的气体流入气缸造成怠速不稳或熄火。油气分离器把曲轴箱内抽出的油、气进行分离，使液态的油流回曲轴箱，气态的气吸入进气管，从而减少润滑机油的消耗。

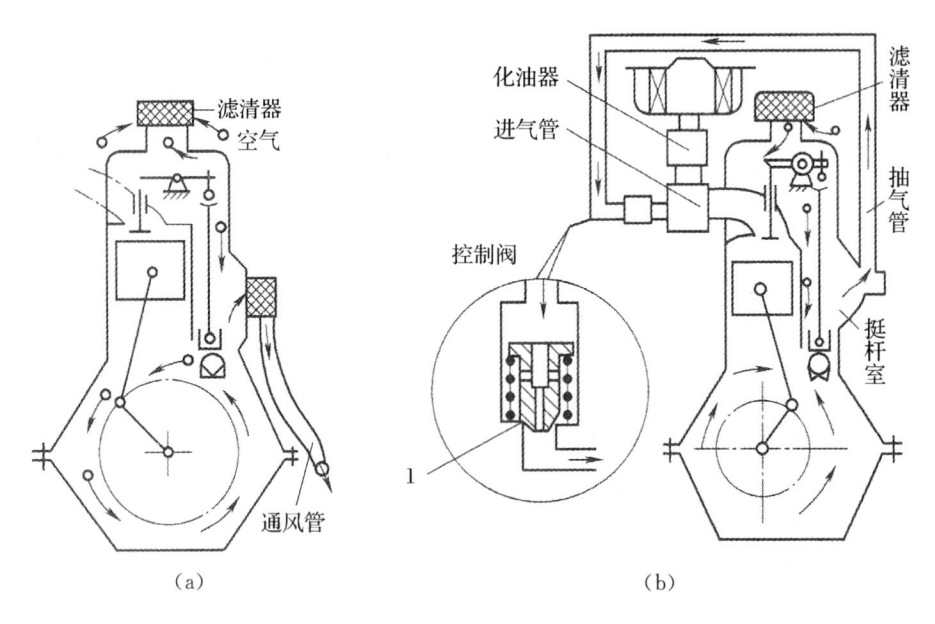

图5-2-14 曲轴箱通风装置

查一查：通过互联网查一查其他曲轴箱强制通风的结构及原理。

【任务检测】

一、填空题

1. 转子式机油泵主要由_____、_____和泵体组成。工作时，_____带动_____旋转,且_____转速较_____转速低。
2. 润滑机油滤清器有_____、_____、_____3种。现代汽车一般采用一次性纸质旋转式滤清器,它一般_____于主油道上,到期更换无需清洗。
3. 曲轴箱的通风方式有_____和_____两种。
4. 机油散热器一般用于_____的发动机上,用_____或_____来冷却机油,使机油温度保持在_____范围内,通常有_____、_____两种方式。
5. 机油泵上的限压阀打开时润滑机油流向_____;机油滤清器上的旁通阀打开时润滑机油流向_____。

二、选择题

1. 机油泵常用的形式有(　　)。
   A. 齿轮式与膜片式　　　　B. 转子式和活塞式
   C. 转子式与齿轮式　　　　D. 柱塞式与膜片式
2. 上海桑塔纳轿车发动机油路中只设一个机油滤清器,该滤清器采用(　　)。
   A. 全流式滤清器　　　　　B. 分流式滤清器
   C. 离心式滤清器　　　　　D. 过滤式纸质滤芯滤清器
3. 润滑系中机油细滤器上设置旁通阀的作用是(　　)。
   A. 保证主油道中的最小机油压力
   B. 防止主油道过大的机油压力
   C. 防止机油粗滤器滤芯损坏
   D. 在机油粗滤器滤芯堵塞后仍能使机油进入主油道内
4. 曲轴箱通风的目的主要是(　　)。
   A. 排出水和汽油　　　　　B. 排出可燃混合气与废气
   C. 冷却润滑油　　　　　　D. 向曲轴箱供给氧气

三、判断题

1. 曲轴箱强制通风装置中装用的单向阀失效将会引起发动机怠速不稳。(　　)
2. 过滤式机油滤清器的滤芯可反复多次使用。(　　)
3. 离心式机油细滤器对机油的滤清是由喷嘴对金属杂质产生过滤作用而实现的。(　　)
4. 润滑油路中的油压越高越好。润滑油加入量越多,越有利于发动机的润滑。(　　)
5. 机油细滤器滤清能力强,所以经过细滤器滤清后的机油直接流向润滑表面。(　　)

【评价与反馈】

班级：_____ 姓名：_____ 指导教师：_____

序号	考核项目	项目分值	考核内容	配分	考核标准	得分
1	出勤/纪律	5	出勤	2	违规一次不得分	
			行为规范	3	违规一次不得分	
2	安全/防护/环保	20	着装	2	违规一次不得分	
			个人防护	3	违规一次不得分	
			5S/EHS	5	违规一次不得分	
			设备使用安全	5	违规一次不得分	
			操作安全	5	违规一次不得分	
3	任务检测	20	任务测验成绩	20	测验成绩的20%计	
4	技能考核	35	技能测验成绩	35	测验成绩的35%计	
5	学习能力	10	工单填写,工艺计划制定	4	未做不得分	
			组内活动情况	5	酌情扣1~5分	
			资料查阅和收集	1	未做不得分	
6	任务拓展	10	知识拓展任务	2	未做不得分	
			技能拓展任务	8	未做不得分	
7	总分	100				

【教师评估】

序号	优点	存在问题	解决方案

教师签字：

项目六 进排气系统

任务一 认识进排气系统

【任务目标】

目标类型	目标要求
1.认知目标	(1)描述进气系统的功用及组成; (2)阐述排气系统的功用及组成; (3)叙述进气增压系统功用与组成; (4)认识废气涡轮增压系统的组成。
2.技能目标	达到汽车维修中级工如下要求: (1)完成进排气系统的维护; (2)运用仪表进行进气真空度的检测。
3.情感目标	(1)养成良好的学习和工作习惯; (2)注意操作安全、设备安全、个人防护等。

【任务描述】

进排气系统根据发动机各缸的工作循环和工作顺序适时地开启和关闭进排气门,使足够的纯净空气或可燃混合气及时地进入气缸,并及时将废气排入大气。为了增加气缸的进气量,提高发动机的功率,现代汽车发动机越来越多地采用进气增压技术,目前,采用最多的是废气涡轮增压技术。

【知识准备】

一、进气系统

1. 进气系统的概述

(1)功用。根据发动机各工况不同的要求,尽可能多且均匀地向各气缸提供可燃混合气或纯净的空气。

(2)组成。如图6-1-1所示,进气系统主要由进气导流管、空气滤清器总成、进气软管、进气总管、节气门体、进气歧管、进气垫、进气道(缸盖内)等组成。在化油器式和单点喷射式发动机上还装有进气预热装置,在多点喷射式发动机的进气系统中还包括进气温度传感器、空气流量计或进气压力传感器、节气门位置传感器、怠速阀,为了提高进气效率,有的进气系统还有进气增压装置。

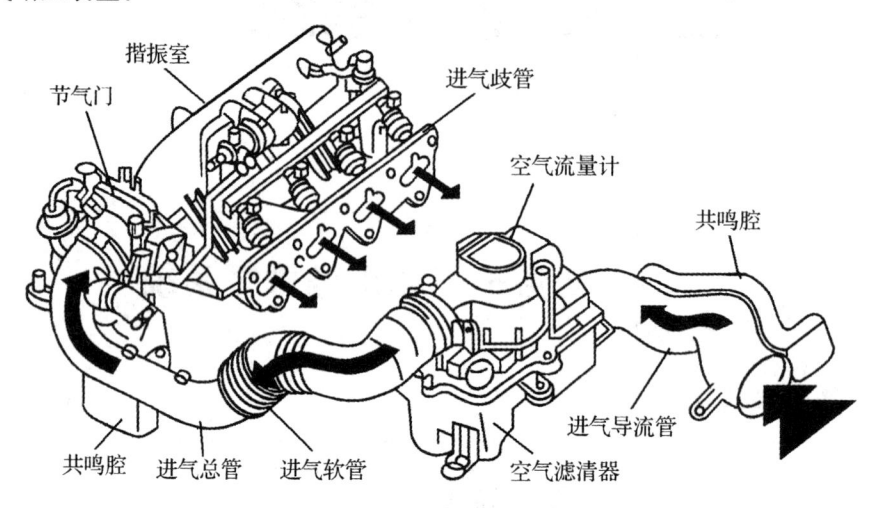

图 6-1-1 进气系统的组成

2. 空气滤清器

(1)功用。滤除所进空气中的尘埃和杂质,以减小气缸、活塞、活塞环的磨损;另外,还有消减进气气流所形成噪声的作用。

查一查: 燃烧1升汽油需要多少空气?如果没有空气滤清器,对发动机有何影响?

(2)类型。根据工作原理不同分为惯性式、油浴式、过滤式和综合式等多种类型;根据滤芯材料的不同分为纸质滤芯式(有干式和湿式之分)和铁丝网滤芯式两大类。现代汽车发动机广泛采用干式纸质过滤式空气滤清器。

(3)结构。如图6-1-2所示,一般由空滤器外壳、滤清器盖、滤芯和密封圈等组成。

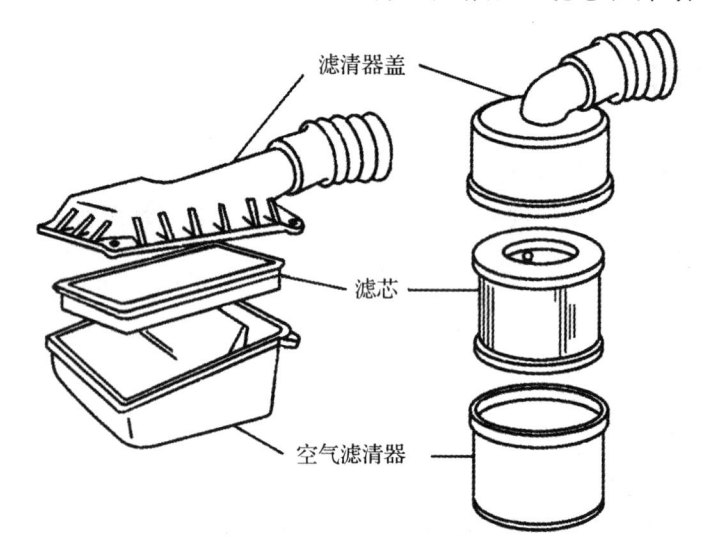

图 6-1-2 空气滤清器总成

查一查: 带恒温进气装置的空气滤清器的结构和原理。

3. 进气导流管

进气导流管是指空气滤清器以前至进气口的管道。空气滤清器前通常有一根一定长度和直径的进气导流管;而大型货车、自卸车或矿山车常装有一根很长的进气导流管,管口沿驾驶室伸至高处,吸取车外密度大、含尘少的空气。

4. 进气总管

进气总管是指空气滤清器至进气歧管之间的管道。我们通常按进气压力波的原理设计进气管的长度、形状和结构,以提高发动机的充气效率。进气总管上常附有各种形状的气室,以减小节气门开度频繁变化引起的进气脉动。

5. 进气歧管

进气歧管是指进气总管向各气缸分配空气的支管,如图 6-1-3 所示。进气歧管一般由铸铁或铝合金铸造而成,轿车发动机多用铝合金制造。进气歧管用螺栓固定在气缸盖上,其接合面处装有衬垫(俗称进气床),以防止漏气。

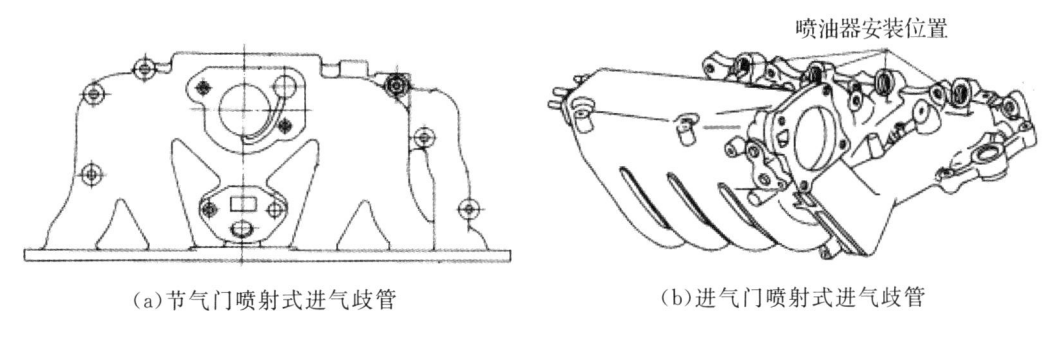

(a)节气门喷射式进气歧管　　(b)进气门喷射式进气歧管

图 6-1-3　进气歧管的结构

查一查:进气歧管的加热装置和可变进气歧管的构造。

6. 节气门体

如图 6-1-4 所示,节气门体安装在空气流量计之后的进气总管上,用以控制发动机各运行工况下的进气量。它主要由节气门、怠速空气道、节气门位置传感器和怠速控制阀等组成。

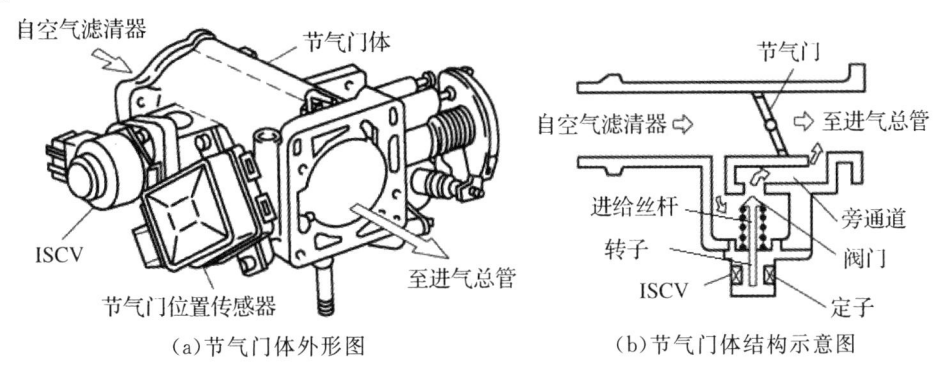

(a)节气门体外形图　　(b)节气门体结构示意图

图 6-1-4　节气门体的结构及工作原理

二、排气系统

1. 排气系统的概述

(1) 功用。汇集各气缸的废气,减少排气噪声和消除废气中的火焰和火星,使废气安全地排入大气。

(2) 类型。根据排气管的数目不同可分为单排气系统和双排气系统。直列式发动机通常采用单排气系统,如图 6-1-5 所示,V 形发动机有的采用单排气系统,但大多数采用双排气系统。其优点是排气阻力低,排气顺畅;缸内残气减少,充气增多;提高了发动机的功率和转矩。

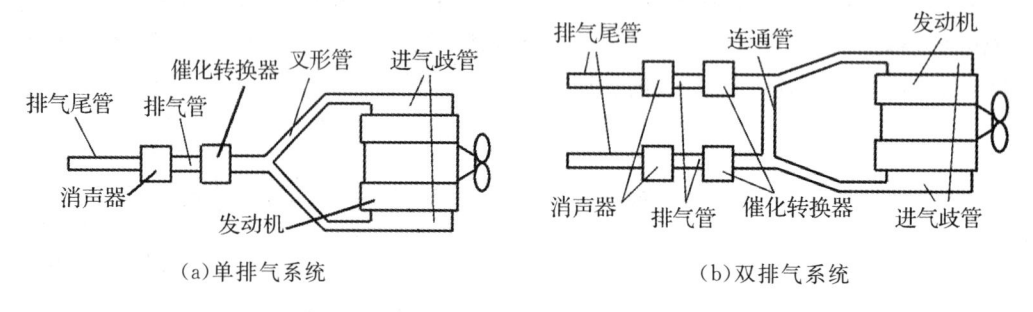

图 6-1-5 排气系统的类型

查一查: 中国台湾"龙卷风"排气系统是如何增加动力和节油的?

(3) 组成。如图 6-1-6 所示,单排气系统主要由排气道(气缸盖内)排气垫、排气歧管、接口垫排气总管、催化转换器、氧传感器、排气软管、排气消声器(有一级、主副、三级消声器之分)、吊环、隔热板、排气尾管等组成。

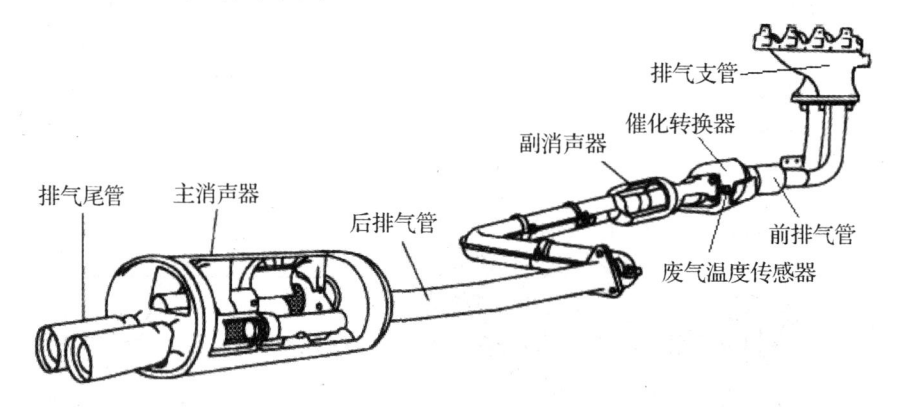

图 6-1-6 单排气系统的组成

2. 排气歧管

(1) 材料。排气歧管一般由铸铁铸造,现在有的用不锈钢制作排气歧管,其质量轻、耐久性好,且内壁光滑、排气阻力小。

(2) 结构。排气歧管的结构形状十分重要,为了防止各缸排气干扰及排气倒流的现象,并尽可能利用惯性排气,排气歧管要做得尽可能长,且各缸歧管相互独立、长度相等。如图 6-1-7 所示为排气歧管的结构。

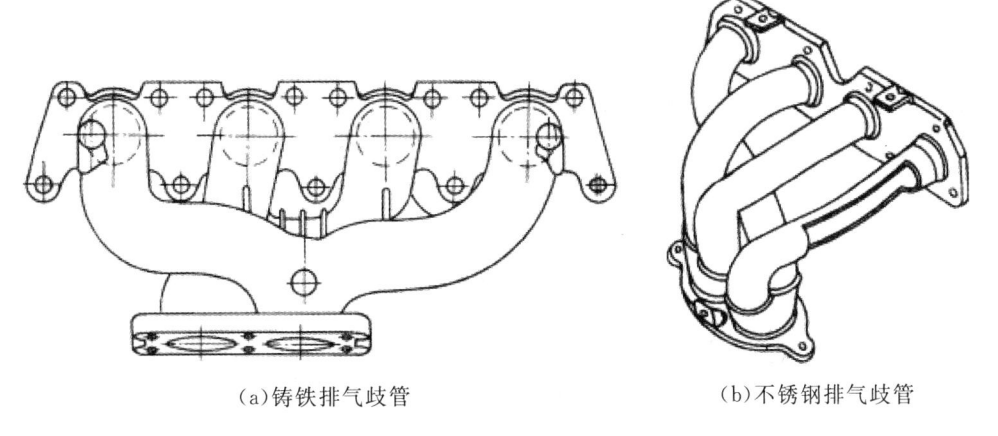

(a)铸铁排气歧管　　　　　　　　(b)不锈钢排气歧管

图 6-1-7　排气歧管的结构

(3)安装。排气歧管用螺栓固定在气缸盖上,其接合面处装有金属片包的石棉衬垫(俗称排气床),以防止漏气。

3. 排气消声器

(1)功用。降低气缸排出废气的温度和压力,以消除废气中的火星和噪声。

(2)类型。排气消声器是通过逐渐降低排气压力和衰减排气压力脉动波来消耗排气能量。按照消减能量的方式不同可分为吸收式、干涉式、扩张式和共振式四种类型。

(3)结构。如图 6-1-8 所示为轿车上流行的排气消声器的结构。它综合利用不同的消声原理组合而成,由外壳、多孔管、隔板和吸声材料等组成。外壳用薄钢板制成筒形,两端封闭。并将这些结构焊接成一个整体。

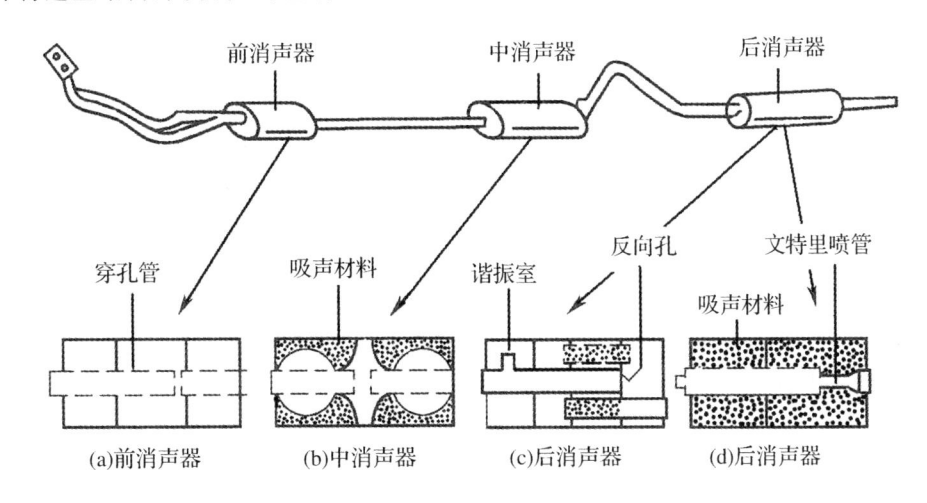

(a)前消声器　　(b)中消声器　　(c)后消声器　　(d)后消声器

图 6-1-8　排气消声器的结构

4. TWC(催化反应器)

(1)作用。催化转换器一般安装在消声器的前面,利用转换器中的催化剂,将发动机排出废气中的有害气体(NO_x、CO 和 HC)转变为无害气体(N_2、CO_2 和 H_2O),减少排放污染。

(2)结构。如图 6-1-9 所示,催化转换器由催化剂载体、催化剂、减振层及外壳等组成。目前车用催化转换器绝大多数以蜂窝状陶瓷作为载体,它能提供非常大的表面积,供有害气体发生氧化-还原反应。载体上浸渍有铂(或钯)和铑的化合物(催化剂)。

(3)原理。在一定的温度条件下(一般为300 ℃以上),有害气体在催化剂的作用下发生氧化-还原反应,生成无害的 N_2、CO_2 和 H_2O,且催化转换器的转换效率与可燃混合气的空燃比有关。为了保证净化效率,必须严格控制空燃比在理论空燃比值附近(此时转换效率可达90%以上),为此,常采用氧传感器进行空燃比反馈控制。

小提示:CO:无色无味有毒气体;HC:对呼吸系统有刺激作用,对农作物有害;NO_x:对人体有害,易引起肺炎、肺气肿。

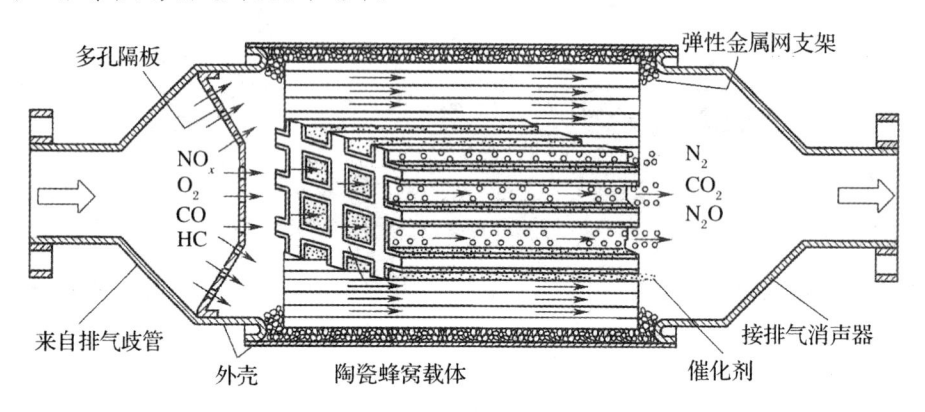

图 6-1-9 催化反应器的结构

三、发动机进气增压

1. 进气增压概述

(1)概念。进气增压就是在发动机排量不变的情况下,将空气预先压缩后再供入气缸,以提高进气密度,增加进气量。

(2)影响。进气量的增加,可以相应地增加循环供油量,从而增加发动机的功率,一般可增加发动机功率10%～60%,甚至可增加数倍。同时,还可以改善燃油经济性,降低有害气体排放,其 CO 和 HC 的排放仅为非增压发动机的 $\frac{1}{3} \sim \frac{1}{2}$。

(3)优点。能够提高发动机的功率,降低发动机油耗和重量,减轻发动机排放废气的污染。

(4)类型。进气增压的类型有进气谐波增压、废气涡轮增压、机械增压、气波增压等。其中以废气涡轮增压技术最为成熟,效率也高,应用最为广泛。

2. 进气谐波增压

进气谐波增压系统是利用进气气流惯性产生的压力波,提高进气压力,增加进气量,也称为惯性增压。目前主要有不可变进气歧管谐振增压和可变进气歧管谐振增压两种形式,可变进气歧管又有可变长度和可变截面两种结构。

如图 6-1-10 所示为可变长度进气歧管的工作原理示意图。当发动机中、低速运转时,电脑指令转换阀控制机构关闭转换阀,空气流经细而长的进气歧管,使进气增多;当发动机高速运转时,转换阀开启,空气流经粗而短的进气歧管进入气缸,使进气增多。

查一查:其他进气谐波增压系统的结构和工作原理。

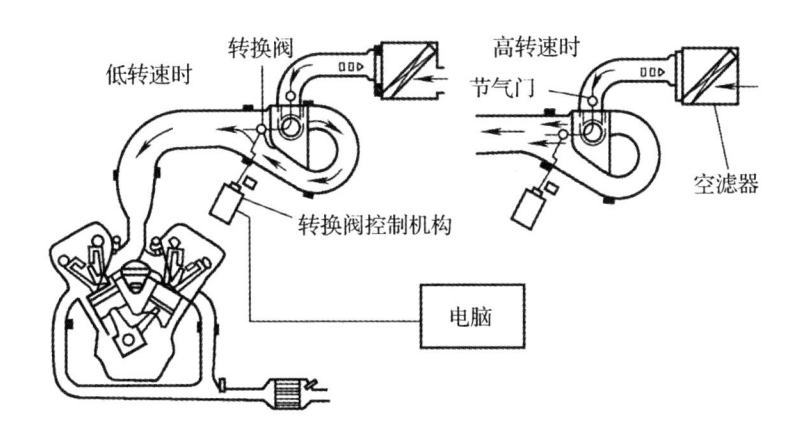

图 6-1-10　可变长度进气歧管示意图

3. 机械增压

如图 6-1-11 所示,机械增压器的压气叶轮由曲轴经齿轮增速器驱动,或由曲轴通过齿形同步带及电磁离合器驱动。

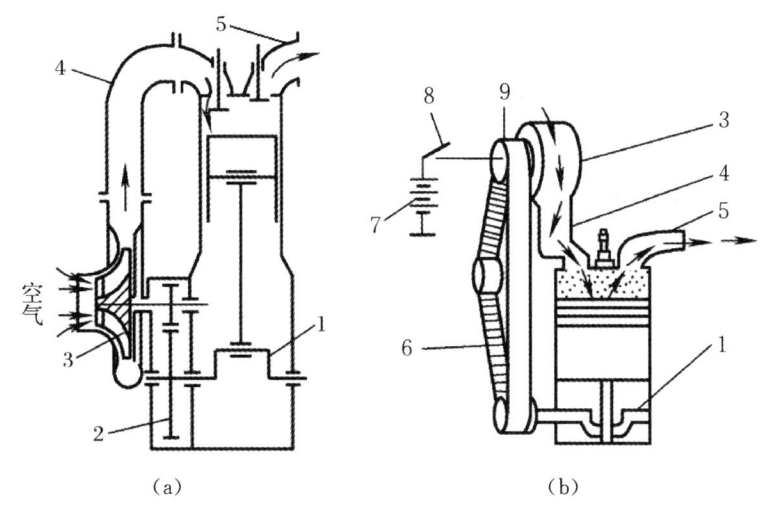

1-曲轴　2-排气管　3-进气管　4-增压器　5-增速器　6-电磁离合器　7-开关　8-蓄电池　9-传动带

图 6-1-11　机械增压器增压原理

4. 气波增压

如图 6-1-12 所示,气波增压器的转子由发动机曲轴带轮驱动。在转子中发动机的排气与进气直接接触,利用排气压力波压缩空气,提高进气压力。气波增压器多用于柴油机。

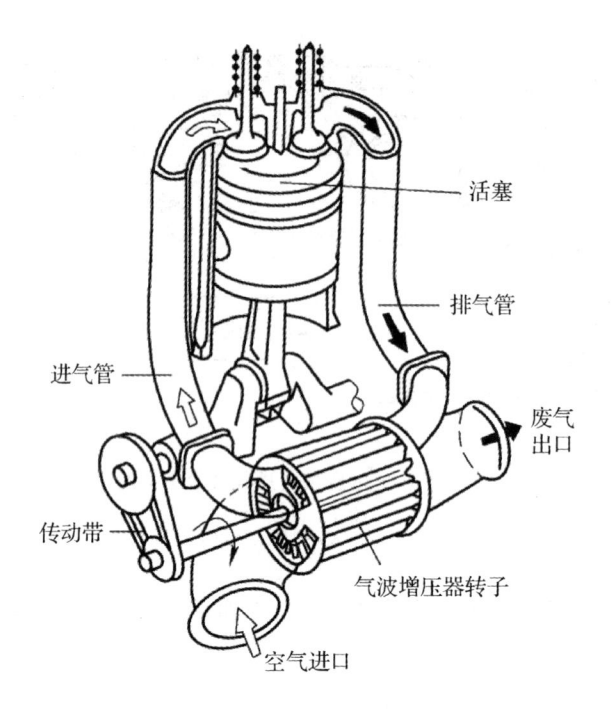

图 6-1-12 气波增压器增压原理

四、废气涡轮增压

涡轮增压系统按涡轮增压器的个数分为单涡轮增压系统和双涡轮增压系统。

1. 单涡轮增压系统

如图 6-1-13 所示,单涡轮增压系统由一个涡轮增压器、进气旁通阀、排气旁通阀和旁通阀控制装置等组成。排气旁通阀控制装置控制排气旁通阀的开闭,将发动机排气流引入涡轮机,推动涡轮机叶轮及与其同轴的压气叶轮旋转,使新鲜空气在压气机内增压后进入气缸。

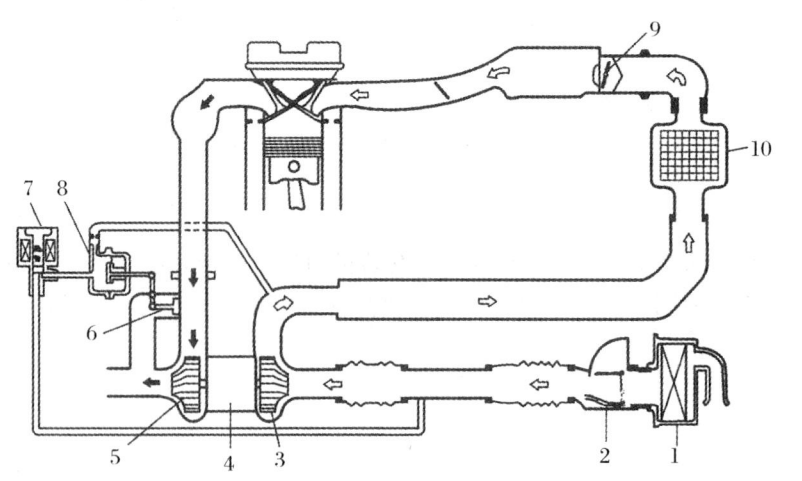

1-空气滤清器 2-空气流量计 3-压气叶轮 4-增压器 5-涡轮 6-排气旁通阀
7-进气旁通阀 8-排气旁通阀控制装置 9-节气门 10-中冷器
图 6-1-13 单涡轮增压系统增压原理

2. 双涡轮增压系统

如图 6-1-14 所示,双涡轮增压系统由两个涡轮增压器、进气旁通阀、排气旁通阀和膜片式放气控制阀、中冷器等组成。工作原理与单涡轮增压系统几乎一样。

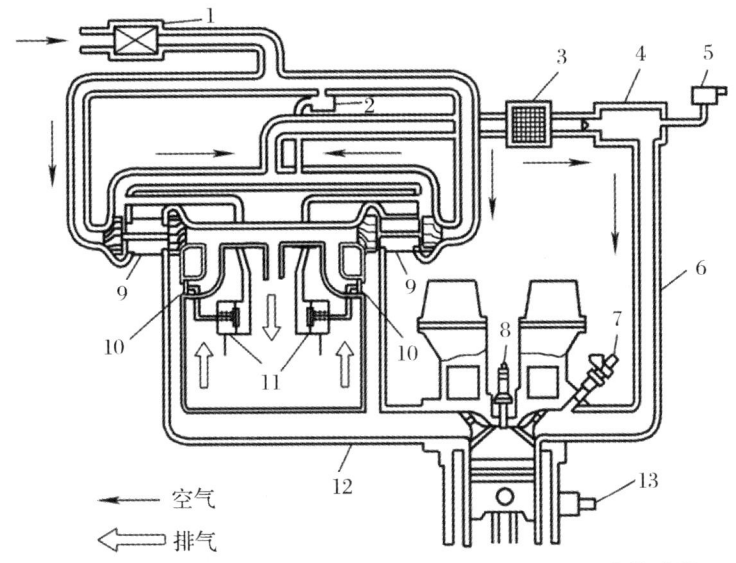

1-空气滤清器 2-进气旁通阀 3-中冷器 4-谐振室 5-增压压力传感器 6-进气管
7-喷油器 8-火花塞 9-涡轮增压器 10-排气旁通阀 11-旁通阀控制装置 12-排气管

图 6-1-14 双涡轮增压系统增压原理

3. 涡轮增压器

(1)类型。涡轮增压器根据涡轮形式不同分为径流式(废气沿涡轮径向流动)、轴流式(废气沿涡轮轴向流动)和混流式(废气斜向流动)3 种类型。车用和中、小功率发动机主要使用径流式涡轮增压器。

(2)径流式涡轮增压器的结构。如图 6-1-15 所示,它由离心式压气机、径流式涡轮机和中间体三部分组成。

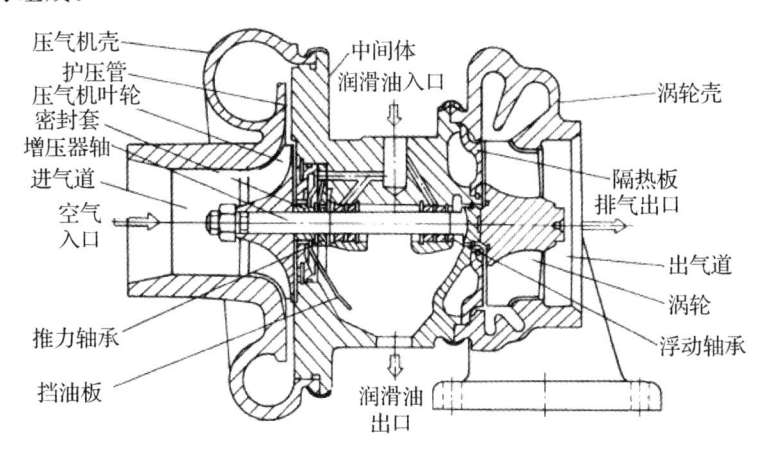

图 6-1-15 径流式涡轮增压器的结构

(3)工作原理。发动机排出的高温、高压废气经排气管进入涡轮喷嘴环,由于喷嘴环通过的面积是逐渐收缩的,因而废气的压力和温度下降,速度升高。这股高速的废气流按一定的方向冲击涡轮,使涡轮高速运转,废气的压力、温度和速度越高,涡轮转得就越快,通过涡轮的废气最后排入大气。与涡轮固装在同一转子轴上的压气机叶轮也以相同的速度旋转，将经过空气滤清器的空气吸入压气机壳，高速旋转的压气机叶轮把空气甩向叶轮的外缘，使其速度和压力增加，并进入形状做成进口小出口大的扩压器。因此气流的流速下降，压力升高，再通过断面由小到大的环形压气机壳使空气的压力继续提高，再经进气管进入气缸与更多的柴油混合燃烧。

4. 排气旁通阀

(1)功用。防止增压过高，导致过分爆燃或损坏发动机，甚至毁掉发动机。

(2)结构。如图 6-1-16 所示。主要由废气旁通阀、控制电磁阀和真空管路组成。

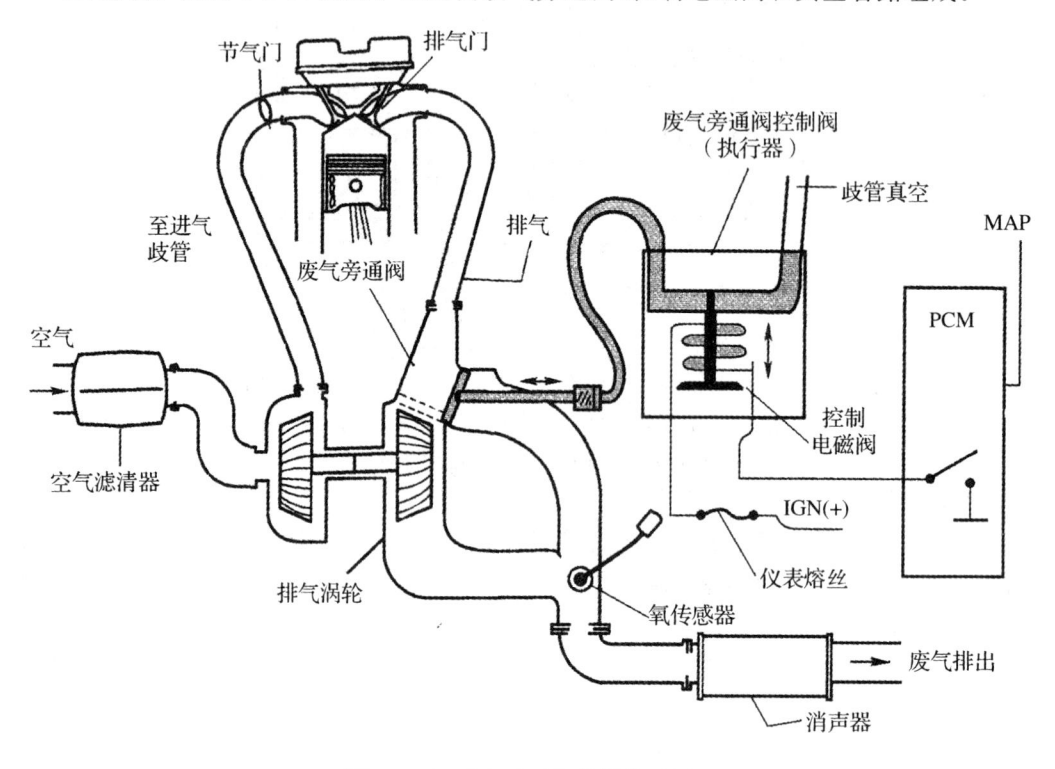

图 6-1-16　废气旁通阀的结构及原理

(3)原理。废气阀是常闭型的，它由 ECU 控制脉动开闭。在正常行驶条件下，电磁阀通电，切断废气旁通阀控制阀的真空，废气旁通阀处于关闭状态，废气通过排气涡轮；当急加速时，增压升高，其值被进气歧管压力传感器检测到，在增压值达到一定时，电磁阀断电，废气旁通阀控制阀的真空接通，执行器动作打开废气旁通阀，废气绕过涡轮，降低增压压力。如果出现增压过大的情况，ECU 还将减少供油量。

5. 中冷器

(1)功用。降低进入气缸的空气温度，从而增加进气量，提高柴油机的功率(15%～20%)，并改善其经济性和热负荷。

(2)结构。中冷器是一个热交换器，如图 6-1-17 所示，中冷器将进入发动机的空气冷却后，空气的密度就增大了，从而提高了发动机的充气系数(充气量)。

(3)原理。中冷器的冷却介质有水、油和空气。现代汽车多采用空气冷却式中冷器，利用外界冷空气迎面吹来(或涡轮风扇)冷却进入进气管的压缩空气，以增加进气量；采用水冷却的增压系统结构庞大而复杂，多用于功率较大的柴油机中。

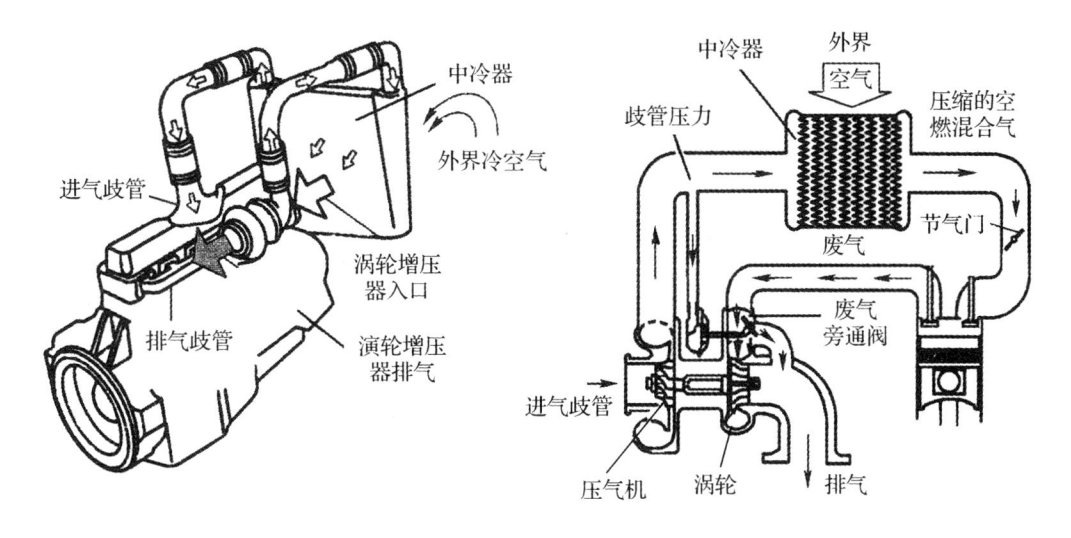

图 6-1-17　中冷器的结构及原理

【任务实施】

★ 实施活动一　进气系统的检修

一、工作准备

通用工具,压缩空气,抹布,维修手册等。

二、技能要求

正确识别进气系统的组成及各零部件的结构特点。

三、任务步骤

1. 进气系统的检视

(1)检视进气系统各连接部位是否牢固可靠,校紧进气系统各固定螺栓、螺母。
(2)检视各密封垫片是否烧穿、完好无损。
(3)检视节气门体内腔的积垢和结胶情况,必要时进行清洁。
(4)检视进气软管是否有破裂,卡箍是否安装牢固,以免造成漏气。
(5)检视真空管是否有破裂、扭结及插错。

2. 进气系统的清洁

汽车每行驶一定里程(一般为 25 000 km)后,应对进气歧管里工作气缸盖上的进气口处的积炭进行清除。其方法是使用电动钢丝刷或用钝口刮刀刮除,也可将进气歧管放入化学溶液槽中浸泡 2～3 h,使积炭软化后再清除。

3. 空气滤清器的维护

(1)滤清器外壳要经常清洁,保持干净。
(2)滤清器应安装可靠并密封良好。滤芯两端密封垫圈应完好无损,确保滤芯密封,否则空气将未经过滤清就会进入气缸。

(3)纸质滤芯应定期清洁或更换。如桑塔纳轿车每行驶 15 000 km 就应更换滤芯。滤芯应避免与油类和水等接触。清洁时先轻拍滤芯,然后用压缩空气从滤芯内部向外吹去积尘。

(4)进气转换阀工作应灵活、准确。

4. 进气歧管的检修

对进气歧管必须进行变形和裂纹的检查,当气管上有裂纹时,由于气缸额外吸入空气,会使发动机的工况变坏。进气歧管安装部位翘曲变形的检测方法和气缸盖相同,当变形量超过 0.4 mm 时,必须进行修整。

5. 进气歧管的安装

进气歧管经清洁检修后,装回到发动机上时应注意以下几点:

(1)进气歧管衬垫应换用新件。

(2)进气歧管衬垫的光滑面应朝向进气歧管。

(3)紧固进气歧管螺栓时,应从中间向两端均匀地拧紧,最后按规定的力矩拧紧。

★ 实施活动二 排气系统的维修

一、工作准备

通用工具,压缩空气,抹布,维修手册等。

二、技能要求

(1)正确识别排气系统的组成及各零部件结构特点。

(2)在操作过程中严防被高温的机件烫伤。

三、任务步骤

1. 排气歧管和消声器的检视

(1)检视排气歧管有无破裂、变形,各垫片是否烧穿(接口处是否有漏气烟迹),如有,则紧固螺栓或更换接口垫片。

(2)检视消声器安装是否牢固,内部是否胶质、积炭过多,外壳是否破裂(有漏气烟迹),如有,则拆卸焊修或更换消声器。

(3)检视消声器各吊环是否损坏,如有,则更换吊环。

(4)检视各排气管有无破裂,如有,则拆卸焊修或更换排气管。

(5)检查催化转换器固定是否牢固可靠,外表是否有灼烧、变色现象。

(6)检查氧传感器的插接器是否牢固可靠,线束线卡是否完好、固定可靠。

2. 排气歧管和消声器的清洁

(1)汽车每行驶一定里程(一般为 25 000 km)后,应对排气歧管和气缸盖上的排气口处的积炭进行清除。其方法与进气系统的清洁相同。

(2)清除消声器积炭时,应先将消声器从车上拆下来,再用木槌轻轻敲击外壳,使消声器内壁上的积炭受振后脱落。积炭过多时,可将其一端拆开,用长柄钢丝刷清除后装复。

3. 排气歧管和消声器的检修

(1)对排气歧管和消声器必须进行裂纹检查。当排气歧管上或消声器上有裂纹时,容易引起火灾、噪声和排气污染加大,必须用金属喷涂法进行修补。

(2)排气歧管安装部位翘曲变形的检测方法和气缸盖相同,当变形量超过 0.4 mm 时,必须进行修整。

4. 排气歧管和消声器的安装

排气歧管和消声器经清洁检修后,在装回到发动机上时应注意以下几点:

(1)排气歧管衬垫和排气管接口垫片应换用新件。

(2)排气歧管衬垫的光滑面应朝向排气歧管。

(3)紧固进排气管螺栓时,应从中间向两端均匀地拧紧,最后按规定的力矩拧紧。

(4)消声器应安装牢靠。

【任务拓展】

一、进气真空度的检测

1. 准备工作

(1)安装车轮挡块;

(2)打开机舱盖,铺垫各种防护布;

(3)起动发动机,预热至正常工作温度。

2. 检测

(1)真空表接于节气门后方的真空软管上,起动发动机。

(2)在正常急速运转下读取真空表压力值为_____,标准值为_____。

(3)急加速时,读取真空表压力值为_____,标准值为_____。

(4)急减速时,读取真空表压力值为_____,标准值为_____。

(5)根据这些数值的变化,与标准数值进行对比,可分析和判断发动机存在的故障。

(6)关闭发动机,拆下真空压力表。

3. 结束工作

(1)收起防护布,关闭发动机机舱盖,收起车轮挡块;

(2)清洁和整理工具、车辆、场地。

二、进气真空度检测值的分析

1. 急速工况下,发动机进气歧管真空表的读数应稳定在 57.5 kPa～71.2 kPa 之间,如急速测试时真空表读数不正常,则需检查基本点火正时;检查气门正时;检查气缸压缩压力;检查曲轴箱强制通风阀。

2. 气缸垫漏气情况下,真空表读数较低且指针在 16 kPa～65 kPa 之间大幅度摆动。

3. 发动机急加速或急减速能够反映出活塞漏气的严重程度。急速时真空表读数为 61.5 kPa,急加速时降至 0～10.4 kPa,而在急减速时则跳至 76.5 kPa～84.2 kPa。活塞漏气严重时,真空表指针的摆动幅度将不太明显。指针摆动幅度越宽,则发动机技术状况越好。

4. 点火正时或气门开启时间过早或过迟怠速时,如点火正时或气门开启过迟,真空表指针将在 47.1 kPa～68 kPa 间轻微摆动;如点火正时或气门开启过早,则指针在 45.2 kPa～68 kPa 间大幅度摆动。

5. 排气系统阻塞情况下,发动机怠速时,真空表读数有时可达 54 kPa,很快又跌落为 0 或一个很低的值。发动机加速时,读数逐渐而清晰地下降为 0。

6. 气门烧坏或气门间隙不合适,真空表指针稳定,但每当有故障的气缸工作时,指针读数就大幅跌落且跌值在 6.5 kPa 以上。

7. 气门卡滞,真空表指针将以不规则的间隔退回。可使发动机在 2 500 r/min 左右的转速下运转约 2 min,使气门杆升温到一定程度,在怠速运转下,如真空表指针在短时间内猛烈抖动,则说明存在气门卡滞问题。待气门冷却后,真空表指针的抖动将变得缓和些。

8. 混合气比例不合适或个别气缸点火较弱时,真空表读数较正常值低;混合气较浓时,指针在 45 kPa～68 kPa 间慢摆;混合气较稀时,指针读数不规则地跌落又上升,摆动幅度大,且有怠速游车现象。

【任务检测】

一、填空题

1. 现代空气滤清器广泛采用_____类型,其通常由_____、_____、_____组成,一般汽车_____时就应更换滤芯。
2. 可变进气歧管在发动机低速时变为_____;在高速时又变成_____。
3. 排气消声器的作用是降低排出废气的_____和_____,消除_____和_____。
4. 进气增压系统有_____、_____、_____、_____等四种类型,目前_____技术最为成熟,效率也高,应用广泛。
5. 催化转换器主要是把排出的废气中有害的_____、_____、_____气体氧化还原为_____、_____、_____等没有污染的物质。

二、选择题

1. 涡轮增压器在极其恶劣的条件下工作,当发动机在高负荷下运转时,涡轮机叶轮直接接触温度高达900 ℃,而其涡轮转速可达( )r/min。
   A. 500～1 000   B. 3 000～8 000
   C. 10 000～30 000 D. 100 000～300 000
2. 催化转换器能转化排出的废气中的有害气体为( )。
   A. CO_2 B. O_2 C. HC   D. N_2
3. 进排气歧管的安装平面的平面度要求为不大于( )。
   A. 0.1 mm   B. 0.15 mm   C. 0.3 mm   D. 0.4 mm
4. 排气歧管上各缸支管应该相互独立,长度尽可能长,但各支管长度应( )。
   A. 前、后两缸的长,中间的短   B. 全部一样长
   C. 前端气缸的长,后端气缸的短   D. 没有要求
5. 催化转换器的催化剂为( )。
   A. 铜和钯   B. 铂和铁   C. 铂和钯   D. 铑和铁

三、判断题

1. 进气增压可提高发动机的功率,降低油耗和排污。 ( )
2. 带恒温进气装置的空气滤清器能使进气温度保持在35～40 ℃之间。 ( )
3. 电控燃油多点喷射式发动机的进气歧管无需加热。 ( )
4. 可变进气歧管无论在任何转速下均能多进空气,从而提高发动机的转矩。 ( )
5. 催化转换器一般安装在排气消声器的前面,离发动机越远越好。 ( )

【评价与反馈】

班级：_____　　姓名：_____　　指导教师：_____

序号	考核项目	项目分值	考核内容	配分	考核标准	得分
1	出勤/纪律	5	出勤	2	违规一次不得分	
			行为规范	3	违规一次不得分	
2	安全/防护/环保	20	着装	2	违规一次不得分	
			个人防护	3	违规一次不得分	
			5S/EHS	5	违规一次不得分	
			设备使用安全	5	违规一次不得分	
			操作安全	5	违规一次不得分	
3	任务检测	20	任务测验成绩	20	测验成绩的20%计	
4	技能考核	35	技能测验成绩	35	测验成绩的35%计	
5	学习能力	10	工单填写,工艺计划制定	4	未做不得分	
			组内活动情况	5	酌情扣1～5分	
			资料查阅和收集	1	未做不得分	
6	任务拓展	10	知识拓展任务	2	未做不得分	
			技能拓展任务	8	未做不得分	
7	总分	100				

【教师评估】

序号	优点	存在问题	解决方案

教师签字：

项目七 燃料供给系统

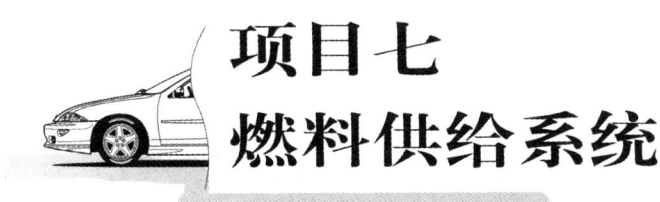

任务一 燃料供给系统的维护

目标类型	目标要求
1.认知目标	(1)描述燃料供给系统的功用； (2)阐述燃料供给系统的类型； (3)叙述可燃混合气的形成。
2.技能目标	达到汽车维修中级工如下要求： (1)完成燃料供给系统的维护； (2)识别燃料供给系统的类型。
3.情感目标	(1)养成良好的工作和学习习惯； (2)培养正确的"5S"和"EHS"意识； (3)注意操作安全、设备安全、个人防护等。

【任务描述】

燃料供给系随着汽车运行时间的延长，燃料滤清器及燃油箱等的脏堵，零部件耗损的增加，加上零部件的质量差异和不正当的使用均会发生一些运行性的故障，因此，需要及时的检查、补给、清洗和视情修理，保证燃料供给系统的性能完好。

【知识准备】

一、燃料供给系统概述

1. 功用

(1)燃料供给系统用于存储、输送、清洁燃料。
(2)根据发动机不同工况的要求，配制出一定数量和浓度的可燃混合气供入气缸燃烧。

2. 种类

根据汽车使用燃料的不同分为汽油供给系统、柴油供给系统和燃气供给系统三大类。汽油供给系统又分为化油器式和电喷式两种；柴油供给系统又分为传统式和电控式两种；燃气供给系统又分为混合器式和电喷式两种，电喷式又分为缸内喷射式和进气歧管喷射式。

二、可燃混合气的形成

1. 均质混合气的形成

(1)最初阶段。在化油器中,经雾化的大小不等的油颗粒,与空气初步混合,由于在通道中的真空度作用,小部分燃油汽化。

(2)持续阶段。在进气管中,由于降压和加热作用,燃油不断蒸发、汽化与空气混合。一部分大的油粒集结在进气管壁上形成油膜。为此,多在油膜最厚处制有专门的加热套(废气加热、水加热或电器元件加热)。进入气缸前,仍有一部分燃油没有汽化。

(3)最后阶段。在气缸中,进入气缸的混合物有三种状态:油气、油粒、油膜。它在高温机件的加热及涡流的搅拌作用下,压缩终了时全部汽化,形成可燃混合气。

2. 非均质混合气的形成

(1)电控喷射式汽油(或燃气)供给系可燃混合气的形成是在进气管或气缸中进行的。喷油器将来自供油系统、具有一定压力的汽油喷到进气道的进气门前(多点喷射),或喷到节气门前方的进气管内(单点喷射),或直接喷入气缸(缸内喷射),与来自空气供给系统的新鲜空气在缸外(进气管喷射)或缸内(缸内喷射)相混合,初步形成可燃混合气。在排气行程末了,进气门打开,可燃混合气在进气吸力的作用下被吸入气缸;在压缩过程中,由于气流运动,在气缸内进一步形成均匀的可燃混合气。

(2)柴油机以柴油为燃料,由于柴油的蒸发性和流动性比汽油差,因此柴油机不像汽油机那样在气缸外部形成可燃混合气。柴油机的混合气在气缸内部形成,即在接近压缩行程终了时,通过喷油器把柴油喷入气缸内,与高温、高压空气混合形成可燃混合气,最终自行发火燃烧。因此,混合气的形成时间极短,空间小,而且存在边喷油、边蒸发、边混合和边燃烧的相互重叠过程。

三、可燃混合气的浓度

1. 空燃比(A/F 或 λ)

空燃比是可燃混合气中空气的质量与燃料的质量之比。理论上,1 kg 汽油完全燃烧需要 14.7 kg 空气,故空燃比 $A/F=14.7$ 的可燃混合气称为标准混合气;$A/F>14.7$ 的可燃混合气称为稀混合气;$A/F<14.7$ 的可燃混合气称为浓混合气。

2. 过量空气系数(α)

过量空气系数是燃烧 1 kg 燃料实际供给的空气质量与理论上完全燃烧所需的空气质量之比。故 $\alpha=1$ 的可燃混合气称为标准混合气;$\alpha>1$ 的可燃混合气称为稀混合气;$\alpha<1$ 的可燃混合气称为浓混合气。

3. 对发动机性能的影响

不同浓度的混合气在燃烧时所发出的功率是不同的,从而对发动机的工作性能也会产生不同的影响。

(1)汽油机。为了保证发动机可靠、稳定运转,其可燃混合气的浓度 α 应在 0.8~1.2 范围内调节。在节气门全开条件下,$\alpha=0.85$~0.95 时,发动机可发出最大功率,称为功率混合气;当 $\alpha=1.05$~1.15 时,燃烧完全,燃油消耗率最低,称为经济混合气;混合气过浓(0.4~0.5)或过稀(1.3~1.4)都不能着火燃烧,前者称为火焰传播上限,后者称为火焰传播下限。

(2)柴油机。柴油燃烧放出热量是由柴油和空气中的氧气在一定温度和压力条件下产生物理、化学作用的结果,空气与柴油是放热的两个重要因素。空气量与柴油量比例不同,所形成的可燃混合气的成分也就不同,一般要求 α 应在 1.5～2.2 范围内调节。α 过大,混合气过稀,燃烧速度慢,散发热量多,转矩下降;α 过小,混合气过浓,燃烧不完全,油耗增加,冒黑烟,经济性变差。可见 α 是影响发动机功率和油耗的重要因素。

四、汽油发动机的运行工况及对混合气的浓度的要求

发动机的运行工况是发动机工作状况的简称,由发动机的转速和负荷两个因素决定。发动机负荷指汽车施加给发动机的阻力矩,即发动机为平衡阻力矩而输出的转矩。一般用节气门的开度(百分数)表示发动机负荷的大小。根据汽车的运行特点将发动机工况分为稳定工况(怠速、小负荷、中等负荷、大负荷和全负荷)和过渡工况(起动、暖机、加速)。

1. 稳定工况

(1)怠速。怠速是指发动机在对外无功率输出的情况下的最低运转转速。它有低怠速、快怠速和高怠速三种。在低怠速工况下,节气门开度小,进气量少,发动机转速低(400～800 r/min),燃油雾化、蒸发条件差,需要少而浓的混合气($\alpha=0.6\sim0.8$)。

(2)小负荷工况。节气门略开(0～25%),进气量少,燃油雾化、蒸发条件差,需要少而浓的混合气($\alpha=0.7\sim0.9$)。

(3)中等负荷工况。中等负荷是发动机工作时间最长的工况,节气门开度适中(25%～85%),转速较高,燃油雾化、蒸发条件好,需要供给经济混合气($\alpha=1.05\sim1.15$)。

(4)大负荷和全负荷工况。汽车需要克服较大的阻力,节气门开度达 85% 以上,进气量很多,需要多而浓的功率混合气($\alpha=0.85\sim0.95$)。

2. 过渡工况

(1)起动工况。起动分为冷车起动和热车起动。冷车起动时曲轴转速慢(汽油机 50～100 r/min,柴油机 100～150 r/min),发动机温度低,进气气流流速小,燃油雾化、蒸发不良,必须供给多而浓的混合气($\alpha=0.2\sim0.6$)。

(2)暖机工况。冷机起动后,发动机温度逐渐上升接近正常值,直到发动机能稳定地进行怠速运转为止。在暖机过程中,要求混合气的 α 值应随发动机温度的升高,从起动时的极小值逐渐加大到稳定怠速时要求的 α 值。

(3)加速工况。加速时节气门突然开大,要求发动机转速迅速提高,此时空气流量比汽油排出量增长快得多而导致发动机熄火,因此,需要额外供给一定数量的燃油以加浓混合气($\alpha=0.7\sim0.9$)。

查一查:急减速时,混气气体浓度的变化。

【任务实施】

一、工作准备

集油盘,通用工具,抹布,各种防护布,车轮挡块,吹枪,清洗液,滤清器,维修手册。

二、技能要求

(1)燃油滤清器的型号应符合原厂规定。
(2)燃油滤清器的更换周期一般为 1～2 年或 20 000～40 000 km。
(3)燃油油管卡箍的安装应符合要求。

三、任务步骤

1. 燃料供给系统外观检查
(1)检视油管是否破损、老化,接头是否漏油;油管卡箍是否紧固牢靠。
(2)检查各零部件的安装是否牢固可靠。
(3)检查电线插接器的连接是否可靠。

2. 燃料系统的清洗
(1)使用燃油清洗剂清洗。加注燃油时,向燃油箱里加入适量的燃油清洗剂,使其在正常的运行过程中清洗燃油系统。
(2)使用燃油系统清洗剂清洗。如图 7-1-1 所示,工作时截断原车的油路,接入含有强力清洗剂的特殊燃油。发动机怠速运转时,在燃烧特殊燃油的情况下使整个燃油系统得到了清洗,省时省力,且效果好,能明显提高发动机的各项性能指标。

3. 燃料滤清器的更换
(1)释放燃油系统压力(泄压)。
(2)断开蓄电池负极接线柱。
(3)把车辆举升到适当的高度。
(4)清除燃油滤清器进、出口端接口处污物。
(5)在进、出油软管接口周围缠绕毛巾,拆卸燃油滤清器油管卡箍。
(5)松开滤清器固定螺栓并取出。
(6)将燃油滤清器从输油管中拆下。
(7)正确装上新的同型号的燃油滤清器。
(8)接上所有的燃油滤清器油管卡箍,立即擦净流出的燃油。
(9)把车辆降至地面,装上蓄电池负极接线柱。
(10)运行发动机,观察燃油表及发动机的工作情况。

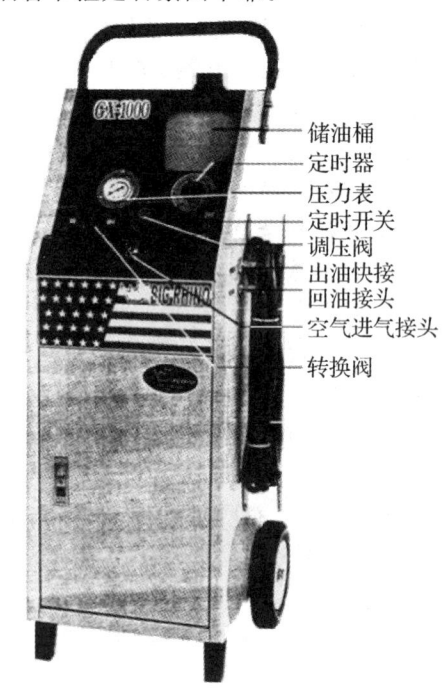

图 7-1-1 燃油系统清洗机
（储油桶、定时器、压力表、定时开关、调压阀、出油快接、回油接头、空气进气接头、转换阀）

小提示：在拆卸滤清器时,不要碰到火星,以防燃烧产生火灾;连接油管时,应在阳管头涂抹清洁机油,确保正确连接和防止燃油泄漏;拆卸的废弃物应按规定处理。

【任务检测】

一、填空题

1. 根据汽车使用燃料的不同分为_____、_____和_____三大类。
2. 汽车发动机的稳定工况为_____、_____、_____、_____和过渡工况_____、_____、_____。
3. 可燃混合气浓度的表达方法有_____、_____。
4. 燃料系统配制的混合气有_____、_____。
5. 柴油机的燃烧室有_____和_____两大类。

二、选择题

1. 理论上标准汽油混合气的值为（　　）。
   A. $\lambda < 14.7$　　　B. $\lambda = 14.7$　　　C. $\lambda > 14.7$　　　D. $\lambda = 1$
2. $\alpha = 0.85 \sim 0.95$ 是（　　）混合气。
   A. 稍浓　　　B. 过浓　　　C. 稍稀　　　D. 过稀
3. 发动机在冷态下起动时，供给（　　）混合气才能保证发动机顺利起动。
   A. 稍浓混合气　　B. 理论混合气　　C. 极浓混合气　　D. 稍稀混合气
4. 可燃混合气空燃比是指（　　）。
   A. 混合气中燃油质量与混合气中空气质量之比
   B. 混合气中空气质量与混合气中燃油质量之比
   C. 理论上完全燃烧所需要的空气质量与燃烧过程中实际供给的空气质量之比
5. 进行燃油压力检测时，按正确的工序应该首先进行以下哪一步（　　）。
   A. 断开燃油蒸发碳罐管路
   B. 将燃油压力表连到电控燃油喷射系统的回油管路上
   C. 在将燃油压力表连接到电喷系统上以前，先将管路中的燃油压力卸掉
   D. 拆下燃油电喷系统上的燃油管

三、判断题

1. 汽油机可燃混合气的浓度 α 应在 1.5～2.2 范围内调节。　　　　（　　）
2. CNG 发动机的最佳空燃比（体积比）为 10∶1。　　　　　　　　　（　　）
3. 柴油机混合气的形成是边喷油边汽化，边混合边燃烧。　　　　　　（　　）
4. 汽油机经济混合气的浓度为 0.85～0.95。　　　　　　　　　　　　（　　）
5. 发动机最高燃烧压力应该出现在压缩行程上止点后 6°～15°。　　　（　　）

【评价与反馈】

班级：_____　　姓名：_____　　指导教师：_____

序号	考核项目	项目分值	考核内容	配分	考核标准	得分
1	出勤/纪律	5	出勤	2	违规一次不得分	
			行为规范	3	违规一次不得分	
2	安全/防护/环保	20	着装	2	违规一次不得分	
			个人防护	3	违规一次不得分	
			5S/EHS	5	违规一次不得分	
			设备使用安全	5	违规一次不得分	
			操作安全	5	违规一次不得分	
3	任务检测	20	任务测验成绩	20	测验成绩的20%计	
4	技能考核	35	技能测验成绩	35	测验成绩的35%计	
5	学习能力	10	工单填写,工艺计划制定	4	未做不得分	
			组内活动情况	5	酌情扣1~5分	
			资料查阅和收集	1	未做不得分	
6	任务拓展	10	知识拓展任务	2	未做不得分	
			技能拓展任务	8	未做不得分	
7	总分	100				

【教师评估】

序号	优点	存在问题	解决方案

教师签字：

任务二　认识汽油燃料供给系统

【任务目标】

目标类型	目标要求
1.认知目标	(1)描述汽油燃料供给系统的类型； (2)阐述汽油燃料供给系统的组成； (3)叙述汽油燃料供给系统主要零件的结构特点； (4)认识电喷式汽油燃料供给系统的零部件。
2.技能目标	达到汽车维修中级工如下要求： (1)完成汽油燃料供给系统各零件的识别； (2)运用所学知识对主要零件进行检修。
3.情感目标	(1)养成良好的工作和学习习惯； (2)注意操作安全、设备安全、个人防护等。

【任务描述】

汽油燃料供给系统承担着汽油的供给和混合气的配制任务，对发动机的动力性、经济性和排放性有着重要的影响。随着汽车制造技术的发展、严格的排放法规和经济法规的出台，电子技术在汽车领域的应用越来越广泛和成熟，就汽油燃料供给系统而言，化油器式供给系统我国从 2000 年起就被电喷式汽油供给系统所取代。

电喷式燃料供给系统利用各种传感器测量发动机的实时工作参数，转化为电信号后输送给电子控制单元(ECU)；经 ECU 分析、判断、比较和计算后发出指令给执行器，从而控制发动机的喷油、点火、排放等，极大地改善了发动机的性能。

【知识准备】

一、汽油供给系统的概述

1. 类型

根据汽油机的发展历程可分为化油器式和电喷式汽油供给系统。而电喷式汽油供给系统的分类方法很多，如根据汽油喷射位置不同分为进气管喷射和缸内直接喷射。现代汽油机广泛采用进气歧管多点顺序喷射汽油供给系统，有向缸内直接喷射发展的趋势。

查一查：电喷式汽油供给系统(电喷发动机)的分类。

2. 化油器式汽油供给系统的组成

如图 7-2-1 所示，化油器式汽油供给系统主要由汽油箱、滤清器、汽油泵、化油器、进油管及回油管等组成。

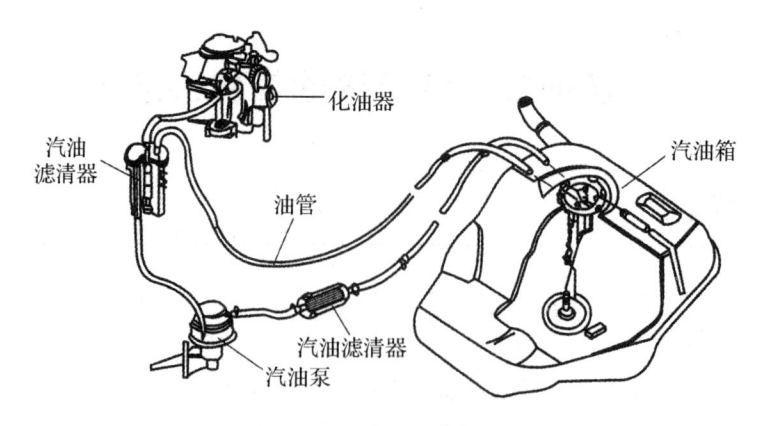

图 7-2-1 化油器式汽油供给系统

3. 电喷式汽油供给系统的组成

如图 7-2-2 所示为电喷式汽油燃料供给系统，它包括空气供给系统、汽油供给系统和电子控制系统。汽油供给系统主要由汽油箱、输油管、滤清器、电动汽油泵、燃油压力调节器、喷油器、供油总管(燃油分配管、油轨或蓄压器)、回油管等组成。

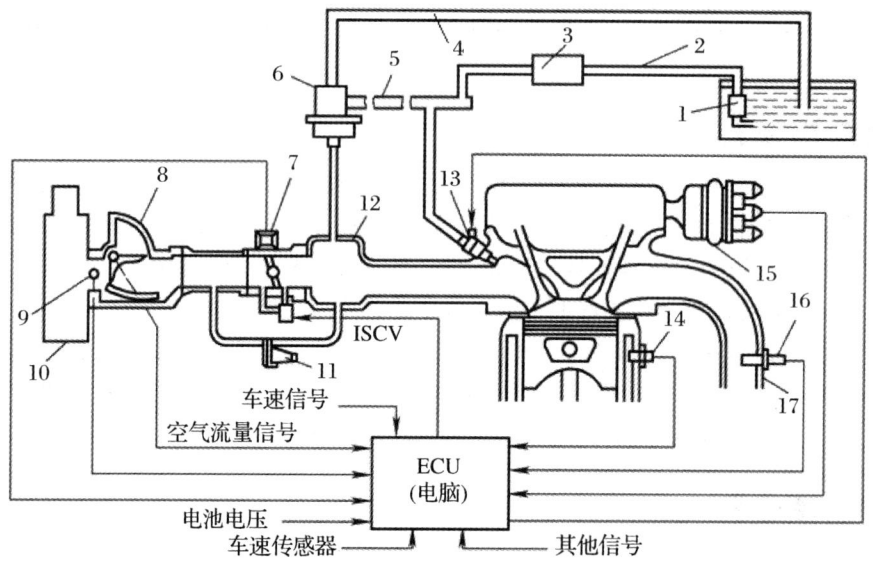

1-电动汽油泵　2-输油管　3-汽油滤清器　4-回油管　5-供油总管　6-燃油压力调节器　7-节气门位置传感器　8-空气流量计　9-进气温度传感器　10-空气滤清器　11-空气阀　12-进气总管　13-喷油器　14-水温传感器　15-曲轴位置传感器　16-氧传感器　17-排气管

图 7-2-2 电喷式汽油燃料供给系统

二、汽油的牌号及选用

1. 概述

车用汽油是汽油机的燃料，主要为碳(85%)和氢(14%)化合物的混合物。按照生产方法不同可分为直馏汽油、裂化汽油和合成(人造)汽油三种。根据汽油中添加剂的不同分为有铅汽油(添加四乙基铅)和无铅汽油(添加甲基叔丁基醚或叔卡醚)，我国已规定自 2000 年起停止使用有铅汽油。

小提示：乙醇汽油是点燃式发动机的一种新型环保、节能燃料，在汽油中按体积比加入一定比例（一般为10％）的变性燃料乙醇混合形成的一种车用燃料。

2. 汽油的性能指标

汽油的性能指标用汽油的蒸发性、抗爆性、氧化安定性、防腐性及清洁性来衡量，其中最主要的是汽油的抗爆性和蒸发性。

（1）蒸发性。汽油由液体状态转化为气体状态的难易程度。汽油的蒸发性越好，就越易汽化，形成的混合气也越均匀，对发动机的性能有利；但是，蒸发性过高，在高温炎热和气压低的地区易发生"气阻"现象，影响发动机的性能，同时汽油的储运损失增大。

（2）抗爆性。汽油在发动机气缸内燃烧时防止产生爆燃的能力，常用辛烷值表示。辛烷值越高，汽油的标号亦高，其抗爆性能越好。

（3）氧化安定性。是指正常的储存和使用条件下，保持其性质不发生永久变化的能力。

（4）防腐性。是指汽油阻止与其相接触的金属被腐蚀的能力。

（5）清洁性。是指汽油中是否含机械杂质和水分。

3. 汽油的牌号

目前，加油站出售的汽油主要有RQ-90、RQ-93、RQ-95、RQ-97，部分城市有RQ-98汽油供应。"R"表示燃油，"Q"表示汽油，数字表示汽油的辛烷值。一般RQ-90油称为普通汽油，而RQ-97以上的称为高级或特级汽油。

3. 汽油的选用

车用汽油的质量是影响汽车技术状况和汽车排放的重要因素。所以，车用汽油的选择首先要选择质量指标符合国家规定要求的产品，然后结合汽车发动机产品说明书推荐的汽油牌号选用。在选择车用汽油时，还应考虑以下因素的影响：

（1）根据发动机压缩比选择汽油牌号。压缩比越大，要求汽油牌号越高。一般来说，压缩比为7～8的发动机选用90号汽油；压缩比为8～8.5的发动机选用93号汽油；压缩比为8.5以上的发动机选用97号汽油；对于特高压缩比的发动机最好选用98号汽油。

（2）电喷汽车应使用无铅汽油，否则会影响氧传感器、三元催化转换装置的正常工作。

（3）在不发生爆燃的前提下，尽量选用低牌号汽油。

（4）汽车从平原地区驶入高原时，须将点火时间适当提前，或改用低牌号汽油。

（5）发动机长期使用或维修后，如压缩比发生变化，则应考虑更换汽油牌号。

4. 汽油使用注意事项

（1）汽油易燃、易爆、易产生静电，使用时应注意防火、防爆、防静电。

（2）汽油中不能掺入煤油或柴油，否则会引起爆燃和破坏发动机润滑。

（3）不要使用长期存放的变质汽油，否则会引起喷油器堵塞和积炭。

（4）加油时尽可能加满油箱，以避免蒸发损失。

三、汽油的燃烧过程

1. 正常的燃烧过程

为了提高汽油机的动力性和经济性，进入气缸的可燃混合气燃烧要完全、及时和正常。因为只有完全燃烧才能充分利用燃油的热能，在上止点后12°～18°曲轴转角内燃烧完毕，才能使燃气具有更高的温度和压力，对活塞的推力大，使热能更多地转变为机械能；只有正常燃烧,才能保证发动机稳定可靠地工作。如图 7-2-3 所示为汽油机燃烧过程中缸内压力的变化关系曲线,其中的虚线表示不点火时的情况,实线为点火时的情况。根据压力随曲轴转角变化的特征,把燃烧过程分为 3 个阶段:着火延迟期、急燃期、补燃期。

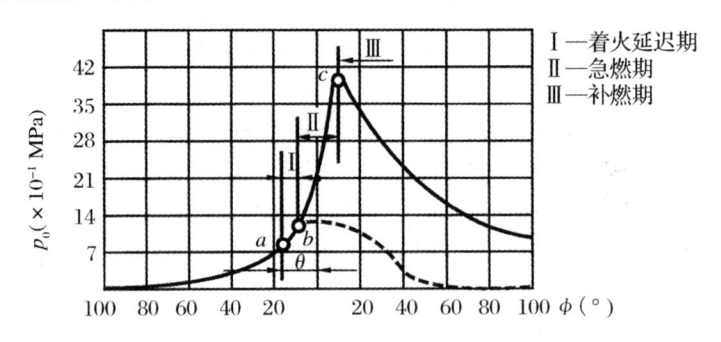

图 7-2-3　汽油机燃烧过程中气缸内压力的变化关系

(1)着火延迟期。从火花塞电极间跳过火花到形成火焰中心为止的这段时间对应的曲轴转角,称为着火延迟期,图中用Ⅰ阶段表示。气缸内的混合气在压缩过程中,其压力和温度逐渐提高,加速了氧化反应的速度。但是,由于汽油机的压缩比比较低和混合气的自然温度比较高,不易自燃。在压缩行程末了,活塞上行接近上止点时,火花塞电极间跳过火花,火花能量使电极附近的混合气氧化反应加快,所放出的热量使该局部混合气温度迅速升高,这会进一步加快局部氧化。这种反应进行到一定程度,就出现发火区,形成火焰中心。由于只是在火焰中心附近的局部范围内有剧烈的氧化反应,因此图中的压力线没有明显地偏离压缩线,即没有明显的压力升高线。

(2)急燃期。从火焰中心形成起,到气缸内出现最高压力点为止,这段时间内对应的曲轴转角称为急燃期,图中用Ⅱ阶段表示。火焰中心形成后,火焰前锋以 20～30 m/s 的速度按近似球面的形状向未燃混合气推进,直到火焰掠过整个燃烧室,主要部分可燃混合气燃烧完毕,因而出现最高压力。

(3)补燃期。混合气中汽油蒸发不良以及与空气混合不均匀,部分颗粒较大的燃油在火焰前锋掠过时,只是表层燃油燃烧,未燃烧的部分需要在补燃期内燃烧。此外,燃烧产物中 CO_2、H_2O 的少部分在高温作用下会分解为 H_2、O_2、CO 等产物,这称为热分解现象。在膨胀过程中,因介质温度下降,热分解产物又可继续燃烧、放热,这就形成了补燃期,图中用Ⅲ阶段表示。由于补燃是在活塞下行中进行的,气缸容积已明显扩大,补燃产生的热量不能有效地转变为机械能,反而使排气温度增加,热效率下降,因此,要尽可能减少补燃期。

2. 不正常的燃烧过程

(1)爆燃。爆燃是指在高温高压下离火花塞较远的末端混合气,未等火焰前锋传到就自行发火燃烧的现象。爆燃会导致发动机功率下降、油耗增加、过热、磨损加剧,甚至造成机件损坏。防止爆燃的主要措施是采用较高牌号的汽油和设计合理的燃烧室。

(2)表面点火。表面点火是由燃烧室内的炽热点火炽热表面将混合气点燃的现象。一般在发生正常电火花之前,故又称为早火或早燃。产生表面点火时伴有强烈的敲击声(较沉闷),影响发动机的工作和寿命。预防的措施是避免长时间小负荷运转和频繁地加大、减小油门;在汽油中使用加磷添加剂;清除燃烧室积炭和冷却系的水垢,使燃烧室壁的温度不致过高。

四、电喷式汽油供给系统主要零件的构造

1. 汽油泵

(1)功用。将汽油从油箱中吸出,并以足够的泵油量和泵油压力向燃油系统供油。

(2)种类。汽车上曾经广泛采用机械膜片式汽油泵,而现代轿车则广泛采用内装式电动汽油泵。电动汽油泵根据安装位置不同分为外装式和内装式汽油泵;根据结构形式不同分为滚柱式、涡轮式、转子式和侧槽式;根据泵油级数不同分为单级式和双级式。

(3)结构。如图7-2-4所示,主要由泵体、永磁电动机外壳和各种阀体等组成。

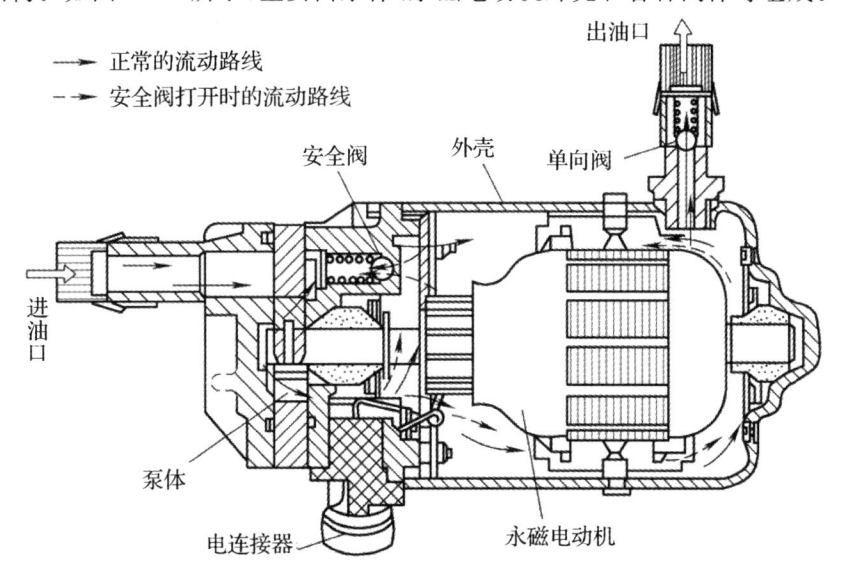

图 7-2-4 电动汽油泵的结构

(4)工作原理。电动机通电带动不同的泵体(滚柱式、涡轮式、转子式和侧槽式)旋转,将汽油从进油口吸入,流经电动汽油泵内部,再从出油口压出,给燃油系统供油;当燃油压力达到一定值时,安全阀打开,压力燃油流回汽油泵的进油口,避免汽油管路油压过高而造成油管破裂或汽油泵损坏;为了在汽油泵停止工作时密封油路,使燃油系统保持一定的残压,在出油口加装单向阀,便于下次运行容易。

2. 燃油压力调节器

(1)功用。根据进气歧管的压力变化来调节系统油压(燃油分配管内的油压),使两者的压力差保持恒定,一般为 250~300 kPa。

(2)结构。如图7-2-5所示,燃油压力调节器一般位于燃油分配管的一端,主要由膜片、弹簧、回油阀及壳体等组成。膜片将调节器壳体内部分成弹簧室和燃油室,膜片上方的弹簧室通过软管与进气歧管相通,膜片与回油阀相连,回油阀控制回油量。这样,膜片上方承受的压力为弹簧的弹力和进气歧管内气体的压力之和,膜片下方承受油压。

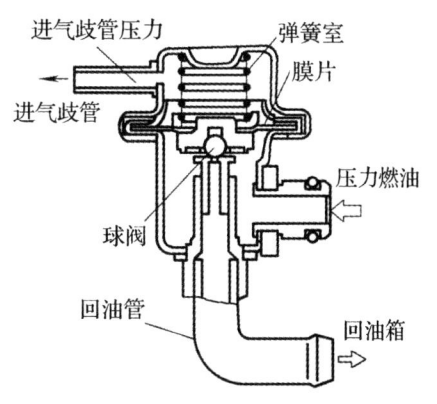

图 7-2-5 燃油压力调节器的结构

(3)工作原理。如图7-2-6所示,发动机工作时,由于汽油泵的泵油量远大于发动机消耗的油量,所以回油阀始终保持开启,使多余汽油经过回油管流回油箱;发动机怠速工作时,进气歧管内的压力降低(真空度增加),膜片向左移动,回油阀开度增大,回油量增多,使系统压力下降;当发动机全负荷工作时,进气歧管的压力提高,膜片向右移动,回油阀开度减小,回油量减少,使燃油系统压力上升;发动机停止工作时,随着燃油系统压力的降低,回油阀在预紧弹簧的作用下逐渐关闭,以保持燃油系统内有一定的残余压力(150 kPa)。

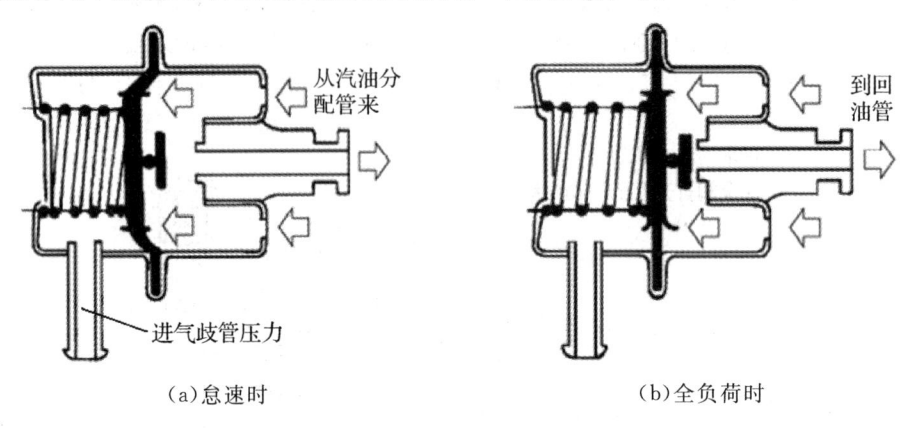

(a)怠速时　　　　　　　　(b)全负荷时

图 7-2-6　燃油压力调节器的工作原理

3. 燃油分配管

燃油分配管又称供油总管或供油油轨或蓄压器,安装在发动机进气歧管的上部,用来固定喷油器和油压调节器,并将汽油分配到各喷油器,其结构如图7-2-7所示。

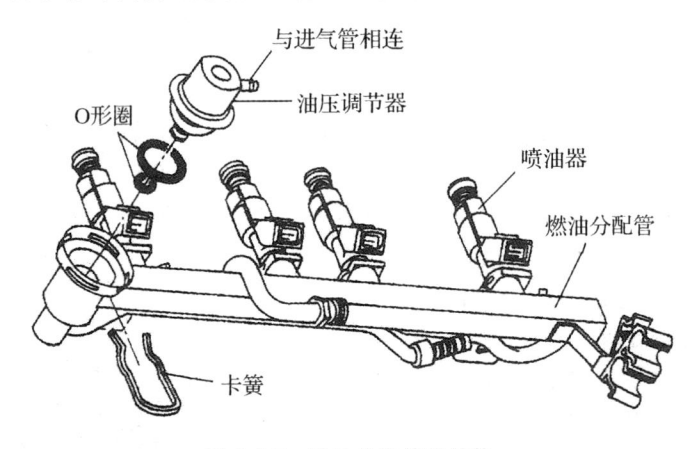

图 7-2-7　燃油分配管的结构

4. 喷油器

(1)功用。喷油器是电喷式燃油系统的一个主要执行器。其功用是依据ECU送来的脉冲信号,将计量精确的汽油呈雾状定时喷入进气歧管内。

(2)种类。目前,电喷汽油机大多采用电磁式喷油器。根据作用不同分为工作喷油器和冷起动喷油器;根据电磁线圈的阻值不同分为低阻抗式(1~5 Ω)和高阻抗式(12~18 Ω);根据驱动方式不同分为电压驱动式和电流驱动式;根据结构不同分为轴针式、球阀式和片阀式。国内汽车发动机广泛采用孔式高阻型喷油器。

(3)结构。如图7-2-8所示,主要由电磁线圈、弹簧、铁芯、壳体、接线插孔等组成。

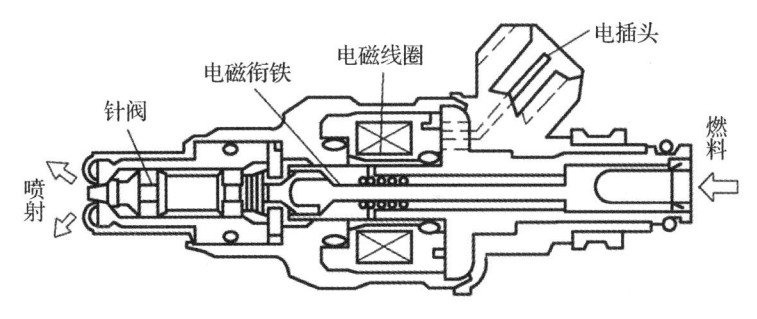

图 7-2-8 喷油器的结构

(4)工作原理。当电磁线圈通电后铁芯被吸起,针阀与铁芯制成一体,随铁芯一起移动(约 0.1 mm),汽油便从喷孔喷射出去;当电磁线圈断电后电磁吸力消失,针阀被弹簧压紧在阀座上,汽油被密封在油腔内。喷油器的喷油量取决于电磁线圈的通电时间,通电时间越长,喷油量越多,一般一次通电时间为 2~10 ms。

5. 脉动阻尼减振器

(1)功用。用来减小供油管路中的油压波动和脉冲噪声。

(2)结构及原理。其结构如图 7-2-9 所示,来自汽油泵的燃油首先通过燃油室,然后流向输油管,当燃油压力高时,弹簧被压缩,燃油室容积增大,燃油压力随之降低;反之,油压则增大,从而减轻脉动。

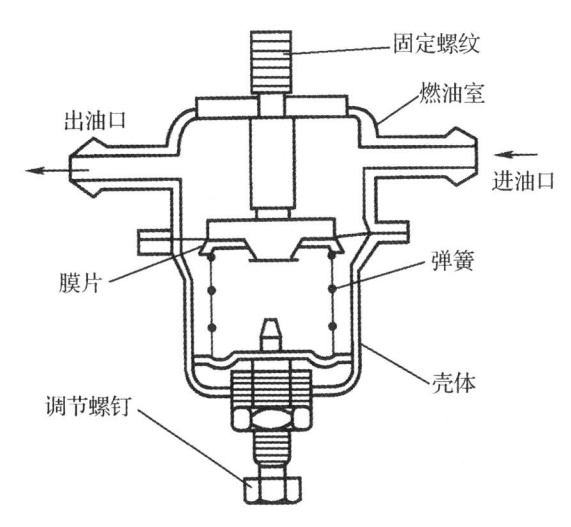

图 7-2-9 脉动阻尼减振器的结构

小提示:有些发动机没有脉动阻力减振器。

6. 汽油滤清器

(1)功用。滤去汽油中的固体杂质,防止污物堵塞喷油器针阀等精密机件,减少机件的磨损,确保发动机稳定运行。

(2)结构及原理。汽油滤清器安装在汽油泵和供油总管之间,许多汽车都布置在汽车底盘下方。主要由外壳和滤芯组成,如图 7-2-10 所示,有的汽油滤清器在两个管口分别标有"IN"和"OUT"表示进油接口和出油接口,在外壳上标有箭头表示汽油流动的方向。

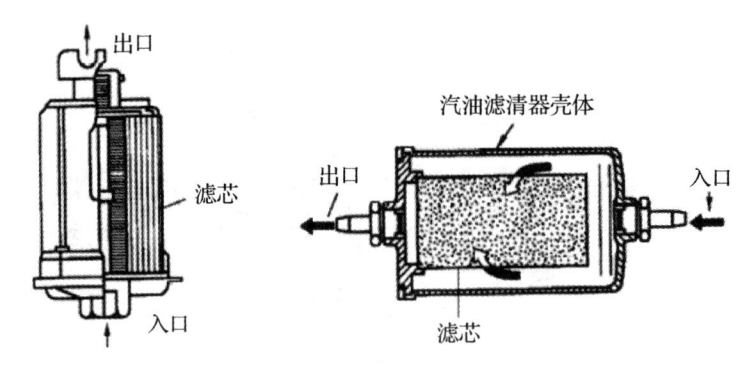

图 7-2-10　汽油滤清器的结构

(3) 维护。汽油滤清器为一次性使用零件,其阻塞会导致供油压力和供油量不足,影响发动机的动力性。一般每行驶 20 000～40 000 km 或每两个二级维护作业周期更换一次汽油滤清器及其连接油管卡箍,若使用的燃油杂质成分较多时应缩短更换周期。更换时注意汽油滤清器的安装方向,如图 7-2-11 所示。

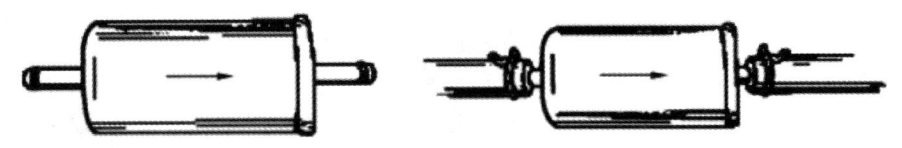

图 7-2-11　汽油滤清器的安装方向

6. 油箱

(1) 功用。用以存储汽油,保证汽车能够行驶 300～600 km。
(2) 种类。货车油箱一般用薄钢板冲压焊接而成;而轿车多用耐油塑料制成。
(3) 结构。油箱的数目、容量、外形及安装位置都随车型而异,结构如图 7-2-12 所示。

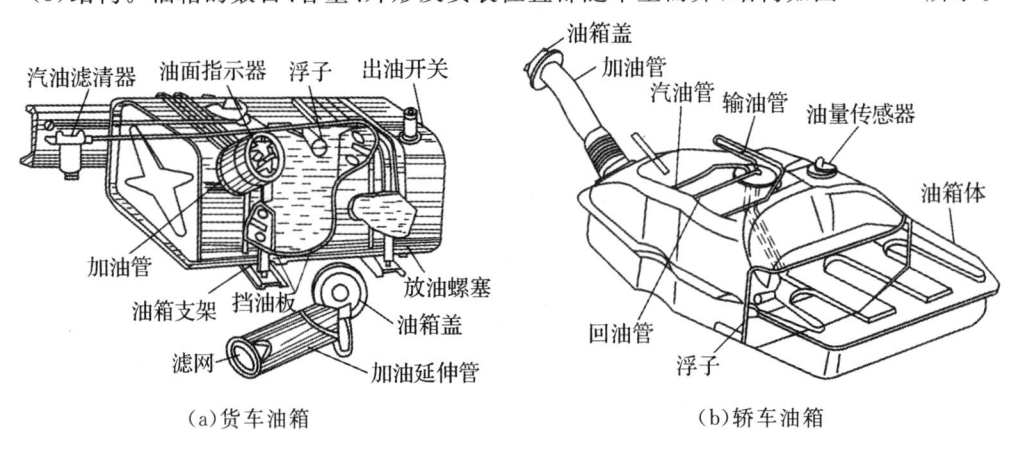

(a) 货车油箱　　(b) 轿车油箱

图 7-2-12　油箱的结构

查一查:轿车塑料异形油箱的制造工艺。

【任务实施】

★ 任务活动一　识别汽油供给系统各零部件

一、工作准备

实训车辆,抹布,万用表,常用工具,车轮挡块,各种防护布,维修手册等。

二、技能要求

正确识别电喷汽油供给系统各零部件名称、作用。

三、任务步骤

根据学校实训设备和图 7-2-13 所示,填写汽油供给系统中各零件的名称,说明其作用。

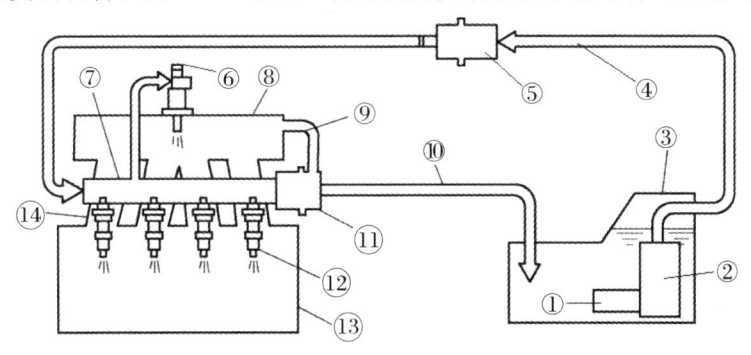

图 7-2-13　汽油供给系统结构

①的名称：_____,作用：_____。

②的名称：_____,作用：_____。

③的名称：_____,作用：_____。

④的名称：_____,作用：_____。

⑤的名称：_____,作用：_____。

⑥的名称：_____,作用：_____。

⑦的名称：_____,作用：_____。

⑧的名称：_____,作用：_____。

⑨的名称：_____,作用：_____。

⑩的名称：_____,作用：_____。

⑪的名称：_____,作用：_____。

⑫的名称：_____,作用：_____。

⑬的名称：_____,作用：_____。

⑭的名称：_____,作用：_____。

★ **任务活动二　汽油泵的拆装**

一、工作准备

实训车辆,抹布,万用表,常用工具,车轮挡块,各种防护布,维修手册等。

二、技能要求

1. 正确识别电喷汽油供给系统各零部件名称、作用。
2. 拆卸油管时应严防燃油泄漏,造成意外。

三、任务步骤

1. 准备工作

拉起驻车制动器,安装车轮挡块和尾气排放管;清洁、整理工作台及场地。

2. 就车检测

(1)用专用导线将诊断座上的燃油泵测试端子跨接到 12 V 电源上。
(2)将点火开关转至"ON"位置,旋开油箱盖,听燃油泵工作应有的声音或用手捏进油软管应感觉有压力。
(4)若听不到燃油泵的工作声音或进油管有压力,应拆检或更换燃油泵。
(5)若听到燃油泵的工作声音或进油管有压力,应检查燃油泵电路导线、继电器、易熔线和熔丝有无断路。

3. 拆卸

(1)拆卸燃油泵外围附件,如备用轮胎、检修板等。
(2)关闭点火开关,拆卸燃油泵上插接器。
(3)起动发动机 2～3 次,完全释放燃油系统压力,装上油泵继电器或燃油泵保险丝。
(4)在燃油泵各油管接头周围缠绕毛巾,拆卸燃油泵各个油管接头。
(5)拆下燃油泵固定螺栓和燃油泵总成;拆下支架、油量传感器、软管及线束。

4. 检测

(1)电动燃油泵电阻的检测。用万用表 20 Ω 挡测量电动燃油泵上两个接线端子间的电阻,即为电动燃油泵直流电动机线圈的电阻,其阻值应为 2～3 Ω(20 ℃时)。如电阻值不符,则须更换电动燃油泵。
(2)电动燃油泵工作状态的检查。用蓄电池直接给燃油泵通电(每次通电不超过 10 s),应能听到油泵电机高速旋转的声音,否则应更换电动燃油泵。

小提示:通电时间不能太长,避免烧坏燃油泵电动机的线圈,并尽量远离蓄电池。

5. 装配

与拆卸的方向相反顺序进行,注意更换垫圈;燃油软管和导线的连接应确保可靠。

6. 结束工作

收起防护布,收起车轮挡块和尾气排放管;整理和清洁工具、车辆、场地。

【任务拓展】

一、汽油缸内喷射（GDI）简介

汽油缸内喷射就是直接往气缸内喷射汽油。

1. 特点

(1) 燃油经济性好，与汽油进气管喷射比较，汽油消耗可进一步下降 30%。

(2) 汽油直接喷到气缸，没有混合气在进气门前的等候，其动力提升迅速。

(3) 减少了表面点火和爆震的发生。（便于实现稀薄分层燃烧）

2. 组成及原理

如图 7-2-14 所示，由燃油箱、低压油泵、高压油泵、燃油蓄压器、油压传感器、燃油压力控制器和电磁高压涡流喷油器等组成。

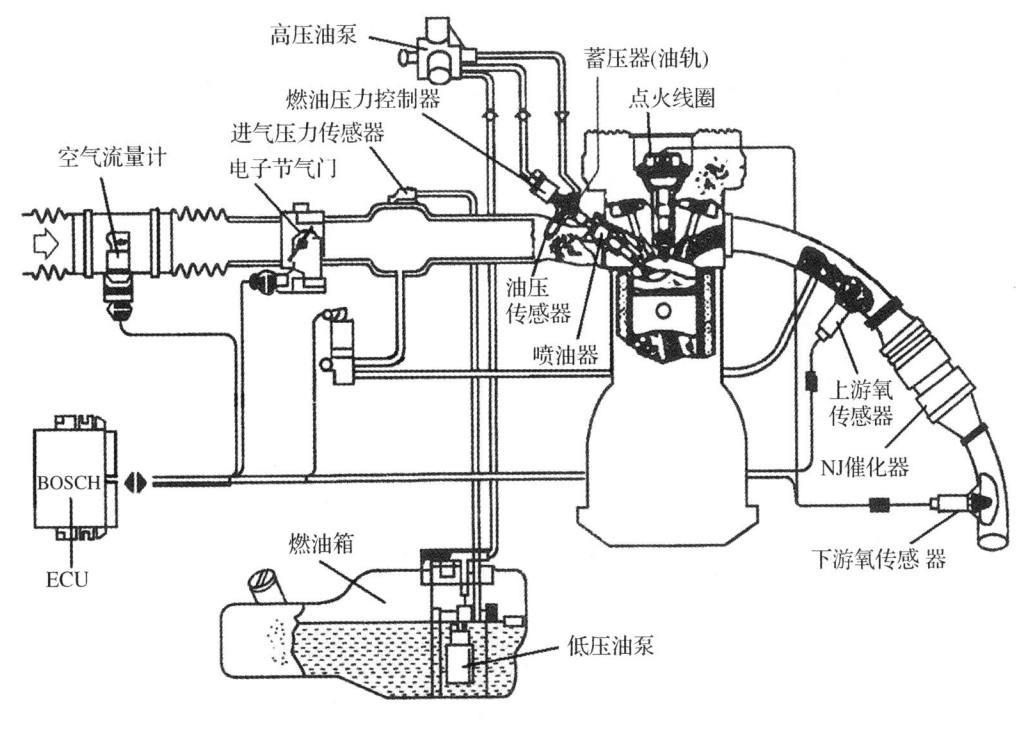

图 7-2-14　GDI 的组成及原理

汽油由低压油泵输往高压油泵，并由高压油泵将燃油压提高到 12 MPa 后送往燃油蓄压器，最后通过电磁高压涡流喷油器喷入气缸。当油压传感器检测到蓄压器内的压力超过设定值时，ECU 发出指令，控制燃油压力控制器（调压阀）让多余的燃油泄流，从而实现燃油压力的闭环控制。

二、无回油管式供油系统

2000 年后，无回油式燃油供给系统已开始逐步取代有回油式燃油系统。它有内置燃油压力调节器式和内置汽油滤清器式两种。由于取消了回油管路并减少了油管接头数量，使可能的燃油泄漏部位减少，提高了供油系统的安全性。

1. 内置燃油压力调节器式

如图 7-2-15 所示，内置燃油压力调节器式供油系统将压力调节器安装在燃油箱内，不受进气歧管真空度的控制，通过稳压箱或燃油压力缓冲器稳定供油管内的燃油压力，并且用反馈性能较好的二氧化钛型氧传感器精确控制混合气的空燃比。

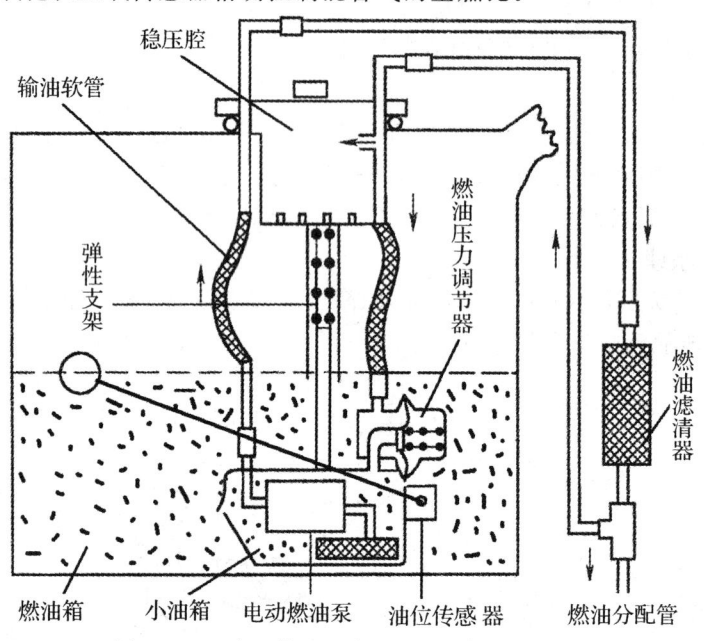

图 7-2-15　内置燃油压力调节器式供油系统

2. 内置汽油滤清器式

如图 7-2-16 所示，内置汽油滤清器式燃油供给系统利用燃油滤清器来稳定供油管路中的燃油压力，从而取消了发动机中的回油管，并减少了油管接头数量，使可能的燃油泄漏部位减少，提高了燃油供给系统的安全性。

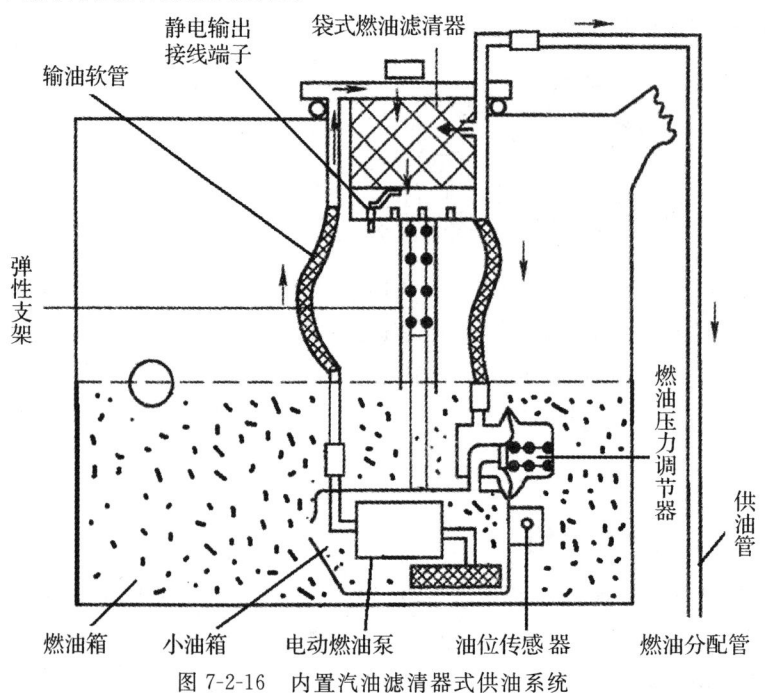

图 7-2-16　内置汽油滤清器式供油系统

【任务检测】

一、填空题

1. 电喷式汽油供给系统主要由＿＿＿＿、＿＿＿＿、＿＿＿＿、＿＿＿＿、＿＿＿＿、＿＿＿＿、＿＿＿＿、＿＿＿＿等组成。
2. 汽油的性能指标有＿＿＿＿、＿＿＿＿、＿＿＿＿、＿＿＿＿及＿＿＿＿，其中最主要的是汽油的＿＿＿＿和＿＿＿＿。
3. 燃油压力调节器一般位于＿＿＿＿＿＿＿＿＿＿，主要由＿＿＿＿＿＿、＿＿＿＿＿＿、＿＿＿＿＿＿＿＿＿＿＿＿及壳体等组成。
4. 现代汽车汽油滤清器为一次性使用零件,一般＿＿＿＿＿＿＿＿＿＿更换一次汽油滤清器及其连接油管卡箍。
5. 汽油的燃烧过程分为＿＿＿＿、＿＿＿＿、＿＿＿＿三个阶段。

二、选择题

1. 下列不是汽油特点的是（　　）。
   A. 蒸发性好　　　B. 黏度大　　　C. 流动性好　　　D. 抗爆性
2. 汽油箱为防腐蚀内壁上镀有（　　）。
   A. 铝　　　　　　B. 铬　　　　　C. 硅　　　　　　D. 锌
3. 以下哪项汽油发动机燃油喷射系统采用 GDI（燃油缸内直喷）技术（　　）。
   A. KE-Jetronic　　B. K-Jetronic　　C. Mono-Jetronic　　D. MED-Motronic
4. 汽油发动机燃油压力高于规定值可能由于以下情况中（　　）引起。
   A. 压力调节器卡滞　　　　B. 燃油滤清器阻塞
   C. 油泵滤网被污染　　　　D. 喷油器阻塞
5. 在汽油发动机燃油喷射系统中,（　　）方式效果最好。
   A. 同时喷射　　　B. 分组喷射　　　C. 顺序喷射　　　D. 单点喷射

三、判断题

1. 汽油滤清器的作用是汽油进入汽油泵后,清除其中的杂质和水分。　　　　（　　）
2. 喷油器电磁阀的通电时间一般一次为 2～10 ms。　　　　　　　　　　　（　　）
3. 汽油发动机"回火"是由混合气过浓造成的。　　　　　　　　　　　　　（　　）
4. 国内汽车发动机广泛采用孔式高阻型喷油器。　　　　　　　　　　　　（　　）
5. 脉动阻尼减振器用来减小供油管路中的油压波动和脉冲噪声。　　　　　（　　）
6. 喷油器的电磁线圈电阻一般为 12～18 Ω。　　　　　　　　　　　　　　（　　）

【评价与反馈】

班级：_____　　姓名：_____　　指导教师：_____

序号	考核项目	项目分值	考核内容	配分	考核标准	得分
1	出勤/纪律	5	出勤	2	违规一次不得分	
			行为规范	3	违规一次不得分	
2	安全/防护/环保	20	着装	2	违规一次不得分	
			个人防护	3	违规一次不得分	
			5S/EHS	5	违规一次不得分	
			设备使用安全	5	违规一次不得分	
			操作安全	5	违规一次不得分	
3	任务检测	20	任务测验成绩	20	测验成绩的20%计	
4	技能考核	35	技能测验成绩	35	测验成绩的35%计	
5	学习能力	10	工单填写,工艺计划制定	4	未做不得分	
			组内活动情况	5	酌情扣1~5分	
			资料查阅和收集	1	未做不得分	
6	任务拓展	10	知识拓展任务	2	未做不得分	
			技能拓展任务	8	未做不得分	
7	总分	100				

【教师评估】

序号	优点	存在问题	解决方案

教师签字：

任务三　认识燃气燃料供给系统

【任务目标】

目标类型	目标要求
1. 认知目标	(1) 描述燃气供给系统的类型； (2) 阐述燃气供给系统的组成； (3) 叙述燃气的性能特点； (4) 认识燃气供给系统的零部件。
2. 技能目标	达到汽车维修中级工如下要求： (1) 完成燃气供给系统零部件的识别； (2) 运用知识对燃气供给系统进行维护。
3. 情感目标	(1) 养成良好的工作和学习习惯； (2) 培养正确的"5S"和"EHS"意识； (3) 注意操作安全、设备安全、个人防护等。

【任务描述】

目前常见的汽车代用燃料有天然气、石油气、氢气、液化石油气、液化天然气以及二甲醚等。燃气发动机与同排量的发动机相比，动力性相当，环保优势明显，更容易达到国Ⅳ、国Ⅴ排放标准，且当前生产技术趋于成熟，生产工艺设备与发动机可通用。在油气价格相差较大的前提下，燃料经济性显著。特别是氢气，它具有来源的广泛性、可再生性和燃烧清洁性而成为世界汽车代用燃料的长期发展战略目标。

【知识准备】

一、燃气发动机的概述

1. 定义

NG（CNG 和 LNG）发动机和 LPG 发动机是气体发动机。LNG（Liquefied Natural Gas）是液化天然气，CNG（Compressed Natural Gas）是压缩天然气，主要成分都是甲烷（CH_4）；LPG（Liquefied Pertroleum Gas）为液化石油气，主要成分是丙烷（C_3H_8）和丁烷（C_4H_{10}）。

2. 类型

(1) 根据使用的燃料不同，分为单一燃气发动机、两用燃料发动机和双燃料发动机三类。单一燃气发动机又分为 LPG 发动机和 NG 发动机；两用燃料发动机（可切换使用两种燃料）又分为汽油/LPG 两用燃料发动机和汽油/NG 两用燃料发动机；双燃料发动机（同时燃烧两种燃料，俗称掺烧发动机）又分为柴油/LPG 双燃料发动机和柴油/NG 双燃料发动机。

(2) 根据燃气供给方式不同，分为混合器预混合供气式和燃气喷射式。燃气喷射式又分

为缸外喷射式和缸内喷射式；缸内喷射式又分为高压直喷式和低压直喷式。

(3)根据控制系统不同,分为机械混合式、电控混合式和电控喷射式(电控调压式)三类。

(4)根据点火方式不同,分为电火花点燃式和柴油引燃式两类。

查一查：通过互联网查阅燃气发动机各种类型的结构和组成。

3. 发展

1872 年天然气发动机产生,20 世纪 30 年代初由意大利人率先采用天然气作为汽车燃料,20 世纪 70 年代燃气汽车技术逐渐快速发展,20 世纪 90 年代后天然气汽车数量迅速增加。

我国 20 世纪 50 年代开始发展低压天然气汽车(NGV),20 世纪 80 年代中期改革之后,气体燃料汽车发展步伐加快。国内大型发动机厂和汽车厂引进国外 CNG 加气站的全套设施,改装汽车部件及高压气瓶,相继在市场上推出了各自的气体发动机产品。

相对于 LNG 发动机,CNG 和 LPG 发动机的技术成熟程度、经济成本等都更现实,目前 CNG 发动机已经广泛应用第三代电控喷射 CNG 技术,闭环多点顺序喷射系统是燃气发动机电控技术发展的主流和方向。采用高压喷射,通过节气门传感器、压力传感器、气体流量传感器、转速传感器、水温传感器、进气温度传感器、压力传感器和氧传感器等经过中央处理单元来控制点火、空燃比等。更先进的 LNG 缸内直喷技术目前已得到小批量试用,动力性、经济性和排放性俱佳,但开发难度较大,费用昂贵,成本也高,国内尚未开始研制。

重庆市在法规、经济、行政三方面采取措施,大力推广压缩天然气汽车,目前全市天然气汽车改造和天然气加气站建设已初具规模。重庆市区及郊区交通干线上的公共汽车、出租车、环卫车、货车等在用车辆基本已改装为 CNG 汽车。

二、燃气

1. 天然气(NG)

天然气是在气田中自然开采出来的可燃气体,主要成分为甲烷(CH_4)。按照存储的压力和形态有常压天然气、高压天然气(CNG)和液态天然气(LNG)之分。目前,我国主要采用压缩天然气的存储方式。天然气具有成本低廉、运转平稳、安全可靠等优点,在环保和能源安全方面有较大的优势,是具有发展潜力的汽车替代燃料。但是天然气汽车只适用于在富产天然气的地区和大中城市推广。CNG 的行业标准为 GB18047－2000《车用压缩天然气》。

小提示：各个地方的天然气的形成过程不尽相同,所以成分也不完全一样。

2. 液化石油气(LPG)

液化石油气是以丙烷(C_3H_8)、丁烷(C_4H_{10})为主要成分的石油产品,分为车用丙烷和车用丁烷混合物两种。LPG 具有燃烧清洁、排污少、安全可靠、经济可行等优点,但其主要来源于石油,受石油供应的限制,价格也随石油价格的变化而波动,充气站和管网的建设要求也很高。LPG 的行业标准为 SY7548－1998《汽车用液化石油气》。

三、燃气供给系统的组成及工作原理

1. LPG 发动机的基本组成及工作原理

(1)组成。LPG 燃气系统由控制模块、点火控制模块、点火线圈、火花塞、节气门、混合器、主燃料控制阀（FTV 阀）、怠速燃料控制阀、蒸发调压器、高压电磁阀、废气旁通控制阀和防喘振阀以及各种传感器和线束等组成。它控制着发动机和车辆的性能、排放和安全。

（2）工作原理。如图 7-3-1 所示，液态 LPG 从气瓶出来到高压电磁阀，高压电磁阀的打开受发动机 ECM 的控制，然后到达调压器，在调压器内经两级减压蒸发汽化变为气态 LPG，由于 LPG 蒸发汽化需要吸收大量的热量，因此蒸发调压器接有发动机的冷却水进行加热，以防止蒸发调压器结冰堵塞。从调压器出来的气体分两路，一路由一级减压经怠速燃料控制阀后到混合器，另一路由二级减压经主燃料控制阀到混合器。一级减压的压力相对稳定，略高于标准大气压，为发动机怠速提供大部分燃料并由 ECM 对怠速燃料控制阀进行闭环控制，保证怠速时混合气的浓度。二级减压器压力受增压压力反馈控制，为发动机全工况提供燃料并由 ECM 对主燃料控制阀进行闭环控制，以保证发动机各工况点混合气的浓度。

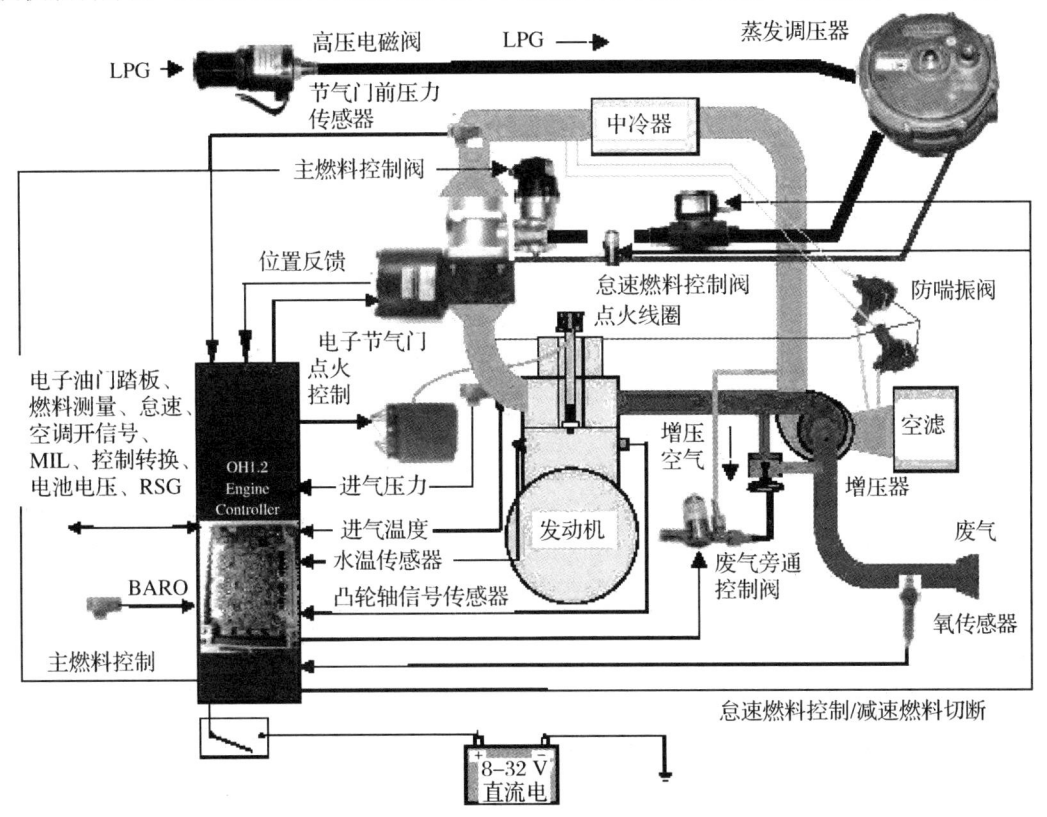

图 7-3-1　LPG 的结构及工作原理

点火时间控制是由储存在 ECM 中的标定表对各工况点的点火时间进行开环控制。通过废气旁通控制阀控制增压器旁通阀的开度来控制增压压力。

2. CNG 发动机的基本组成及工作原理

无论是 CNG/汽油两用发动机，还是 CNG/柴油双燃料发动机，都是在保留原定车型汽车供油系统不变的基础上，加装一套 CNG 单燃料发动机的供气系统改装而成。

（1）组成。CNG 燃气供给系统主要由储气装置、供气装置和控制装置三部分组成。如图 7-3-2 所示，储气装置由充气阀、手动截止阀、CNG 储气瓶、瓶口阀、压力传感器、高压管路及其接头等部件组成；供气装置由减压器、低压管路、低压滤清器、CNG 喷轨等组成；控制装置由燃气控制单元（ECU）、转换开关、CNG 电磁阀、气量显示仪等组成。

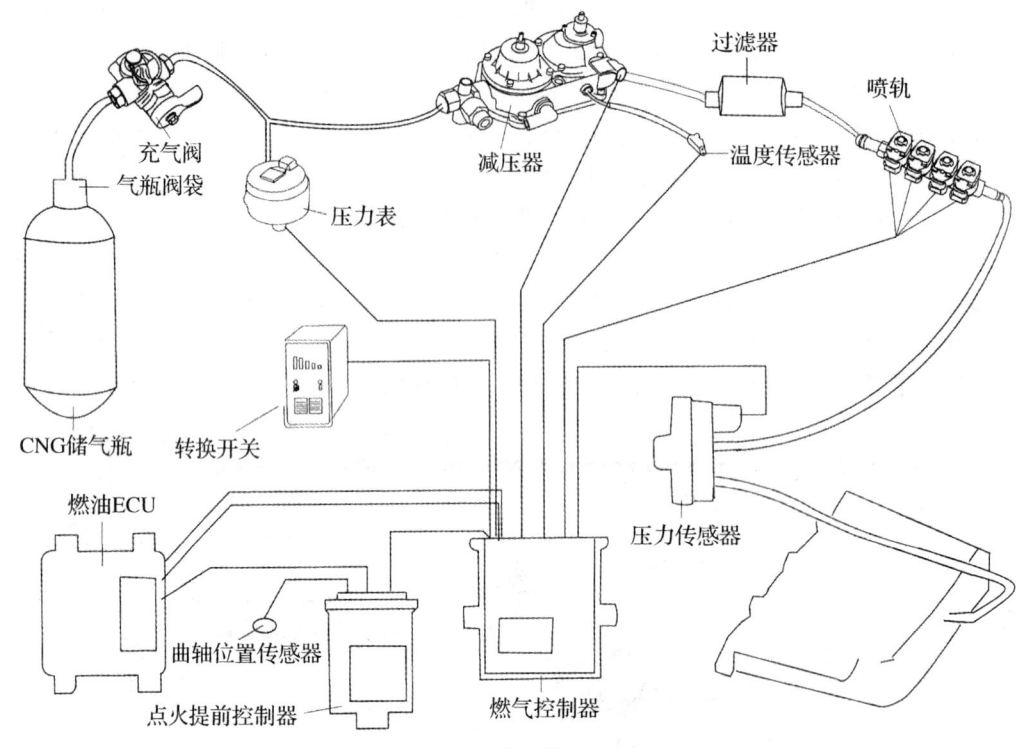

图 7-3-2　电控顺序喷射式燃气供给系统的组成

(2)工作原理。高压的 CNG 从气瓶出来到高压电磁阀,高压电磁阀的打开受发动机 ECM 的控制,高压的 CNG 经高压电磁阀后到减压器,经减压后,CNG 的压强由 20 MPa(满瓶时)降到 0.6～0.9 MPa,由于 CNG 减压后温度大幅度下降,因此在减压器后接有一个热交换器,利用发动机的冷却水进行加热,以防止管路结冰堵塞。在热交换器后有一个节温器,通过控制冷却水的流量来控制 CNG 的温度。CNG 经过节温器后到计量阀,计量阀上装有喷嘴,喷嘴的开启时间受 ECM 的控制,控制了发动机各工况点混合气的浓度。CNG 从计量阀出来后到混合器,在混合器处与空气混合后经电子节气门进入气缸。点火控制、增压压力控制、怠速及高速调速控制与 LPG 发动机相同。

四、CNG 燃气供给系统主要零件的构造

1. 储气装置

(1)储气瓶。如图 7-3-3 所示,储气瓶是专门为车辆存储 CNG 的高压容器。有钢质瓶、铝合金轻质瓶和内胆加碳素纤维或玻璃丝的复合材料瓶。复合材料瓶是汽车储气瓶的发展方向,但我国目前主要使用钢质气瓶,按其水容量分为 40 L、60 L、80 L 等。

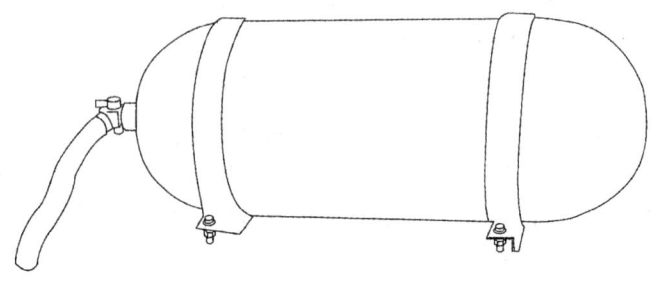

图 7-3-3　储气瓶

(2)瓶口阀。其结构如图7-3-4所示,用于截断或接通CNG的充装和供给管路以及安全保护。瓶口阀主要由进气口、出气口、手动截止阀和安全装置等组成。当储气瓶压强达到33.3 MPa或环境温度达到95～105 ℃时,安全装置都将卸压起到保护作用。

(3)充气阀。其结构如图7-3-5所示,充气阀是CNG加气站向储气瓶内充气的接口装置。有插销式和卡口式两种,我国统一使用插销式充气阀。

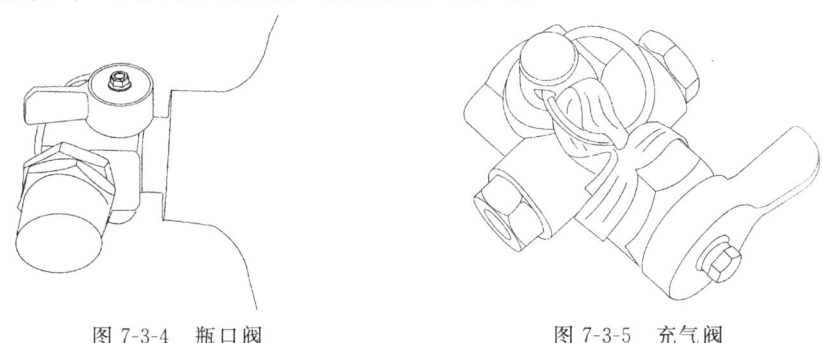

图7-3-4 瓶口阀　　　　图7-3-5 充气阀

小提示：充气过程应由充气站专职人员操作完成。储气瓶与明火的距离不得小于10 m。

(4)高压管路及接头。高压管路为不锈无缝钢管,可承受30 MPa以上的压力;接头为卡套或管接头,接头螺纹为标准管螺纹,可保证管接件处的气密性和安全性。

2. 供气装置

(1)减压器。其结构如图7-3-6所示,减压器是CNG汽车的关键部件,具有减压、加热和供气量调节等功用。它由两级或三级减压阀、电磁阀、压力调节装置、温度传感器、带传感器的压力表组成。

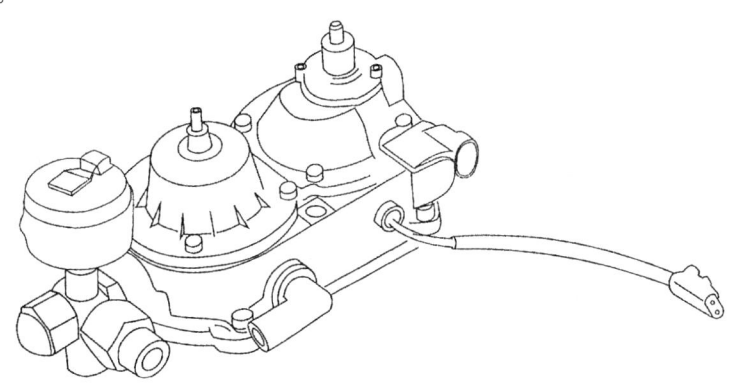

图7-3-6 减压器

(2)压力表。如图7-3-7所示,气压表的量程为40 MPa,表壳外部装有气量传感器。

(3)低压燃气过滤器。如图7-3-8所示,过滤器主要用于过滤燃气中的杂质,延长喷轨(喷气嘴总成)的使用寿命,即减少对发动机的磨损和损伤。其工作的最大压强为0.4 MPa。

(4)CNG喷轨。其结构如图7-3-9所示,喷轨(喷气嘴总成)为系统的重要部件之一,主要是通过燃气控制器输出的信号对每个气缸进行精准的供气,以保证发动机在不同工况下所需的燃气。

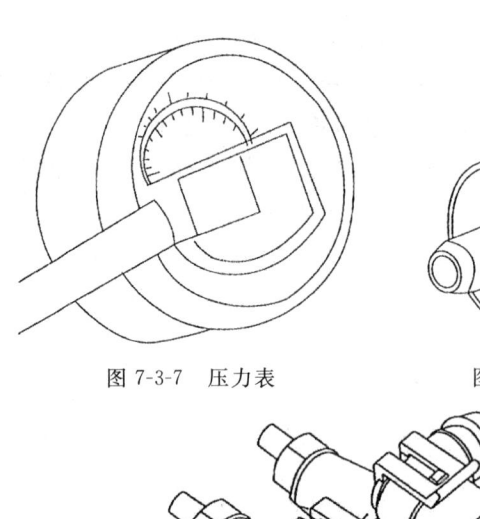

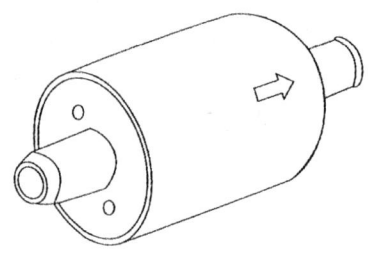

图 7-3-7　压力表　　　　　　　图 7-3-8　低压燃气过滤器

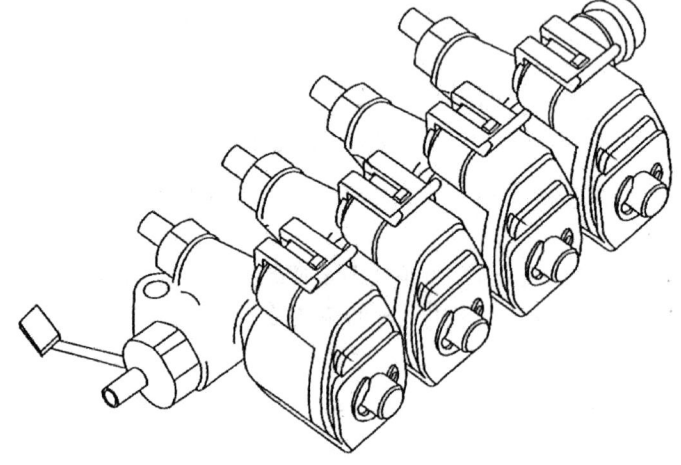

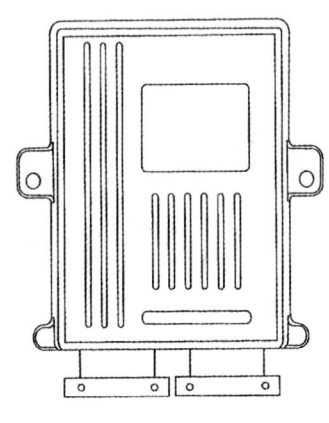

图 7-3-9　CNG 喷轨　　　　　　图 7-3-10　燃气 ECU

3. 控制装置

(1) 燃气 ECU。其结构如图 7-3-10 所示，燃气 ECU 又称燃气电脑，是整个控制装置乃至整个系统最核心的部分。各个传感器把信号传给 ECU，ECU 通过全新的计算方式可准确计算出喷气时间，同时产生相应的电流信号送到喷轨，以保证在任何条件下喷轨都能输出正确的气体流量，并且固定了气燃比。

小提示：安装燃气 ECU 时，尽可能远离渗水、漏水位置，加热位置，高压点火线。

(2) 压力传感器。其结构如图 7-3-11 所示，用来检测减压器出口压力机进气歧管的真空压力，将信号传给 ECU，控制喷气和点火提前角。在传感器下部有"Pressure"、"V"的标志，前者用于检测低压燃气管路的压力，与减压器上的温度传感器端连接；后者用于检测进气压力，与进气歧管或真空管连接。

(3) 转换开关。其结构如图 7-3-12 所示，用来控制汽油/CNG 的转换、显示 CNG 储气瓶的剩余量。CNG 状态指示灯常亮表示发动机在使用 CNG，闪烁表示准备启动 CNG 或诊断信号显示。

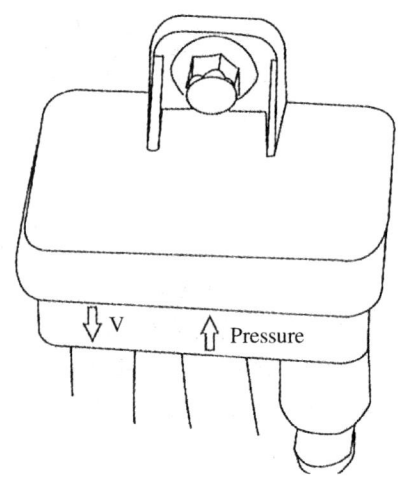

图 7-3-11　压力传感器

汽油指示灯常亮表示发动机在使用汽油。3为红色指示灯,亮时表示储气瓶的气体不多,需要及时加气。4、5、6、7为绿色指示灯,全亮时表示储气瓶的气体为满的。

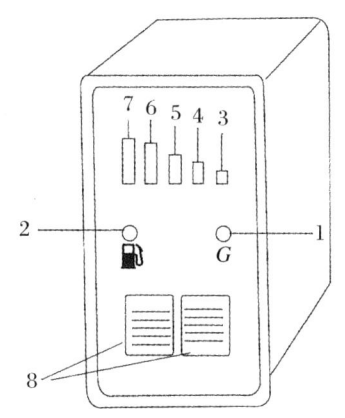

1-CNG状态指示灯　2-汽油状态指示灯　3、4、5、6、7-储气量指示灯　8-翘板开关

图 7-3-12　转换开关

(4)点火时间调节器。其结构如图7-3-13所示,主要用来调节发动机燃用CNG时的点火提前角,充分利用CNG辛烷值性能的优势,提高发动机的动力性。

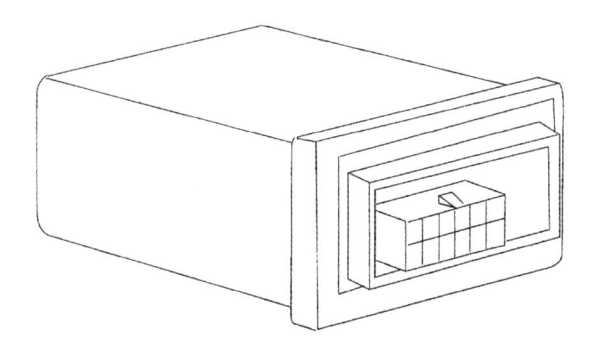

图 7-3-13　点火时间调节器

(5)电磁阀。CNG供气系统中设有常闭型电磁阀,由燃气ECU和转换开关控制其开闭,以控制CNG的供给。

【任务实施】

★ 任务活动一　识别汽油供给系统各零部件

一、工作准备

实训车辆,安全防护用具,车轮挡块,扭力扳手,抹布,常用工具,零件车,维修手册。

二、技能要求

正确识别燃气供给系统的组成、零部件名称及作用。

三、任务步骤

根据学校实训设备和图7-3-14所示,填写燃气供给系统中各零件的名称,说明其作用。

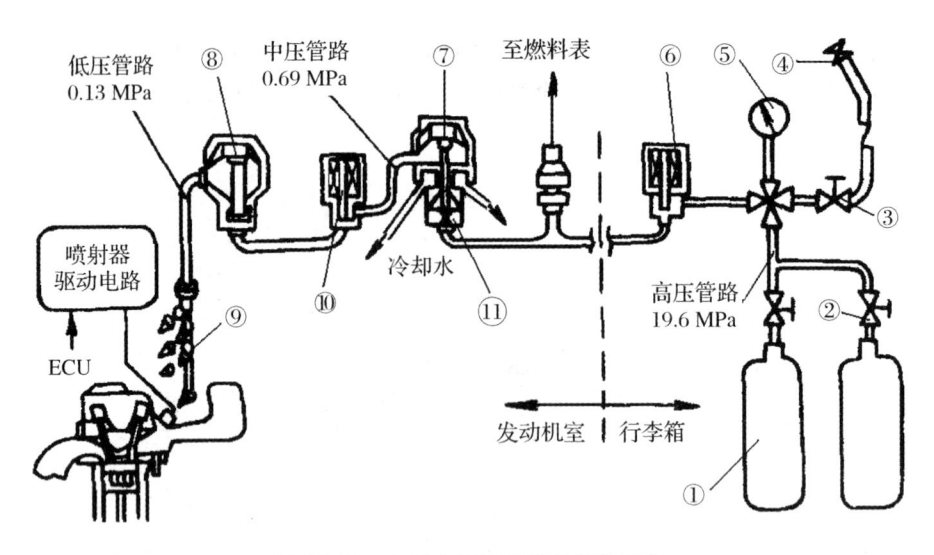

图 7-3-14　本田电控多点燃气喷射系统

①的名称：＿＿＿＿＿＿＿＿＿＿，作用：＿＿＿＿＿＿＿＿＿＿＿＿＿＿＿＿＿＿＿＿＿＿＿＿＿＿＿。
②的名称：＿＿＿＿＿＿＿＿＿＿，作用：＿＿＿＿＿＿＿＿＿＿＿＿＿＿＿＿＿＿＿＿＿＿＿＿＿＿＿。
③的名称：＿＿＿＿＿＿＿＿＿＿，作用：＿＿＿＿＿＿＿＿＿＿＿＿＿＿＿＿＿＿＿＿＿＿＿＿＿＿＿。
④的名称：＿＿＿＿＿＿＿＿＿＿，作用：＿＿＿＿＿＿＿＿＿＿＿＿＿＿＿＿＿＿＿＿＿＿＿＿＿＿＿。
⑤的名称：＿＿＿＿＿＿＿＿＿＿，作用：＿＿＿＿＿＿＿＿＿＿＿＿＿＿＿＿＿＿＿＿＿＿＿＿＿＿＿。
⑥的名称：＿＿＿＿＿＿＿＿＿＿，作用：＿＿＿＿＿＿＿＿＿＿＿＿＿＿＿＿＿＿＿＿＿＿＿＿＿＿＿。
⑦的名称：＿＿＿＿＿＿＿＿＿＿，作用：＿＿＿＿＿＿＿＿＿＿＿＿＿＿＿＿＿＿＿＿＿＿＿＿＿＿＿。
⑧的名称：＿＿＿＿＿＿＿＿＿＿，作用：＿＿＿＿＿＿＿＿＿＿＿＿＿＿＿＿＿＿＿＿＿＿＿＿＿＿＿。
⑨的名称：＿＿＿＿＿＿＿＿＿＿，作用：＿＿＿＿＿＿＿＿＿＿＿＿＿＿＿＿＿＿＿＿＿＿＿＿＿＿＿。
⑩的名称：＿＿＿＿＿＿＿＿＿＿，作用：＿＿＿＿＿＿＿＿＿＿＿＿＿＿＿＿＿＿＿＿＿＿＿＿＿＿＿。
⑪的名称：＿＿＿＿＿＿＿＿＿＿，作用：＿＿＿＿＿＿＿＿＿＿＿＿＿＿＿＿＿＿＿＿＿＿＿＿＿＿＿。

★ 任务活动二　燃气供给系统的维护

一、工作准备

实训车辆,安全防护用具,车轮挡块,扭力扳手,抹布,常用工具,零件车,维修手册。

二、技能要求

燃气发动机的汽车每行驶 8 000～10 000 km 进行一次一级维护。

三、任务步骤

1. 车辆标志的检视

燃气车辆识别标志牌应固定在规定位置,标志牌应清晰、完好,颜色、图案应符合规定。

2. CNG 储气瓶的维护

清洁储气瓶及瓶口阀外表,不得有油污,清洁加气口防尘塞;检查储气瓶外表是否有明显凹陷、凸起、损伤、裂纹等缺陷;充气阀和截止阀开关开闭自如,用漏气检测仪或检测液检测,应无泄漏;固定支架完好、无裂纹,胶垫完好、无损坏,固定可靠。

3. 压力管路及卡箍

燃气管道无碰、擦损伤,接头无松动,用检测仪或检测液检测无泄漏;卡箍无松动、脱落;软管与其他物体无摩擦,无老化、油污、裂纹,连接可靠。

4. 燃气滤清器的维护

用压缩空气反复吹,除尽滤清器中的杂物和沉淀物,到期(二级维护时)更换。

5. 电磁阀的维护

检查各电磁阀是否正常、灵敏,有无泄漏,电源接口是否稳固、接触良好。密封胶垫无变形,功能良好,端盖密封、电磁线圈完好、阀芯无损,必要时更换。

6. 减压阀的维护

清除减压阀污物,卸下排污塞,放掉油污和凝结物;减压器上的电磁阀阀芯密封圈定期更换,可视情况更换三级膜片;在节气门开度不变的情况下,调整三级膜片平衡螺钉和功率阀螺钉,使发动机转速达到最高,调整油门怠速螺钉至怠速最低为止。要求怠速平稳、工作性能良好,加速畅顺。膜片清洗不得用较强清洗液,时间不得超过 8 分钟,晾干后方可安装。

7. 喷油器及喷轨的维护

检查供气软管,喷射分配管。

8. 电气线路及转换开关的检视

电气线路无擦破,连接良好,无断路、短路现象;转换开关应灵活、有效、无泄漏。

9. 指示仪表的检视

燃气气量显示正常,气压表应工作正常。

10. 循环水系统的检视

检查水管有无老化、龟裂、破损及泄漏,如有以上现象,需更换;检查管接头紧固情况,必要时予以紧固或更换;检查水管有无污垢堵塞,如有应清除,保持水循环畅通。

【任务拓展】

一、预混合式燃气系统

如图 7-3-15 所示为预混合式燃气供给系统的组成及结构原理。

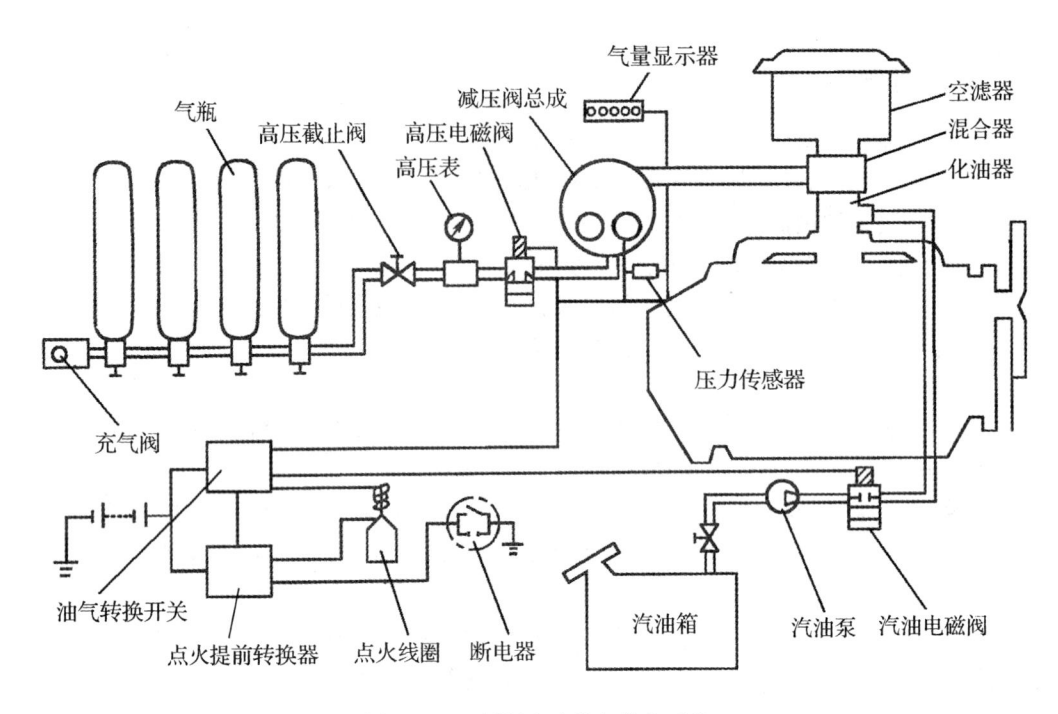

图 7-3-15 预混合式燃气供给系统

二、柴油/CNG双燃料发动机燃料供给系统

如图 7-3-16 所示为柴油/CNG双燃料发动机燃气供给系统的组成及结构原理。

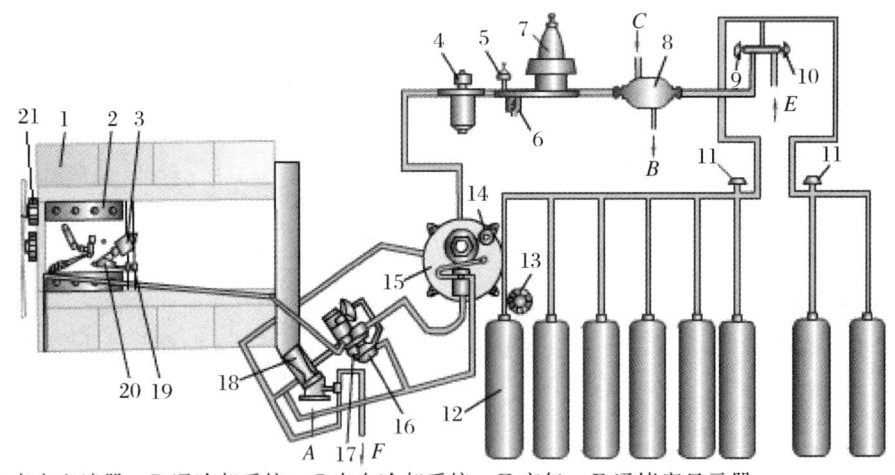

A-来自空滤器 B-通冷却系统 C-来自冷却系统 E-充气 F-通堵塞显示器
1-柴油机 2-喷油泵 3-限位器 4-电磁阀 5-信号器 6-安全阀 7-高压阀 8-预热器 9-供气阀
10-充气阀 11-总阀 12-储气瓶 13-压力表 14-压力传感器 15-低压阀 16-三通阀 17-计量器
18-混合器 19-连锁传感器 20-活动挡铁 21-转速传感器

图 7-3-16 柴油/CNG双燃料发动机燃料供给系统

【任务检测】

一、填空题

1. 目前常见汽车代用燃料的类型有_____、_____、_____、_____、_____、_____。

2. 燃气发动机根据使用燃料的特点不同分为_____、_____、_____。

3. CNG燃气供给系统储气装置由_____、_____、_____、_____及其接头等部件组成。

4. CNG燃气供给系统供气装置由_____、_____、_____、_____等组成。

5. CNG燃气供给系统控制装置由_____、_____、_____等组成。

二、选择题

1. 当储气瓶压强达到（　　）时,安全装置就将卸压起到保护作用。
   A. 13.3 MPa   B. 20 MPa   C. 33.3 MPa   D. 40 MPa

2. 天然气是在气田中自然开采出来的可燃气体,主要成分是（　　）。
   A. 丙烷(C_3H_8)   B. 丁烷(C_4H_{10})   C. 乙烷C_2H_6 D. 甲烷CH_4

3. 下列（　　）气体是压缩天然气。
   A. NG   B. LPG   C. CNG   D. LNG

4. （　　）具有来源的广泛性、可再生性和燃烧清洁性而成为世界汽车代用燃料的长期发展战略目标。
   A. 氢气   B. 天然气   C. 石油气   D. 沼气

5. 高压管路为不锈无缝钢管,可承受（　　）以上的压强。
   A. 10 MPa   B. 20 MPa   C. 30 MPa   D. 40 MPa

三、判断题

1. CNG状态指示灯闪烁时表示准备启动CNG或诊断信号显示。（　　）
2. 充气阀是向储气瓶内充气的接口装置,我国统一使用卡口式充气阀。（　　）
3. 减压器是CNG汽车的关键部件,具有减压、加热和供气量调节等功用。（　　）
4. 我国目前主要使用复合材料储气瓶。（　　）
5. 点火时间调节器用来调节发动机燃用CNG时的点火提前角。（　　）

【评价与反馈】

班级：_____　　姓名：_____　　指导教师：_____

序号	考核项目	项目分值	考核内容	配分	考核标准	得分
1	出勤/纪律	5	出勤	2	违规一次不得分	
			行为规范	3	违规一次不得分	
2	安全/防护/环保	20	着装	2	违规一次不得分	
			个人防护	3	违规一次不得分	
			5S/EHS	5	违规一次不得分	
			设备使用安全	5	违规一次不得分	
			操作安全	5	违规一次不得分	
3	任务检测	20	任务测验成绩	20	测验成绩的20%计	
4	技能考核	35	技能测验成绩	35	测验成绩的35%计	
5	学习能力	10	工单填写,工艺计划制定	4	未做不得分	
			组内活动情况	5	酌情扣1～5分	
			资料查阅和收集	1	未做不得分	
6	任务拓展	10	知识拓展任务	2	未做不得分	
			技能拓展任务	8	未做不得分	
7	总分	100				

【教师评估】

序号	优点	存在问题	解决方案

教师签字：

任务四　认识传统式柴油燃料供给系统

【任务目标】

目标类型	目标要求
1. 认知目标	(1)描述传统柴油供给系统的功用； (2)阐述传统柴油供给系统的组成； (3)叙述柴油的性能特点； (4)认识传统柴油供给系统的零部件。
2. 技能目标	达到汽车维修中级工如下要求： (1)完成传统柴油供给系统零部件的识别； (2)运用所学知识对传统柴油供给系统的主要零件进行检修。
3. 情感目标	(1)养成良好的学习和工作习惯； (2)培养正确的"5S"和"EHS"意识； (3)注意操作安全、设备安全、个人防护等。

【任务描述】

柴油机具有良好的动力性、经济性、可靠性、耐久性和低排放等优点，广泛应用于轿车、货车、客车及各种专用汽车上。虽然现代汽车柴油机采用先进的电控技术，其性能更加优越，但是，我国柴油品质和电控关键技术问题未能解决，目前市场上传统式柴油机仍有不小数量。

【知识准备】

一、传统式柴油供给系统的概述

1. 功用

存储、过滤和输送柴油；并按柴油机不同的工况要求和工作顺序，定时、定量、定压地将柴油喷入燃烧室，迅速与空气混合并燃烧。

2. 类型

(1)根据燃烧室的不同可分为直喷式和分隔式（涡流式）。

(2)根据喷油泵的不同可分为直列柱塞泵式、分配泵式（VE 和 VR 泵）、PT 泵式。

目前我国仍有大量的长途客车和货车采用传统的柱塞式直喷柴油机，但是在轿车、皮卡车和越野车上逐渐采用高压共轨式电控柴油机。

3. 传统式柴油供给系统的组成

如图 7-4-1 所示，柴油供给系统主要由柴油箱、粗滤器、输油泵、低压油管、细滤器、喷油泵、调速器、高压油管、喷油器、回油管等组成。

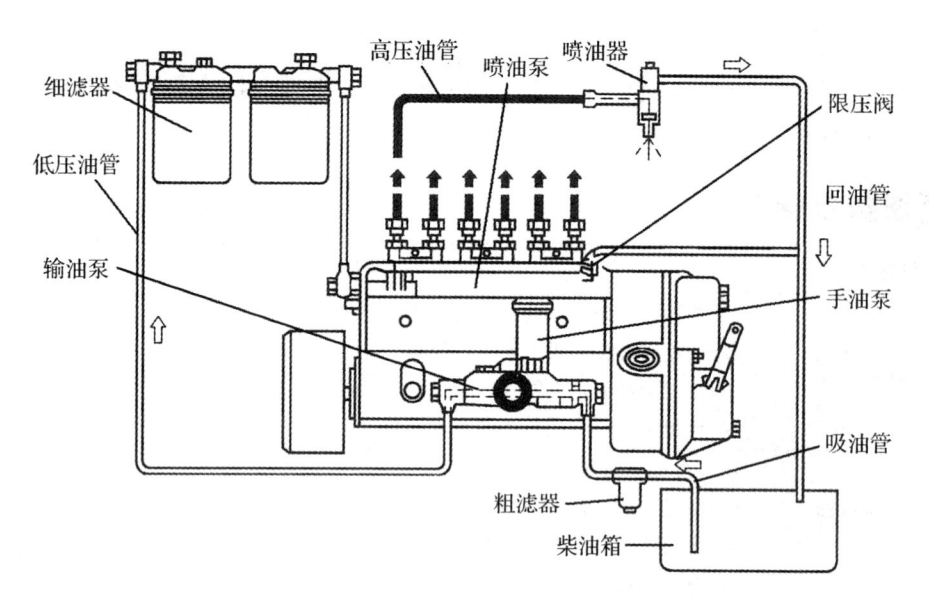

图 7-4-1 传统的柴油供给系统的组成

二、柴油的牌号及选用

1. 概述

柴油机使用的燃料是柴油,与汽油一样都是石油制品。在石油蒸馏过程中,温度在 200～350 ℃ 之间的馏分即为柴油。柴油有轻柴油和重柴油之分,汽车柴油机都使用轻柴油。

2. 使用性能

为了保证高速柴油机正常、高效地工作,轻柴油应具有良好的发火性、低温流动性、蒸发性、化学安全性、防腐蚀性和适当的黏度等诸多使用性能。

(1)发火性。是指柴油的自燃能力,用十六烷值评定。十六烷值大,发火性好,容易自燃。汽车用轻柴油的十六烷值在 45～60 之间为宜。

(2)蒸发性。是指柴油蒸发汽化的能力,用柴油馏出某一百分比的温度范围的馏程和闪点表示。要求馏程要窄,轻重馏分都要少。馏出温度越低,闪点越低,蒸发性越好。

(3)黏度。是评价柴油稀稠的重要指标,与柴油的流动性有关。黏度随温度而变化,温度升高,黏度减小,流动性增强;反之,温度降低时,黏度增大,流动性减弱。

(4)低温流动性。用柴油的凝点和冷凝点评定低温流动性。凝点是指柴油失去流动性开始凝固时的温度,一般柴油的冷凝点比其凝点高 4～6 ℃。

3. 轻柴油的牌号

根据国标 GB/T252－2000《轻柴油》,轻柴油的牌号分为 RCZ-10、RCZ-5、RC-0、RC-10、RC-20、RC-35、RC-50 七个牌号,"R"表示燃油,"C"表示柴油,"Z"表示凝点的数值为正,无 Z 表示凝点的数值为负,数值表示凝点不高于该值。牌号越高凝点越低。

4. 轻柴油的选择

轻柴油的选择按照风险率为 10% 的最低气温进行选用。10 号柴油适于有预热设备的高速柴油机使用;5 号柴油适于气温在 5 ℃ 以上的地区使用;0 号柴油适于气温在 0 ℃ 以上的地区使用;－10 号柴油适于气温在 －10 ℃ 以上的地区使用;－20 号柴油适于最低气温在

−5～−20 ℃的地区使用；−35号柴油适于最低气温在−14～−35 ℃的地区使用；−50号柴油适于最低气温在−29～−50 ℃的地区使用。

5. 使用注意事项

(1) 不同牌号的轻柴油可以根据不同的气温掺兑使用，但掺兑时要搅拌均匀。
(2) 轻柴油中不能混入汽油和水，否则会造成发动机起动困难。
(3) 尽量选用质量好的轻柴油，做好柴油的净化工作，防止机械杂质混入加剧磨损。
(4) 低温起动困难时，可在进气歧管注入10～25 mL的起动液，但不能加入油箱。

三、柴油的燃烧过程

柴油机压缩和做功过程中气缸内气体压强P随曲轴转角的变化关系，如图7-4-2所示。当曲轴转到上止点前O点位置时，喷油泵开始供油；曲轴转到A点位置时，喷油器开始喷油。O点到上止点之间所对应的曲轴转角为供油提前角，A点到上止点之间所对应的曲轴转角为喷油提前角。一般根据柴油机燃烧过程的特点可将整个过程分为四个阶段：

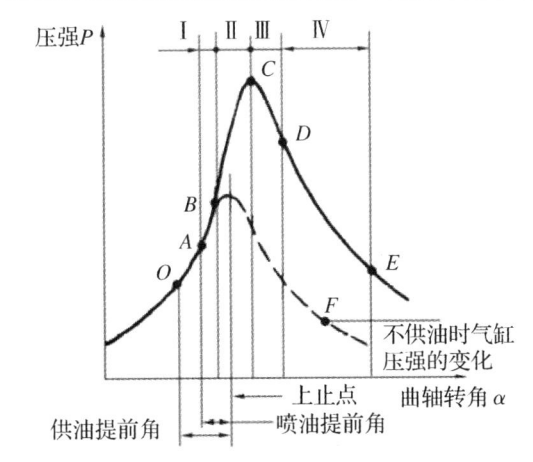

图7-4-2 柴油的燃烧过程

(1) 备燃期（也称滞燃期）。即从喷油始点A到燃烧始点B之间所对应的曲轴转角。柴油以雾状喷入气缸后，在极短的时间内，进行吸热、蒸发、分解、氧化等系列物理和化学过程，形成了大量的活化中心，当温度达到自燃温度时，即产生多个发火中心，随之产生热焰，使气缸内压强和温度明显上升，这就是柴油机靠压缩自燃的机理。滞燃期通常为0.001～0.003 s。滞燃期越长，气缸内积累的燃油越多，易造成柴油机工作粗暴，缩短使用寿命。

(2) 速燃期。即燃烧始点B到气缸内产生最大压强点C（上止点后6°～15°）之间所对应的曲轴转角。从B点开始形成火焰并迅速向各处传播，缸内温度和压强迅速上升，至C点时压强达到最高值。现代高速柴油机的压强增长率甚至达每度0.8～1.0 MPa。

(3) 缓燃期。即从最高压强点C到最高温度点D为止所对应的曲轴转角。该阶段的燃烧是在气缸容积不断增加和高温缺氧的条件下进行的，所以燃烧不完全，易生成碳烟。缓燃期结束时燃气温度可达到1 800～2 000 ℃，通常在缓燃期内喷油结束。

(4) 后燃期。即从最高温度点D到燃烧终点E为止所对应的曲轴转角。在后燃期内随着气缸容积的增大，气缸内压强迅速下降，后燃所释放出来的热量不能有效地转化为有用功，柴油机经济性下降。同时由于排气温度增高，活塞组的热负荷增大，因此应尽量缩短后燃期。

四、传统柴油供给系统主要零件的构造

1. 喷油器的构造

（1）功用。将喷油泵供给的高压燃油以一定的压力、速度、方向和形状喷入燃烧室，使燃油雾化成细粒并适当地分布在燃烧室中，以利于混合气的形成和燃烧。

（2）要求。具有一定的喷射压力和射程以及合理的喷射角度，停油彻底、不滴漏，雾化均匀，断油迅速。

（3）种类。根据喷油嘴是否有阻塞零件分为开式和闭式喷油器，汽车用柴油机大多采用闭式喷油器，它又有孔式和轴针式两种。孔式喷油器多用于统一燃烧室上（直喷式），轴针式喷油器则主要用于涡流室式和预热室式燃烧室上。

查一查：喷油器的其他分类方法。

（4）结构。如图7-4-3所示，喷油器主要由喷油嘴（针阀和针阀体偶件）、调压装置（顶杆、调压弹簧、调压螺钉、调压螺钉盖、接头螺栓等）和喷油器体三部分组成。

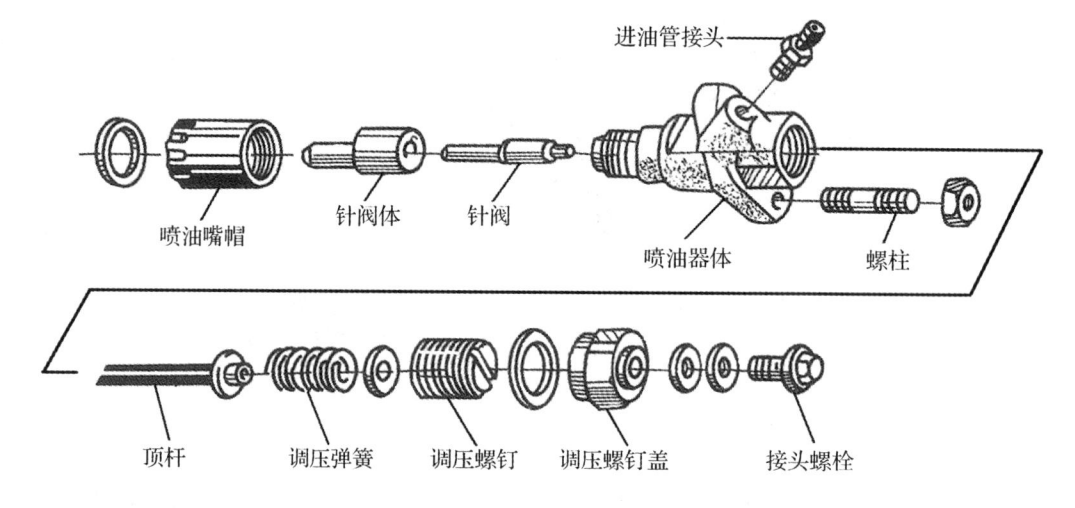

图7-4-3 喷油器的结构

如图7-4-4所示，喷油嘴是指喷油器上的针阀和针阀体这对精密偶件，即针阀偶件。其配合面通常是精磨后经过选配，再相互研磨而成的，配合间隙为0.003～0.02 mm。在维修过程中是不能互换的。孔式喷油嘴的喷油孔数目一般为1～8个，喷孔直径为0.2～0.8 mm，喷油压强较高（17～25 MPa），喷孔的角度使喷出的油束呈一定的锥角。喷孔数和喷孔角度的选择视燃烧室的形状、大小及空气涡流情况而定。轴针式喷油嘴有圆柱形和截锥形两种，喷油压强较低（10～14 MPa），喷孔直径一般在1～3 mm范围内，能清除喷孔中的积炭，喷孔不易堵塞，工作可靠，加工容易。

（5）工作原理。如图7-4-5所示，柴油机工作时，来自喷油泵的高压柴油经喷油器体与针阀体中的油孔进入针阀中部周围的环状空间，油压对锥形承压环带产生一个向上的轴向推力，此推力克服调压弹簧的预压力及针阀偶件之间的摩擦力使针阀向上移动，针阀下端锥面离开针阀锥形环带，打开喷油小孔，高压柴油喷入燃烧室。喷油泵停止供油时，高压油路内压强迅速降低，针阀在调压弹簧作用下及时复位，关闭喷油小孔。

(a)孔式针阀　　　　　(b)截锥形轴针　　　　　(c)圆柱形轴针

图 7-4-4　针阀偶件的结构

(a)进油-回油　　(b)计量　　(c)喷油　　(d)回油

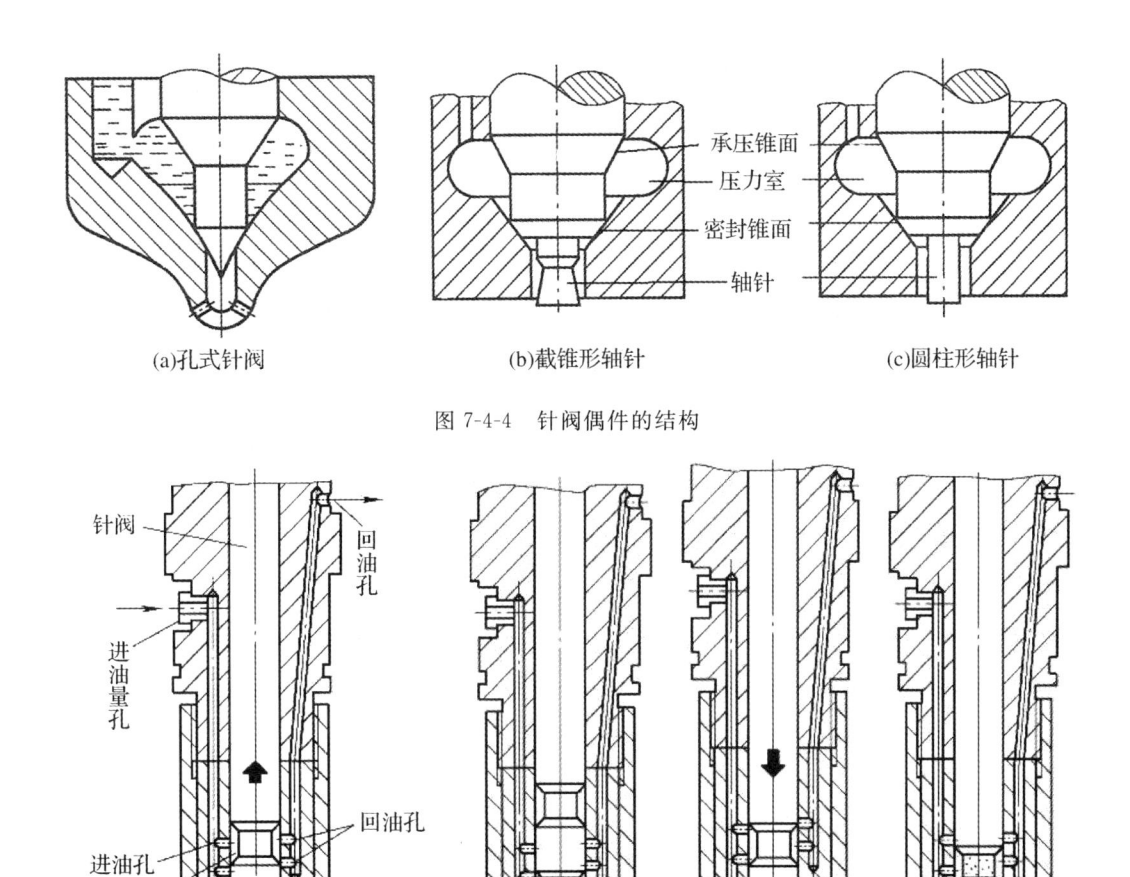

图 7-4-5　柴油喷油器的工作原理

2. 输油泵

(1)功用。保证柴油在低压油路内循环,并向喷油泵输送一定压力和足够数量的燃油。

(2)种类。输油泵的结构形式很多,常见的有活塞式、转子式、膜片式、叶片式和齿轮式。活塞式输油泵工作可靠,应用广泛。

(3)活塞式输油泵的结构。活塞式输油泵安装在喷油泵前侧面上,主要由机械泵总成和手油泵总成组成,其外形结构如图 7-4-6 所示。

(a)水平式　(b)上下式

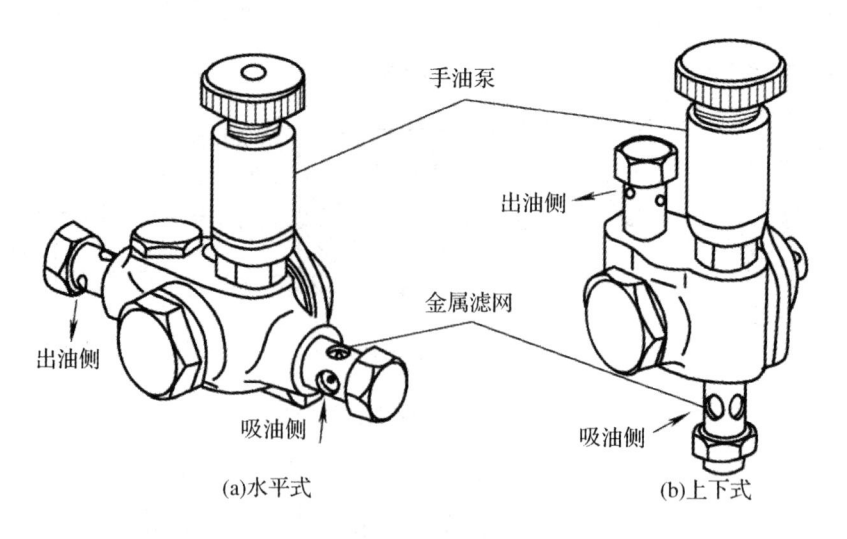

图 7-4-6　输油泵的结构

(4)工作原理。如图 7-4-7 所示,喷油泵凸轮轴转动时,轴上的偏心轮推动滚轮、顶杆和活塞上下运动。当偏心轮的凸起部位转到上方时,活塞克服弹簧弹力被推动上移,活塞下方泵腔容积增大,油压降低,产生真空度,使进油阀开启,柴油被吸入活塞下泵腔。与此同时,活塞上泵腔容积减小,油压增高,出油阀关闭,活塞上泵腔中的柴油被压出,流往柴油滤清器。如此反复,柴油便不断被送入滤清器,最后被送入喷油泵。

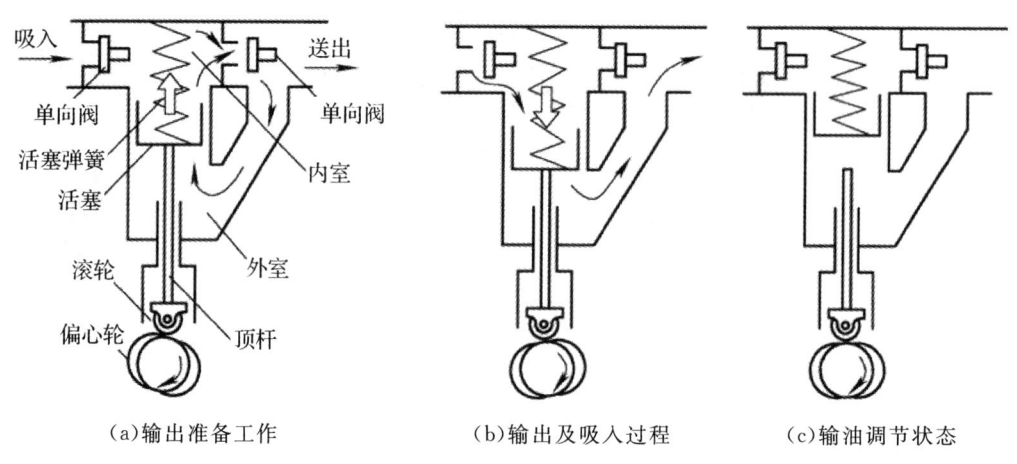

(a)输出准备工作　(b)输出及吸入过程　(c)输油调节状态

图 7-4-7　输油泵的工作原理

小提示：柴油机长时间停放,或低压油路中有空气时,可利用输油泵输油或放气。

3. 喷油泵

喷油泵是柴油供给系统中最重要的零件,它的性能和质量对柴油机性能的影响极大。

(1)功用。将输油泵送来的柴油,根据发动机不同工况和工作顺序,定时、定量、定压地向喷油器输送高压柴油。

(2)要求。泵油压力要保证喷射压力和雾化质量的要求;供油量应符合柴油机工作所需的精确数量;保证按柴油机的工作顺序,在规定的时间内准确供油;供油量和供油时间可调整,并保证各缸供油均匀;供油规律应保证柴油燃烧完全;供油开始和结束,动作敏捷,断油干脆,避免滴油。

(3)种类。喷油泵的种类很多,在汽车柴油机上广泛应用的有直列柱塞泵(A、B、P、Z和Ⅰ、Ⅱ、Ⅲ号等系列泵)、转子分配泵(VR泵和VE泵)和喷油泵/喷油器式(PT泵)。

(4)VE泵的结构。如图7-4-8所示为VE型转子分配泵,主要由壳体、泵体盖、传动机构、滑片式二级输油泵、高压油泵、电磁停油阀、供油正时自动调节机构和调速器组成。

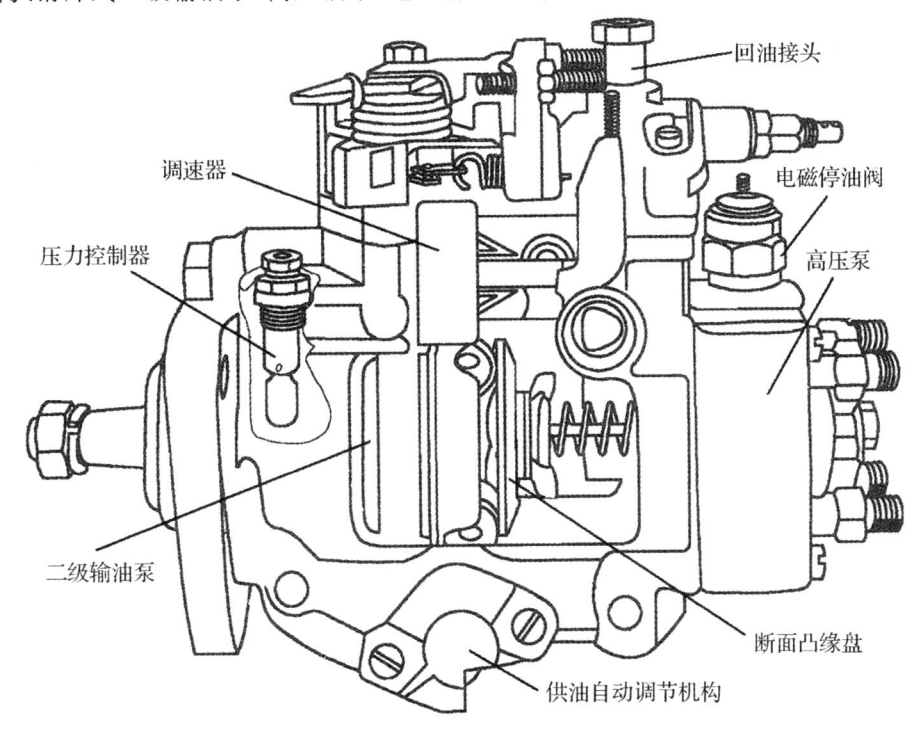

图7-4-8 VE泵的结构

(5)直列柱塞泵的结构。如图7-4-9所示,P型泵和A型柱塞泵结构一样,都由泵油机构(分泵)、油量调节机构、传动机构和泵体组成。其中泵油机构包括两套精密偶件:柱塞和柱塞套构成柱塞偶件,出油阀和出油阀座构成出油阀偶件。

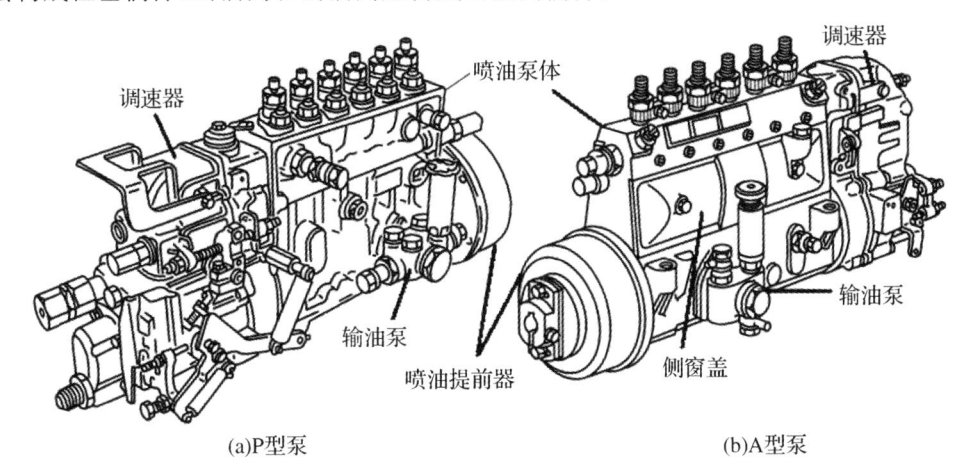

(a)P型泵 (b)A型泵

图7-4-9 直列柱塞泵的结构

①出油阀偶件:如图7-4-10所示,出油阀和出油阀座也是一对精密偶件,配对研磨后不能互换,其配合间隙为0.01 mm。它为一个单向阀,在弹簧压力作用下,上部圆锥面与阀座

严密配合,其作用是在停止供油时,将高压油管与柱塞上端空腔隔绝,防止高压油管内的油倒流入喷油泵内。下部呈"十"字断面,既能导向,又能通过柴油。出油阀的锥面下有一个小的圆柱面,称为减压环带,其作用是在供油终了时,使高压油管内的油压迅速下降,避免喷孔处产生滴油现象。当环带落入阀座内时则使上方容积很快增大,压力迅速减小,迅速停喷。

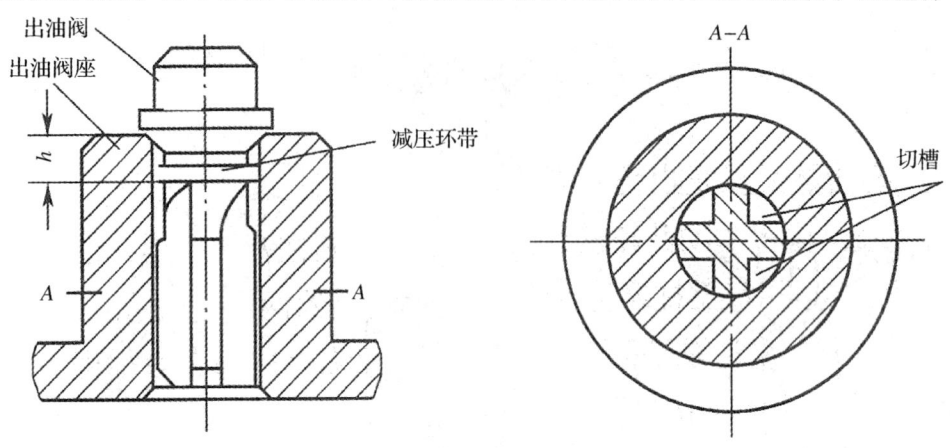

图 7-4-10　出油阀偶件

②柱塞偶件:如图 7-4-11 所示,柱塞和柱塞套是一对精密偶件,经配对研磨后不能互换,要求有高的精度、光洁度和好的耐磨性,其径向间隙为 0.002~0.003 mm。柱塞头部圆柱面上切有斜槽,并通过径向孔、轴向孔与顶部相通,其目的是改变循环供油量;柱塞套上制有进、回油孔,均与泵上体内低压油腔相通,柱塞套装入泵上体后,应用定位螺钉定位。

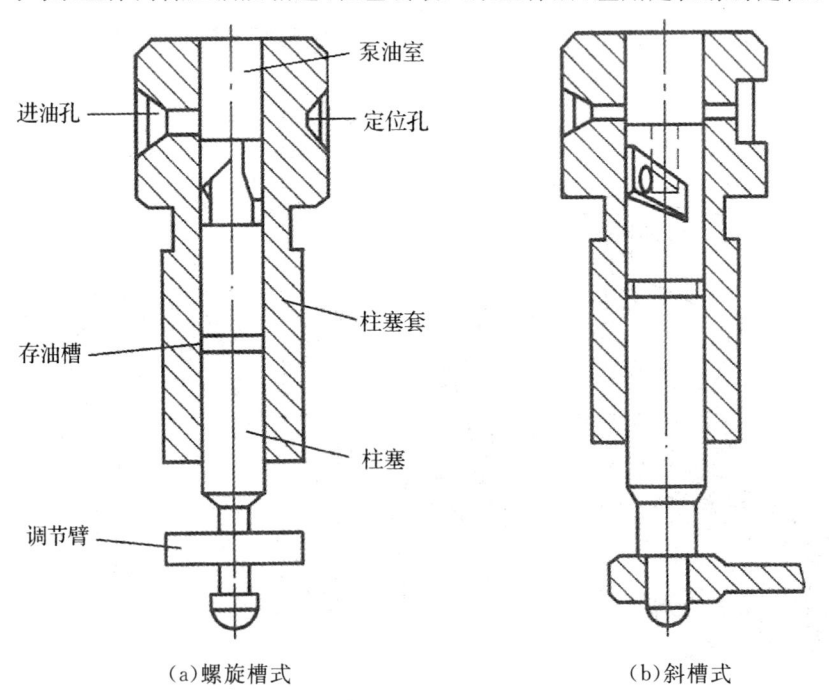

（a）螺旋槽式　　　（b）斜槽式

图 7-4-11　柱塞偶件

(6)柱塞泵的泵油原理(如图 7-4-12 所示)。

①吸油过程:柱塞在柱塞弹簧的作用下下行,从柱塞顶面进油孔上边缘运动到下止点,

由于泵腔容积增大,吸力增强,燃油则自低压油腔经进油孔被吸入并充满泵腔。

②压油过程:在凸轮的驱动下柱塞自下止点上移,起初有一部分燃油从进油口被挤回低压油腔;待柱塞上部的圆柱面将柱塞套上的两个进油孔完全封闭时,柱塞上部的燃油压强迅速增高,此即为压油过程。当油压升高到足以克服出油阀弹簧的作用力时,出油阀便开始上升,出油阀圆柱环形带离开出油阀座时高压燃油便从泵腔通过高压油管流向喷油器,当燃油压力高出喷油器调定的喷油压力时喷油器则开始喷油。

③回油过程:柱塞继续上升至柱塞上的斜槽与柱塞套上的进油孔开始相通时,由于泵腔通过柱塞中心孔与斜槽和进油孔相通,泵腔内高压油随即自进油孔进入低压油腔,泵腔内油压迅速降低,出油阀则在弹簧的作用下立即回位,喷油泵停止供油。此后柱塞仍继续上升,但不能建立足够的油压,直到凸轮达到最高位置为止,此过程不再泵油。

④停止供油状态:随着凸轮轴的转动,凸轮升程逐渐降低,柱塞在柱塞弹簧的作用下移动,此过程延续到柱塞顶面到达进油孔上边缘为止。喷油泵始终处于不泵油状态。

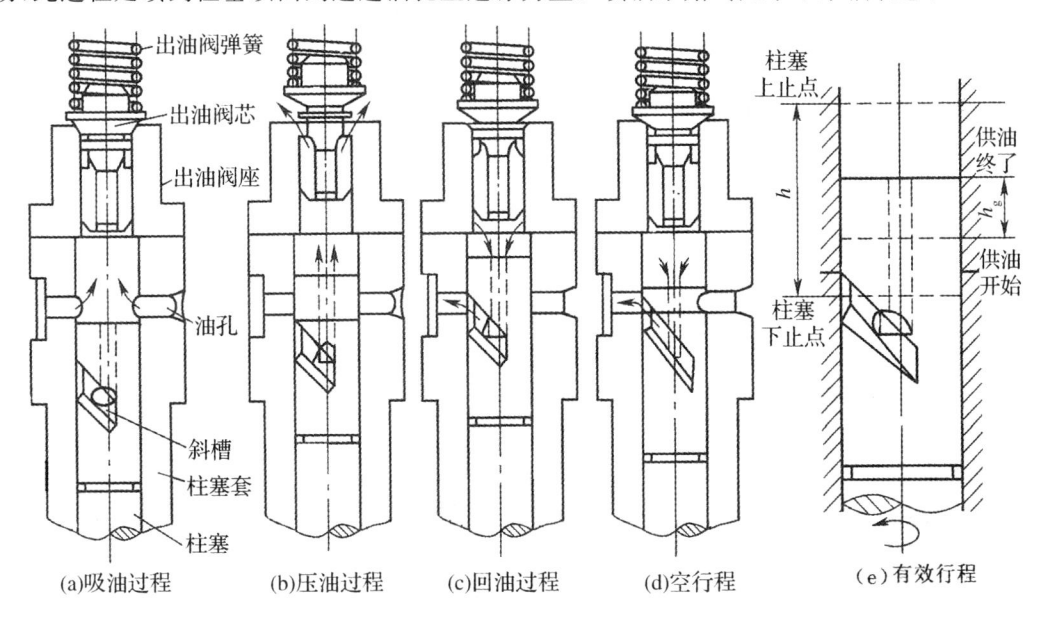

图 7-4-12 喷油泵的工作原理

4. 调速器

(1)喷油泵的速度特性。喷油泵每个工作循环的供油量主要取决于调节拉杆的位置。此外,还受到发动机转速的影响。在调节拉杆位置不变时,随着发动机曲轴转速的增大,柱塞有效行程略有增加,而供油量也略有增大;反之,供油量略有减少。这种供油量随转速变化的关系称为喷油泵的速度特性。

(2)功用。根据柴油机负荷及转速变化对喷油泵的供油量进行自动调节,以维持柴油机的稳定运转。

(3)种类。根据工作原理分为机械式、液压式、气动式和电子式;根据调节转速范围分为单程式、全程式、两速式和极限式。目前广泛应用离心式、两速式和全程式调速器。

(4)两速式(亦称两极式)调速器的结构及原理。

两速式调速器只能稳定和限制柴油机的最低、最高转速,其中间转速工况由人工直接操纵。其广泛用于转速变化较频繁的柴油机上,如汽车用柴油机。

如图 7-4-13 所示,当柴油机在最低空载转速下运行时,若转速升高,飞球离心力的轴向分力克服低速弹簧的弹力使滑动盘右移,带动齿杆右移,减油使其转速下降;若外界负荷变化使飞球离心力下降,低速弹簧的弹力就会推动滑动盘左移,带动齿杆向左移,加油以保持转速回升到最低稳定怠速(调速器起作用)。

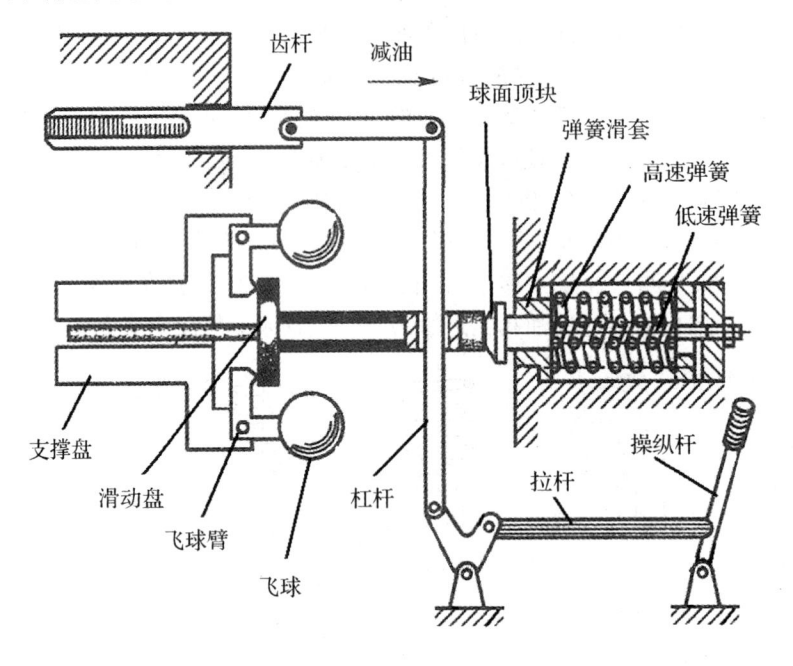

图 7-4-13 两极式调速器

当柴油机转速在高于稳定怠速后的一段范围内,滑动盘的位置将保持不变,这时供油齿杆就完全由操纵杆来控制(调速器不起作用)。

当柴油机转速上升到标定转速时,飞球离心力足够大,轴向分力与高、低速弹簧的弹力相平衡。若转速稍有上升或负荷减小,滑动盘继续右移,克服两弹簧的弹力带动齿杆右移,减油限制最高空载转速(调速器又起作用)。

(5)全速式(亦称全程式)调速器的结构及原理。

全速式调速器不仅能稳定怠速和限制超速,而且能控制柴油机在允许转速范围内的任何转速下稳定地运转。其广泛用于负荷变化较大的柴油机,如拖拉机、工程机械、大型载货汽车、矿用车和船舶等。

如图 7-4-14 所示,柴油机不工作时,推力斜盘在调速弹簧的弹力作用下位于最左端,此时供油量最大。当负荷减小,发动机转速升高时,飞锤离心力增大,轴向分力大于预压力,推力斜盘就压缩调速弹簧右移,减油;当转速降低,轴向分力小于预压力时,推力斜盘就被弹簧推动左移,加油。不同的调速叉位置,柴油机就有相应的稳定工作转速。改变调速叉转动极限位置,可以调整怠速转速和最高运转转速。

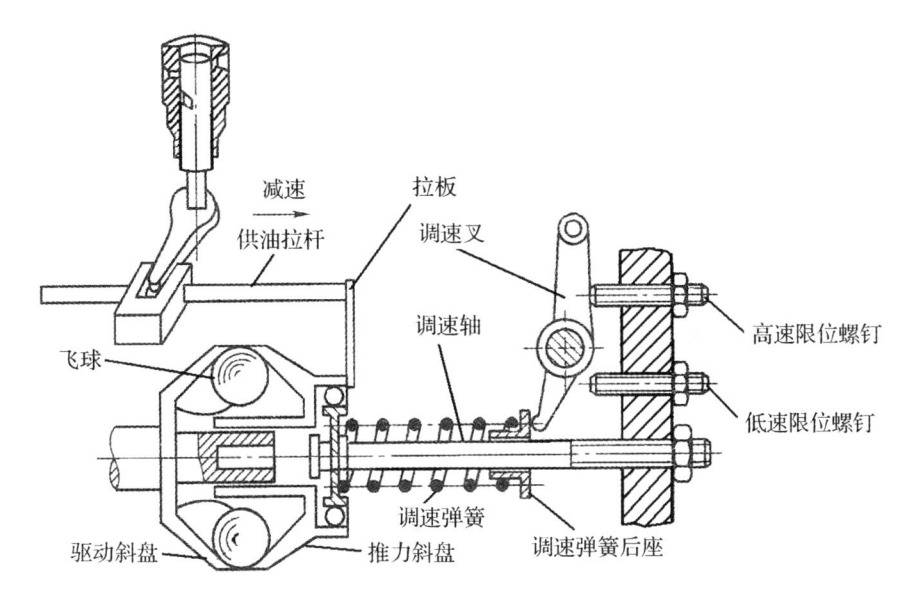

图 7-4-14 全速式调速器

反之当负荷增加时,转速降低,弹簧力大于离心力,供油拉杆向循环供油量增加的方向移动,循环供油量增加;转速升高,弹簧力又小于离心力,供油拉杆又向循环供油量减小的方向移动,循环供油量减小,转速又降低,直到离心力和弹簧力平衡。

5. 喷油提前调节装置

(1)功用。在柴油机整个工作转速范围内,使喷油提前角(或供油提前角)自动随转速的变化而相应变化,保证柴油机始终在最佳或接近最佳喷油提前角的情况下工作。

(2)喷油提前装置的组成。它由静态提前调节(在静态时把供油提前角调到合适值)和动态自动提前调节(在柴油机运转时随转速变化自动改变提前角)两部分组成。

(3)喷油提前装置的种类。有联轴器和供油自动提前装置(提前器)。联轴器有刚性联轴器和挠性片式联轴器。提前器分为机械离心式和液压式自动调节装置。

(4)联轴器的结构及原理。联轴器不仅传递动力,且弥补喷油泵安装时造成的误差以及调节供油提前角,以获得最佳喷油提前角。刚性联轴器的结构如图 7-4-15 所示。

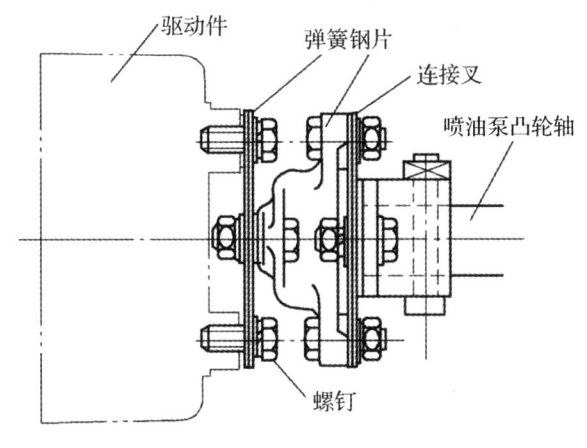

图 7-4-15 刚性联轴器

(5)机械离心式提前器的结构及原理。机械离心式提前器的结构如图 7-4-16 所示,它位于联轴器和喷油泵之间,主要由主动盘、弹簧座片、飞块销钉、滚轮内座圈、从动盘臂、从动盘臂曲面、滚轮、飞块、主动盘销轴等组成。

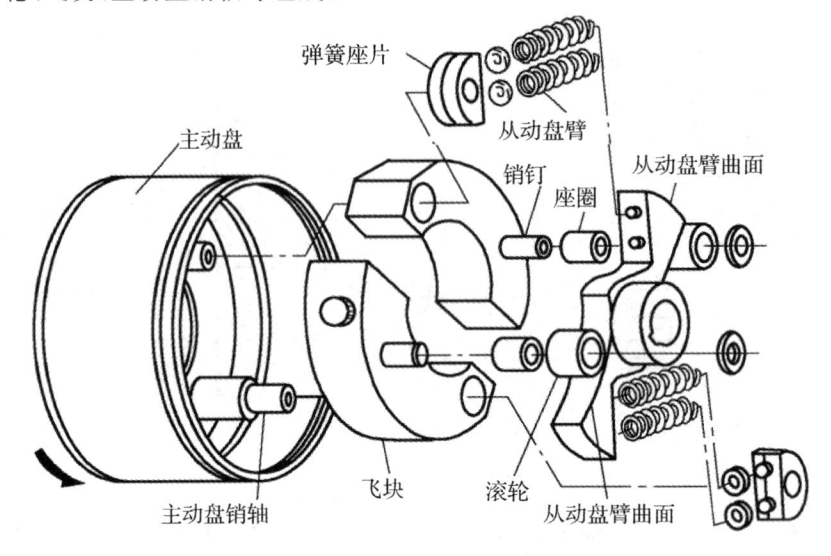

图 7-4-16　机械离心式提前器的结构

机械离心式提前器的工作原理如图 7-4-17 所示,柴油机工作时,驱动盘连同飞块受曲轴的驱动而旋转,两个飞块的活动端向外甩出,迫使从动盘也沿旋转方向转动一个角度,直到调速器的弹力与飞块离心力平衡为止,供油提前角便进一步向外甩出,从动盘被迫再相对于驱动盘前进一个角度,到弹簧弹力足以平衡新的离心力为止,供油提前角便相应地增大。反之,当柴油机转速降低时供油提前角则相应减小。

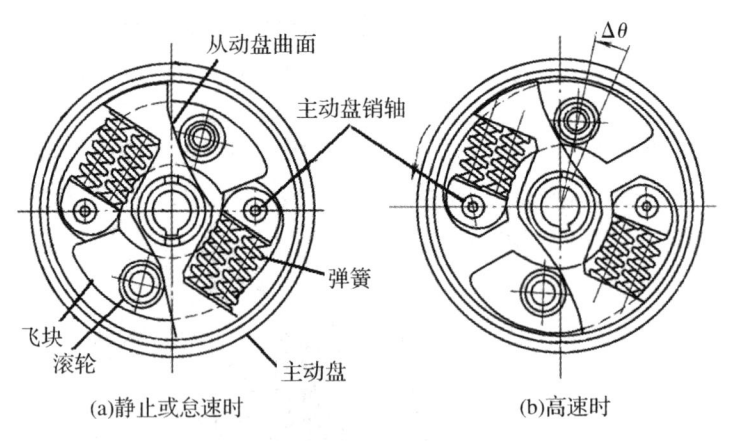

图 7-4-17　机械离心式提前器的工作原理

若旋松连接螺钉,中间凸缘盘可以通过胶木盘和从动凸缘盘带动凸轮轴一起在弧形孔 A 内相对主动盘转过一个角度,从而调节供油提前角,由于方形切口的长度大于方形凸块的长度,所以胶木盘可以对驱动轴与凸轮轴间的同轴度偏差起补偿作用。

6. 柴油滤清器

(1)功用。滤去柴油中的杂质、水分和石蜡胶质,以减小各精密偶件的磨损,保证喷雾质量。

(2)种类。根据其结构形式不同分为单级滤清器和双级滤清器;根据滤芯材料不同分为棉布、绸布、毛毡、金属网和纸质滤清器等。目前广泛采用微孔纸芯滤清器。

(3)结构。如图 7-4-18 所示为柴油滤清器的结构,它由滤芯、盖、壳体、溢流阀、油管接头及放污螺塞等组成。溢流阀的开启压强为 0.1~0.15 MPa。超过开启压强时,溢流阀开启,多余的柴油流回油箱,从而保证滤清器内油压在一定限度内。

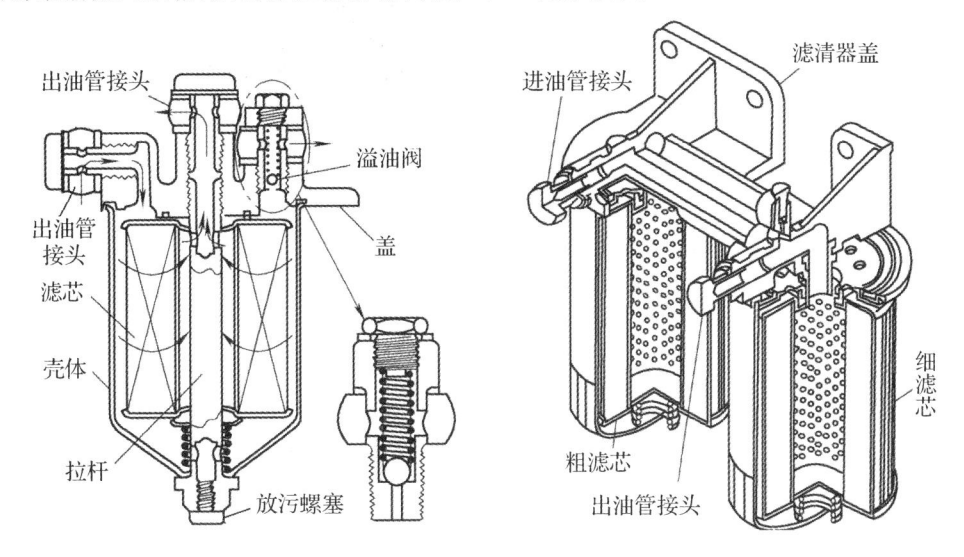

图 7-4-18 柴油滤清器的结构

(4)维护。在发动机达到二级维护里程或时间时,对于不可拆式滤清器,需更换滤清器总成。对于可拆式滤清器,使用纸质滤芯的,每 5 000 km 更换一次;使用毛毡滤芯的,每 5 000 km 清洗一次,更换里程为 20 000 km。

【任务实施】

★ 任务活动一　识别柴油供给系统的零部件

一、工作准备

实训车辆,安全防护用具,车轮挡块,扭力扳手,抹布,常用工具,零件车,维修手册。

二、技能要求

正确识别传统柴油供给系统的组成、零部件的名称、结构特征及相互的连接关系。

三、任务步骤

根据学校实训设备和图 7-4-19 所示,填写柴油供给系统中各零件的名称,说明其作用。
①的名称:＿＿＿＿＿＿＿＿＿＿,作用:＿＿＿＿＿＿＿＿＿＿＿＿＿＿＿＿＿＿＿＿。
②的名称:＿＿＿＿＿＿＿＿＿＿,作用:＿＿＿＿＿＿＿＿＿＿＿＿＿＿＿＿＿＿＿＿。
③的名称:＿＿＿＿＿＿＿＿＿＿,作用:＿＿＿＿＿＿＿＿＿＿＿＿＿＿＿＿＿＿＿＿。
④的名称:＿＿＿＿＿＿＿＿＿＿,作用:＿＿＿＿＿＿＿＿＿＿＿＿＿＿＿＿＿＿＿＿。

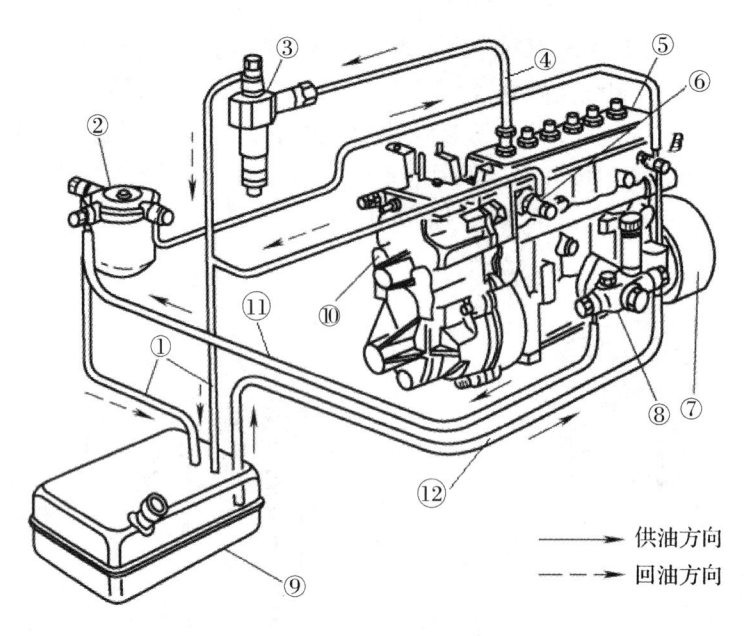

图 7-4-19 柴油供给系统的组成

⑤的名称：_____，作用：_____。
⑥的名称：_____，作用：_____。
⑦的名称：_____，作用：_____。
⑧的名称：_____，作用：_____。
⑨的名称：_____，作用：_____。
⑩的名称：_____，作用：_____。
⑪的名称：_____，作用：_____。
⑫的名称：_____，作用：_____。

★ 任务活动二　喷油器的拆装

一、工作准备

实训车辆，安全防护用具，车轮挡块，扭力扳手，抹布，常用工具，零件车，维修手册。

二、技能要求

1. 喷油器针阀偶件不能互换，磨损超标后只能更换。
2. 喷油器的喷射压力应符合原厂技术规定。

三、任务步骤

1. 准备工作

拉起驻车制动器，安装车轮挡块；打开发动机机舱盖，铺垫各种防护布。

2. 就车拆卸喷油器

(1) 清洁喷油器外围。用压缩空气吹净喷油器周围的灰尘和用抹布抹去油污。

(2)拆卸喷油器。根据不同的固定方式拆卸喷油器固定螺栓或螺母,喷油器的固定方式有压板固定、空心螺套固定和自身的法兰盘固定三种,用洗油清洁喷油器外部。

3. 喷油器修理前的试验

(1)密封性试验。如图7-4-20所示,将调压螺钉往下旋,使其在19.6 MPa时不漏油。若压强表指针在10～20 s内下降到17.7 MPa,表明针阀偶件密封性良好;若时间少于10 s,表明针阀偶件密封不良。

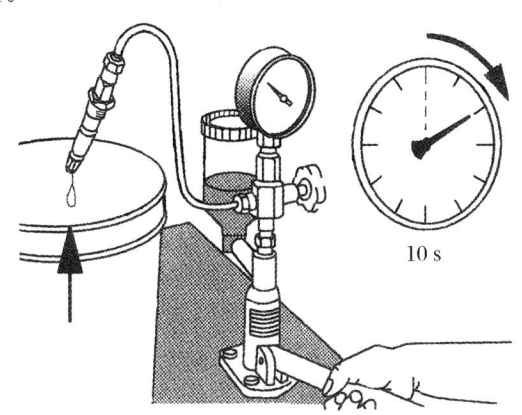

图7-4-20 喷油器密封性试验

(2)喷雾质量试验。如图7-4-21所示,调好压强后每次喷出的柴油应呈雾状,不允许滴油和飞溅;喷油开始和终了明显;喷油有明显、清脆的爆裂声,雾束锥角约15°～20°。

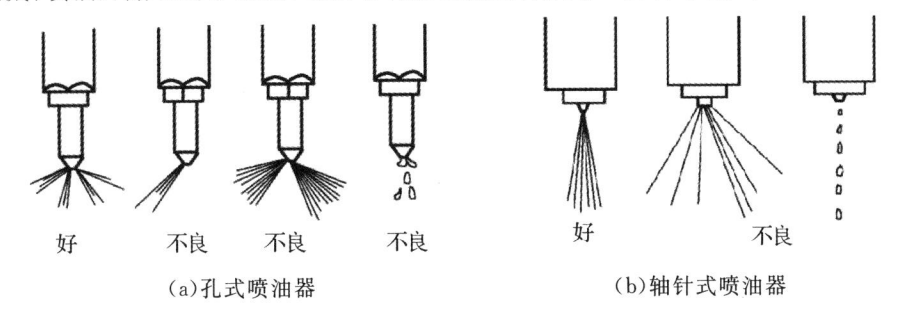

(a)孔式喷油器　　　　(b)轴针式喷油器

图7-4-21 喷油器喷雾质量试验

(3)喷油压强试验。如图7-4-22所示,以每秒一次的频率压油,喷油器开始喷油时的压强表示数为喷油压强值,应符合技术规定,否则调整调压弹簧的预紧力。各缸喷油压强应尽可能一致,一般相差不得超过250 kPa。喷油器工作700 h左右应检查调整一次。

小提示:试验时,必须防止油雾进入人体引起血液中毒的危险。

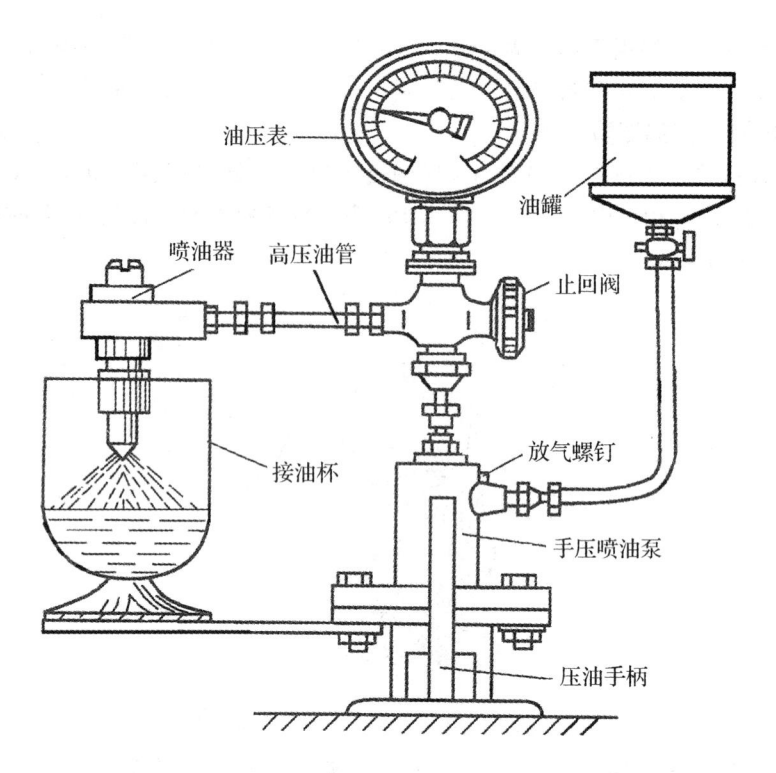

图 7-4-22　喷油器喷油压力试验

4. 喷油器的分解

(1)夹持喷油器。将喷油器体夹持在软质(铜片、铝片、皮布或垫木)钳口上。

(2)分解。拧下锁紧螺母、螺套和螺钉,取出针阀偶件、弹簧及座和顶杆,收存垫片。

(3)清洁零部件。针阀放入清洁柴油中用木片刮除积炭,用细钢丝疏通喷孔,清洗针阀偶件时不得与其他硬物相撞,也不可使其跌落在地,以免碰伤、擦伤。

5. 喷油器的检修

(1)检查针阀有无变形和损坏,如有烧蚀现象,应予以更换;检查针阀偶件的配合情况,如两者配合不好,则更换针阀偶件;如只有轻微损伤可以进行研磨。

(2)检查推杆的磨损情况。检查推杆有无弯曲,必要时更换。

6. 喷油器的装复

喷油器在装配时应再次清洗干净,将喷油器体夹持在软质钳口上,按拆卸相反的顺序装复。注意针阀偶件应在清洁的柴油中装复,固定螺套的拧紧力矩为 60 N·m。

小提示：更换针阀偶件时必须成对更换,且放入 80 ℃ 的热柴油中浸泡 10 s 左右。

7. 喷油器的调试

喷油器装复后,应在试验器上进行密封性、喷油压力和喷雾质量试验(方法同前)。若喷油压力不符合要求,可拧动调压螺钉进行调整,然后再次检查密封性和喷雾质量。

想一想：如何就车检查、调试喷油器？

8. 结束工作

收起防护布,关闭发动机机舱盖,收起车轮挡块;清洁和整理工具、车辆及场地。

★ 任务活动三 喷油泵总成的拆装

一、工作准备

实训车辆,安全防护用具,车轮挡块,扭力扳手,抹布,常用工具,零件车,维修手册。

二、技能要求

1. 喷油泵的喷油提前角应符合原厂技术规定,如图 7-4-23 所示。

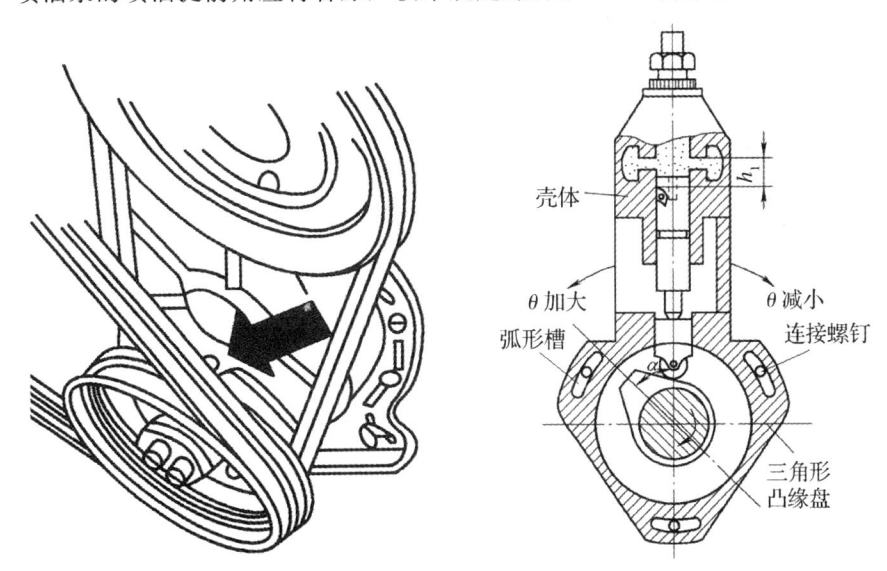

图 7-4-23 供油正时记号和供油正时的调整

2. 各安装螺栓、螺母和油管接头应按规定力矩拧紧。

三、任务步骤(以云柴 4100QB 为例)

1. 准备工作

拉起驻车制动器,安装车轮挡块和尾气排放管;打开发动机机舱盖,铺垫各种防护布。

2. 检查静态供油正时(人工经验法)

(1)摇转曲轴使第一缸活塞处于压缩行程中,当发动机时规壳上的固定标记对准曲轴带轮上的供油提前角记号时,停止摇转曲轴。

(2)检查喷油泵第一分泵开始供油时标记是否对正。若两刻线记号正好对正,说明喷油泵第一缸柱塞开始供油时间是准确的;若联轴器与从动盘刻线记号还未到达泵壳前端面上的刻线记号,说明第 1 缸柱塞开始供油时间晚;反之,若联轴器从动盘上记号已越过前端面上的刻线记号,说明第 1 缸柱塞开始供油时间早。

(3)若联轴器从动盘和泵壳前端面上没有记号,应拆下喷油泵第 1 缸高压油管,摇转曲轴,当第 1 缸柱塞快要高压供油时,缓慢摇转曲轴并注视第 1 缸出油阀出油口液面。当液面刚刚向上移动时,停止摇转曲轴,此时即为 1 缸开始供油位置。为了以后检查方便,应在联轴器从动盘上和泵壳前端面上补做一对记号。

> **小提示**：柴油机供油正时的检查方法有喷油正时灯、发动机综合检测仪和人工经验法。

> **查一查**：通过互联网查一查其他柴油机的供油正时，例如图 7-4-24 所示。

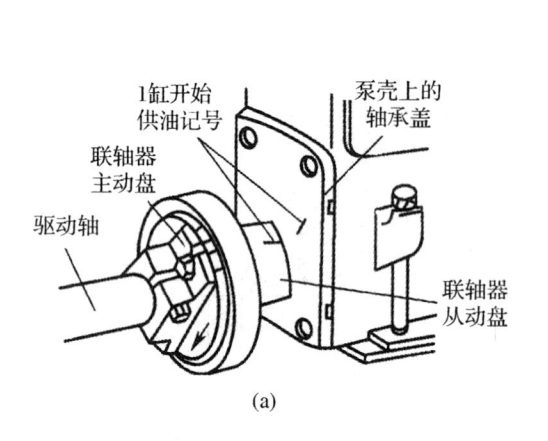

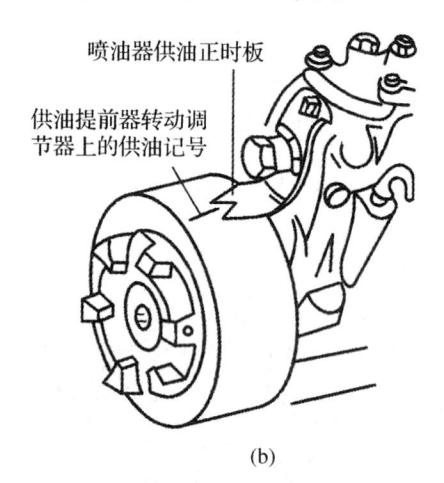

图 7-4-24 供油正时记号

3. 就车拆卸喷油泵

(1) 拆卸发动机前端附件。

(2) 拆卸喷油提前器小盖，拧下提前器紧固螺母。

(3) 拆卸高、低压油管和机油管。

(4) 拆卸喷油泵前端三颗连接螺钉和后端支架紧固螺母，用冲子冲凸轮轴取下喷油泵。

(5) 清洗喷油泵外部表面，然后交给有专业设备的专业人员调校。

4. 就车安装喷油泵

(1) 清洁喷油泵座及其他附件。

(2) 转动喷油器凸轮轴，使其键槽对准提前器键槽，将喷油泵安装于发动机上。

(3) 拧上四颗喷油泵紧固螺母或螺栓，但不要立即拧紧。

(4) 安装提前器紧固螺母；安装低压油管和高压油管，但1缸不要安装。

5. 调整静态供油正时（如图 7-4-23 所示）

(1) 用手油泵排除低压油路和喷油泵内的空气。

(2) 用抹布擦净1缸油泵接头，将油门踏板推到最大位置。

(3) 摇转曲轴，使1缸油管接头出油口刚好冒油为止，观察曲轴皮带轮上的供油刻线（17°±2°）是否对准正时盖上的正时指针。若未对准，转动喷油泵使其对正。

(4) 紧固喷油泵固定螺母或连接螺钉，安装1缸高压油管，安装提前器小盖。

(5) 安装发动机前端附件。

> **小提示**：逆着凸轮轴转向传动喷油泵壳体，喷油提前角 θ 变大；反之 θ 则减小。

6. 检验供油正时

起动发动机，根据发动机怠速的稳定程度、发出的声响和排烟等运转情况来判断供油时间是否恰当。喷油正时时发动机容易起动；怠速时有轻微的着火敲击声，但稍加油门则消失；排烟较少，加速有力。否则为喷油时间过早或过晚。

7. 结束工作

收起防护布,关闭发动机机舱盖,收起车轮挡块;清洁车辆、场地,整理工具。

【任务拓展】

一、VE 型分配泵系统

日本丰田公司柴油轿车最早装用由日本电装公司开发的 ECD-V1 系统,如图 7-4-25 所示。该系统是在转子分配式喷油泵的基础上,加装电子控制装置而形成的。主要传感器包括:发动机转速传感器、加速踏板位置传感器、滑套位置传感器、正时活塞位置传感器、进气压力传感器、进气温度传感器、冷却液温度传感器、车速传感器、空挡开关、起动开关、空调开关等。ECD-V1 系统的控制功能包括:燃油喷射控制、进气节流控制、预热塞控制、自诊断和安全保护功能等。

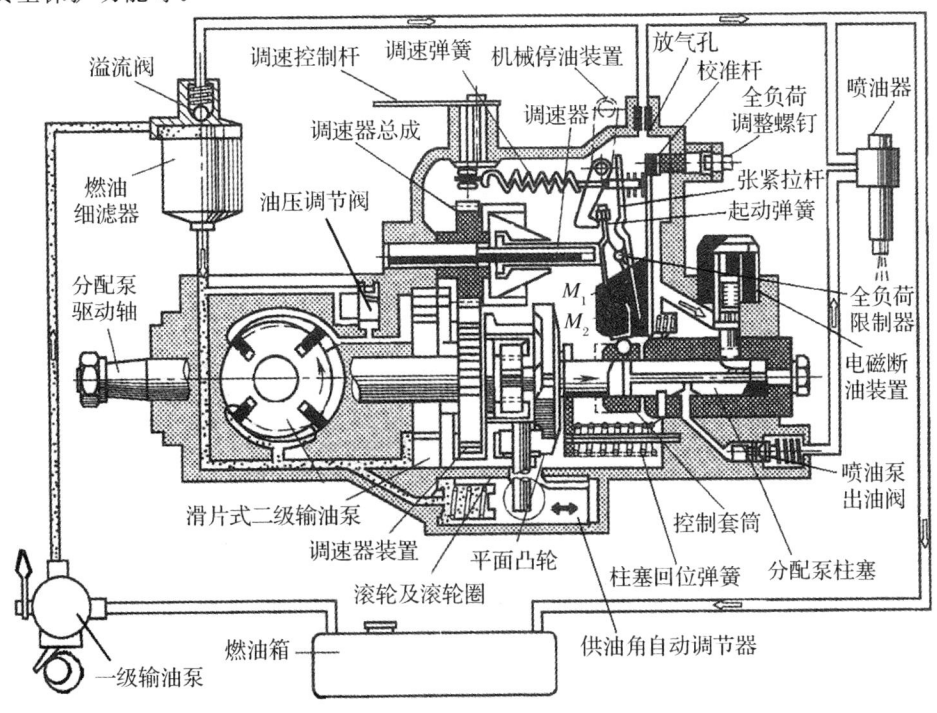

图 7-4-25　ECD-V1 燃油供给系统

二、PT 燃油系统

PT 燃油系统是美国康明斯公司的专利,于 1954 年用于康明斯发动机上。P、T 分别是英文压力(Pressure)和时间(Time)的缩写,即靠压力—时间原理来调节油量,所以 PT 燃油系统又称为压力—时间系统。如图 7-4-26 所示,它是根据燃油泵的输油压力和 PT 喷油器的计算时间的相互配合来控制循环供油量的。

PT 燃油供给系统主要由燃油箱、柴油滤清器、PT 燃油泵、PT 喷油器、油管等组成。其中 PT 燃油泵是低压油泵,具有输油、调整压力和调速的作用。如图 7-4-27 所示,PT 燃油泵装有齿轮输油泵、燃油滤清器、稳压器、节流阀、停车阀、冒烟限制器、PT-G 两速离心调速器和 MVS 全速式调速器。PT 喷油器对来自 PT 泵的燃油进行计量、加压后将其喷入燃烧室,它具有计量、定时、加压和喷射的作用。

图 7-4-26　PT 燃油供给系统

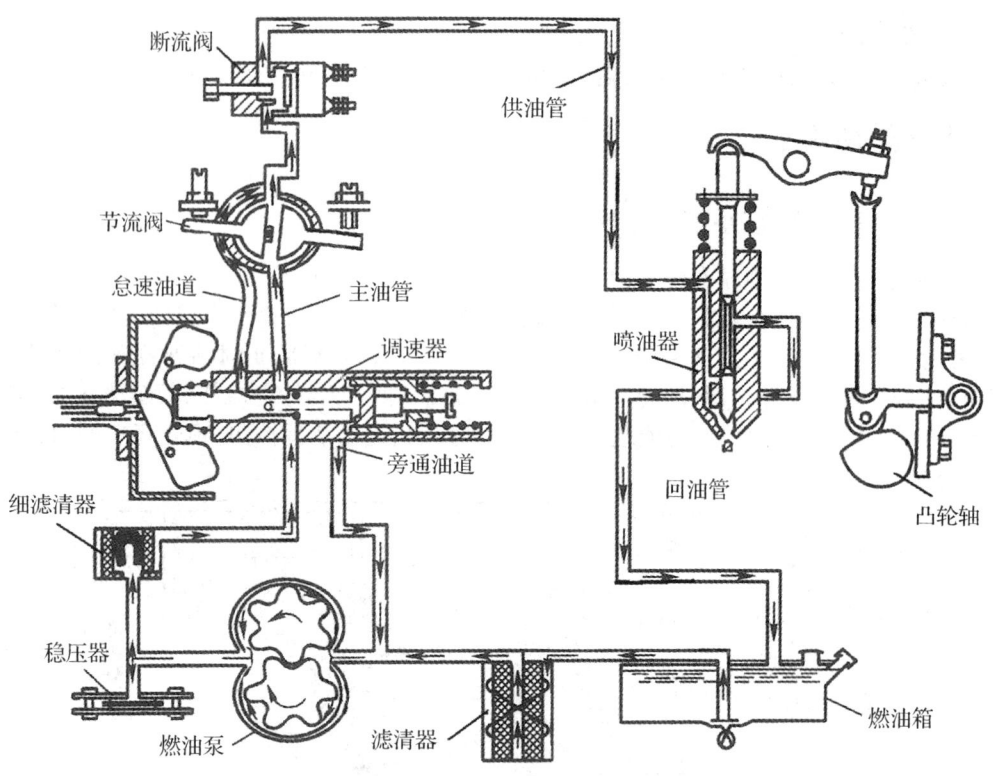

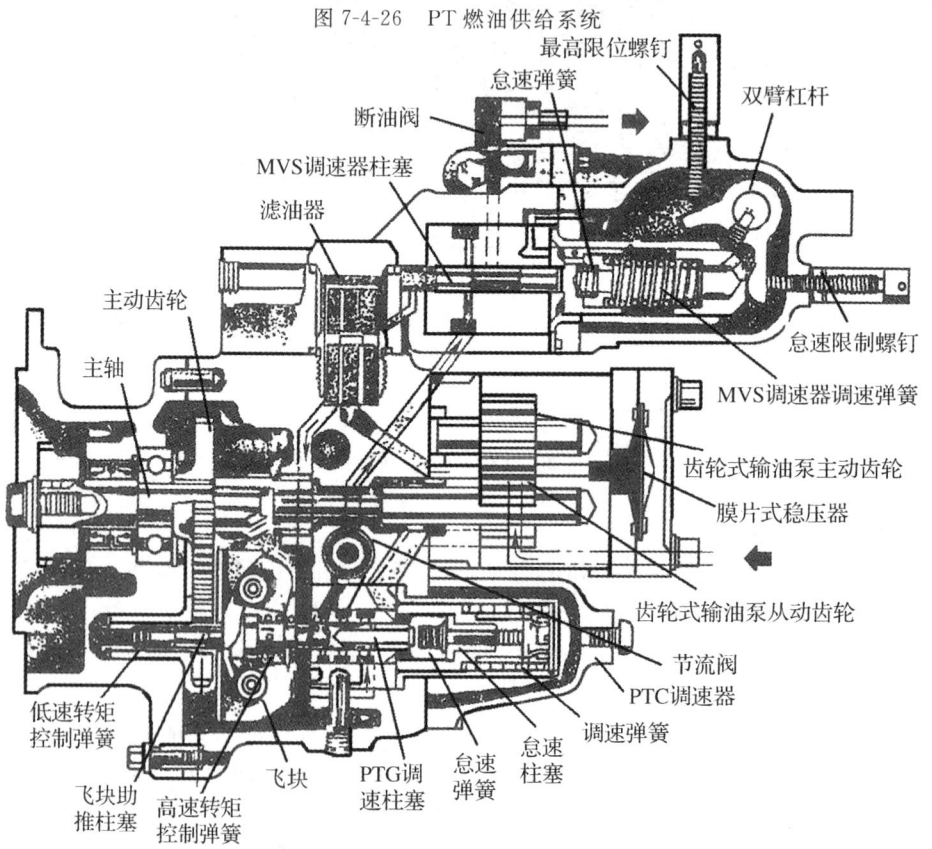

图 7-4-27　PT 燃油泵的结构

【任务检测】

一、填空题

1. 柴油机的发展方向是_____、_____、_____。
2. 最佳喷油提前角受_____、_____、_____、_____、_____等多种因素的影响。
3. 喷油泵的供油量主要决定于_____的位置,另外还受_____的影响。
4. 柴油机燃料供给系统的_____与_____,_____与_____,_____与_____称为柴油供给系统的"三大精密偶件"。
5. 柴油滤清器一般都是_____的,其滤芯材料有_____、_____、_____、_____等。目前广泛采用的是_____。

二、选择题

1. 柴油机混合气是在( )内完成的。
   A. 进气管　　　　B. 进气道　　　　C. 化油器　　　　D. 燃烧室
2. 喷油器工作间隙泄漏的极少量柴油经( )流回柴油箱。
   A. 高压油管　　　B. 低压油管　　　C. 回油管　　　　D. 输油管
3. 在柴油机中,改变喷油泵柱塞与柱塞套的相对位置,则可改变喷油泵的( )。
   A. 供油时刻　　　B. 供油压力　　　C. 供油量　　　　D. 喷油锥角
4. 四行程柴油机的喷油泵凸轮轴的转速与曲轴转速的关系为( )。
   A. 1∶1　　　　　B. 2∶1　　　　　C. 1∶2　　　　　D. 4∶1
5. 偶件滑动性检验时,倾斜( ),柱塞在柱塞套内应能连续缓慢下滑到底。
   A. 45°　　　　　　B. 60°　　　　　　C. 75°　　　　　　D. 85°
6. 孔式喷油器的喷油压力比轴针式喷油器的喷油压力( )。
   A. 大　　　　　　B. 小　　　　　　C. 不一定　　　　D. 相同

三、判断题

1. 柴油的十六烷值越高,其蒸发性越强,发火性越好。　　　　　　　　　　( )
2. 精密偶件的加工精度非常高,可以进行互换。　　　　　　　　　　　　　( )
3. 喷油器喷孔堵塞可用细钢丝疏通。　　　　　　　　　　　　　　　　　　( )
4. 喷油提前角对柴油机的动力性、经济性及排放影响很大。　　　　　　　　( )
5. 汽车用柴油机必须采用重柴油。　　　　　　　　　　　　　　　　　　　( )
6. 同一发动机上,各喷油器之间针阀是可以互换的。　　　　　　　　　　　( )

【评价与反馈】

班级：_____ 姓名：_____ 指导教师：_____

序号	考核项目	项目分值	考核内容	配分	考核标准	得分
1	出勤/纪律	5	出勤	2	违规一次不得分	
			行为规范	3	违规一次不得分	
2	安全/防护/环保	20	着装	2	违规一次不得分	
			个人防护	3	违规一次不得分	
			5S/EHS	5	违规一次不得分	
			设备使用安全	5	违规一次不得分	
			操作安全	5	违规一次不得分	
3	任务检测	20	任务测验成绩	20	测验成绩的20％计	
4	技能考核	35	技能测验成绩	35	测验成绩的35％计	
5	学习能力	10	工单填写,工艺计划制定	4	未做不得分	
			组内活动情况	5	酌情扣1～5分	
			资料查阅和收集	1	未做不得分	
6	任务拓展	10	知识拓展任务	2	未做不得分	
			技能拓展任务	8	未做不得分	
7	总分	100				

【教师评估】

序号	优点	存在问题	解决方案

教师签字：

任务五 认识电控式柴油燃料供给系统

【任务目标】

目标类型	目标要求
1. 认知目标	(1) 描述电控柴油供给系统的类型； (2) 阐述电控柴油供给系统的组成； (3) 叙述电控柴油供给系统的发展； (4) 认识电控柴油供给系统的零部件。
2. 技能目标	达到汽车维修中级工如下要求： (1) 完成电控柴油供给系统的零部件的识别； (2) 运用所学知识对主要零件的检修。
3. 情感目标	(1) 养成良好的学习和工作习惯； (2) 注意操作安全、设备安全、个人防护等。

【任务描述】

柴油轿车有近七十年的历史，现代柴油机电控技术却只有十几年的历史。传统的柴油机可燃混合气的形成时间短，且与燃烧过程交错在一起，难以实现喷油量、喷油压力和喷油正时完全按最佳工况运转的要求，也不能满足日益严格的排放标准。现代车用柴油机对降低油耗、减少排放和降低噪声的要求越来越高。满足这些条件都需要喷油系统具有很高的喷油压力、极灵活的控制柔性、极准确的喷油过程和极精确的喷油量。因此，机械调节式喷油系统或喷油压力低而功能有限的电控分配泵等已无法满足这些要求。受世界范围内对内燃机动力性能、燃油经济性能、排放要求的提高，以及电控燃油系统发展的影响，20世纪80年代以来，德国博世公司、英国卢卡斯公司、美国康明斯公司等都竞相开发新产品并投放市场，以满足需求。

【知识准备】

一、电控式柴油供给系统的发展

1. 第一代电控柴油喷射系统（电控喷油泵技术）

第一代保留了传统的喷油泵（凸轮压油）、高压油管和喷油器系统，而用电子调速器代替机械调速器以实现供油量的调整，用电子提前器代替机械式喷油提前器以实现喷油正时的控制，也称位置控制系统。典型的喷射系统有电控直列泵喷射系统（如博世的PE系统）和电控VE型分配泵喷射系统［如电装（Denso）的ECD-V1系统］。

2. 第二代电控柴油喷射系统（电控泵喷嘴技术）

第二代仍维持传统的脉动式柱塞泵泵油，但供油量和喷油正时的调节则由电脑控制的高速电磁阀的开闭时刻决定，全部取消了传统的油量调节机构和喷油提前器，也称时间控制系统。典型的喷射系统有电控分配泵喷射系统（电装 ECD-V3）和电控泵喷嘴系统（美国 HEUI）。

3. 第三代电控柴油喷射系统（电控共轨技术）

第三代电控柴油喷射系统也称为电控共轨式喷射系统。它有与发动机转速和负荷无关的独立的燃油升压机构（供油泵），ECU 可独立控制油轨内的燃油压力，并通过控制电磁阀或压电晶体来控制喷油量和喷油时间。它将喷射压力的产生和喷射过程彼此分开，实现了燃油喷射压力、喷射时间和喷射量等全部电子控制。它是今后电控柴油喷射系统的发展方向，典型的喷射系统有电装的 ECD-U（博世（Bosch）的 CRS、美国的 Delphl、英国的 Lucas）。

4. 电控共轨式供油系统的发展

（1）第一代共轨系统（1997 年）。高压油泵总是保持在最高压力，导致燃油的浪费和很高的燃油温度。商用车最高喷射压强为 140 MPa，乘用车喷射压强为 135 MPa。

（2）第二代共轨系统（2000 年）。可根据发动机需求而改变输出压力，并具有预喷射和后喷射功能。带有控制油量的油泵，喷射压强能达到 160 MPa，不仅有助于降低燃油消耗，而且还可以降低燃油温度，从而省去燃油冷却装置。预喷降低了发动机噪声，在主喷射之前百万分之一秒内少量的燃油被喷进了气缸压燃，预热燃烧室。预热后的气缸使主喷射后的压燃更加容易，缸内的压力和温度不再突然增加，有利于降低燃烧噪音。在膨胀过程中进行后喷射，产生二次燃烧，将缸内温度增加 200～250 ℃，降低了排气中的碳氢化合物。

（3）第三代共轨系统（2003 年）。压电式（Piezo）执行器代替了电磁阀，得到了更加精确的喷射控制；省去回油管，结构更简单；压强从 20～200 MPa 弹性调节；最小喷射量可控制在 0.5 mm^3，减小了烟度和 NO_x 的排放。最高喷射压力达到 180 MPa；压电式喷油器的系统使带预喷和后喷的喷油率曲线范围更为自由。

（4）第四代共轨系统（2008 年）。以喷油压强来分类，第一代达到 135 MPa，第二代达到 160 MPa，第三代已经达到 180 MPa，第四代增大到 220 MPa。第四代的关键技术是同轴可变喷油嘴和液力增压技术。博世公司第四代采用的增压技术在 2008 年开始使用，油泵在共轨内产生的压力比较低，一旦进入到喷射器内，喷射压强经液力增压，提高到 220 MPa 以上。喷射压强高，表明采用小孔喷嘴可获得良好的喷雾特性，空气混合得更充分，燃烧效率更高。

5. 我国电控柴油喷射系统的发展

我国对电控柴油喷射系统的研究、开发始于 20 世纪 90 年代。国内车用柴油机针对国Ⅲ排放标准实施的燃油系统技术路线主要有电控泵喷嘴（EUI）、高压共轨（Common Rail）、电控单体泵（EUP）和电控直列泵（EIL＋EGR）四种。在这四种技术路线中，德尔福在中国市场针对中轻型车推广共轨技术，针对重型车提供泵喷嘴和单体泵技术；博世在中国市场主推高压共轨系统；电装目前正在研发第三代、第四代共轨系统，同时也在为中国市场的共轨系统做适应性二次开发；而自主国产的亚新科南岳、成都威特等则提出了电控单体泵的低成本解决方案。

二、电控共轨式柴油喷射系统的概述

电控共轨式柴油喷射技术集计算机控制技术、现代传感检测技术以及先进的喷油器结构于一身。它不仅能达到较高的喷射压力、实现喷射压力和喷油量的控制，而且还能实现预喷射和后喷射，从而优化喷油特性、降低柴油机噪声和减少废气的排放量。

1. 电控共轨式柴油喷射系统的特点

（1）共轨式柴油喷射系统的优点。

①相对于机械式直列泵，其喷射压力相对较高，目前国内最高喷射压强可达180 MPa。

②喷油压强独立于发动机转速，可以改善发动机低速、大负荷时的性能。

③可实现预喷射、主喷射和后喷射，甚至可实现五次喷射，调节喷油率形状，实现理想喷油规律。

④喷油正时和喷油量可以由ECU控制自由设定。

⑤驱动扭矩小及其NVH指标较好。

⑥可以通过电控系统进行各缸工作均匀性校正。

⑦喷油压强调节范围宽泛，可随柴油机运转工况而变化，且起动性能好。

（2）共轨式柴油喷射系统的缺点。

①关键燃油喷射技术为国外少数几家公司所垄断。

②油品适应性差。

③共轨系统并未得到市场的可靠性认可。

④用户维修保养成本高，电控共轨系统的故障必须依靠专业故障诊断仪器进行检测和维修，对于长途运输不利。

2. 电控共轨式柴油喷射系统的类型

（1）按照喷油高压形成的不同，共轨式电控燃油喷射系统有高压共轨式和中压共轨式两种基本类型。它们的主要判别在于高压燃油的获得方式不同，前者由高压燃油泵直接提供，而后者则借助于增压柱塞增压后获得。

（2）根据压力的存储不同，分为蓄压式电控燃油喷射系统、液力增压式电控燃油喷射系统和高压共轨式电控燃油喷射系统，其中高压共轨式电控燃油喷射系统最具有优越性。

（3）根据喷油器的不同，分为液压驱动式共轨系统、电磁驱动先导式共轨系统、压电泄油式共轨系统和可变喷嘴增压式共轨系统。

3. 电控共轨式柴油喷射系统的组成

如图7-5-1所示，汽车柴油机电控高压共轨喷油系有电控系统和燃油供给系统两大部分。而燃油供给系由低压供油部分和高压供油部分组成，低压供油部分包括燃油箱（带有滤网）、输油泵、燃油滤清器及低压油管。高压供油部分包括带调压阀的高压泵、高压油管、作为高压存储器的共轨（带有共轨压力传感器）、限压阀、流量限制器、喷油器、回油管。电控系统由传感器、执行器和ECU三部分组成。ECU是电控燃油共轨的核心部分。

4. 电控共轨式柴油喷射系统的原理

电控共轨式柴油喷射系统的工作原理与汽油发动机电控系统相似，如图7-5-2所示，系统利用各种传感器检测发动机工况，ECU根据发动机的负荷信号（加速踏板位置）和转速（或曲轴位置）信号确定柴油机的喷油量（喷油时间）和喷油提前角（喷油时刻），再根据冷却温度信号、进气温度信号、进气压力信号、喷油正时信号等修正喷油量和喷油正时。同时，根据发动机负荷状况和共轨内的实时油压，通过调压阀不断调节共轨内油压，从而控制喷油压力。此外，电子控制喷射系统还可和其他系统的ECU互通数据，以实现整车的电子控制。诊断接口可在车辆检修时，输出系统存储的运行数据和故障代码。

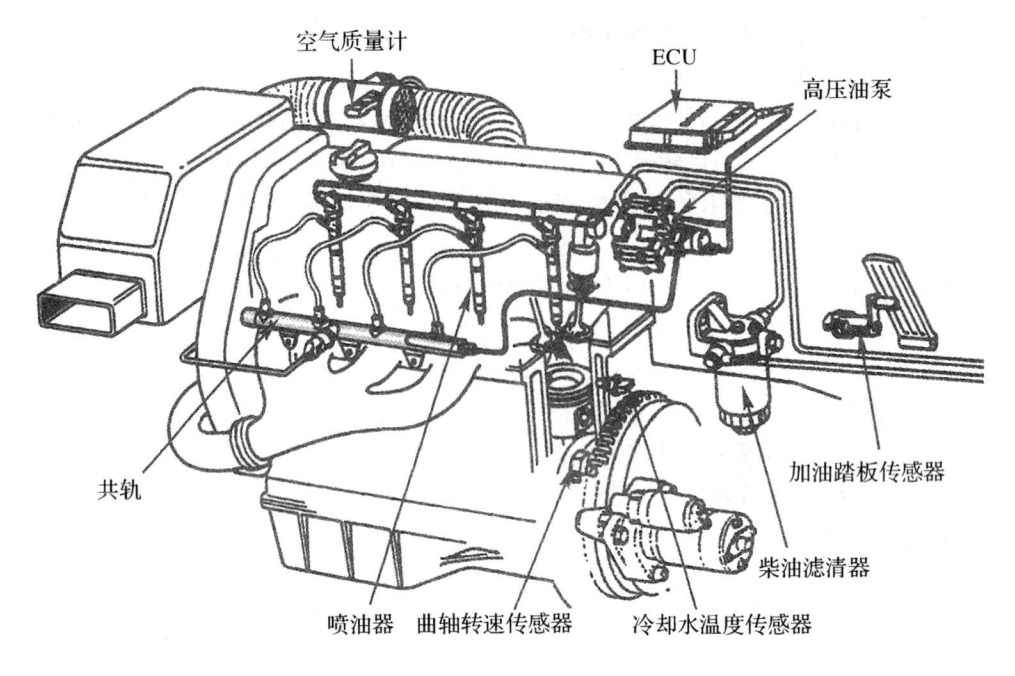

图 7-5-1 电控共轨式柴油供给系统的组成

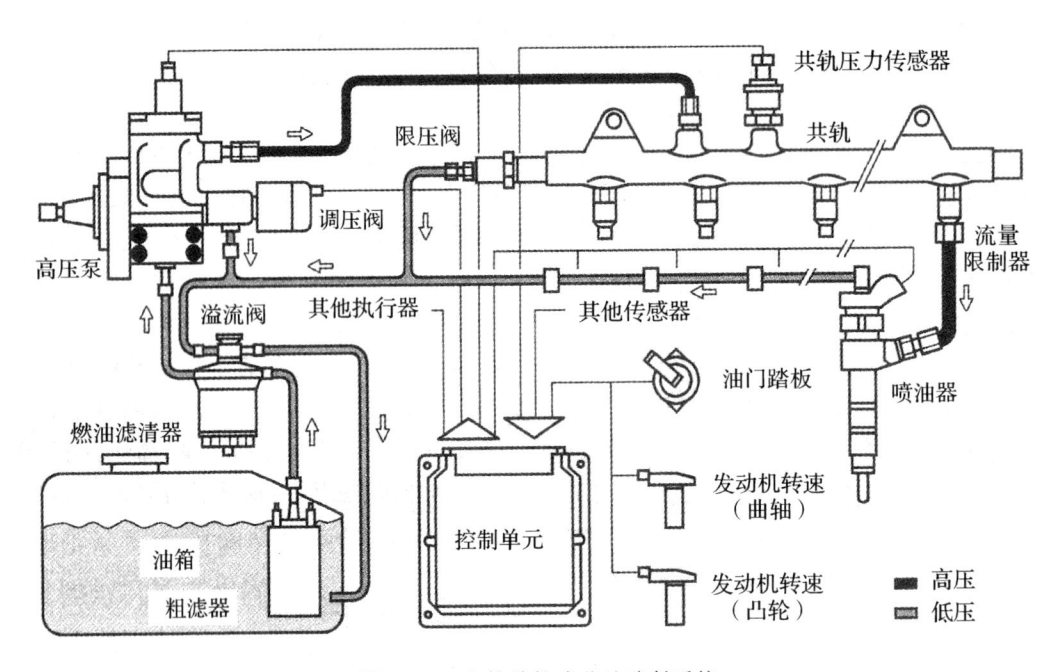

图 7-5-2 电控共轨式柴油喷射系统

三、电控共轨柴油供给系统主要零件的构造

1. 低压部分

低压部分向高压部分提供足够的燃油,其主要组成部件如图 7-5-3 所示。

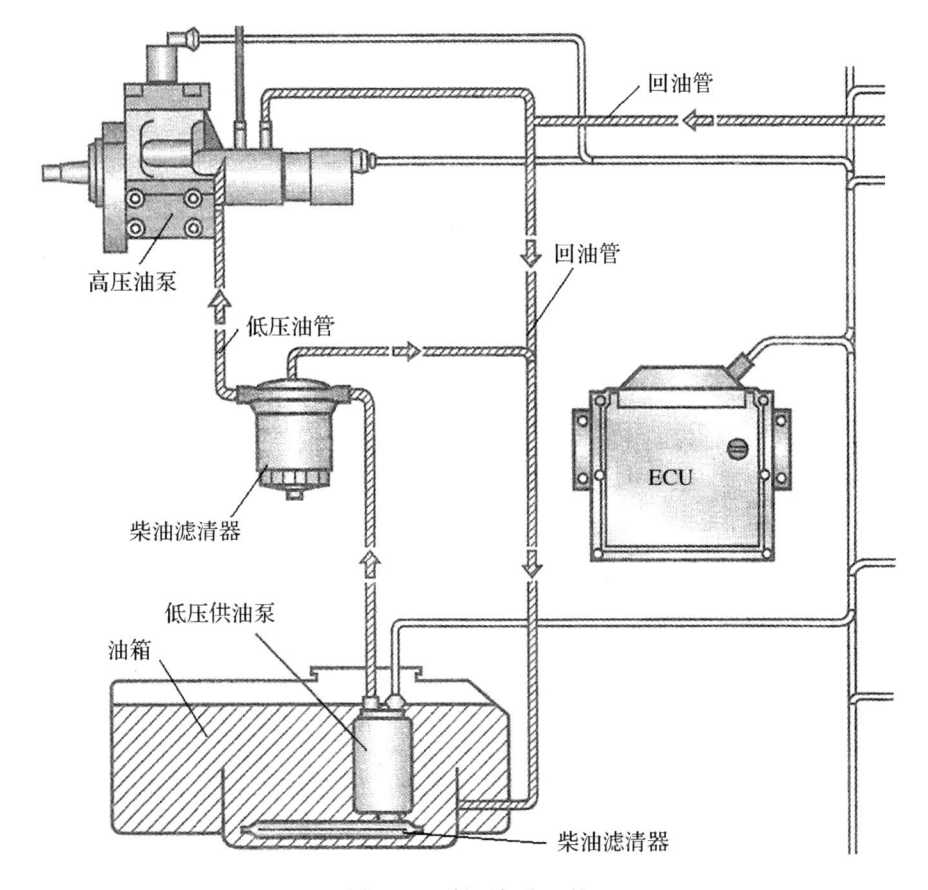

图 7-5-3 低压部分组件

（1）燃油箱。燃油箱必须抗腐蚀，且至少能承受 2 倍的实际工作油压，在不低于 0.03 MPa 压强的情况下仍保持密封。如果油箱出现超压，可经过适当的通道和安全阀自动卸压，不会从加油口或压力平衡装置中流出。同时，燃油箱必须要远离发动机，可减小发生火灾的危险。

（2）低压油管。采用钢管或用阻燃的包有钢丝编织层的柔性管。油管的布置必须能够避免机械损伤，且在其上滴落的燃油既不能聚积，也不会被引燃。

（3）输油泵。输油泵是一种带有滤网的电动泵或齿轮泵，它将燃油从燃油箱中吸出连续供给高压泵。输油泵的功用是在任何工况下，为燃油提供所需的压力，并在整个使用寿命期内向高压泵提供足够的燃油。目前输油泵有电动输油泵和机械齿轮泵两种。

①电动输油泵：电动输油泵用于乘用车和轻型商用车。其作用是向高压泵输送燃油，必要时中断燃油输送。电动输油泵有油管安装式和油箱安装式两种。油管安装式输油泵安装在车辆底盘上的油箱与燃油滤清器之间的油管上；而油箱安装式输油泵则安装在油箱内的专用支架上，其总成通常还包括吸油滤网、油位显示器、储油罐以及与外部连接的电气和液压接头。电动输油泵由泵油元件、电动机和连接盖三部分组成，如图 7-5-4 所示。电动机由永磁铁和电枢组成，电动机和泵油元件装在共用的外壳中，燃油不间断地流过，从而使其得到冷却，因此，无需在泵油元件与电动机之间设置复杂的密封件便可获得较高的电动机功率。连接盖包含电气接头和压油端的液压接头，另外，还可以在连接盖中设置防干扰装置。

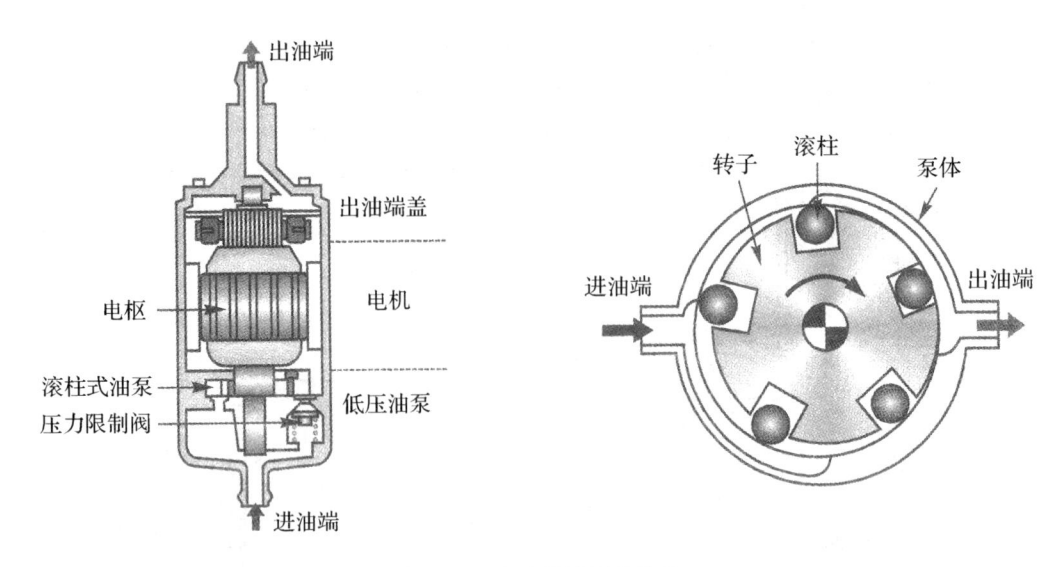

图 7-5-4　电动输油泵的结构

②齿轮输油泵：齿轮输油泵用于乘用车和轻型商用车的共轨喷油系统中，向高压泵输送燃油。其装在高压泵中与高压泵共用驱动装置，或装在发动机旁配有单独的驱动装置。驱动装置一般为联轴节、齿轮或齿带。齿轮输油泵的基本构件是2个互相啮合反向转动的齿轮，它们将齿隙中的燃油从吸油端送往压油端，如图7-5-5所示。齿轮的接触线将吸油端和压油端互相密封以防止燃油倒流。其输油量与发动机转速成正比，因此输油量的调节借助于吸油端的节流调节阀或压端的溢流阀进行。齿轮泵在工作期间无需保养。为了在第一次起动时或燃油箱放空后排空燃油系统中的空气，可在齿轮泵或低压管路上装配手动泵。

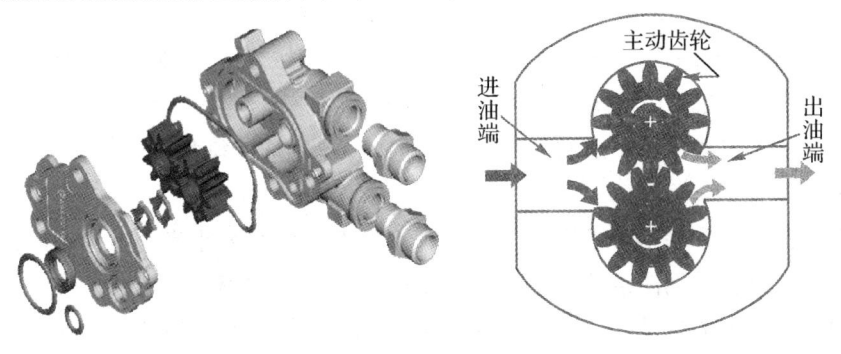

图 7-5-5　齿轮泵的结构及原理

（4）滤清器。如图7-5-6所示，燃油滤清器是将进入高压泵前的燃油滤清净化，防止高压泵、出油阀和喷油器等精密件过早磨损和损坏。燃油中的杂质可能使泵油元件、出油阀和喷油嘴损坏，因此使用满足喷油系统要求的燃油滤清器，是保证发动机正常工作和延长使用寿命的前提条件。通常燃油中会含有化合形态（乳浊液）或非化合形态（温度变化引起的冷凝水）的水。如果这些水进入喷油系统，会对其产生腐蚀并造成损坏，因此与其他喷油系统一样，共轨喷油系统也需要带有集水槽的燃油滤清器，每隔适当时间必须将水放掉。自动水报警装置的报警灯闪亮时，必须将水排出。对于含水量较高的燃油，装用这种装置是必需的。

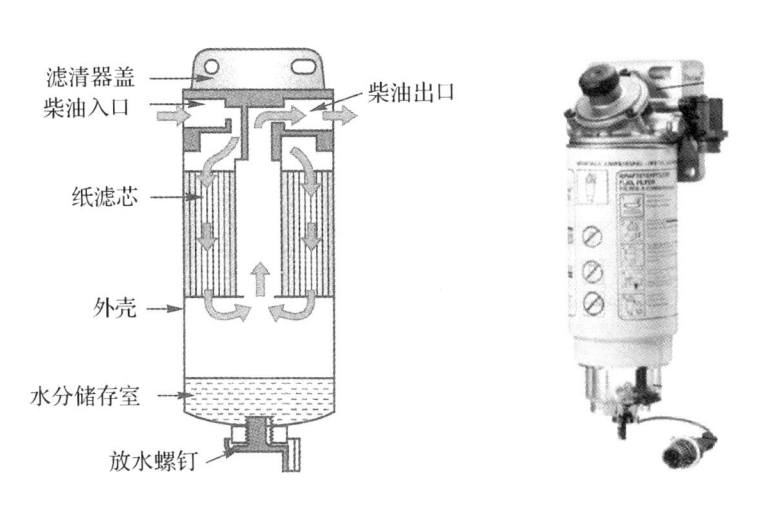

图 7-5-6　燃油滤清器

2. 高压部分

高压部分除了产生高压力的组件外,还有燃油分配和计量组件,如图 7-5-7 所示。

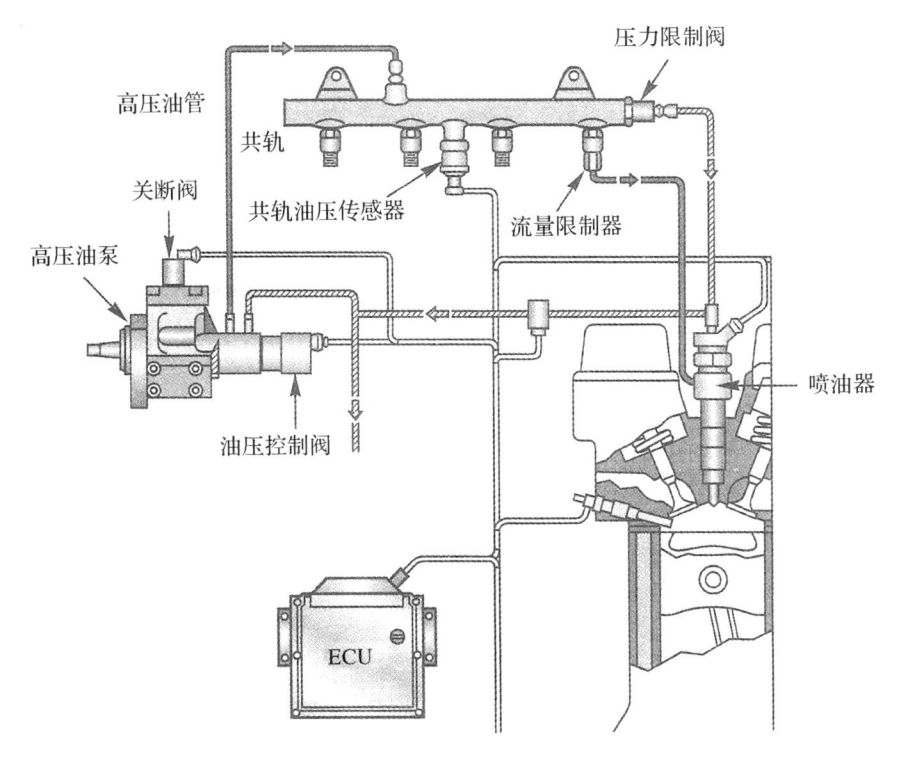

图 7-5-7　高压部分组件

(1)高压泵。

①功用:高压泵位于低压部分和高压部分之间,将低压燃油变成高压燃油,存储在共轨内,并通过油压控制器进行调节、设定。

②结构:高压泵像普通分配泵那样装在柴油机上,以齿轮、链条或齿形皮带形式连接在发动机上,最高转速为 3 000 r/min,依靠燃油润滑。如图 7-5-8 所示为其横断面,如图 7-5-9 所示为其纵断面,由三组相互呈 120°径向布置的柱塞组所组成。驱动轴转 1 圈有 3 个供油行程,油压连续且稳定;驱动转矩为 16 N·m,仅为同等级分配泵驱动转矩的 1/9,相当省力。

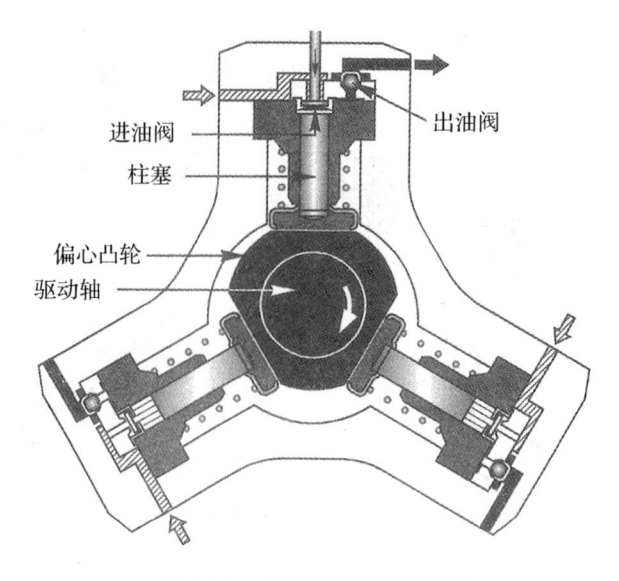

图 7-5-8 高压泵的横断面结构

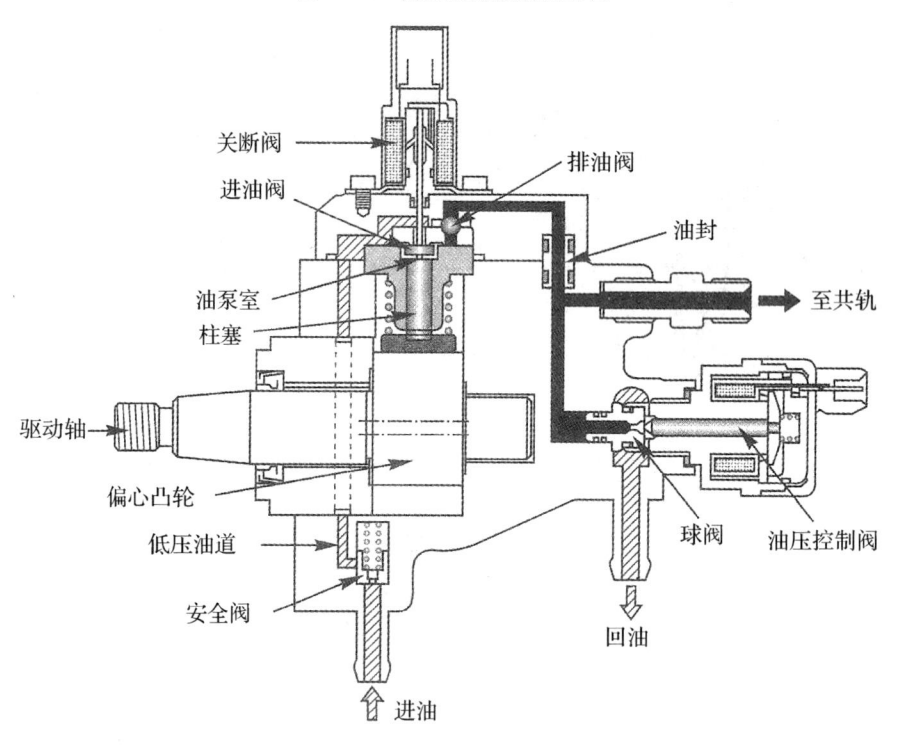

图 7-5-9 高压泵的纵断面结构

③工作过程:燃油通过输油泵加压经滤清器送往安全阀,安全阀上的节流孔将燃油压到高压泵的润滑和冷却回路中。带偏心凸轮的驱动轴或弹簧根据凸轮形状相位的变化而将泵柱塞推上或压下。供油压力超过了安全阀的开启压力,则输油泵通过进油阀将燃油压入柱塞腔。当柱塞达到下止点后转而上行时,则进油阀被关闭,柱塞腔内的燃油被压缩,只要达到共轨压力就立即打开排油阀,被压缩的燃油进入高压回路。到上止点前,柱塞一直泵送燃油。达到上止点后压力下降,排油阀关闭。柱塞向下运动时,剩下的燃油降压,直到柱塞腔中的压力低于输油泵的供油压力时,吸油阀再次被打开,重复进入下一工作循环。

④关断阀:由于高压泵是按高供油量设计的,在怠速和部分低负荷时泵送的燃油会过多,造成动力损耗和柴油温度升高。因此,在三组柱塞的一组上设有关断阀。当共轨不需太多柴油时,关断阀开启,装在其中的衔铁销将进油阀打开,从而使柱塞腔中的燃油不受压缩,又流回到低压油路,高压泵不再连续供油,而是处于供油间歇阶段,减少了功率消耗。

⑤油压控制阀:调压阀通常直接装在高压泵旁,或固定在共轨上,用以保持和调整共轨内正确的油压。其结构如图7-5-10所示,不通电时,只要油压超过弹簧力,控制阀打开泄油,依据送油量大小与之保持一定的开度。通电时,弹簧力加上电磁力使送油压力提高,油量和油压的大小可通过调节脉冲宽度的方式来改变。

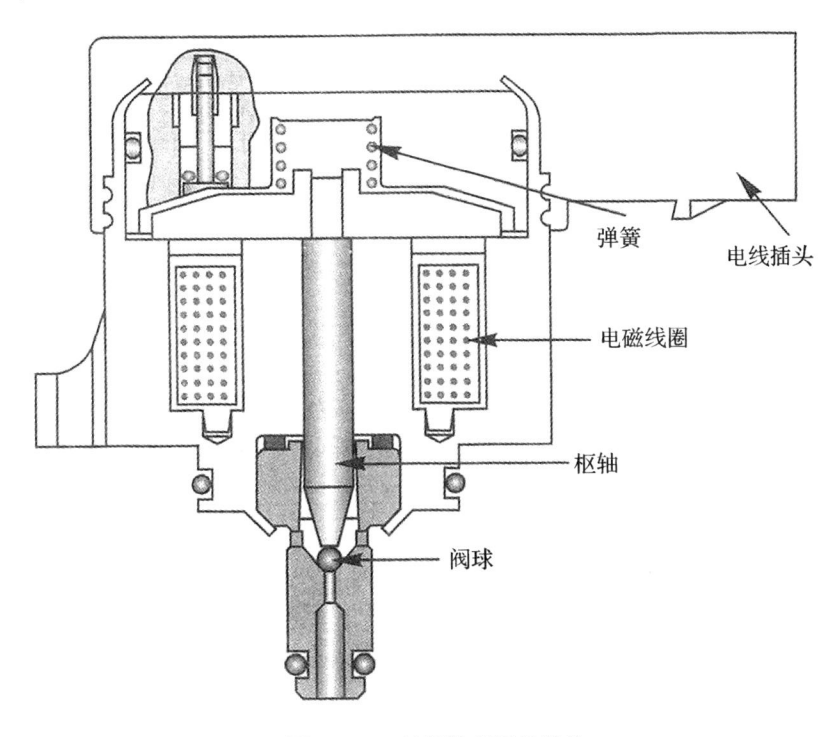

图7-5-10 油压控制阀的结构

(2)共轨。共轨内油压应随时保持一定,以确保喷油器喷油时,燃油压力基本保持不变。如图7-5-11所示,高压共轨是一根中空的焊接管,用来存贮高压燃油,同时,高压泵供油和喷

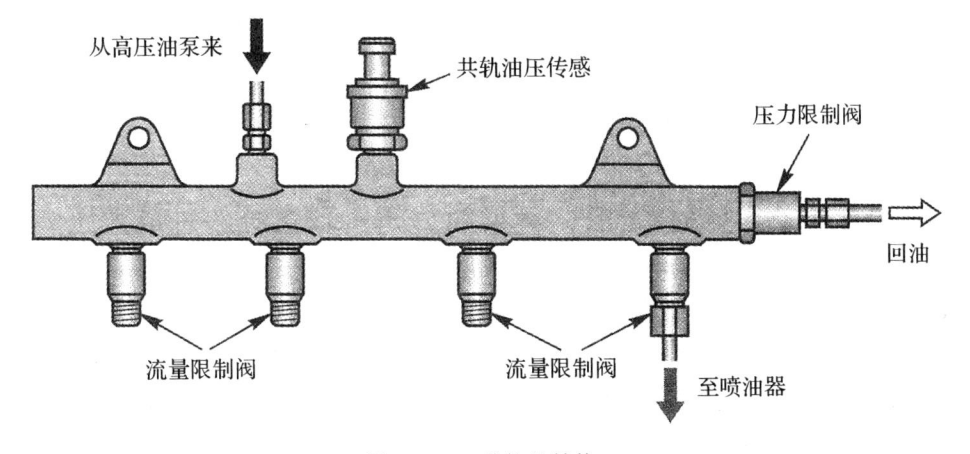

图7-5-11 共轨的结构

油产生的压力波动可以在高压共轨中得到抑制。要求共轨的容积能使喷油器的启闭和高压油泵的工作引起的压力波动减到最小。新型共轨上装有压力传感器、流量限制阀和限压阀。

①压力传感器:其作用是向 ECU 提供共轨燃油压力信号。如图 7-5-12 所示为压阻式高压传感器,最高频率 1 kHz,测量范围在 0～200 MPa。实时测定共轨管中的实际压力信号,并把压力信号转化为电压信号,压力增大,电压增大,二者之间为线性关系,然后送给 ECU,由其进行相关比较,运算后控制调压阀实施反馈控制,通过对供油量的增减来调节油压,使其稳定在目标值。

②流量限制阀:用来防止喷油器可能出现的持续喷油现象。如图 7-5-13 所示,当共轨流出的油量超过最大值时,限制器将自动关闭流向相应喷油器的进油口,停止继续喷油。

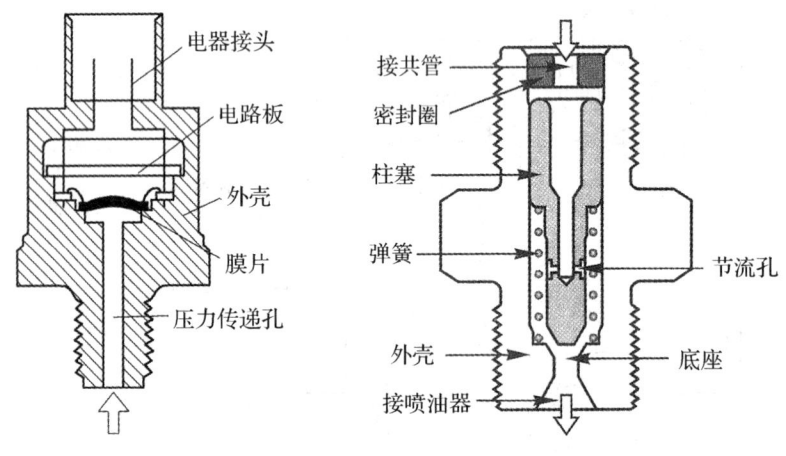

图 7-5-12 压力传感器的结构　　图 7-5-13 流量限制阀的结构

小提示: 维修时高压传感器不能拆下。压力传感器不能从油轨上拆下。

③压力限压阀:限制共轨内的最大压力,以确保安全性。其结构如图 7-5-14 所示,在正常作用压力(135 MPa)下锥形阀关闭,当系统超过最大压力时,锥形阀打开,柴油流回油箱。

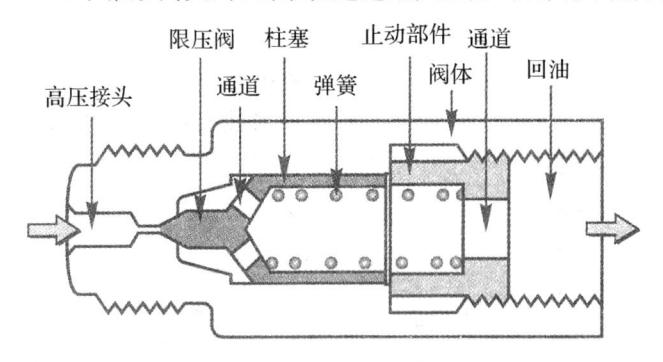

图 7-5-14 油压传感器的结构

(3)喷油器。

①电磁式喷油器:由孔式喷油嘴、液压伺服系统和电磁阀三部分组成,如图 7-5-15 所示。在电磁阀不通电时,电磁阀关闭控制活塞顶部的回油量孔,高压油轨的燃油压力通过进油量孔作用在控制活塞上,将喷嘴关闭;当电磁阀通电时,回油量孔被打开,控制室的压力迅速降低,控制活塞升起,喷油器开始喷油;当电磁阀关闭时,控制室的压力上升,控制活塞下行关闭喷油器完成喷油过程。

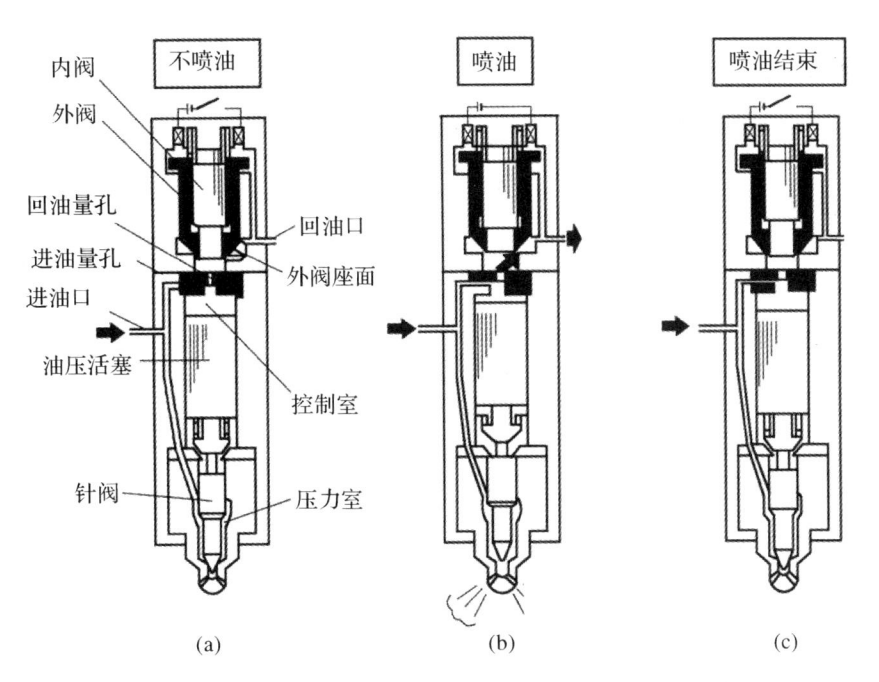

图 7-5-15 电磁式喷油器的结构及原理

②压电式喷油器：如图 7-5-16 所示。共轨内的高压柴油进入喷油器后分两路，一路经油道向下进入喷油嘴压力室对针阀产生向上的作用力；另一路通过节流孔进入活塞杆顶部的油腔。当压电晶体不通电时，单向阀关闭，活塞杆两端的压力相等，喷油嘴针阀紧压在阀座上，喷油器不喷油；通电后压电晶体伸长，推动大活塞压缩油腔的柴油，柴油再推动小活塞将单向阀打开，使活塞杆上端油腔柴油经单向阀流回油箱，活塞杆在下端高压柴油的作用下上移，喷油器喷油；断电后压电晶体收缩，在单向阀弹簧的作用下关闭针阀，喷油结束。

小提示：更换喷油器后必须对喷油器和喷射系统进行匹配操作，进行喷油量对比试验。

（4）高压油管。高压油管必须能够承受喷油最大压力和喷油间歇时的局

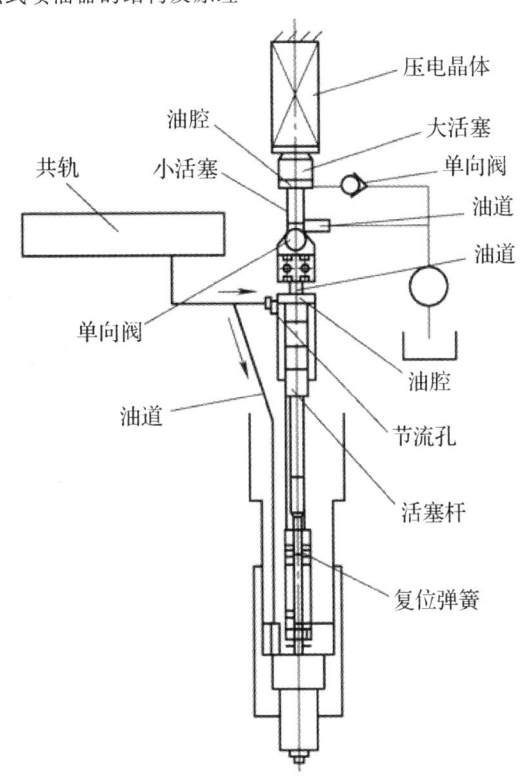

图 7-5-16 压电式喷油器的结构及原理

部高频压力波动。通常由钢管制成，外径为 6 mm，内径为 2.4 mm。各缸的高压油管长度是完全相同的，一般通过各缸高压油管的弯曲程度进行长度补偿，但油管长度应尽可能短一些。

【任务实施】

★ 实施活动一　识别电控柴油供给系统的零部件

一、工作准备

实训车辆,安全防护用具,车轮挡块,扭力扳手,抹布,常用工具,零件车,维修手册。

二、技能要求

正确识别电控高压共轨柴油喷射系统的名称和作用。

三、任务步骤

根据学校的实训设备和图 7-5-17 所示,指认柴油供给系统中各零件的名称,说明其作用。

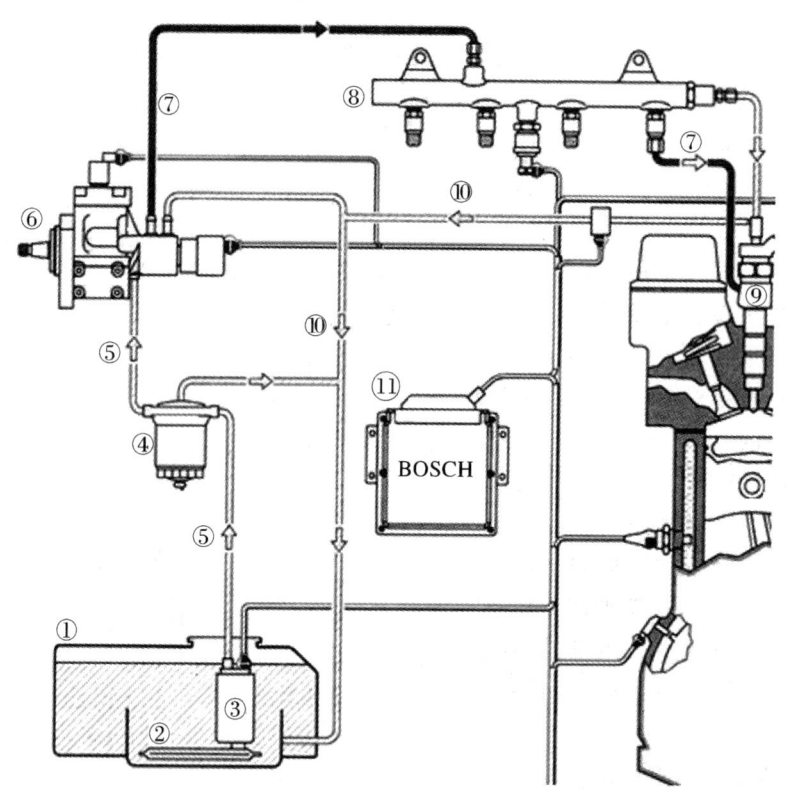

图 7-5-17　柴油喷射系统的组成

①的名称:＿＿＿＿＿＿＿＿＿＿,作用:＿＿＿＿＿＿＿＿＿＿＿＿＿＿＿＿＿＿＿＿＿＿。
②的名称:＿＿＿＿＿＿＿＿＿＿,作用:＿＿＿＿＿＿＿＿＿＿＿＿＿＿＿＿＿＿＿＿＿＿。
③的名称:＿＿＿＿＿＿＿＿＿＿,作用:＿＿＿＿＿＿＿＿＿＿＿＿＿＿＿＿＿＿＿＿＿＿。
④的名称:＿＿＿＿＿＿＿＿＿＿,作用:＿＿＿＿＿＿＿＿＿＿＿＿＿＿＿＿＿＿＿＿＿＿。
⑤的名称:＿＿＿＿＿＿＿＿＿＿,作用:＿＿＿＿＿＿＿＿＿＿＿＿＿＿＿＿＿＿＿＿＿＿。

⑥的名称：_____，作用：_____。
⑦的名称：_____，作用：_____。
⑧的名称：_____，作用：_____。
⑨的名称：_____，作用：_____。
⑩的名称：_____，作用：_____。
⑪的名称：_____，作用：_____。

★ 实施活动二　柴油滤清器的更换

一、工作准备

实训车辆，安全防护用具，车轮挡块，扭力扳手，抹布，常用工具，零件车，维修手册。

二、技能要求

更换的周期一般为 10 000～12 000 km 或累计运行 200～250 小时。油水分离器一起换。

三、任务步骤

1. 发动机熄火，点火开关旋至 OFF 位置，拉起驻车制动器。
2. 清洁滤清器总成及管路。
3. 拔出滤清器总成上电器元件线束（带油水分离器）。
4. 在滤清器下方放置接油容器或吸油布。
5. 用专用工具旋松并拆下滤清器，稳妥接收并处理滤清器中的柴油。
6. 清理并检查接触面及螺纹是否良好。
7. 选用厂家要求的滤清器型号，密封圈上涂抹适量柴油，并用专用工具把滤清器安装到规定扭矩，然后清洁。

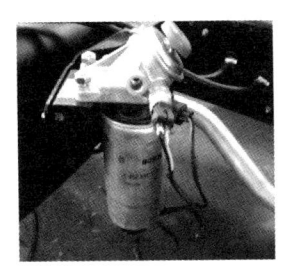

图 7-5-18　ECD-V3 电控分配泵喷射系统

8. 松开滤清器总成上部的放气螺栓（或出油口螺套），操作手油泵，直到无空气的柴油排出，锁紧。向上松开高压泵低压油路进油口螺丝，操作手油泵，直到无空气的柴油排出，锁紧。继续操作手油泵，直到按压不动。
9. 检查低压油路及滤清器有无泄漏。
10. 取出滤清器下方的接油容器或吸油布，插接滤清器总成上的线束（带油水分离器）。

11. 起动发动机,一边操作手油泵,一边起动发动机,直到顺利起动,怠速运行2分钟,确保运行正常。

小提示：带粗滤器和细滤器的低压油路,方法同上,依次更换之后,从后向前排气。

【任务拓展】

一、日本电装公司的电控柴油喷射系统

1. 如图 7-5-19 所示为电装的 ECD-V3 系统,它是在 ECD-V1 的基础上,增加电子控制装置形成的柴油机电控燃油喷射系统。通过控制喷油时间来实现对喷油量的控制,即 ECU 在确定喷油开始时刻后,再通过回油控制电磁阀来控制柱塞泵回油的时刻(即停止喷油的时刻),以此来控制喷油量。为控制喷油时间,在转子分配式喷油泵内增设了泵角传感器。泵角传感器采用电磁感应式,向 ECU 提供喷油泵凸轮轴位置和转角信号。此外,ECD-V3 系统装有光电式着火正时传感器,对喷油正时实施反馈控制。适用于中型、重型载货汽车柴油机。

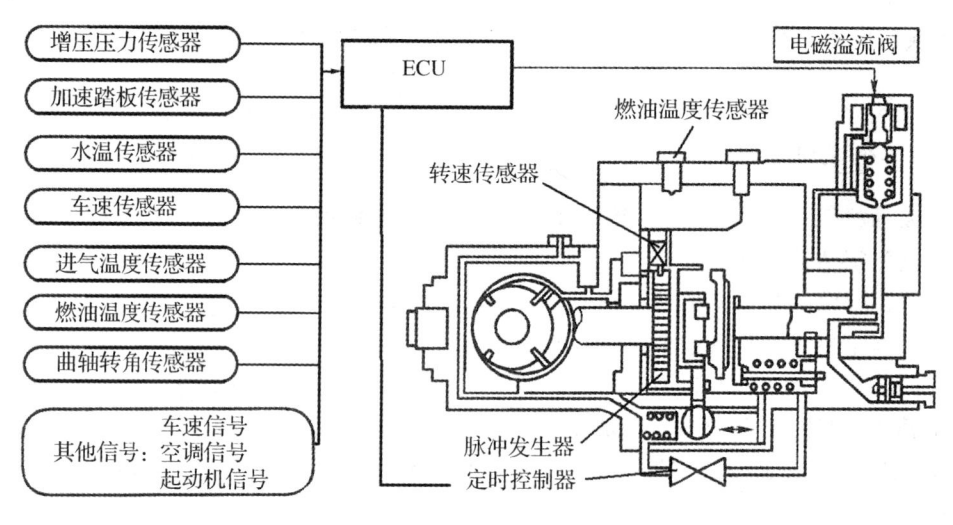

图 7-5-19　ECD-V3 电控分配泵喷射系统

2. 如图 7-5-20 所示为电装的 ECD-V2 系统,主要用于中型、重型载货柴油机上,如日本日野汽车公司、三菱汽车公司和日产汽车公司生产的载重汽车柴油机。该系统具有共轨式喷油系统的基本组成和结构,属于第二代柴油机电控燃油喷射系统,由各种传感器、ECU、燃油压力控制阀和三通电磁阀等组成的控制系统,对喷油量、喷油正时、喷油速率和喷油压力进行"时间—压力控制"。

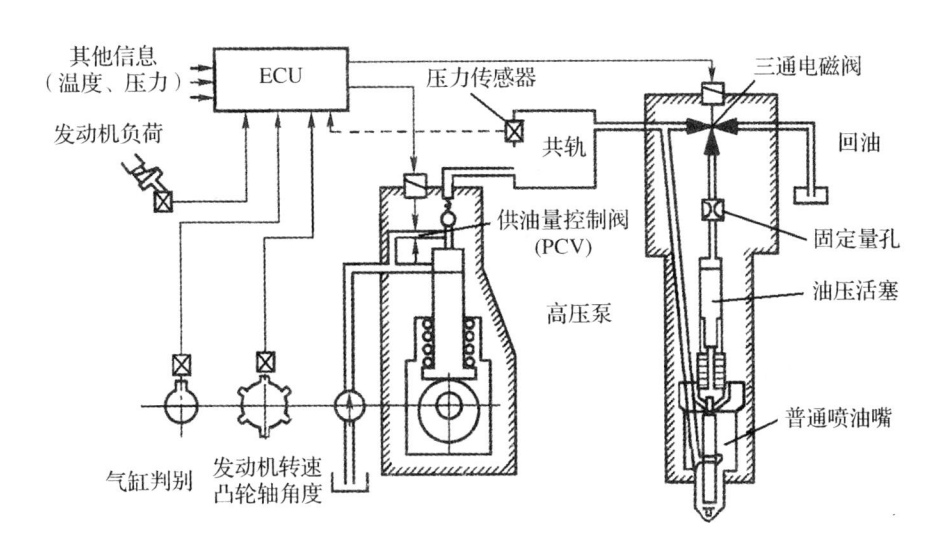

图 7-5-20　ECD-V2 共轨式喷射系统

3. 如图 7-5-21 所示为电装的 ECD-V2(P)系统,适用于轿车柴油机的电控高压共轨喷射系统。

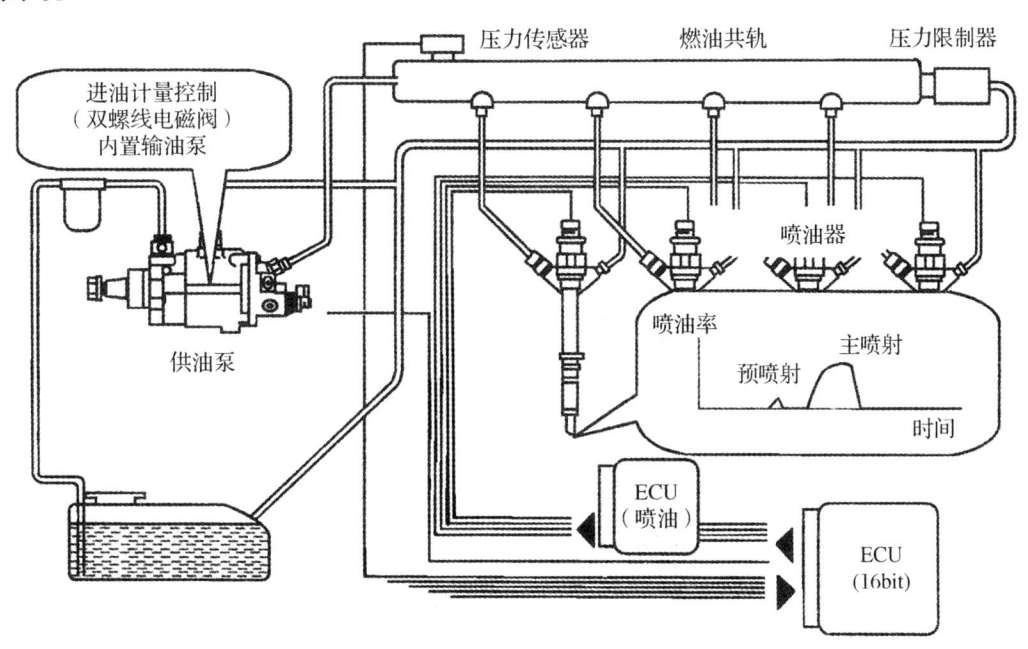

图 7-5-21　ECD-V2(P)电控高压共轨喷射系统

二、其他公司的电控柴油喷射系统

1. 美国卡洛彼特(Calerpillar)公司的 HEUI 喷射系统。它具有电控共轨式燃油喷射系统的基本组成和结构,属第二代电控共轨式燃油喷射系统。其控制功能包括:燃油喷射控制、进气控制、起动控制、故障自诊断、失效保护和应急备用,同时还具有与其他控制系统进行数据传输的功能。HEUI 系统的喷油量控制采用了"压力控制"方式,通过由传感器、ECU 和执行元件等组成的控制系统,对循环喷油量、喷油正时、喷油速率和喷油压力进行控制。

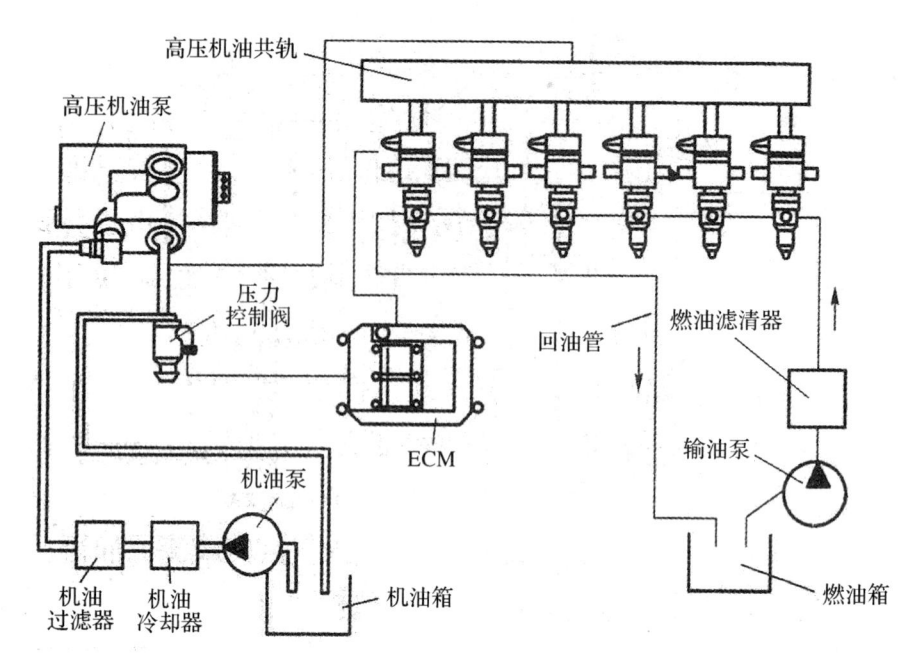

图 7-5-22　美国卡洛彼特公司的 HEUI 喷射系统

2. 凸轮驱动式电控泵喷嘴喷射系统。由发动机凸轮轴经摇臂直接驱动喷油器内的柱塞，以产生高压油。取消了高压油管，喷射压强可高达 200 MPa，喷射结束迅速，无滴漏现象。

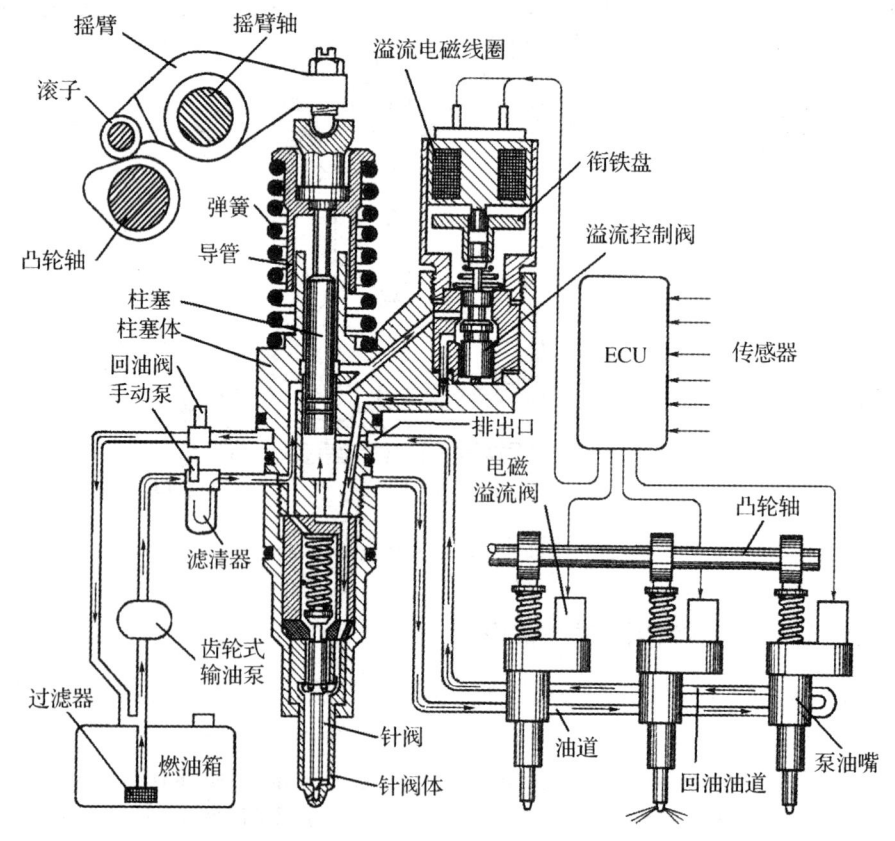

图 7-5-23　凸轮驱动式电控泵喷嘴喷射系统

3. 博世的电控 PE 直列泵喷射系统。用电子调速器取代原有的机械调速器,以实现对喷油量的控制;用正时控制器取代原有的离心式提前器,来对喷油正时进行控制;并设有油量调节拉杆(或齿条)位置传感器和正时传感器,对喷油量和喷油正时均采用闭环控制方式。

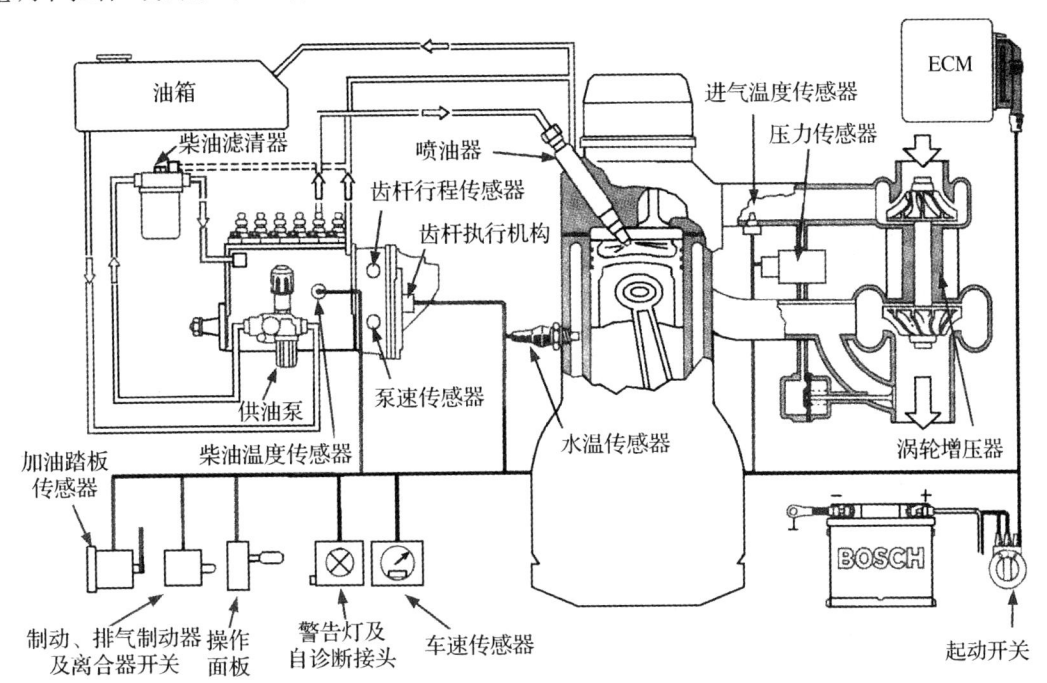

图 7-5-24 博世的电控 PE 直列泵喷射系统

【任务检测】

一、填空题

1. 电控柴油喷射系统主要由_____
_____等组成。
2. 在柴油机电控燃油喷射系统中,ECU以柴油机_____和_____作为主控制信号,按设定的程序确定最佳的供油速率和供油规律。
3. 柴油机电控系统的控制模式有_____、_____和_____3大类。
4. 电控柴油机燃油喷射控制主要包括_____控制、_____控制、_____控制等。
5. 第二代柴油机电控燃油喷射系统包括_____燃油喷射系统、_____燃油喷射系统和_____燃油喷射系统。

二、选择题

1. 当发动机处于冷态时,打开点火开关,预热指示灯显示(　　)方可起动发动机。
   A. 亮灯　　　　B. 灭灯　　　　C. 闪烁　　　　D. 无关
2. 在电控柴油机中下列哪个传感器是用来检测负荷的(　　)。
   A. 曲轴位置传感器　　　　　　B. 空气流量计
   C. 加速踏板位置传感器　　　　D. 齿条位置传感器
3. 电控高压共轨系统的英文缩写为(　　),电控单体泵系统的英文缩写为(　　),电控泵喷嘴系统的英文缩写为(　　)。
   A. CRS　　　　B. EUP　　　　C. EUI　　　　D. SCR
4. 在柴油机中生成氧化物的两个重要条件是(　　)。
   A. 低温贫氧　　B. 低温富氧　　C. 高温贫氧　　D. 高温富氧
5. 设置电控EGR系统的目的主要是降低(　　)的排放。
   A. CO　　　　B. HC　　　　C. NO_x　　　　D. CO_2

三、判断题

1. 柴油机是压燃式,发动机在低温条件下着火相当困难。　　　　　　　　　(　　)
2. 柴油机电控燃油喷射系统一般对供油量采用开环控制。　　　　　　　　　(　　)
3. 在不同柴油机电控燃油喷射系统中,供油正时和供油量的执行元件是不同的。(　　)
4. 柴油机电子控制模式的功用和组成与汽油机电子控制模式有区别。　　　　(　　)
5. 冷却液温度传感器只起修正喷油正时作用,不起修正喷油量作用。　　　　(　　)
6. 高压共轨式电控柴油喷射系统是新一代绿色柴油机的燃油系统。　　　　　(　　)

【评价与反馈】

班级：_____ 姓名：_____ 指导教师：_____

序号	考核项目	项目分值	考核内容	配分	考核标准	得分
1	出勤/纪律	5	出勤	2	违规一次不得分	
			行为规范	3	违规一次不得分	
2	安全/防护/环保	20	着装	2	违规一次不得分	
			个人防护	3	违规一次不得分	
			5S/EHS	5	违规一次不得分	
			设备使用安全	5	违规一次不得分	
			操作安全	5	违规一次不得分	
3	任务检测	20	任务测验成绩	20	测验成绩的20%计	
4	技能考核	35	技能测验成绩	35	测验成绩的35%计	
5	学习能力	10	工单填写,工艺计划制定	4	未做不得分	
			组内活动情况	5	酌情扣1~5分	
			资料查阅和收集	1	未做不得分	
6	任务拓展	10	知识拓展任务	2	未做不得分	
			技能拓展任务	8	未做不得分	
7	总分	100				

【教师评估】

序号	优点	存在问题	解决方案

教师签字：

项目八 发动机的拆装

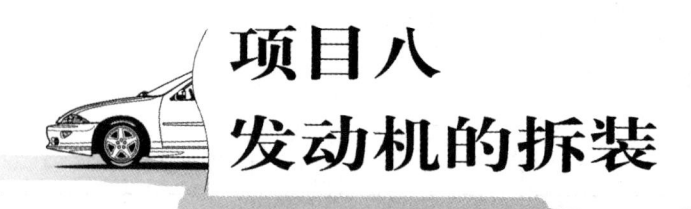

任务一 发动机就车吊离与装复

【任务目标】

目标类型	目标要求
1.认知目标	(1)描述发动机零件的耗损形式； (2)阐述发动机的修理工艺过程； (3)叙述汽车总成的拆卸原则； (4)熟悉发动机总成的吊装要求及注意事项。
2.技能目标	达到汽车维修中级工如下要求： (1)完成发动机总成的吊装； (2)运用所学技能对其他发动机总成进行吊装。
3.情感目标	(1)养成良好的学习和工作习惯； (2)注意吊装过程中的操作安全、设备安全、个人防护等。

【任务描述】

一辆桑塔纳2000GSI轿车发生碰撞车祸，经诊断技师诊断和四轮定位仪检测，其车身严重变形，影响汽车的正常运行，但是该车发动机能正常运行，该事故没有对其造成损伤。因此，需要对该轿车的各总成进行拆离和装复，特别是发动机总成就车的吊装。

【知识准备】

一、发动机零件的耗损

汽车发动机的零件在工作过程中同其他机械零件一样，不可避免地会发生耗损。其耗损形式主要有磨损、变形、腐蚀、疲劳等四大类型，而磨损是最主要的一种耗损形式。大约有80%的零件都是由于磨损严重而报废。

1. 磨损

(1)磨损的定义。相互接触的运动零件之间的摩擦造成零件表面的耗损，致使零件的尺寸、形状和表面质量发生变化,配合特性变坏的现象称为磨损。

(2)磨损的规律。如图 8-1-1 所示,零件的磨损分为磨合期、正常工作期和加速磨损期三个阶段。

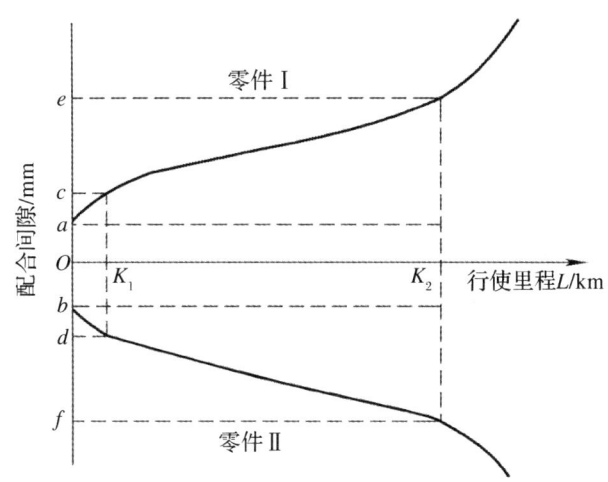

图 8-1-1 零件的磨损特性曲线

第一阶段是零件的磨合期,如图中 OK_1 段所示。一般是新车或在大修竣工后,运行 0~1 500 km 之间。其特征是零件磨损较快,所以,该阶段规定应以较小的载荷和较低的速度运行。

第二阶段是零件的正常工作期,如图中 K_1K_2 段所示。其特征是零件的磨损量随行驶里程的增加而增长,但增长很缓慢。

第三阶段是零件加速磨损期,如图中 K_2 点以后所示。零件的磨损量急剧增加(破坏性磨损),零件的配合间隙已达到最大允许使用极限。此时机器应停止使用,及时维护或修理。

(3)预防磨损的措施。提高主要零件的表面硬度和适当的润滑,可以减小摩擦和磨损。

2. 腐蚀

(1)腐蚀的定义。金属零件的表面存在氧和酸性物质时引起的化学反应而造成的耗损称为腐蚀。

(2)腐蚀的表现形式。有化学腐蚀和电化学腐蚀(微电池)两种。

(3)腐蚀的影响。腐蚀过程虽然缓慢,但影响零件的正常工作和使用寿命。

(4)防腐措施。镀铬、涂油、磷化、油漆等。

3. 疲劳

(1)疲劳的定义。材料在交变载荷的作用下产生裂纹,甚至发展为断裂的一种破坏现象称为疲劳。

(2)疲劳的表现形式。有疲劳裂纹和疲劳断裂两种。

(3)疲劳的影响。轻微时产生隐性的裂纹,严重时产生损坏性的断裂。

4. 变形

(1)变形的形式。有弯曲、扭曲和翘曲等多种形式。

(2)变形的原因。零件本身的内部应力不平衡和受到外部载荷的影响。

(3)变形的影响。零件变形后破坏了它们原有的相互位置和配合性质,加剧零件的不均匀磨损,同时还造成相邻的有关零件不正常的损坏。

二、发动机的修理工艺

1. 基本概念

(1)汽车维修的定义。汽车维修是指对汽车及零件进行检查、调整、拆修、更换及对汽车零件加油润滑、清洗等一系列的综合作业,采用各种修理工艺和修复方法,尽可能恢复汽车原有的技术性能的工艺过程。

(2)汽车维修的种类。汽车维修分为汽车维护和汽车修理两大类。汽车定期维护分为日常维护、一级维护和二级维护。而汽车修理分为车辆大修、总成大修和车辆小修。

查一查:汽车维护还有其他哪些种类?

(3)修理工艺。修理时,进行的各种技术作业的总称叫修理工艺。

(4)修理工艺过程。按一定的顺序和方法完成修理作业的过程,称为修理工艺过程。

2. 发动机修理工艺过程

发动机大修工艺过程一般包括进厂检验、外部清洗、总成和零件的拆卸、零件的清洗、零件的检验分类、零件的修理、总成装配、总成试验、发动机总装机调试、出厂检验等。具体的发动机修理过程如图 8-1-2 所示。

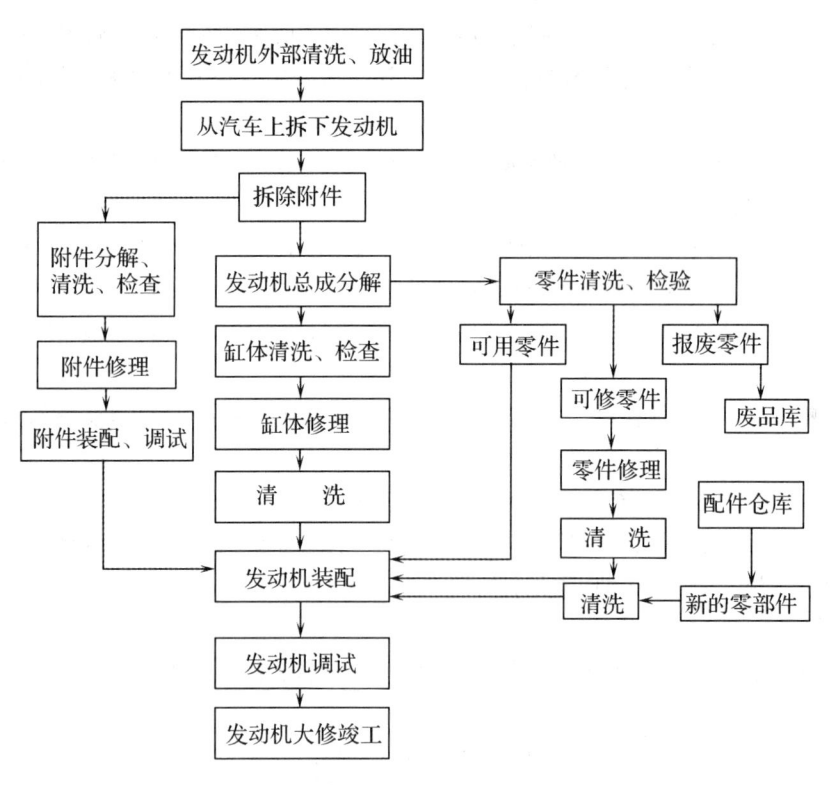

图 8-1-2 发动机修理过程

三、发动机拆卸的一般原则

1. 拆卸原则

(1)在拆卸顺序上,遵循"先装的后拆,后装的先拆,能同时拆的就同时拆"的原则。

(2)在拆卸范围上,遵循"能不拆的就不拆,尽量避免大拆大卸"的原则。
(3)在拆卸目的上,遵循"拆是为了装,装是为了用"的原则。

小提示：每拆卸一次零件都会有所损耗,装配精度都会比原来降低。

2. 拆卸注意事项

(1)拆卸前应熟悉被拆总成的结构,必要时可查阅一些资料,了解并制定拆卸工艺。
(2)拆卸时严格按照拆卸工艺进行,避免拆卸工艺程序倒置造成不应有的零件损伤。
(3)拆卸过程中要特别留意观察并记录:零件的安装方向、装配记号、耗损情况等。
(4)合理使用拆卸工具和设备。所选用的工具要与被拆卸的零件相适应,如拆卸螺母、螺栓应根据六角形的对边尺寸,选取合适的固定式扳手或套筒扳手,尽可能不用活动扳手。
(5)拆卸的零件必须分类存放。

四、发动机总成吊装工艺及要求

1. 发动机总成的吊离工艺

发动机的吊离一般是先读取发动机 ECU 储存的信息,避免车辆信息和防盗密码丢失;然后断开或松开与其他各系统联系的所有电路、气路、油路、水路,并将发动机与变速器总成脱离;最后拆卸发动机的支撑或前横梁,从汽车前面或发动机下方将发动机吊离。

2. 发动机总成的吊离要求及注意事项

(1)"三废"收集。应在专用的容池中沉积,待自然发酵后加以中和,并检查 PH 值,呈中性时再将上部废水排入下水道,而沉积下的污物待干燥后再集中处理。
(2)锈蚀螺母、螺栓的拆卸。
(3)油、电、气路的整理。
(4)发动机吊离时,需要特别小心,边吊离边观察,不得损伤外围附件。

3. 发动机总成的装复工艺

发动机的装复工艺与其吊离工艺相反,但是装复要求却不同。

4. 发动机总成的装复要求及注意事项

(1)特别注意检查发动机与变速器之间的定位销是否安装好。
(2)更换所有的自锁螺母和已按规定力矩紧固过的螺栓。
(3)更换所有的密封圈和衬垫。
(4)该润滑的部位一定要涂抹润滑油。
(5)安装发动机支架后,要适当摇动发动机使其安装到位。
(6)在不拧紧螺栓的情况下调整排气管。
(7)调整节气门拉索,使其活动灵活。
(8)发动机的主要螺栓、螺母要按照规定力矩拧紧。
(9)查询 ECU 故障存储器,清除由吊装引起的故障码。

【任务实施】

★ 实施活动一　桑塔纳AJR发动机总成的就车吊离

一、工作准备

实训用车辆,抹布,常用工具,专用工具(10-222A、3147、V. A. G1202、2024A、3204),接油盘,零件车,维修手册等。

二、技能要求

1. 注意拧松螺钉、螺母的顺序。
2. 零部件应用规定的清洗液清洗干净,并用压缩空气吹干,按顺序放置。

三、任务步骤

一般在拆卸发动机前,应断开或松开所有电缆插头,并将发动机与变速器脱离,然后从前面将发动机拆卸下来,具体的拆卸步骤如下:

(1)在点火开关切断的情况下拆下蓄电池搭铁线。
(2)拆下蓄电池,注意先向外拉出后再取下。
(3)旋松蓄电池支架紧固螺栓,拆下蓄电池支架,如图8-1-3所示。
(4)在发动机下放置一个收集盘。
(5)旋开冷却液储液罐盖。
(6)如图8-1-4所示,松开散热器下水管夹箍,拔下散热器的下水管,放出冷却液。所抽取的冷却液必须用干净的容器予以收集,用于处理或再使用。

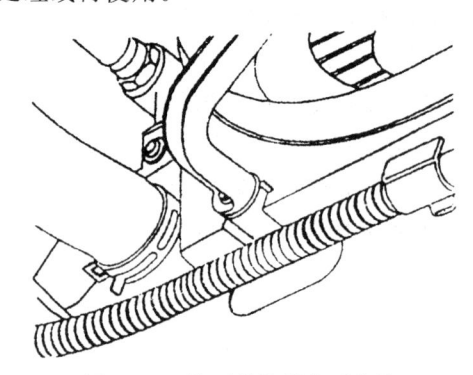

图8-1-3　蓄电池支架的拆卸　　　　图8-1-4　拔下散热器的下水管

(7)拔下电动冷却风扇的电线接头,如图8-1-5所示。
(8)拔下散热器左侧的热敏开关接头,如图8-1-6所示。

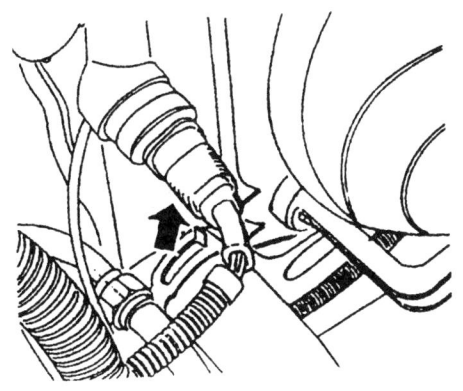

图 8-1-5 拔下电动冷却风扇的电线接头 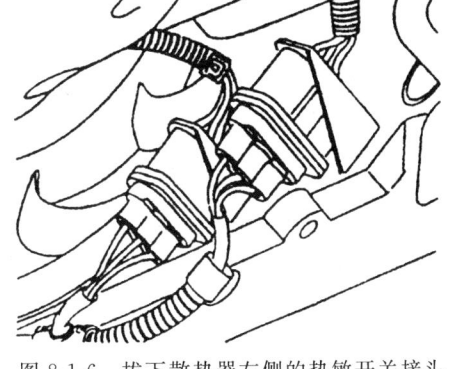　　图 8-1-6 拔下散热器左侧的热敏开关接头

(9)松开散热器的上水管的夹箍,拔下散热器的上水管。
(10)旋松电动冷却风扇的 4 个紧固螺栓,拆下电动冷却风扇和散热器。
(11)拔下空气流量计的电线接头,如图 8-1-7 所示。
(12)拔下活性炭罐电磁阀(ACF 阀)的电线接头,如图 8-1-8 所示。

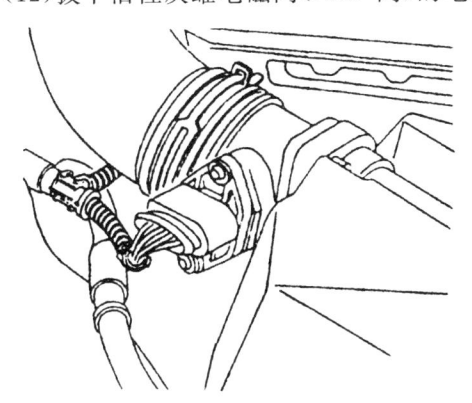

图 8-1-7 拔下空气流量计的电线插头 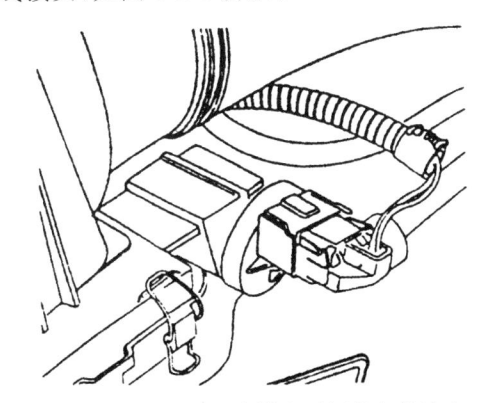　　图 8-1-8 拔下活性炭罐电磁阀的电线接头

(13)从空气滤清器上取下活性炭罐电磁阀。
(14)拆下空气滤清器至节气门控制器之间的空气管路。
(15)拆下空气滤清器罩壳。
(16)拔下燃油分配管上的供油管 1 和回油管 2,如图 8-1-9 所示。注意:燃油系统是有压力的,在打开系统之前先在开口处放置抹布,然后小心地松开接头以放出压力。
(17)松开节气门拉索,如图 8-1-10 箭头所示。
(18)拔下通向活性炭罐电磁阀的真空管,如图 8-1-10 所示。
(19)拔下通向制动助力装置的真空管,如图 8-1-10 所示。

图 8-1-9　拔下供油管和回油管　　　　图 8-1-10　松开节气门拉索

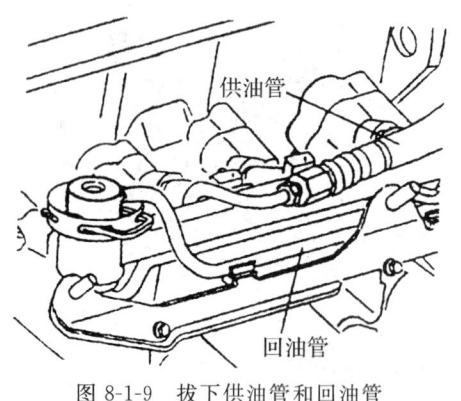

(20) 拔下位于发动机底部通向暖风热交换器的冷却液管子。

(21) 拔下气缸盖通向暖风热交换器的冷却液管,如图 8-1-11 所示。

(22) 拔下变速器上的车速传感器插头、倒车灯开关。

(23) 松开空调压缩机与支架的连接螺栓,取下 V 形带。

(24) 移开空调压缩机并将其悬挂在副梁上(使用电线),不要悬挂在制冷剂管道上。此时不要打开空调管路。

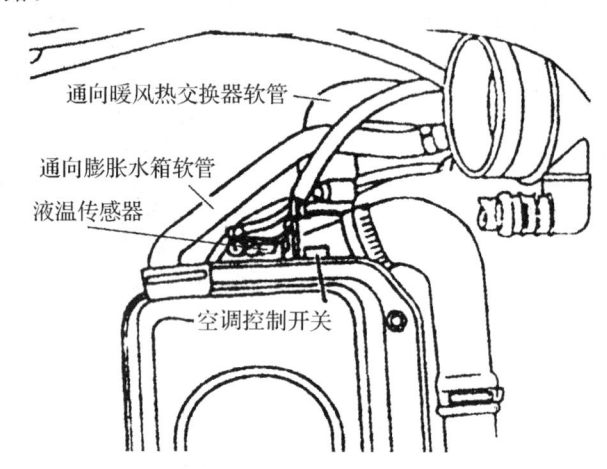

图 8-1-11　拔下气缸盖通向暖风热交换器的冷却液管

(25) 使用专用工具,按图 8-1-12 所示的方向扳动张紧轮,使传动带松开。

(26) 使用销钉 3204 固定住张紧轮。

(27) 从发电机上取下 V 形带。

(28) 取下销钉 3204。

(29) 松开动力转向油泵的 V 形带轮的螺栓,拆下 V 形带轮。

(30) 从支架上拆下动力转向油泵,并将其固定在发动机舱内的一侧。

(31) 旋下排气歧管和前排气管的连接螺栓。

(32) 拔下起动机电线,并从变速器壳体上拆下起动机。

(33) 松开车身上的搭铁线。

(34) 旋下所有发动机与车身的连接螺栓。

(35) 使用变速器托架托住变速器的底部,或者将支承工具 10-222A 固定在车身两侧(如

图 8-1-13 所示),使用变速器吊装工具 3147 吊住变速器。

 (36)旋下发动机与变速器的紧固螺栓,留下一个螺栓定位。
 (37)使用小吊车 V.A.G1202 和发动机吊架 2024A 吊住发动机的吊耳。
 (38)松开最后一个紧固螺栓。
 (39)小心地将发动机吊离发动机舱。

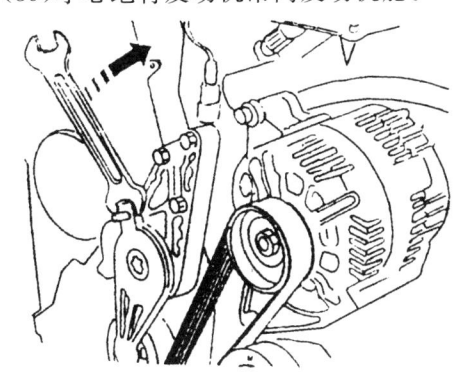

图 8-1-12 用专用工具扳动张紧轮 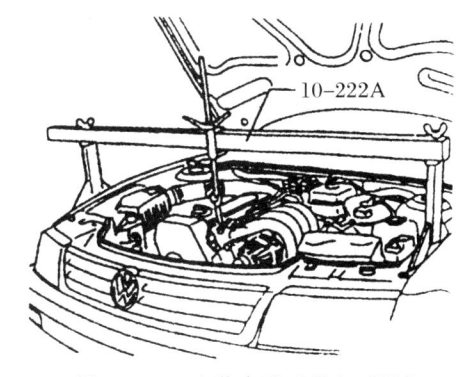   图 8-1-13 安装支承工具 10-222A

★ 实施活动二 桑塔纳 AJR 发动机总成的安装

一、工作准备

实训用车辆,常用工具,专用工具,接油盘,维修手册等。

二、技能要求

1. 严格按原厂技术数据或技术规程进行各项调整。
2. 注意拧紧螺钉、螺母的顺序;有拧紧力矩要求的,须用扭力扳手拧至规定力矩。

三、任务步骤

AJR 型发动机的安装按照拆卸的相反步骤进行,但是要特别注意以下几点:
(1)在安装时,应检查发动机和变速器之间的定位销是否安装好。
(2)更换所有的锁紧螺母。
(3)更换所有已经按照拧紧力矩紧固过的螺栓。
(4)更换所有密封圈和衬垫。
(5)在变速器输入轴上涂薄薄的一层 G000100 润滑脂,分离轴承的导向套不必润滑。
(6)必要时检查离合器膜片各分离杠杆的同轴度。
(7)检查曲轴后部滚针轴承是否安装上。
(8)如果气缸盖和气缸体都没有更换,则可以使用原来排出的冷却液。
(9)安装发动机支架时,摇动发动机使其安装到位。
(10)调整节气门拉索,使其活动灵活。
(11)在不拧紧螺栓的情况下,调整排气管。

(12)查询故障存储代码。当拔下电气元件接头时,会导致故障代码被存储。查询故障存储代码,必要时删除故障存储代码。

(13)AJR 型发动机主要螺栓、螺母拧紧力矩,如表 8-1-1 所示。

表 8-1-1　AJR 型发动机主要螺栓、螺母拧紧力矩

部　　位	螺栓、螺母型号	拧紧力矩/N·m
一般螺栓、螺母	M6	10
	M8	20
	M10	45
	M12	65
发动机支承与副梁螺栓	—	40±5
发动机支架与发动机支架螺栓	—	40±5
发动机扭力臂	—	23±3
前排气管与排气歧管连接螺栓	—	25±2.5
管子支承与车头连接螺栓	—	65±6

【任务检测】

一、填空题

1. 发动机零件的耗损形式主要有_____、_____、_____、_____等四大类型,而_____是最主要的一种耗损形式,大约占80%。
2. 汽车维修是指对汽车及零件进行_____、_____、_____、及对汽车零件加油润滑、清洗等一系列的_____,采用各种修理工艺和修复方法,尽可能恢复汽车原有的_____的工艺过程。
3. 零件腐蚀的表现形式有_____和_____两种。
4. 零件变形的形式有_____、_____和_____等多种形式。
5. 发动机的拆卸顺序应遵循"_____,_____,_____"的原则。

二、选择题

1. 拆卸发动机前应熟悉被拆总成的结构,必要时可(   )。
   A. 制定拆卸工艺　　　　　　B. 请求维修技师
   C. 查阅相关资料　　　　　　D. 自己一人拆卸
2. 一般新车或大修竣工后的磨合期为(   )。
   A. 0～1 500 km　　　　　　B. 1 000 km～1 500 km
   C. 1 500～2 000 km　　　　D. 2 000 km～2 500 km
3. 需要驾驶员做的维护作业级别为(   )。
   A. 一级维护　　B. 二级维护　　C. 三级维护　　D. 日常维护
4. 发动机拆卸目的是(   )。
   A. 能同时拆的就同时拆　　　B. 能不拆的就不拆
   C. 尽量大拆大卸　　　　　　D. 拆是为了装,装是为了用
5. 下列哪种方法能预防零件磨损(   )。
   A. 油漆　　B. 镀铬　　C. 磷化　　D. 提高零件表面硬度

三、判断题

1. 拆卸的所有零件都需用洗油(有机溶剂、碱液或化学合成液)清洗。（   ）
2. 汽车修理分为汽车大修和汽车小修两种。（   ）
3. 在拆卸范围应遵循"见螺栓、螺母就拆卸"的原则。（   ）
4. 零件磨损期的特征是零件磨损较快,应以较小的载荷和较低的速度运行。（   ）
5. 拆卸发动机前应熟悉被拆总成的结构,但可不制定拆卸工艺。（   ）
6. 为了防止螺纹松脱,螺栓、螺母拧紧时应用最大扭力拧紧。（   ）

【评价与反馈】

班级：_____　　姓名：_____　　指导教师：_____

序号	考核项目	项目分值	考核内容	配分	考核标准	得分
1	出勤/纪律	5	出勤	2	违规一次不得分	
			行为规范	3	违规一次不得分	
2	安全/防护/环保	20	着装	2	违规一次不得分	
			个人防护	3	违规一次不得分	
			5S/EHS	5	违规一次不得分	
			设备使用安全	5	违规一次不得分	
			操作安全	5	违规一次不得分	
3	任务检测	20	任务测验成绩	20	测验成绩的20%计	
4	技能考核	35	技能测验成绩	35	测验成绩的35%计	
5	学习能力	10	工单填写,工艺计划制定	4	未做不得分	
			组内活动情况	5	酌情扣1~5分	
			资料查阅和收集	1	未做不得分	
6	任务拓展	10	知识拓展任务	2	未做不得分	
			技能拓展任务	8	未做不得分	
7	总分	100				

【教师评估】

序号	优点	存在问题	解决方案

教师签字：

任务二　发动机总成的分解与装配

【任务目标】

目标类型	目标要求
1.认知目标	(1)描述发动机总成的分解原则和工艺过程； (2)阐述发动机总成的装配原则和工艺过程； (3)叙述发动机总成的磨合工艺与检验要求。
2.技能目标	达到汽车维修中级工如下要求： (1)完成发动机的分解和装配工作； (2)运用相关的国家标准进行发动机竣工检验。
3.情感目标	(1)养成良好的学习和工作习惯； (2)注意操作安全、设备安全、个人防护等。

【任务描述】

发动机总成的解体虽然不需要很高的技术和复杂的设备，但是，往往由于不重视这项工作，不正确的拆卸造成零件的变形和损伤，甚至无法修复。发动机总成的拆卸直接影响发动机的修理质量、修理时间和修理成本，因此，发动机的拆卸要注意修理后的装配工艺，合理安排拆卸工艺，选用恰当的拆卸机具、设备，重视操作人员的技术和拆卸工作。

发动机的装配是把合格的零件、组合件、总成按一定的技术要求和工艺顺序组装成发动机总成。组装质量的好坏，直接影响发动机的修理质量。发动机的组装是修理工作中的重要环节，应切实做好。

【知识准备】

一、发动机总成分解技术及注意事项

1. 分解前，应熟悉被拆总成的结构，必要时可查阅一些资料，了解并制定分解工艺。
2. 分解时，严格按照分解工艺进行，避免分解工艺程序倒置造成不应有的零件损伤。
3. 分解过程中，要特别留意观察并记录零件的安装方向、装配记号、耗损情况等。
4. 合理使用拆卸工具和设备。所选用的工具要与被拆卸的零件相适应，如拆卸螺母、螺栓应根据螺栓头六角的尺寸，选取合适的固定式扳手或套筒扳手，尽可能不用活动扳手。
5. 过盈配合件(如衬套、齿轮、轴承等)的拆卸，应尽量使用专用拉具和压力机。如无专用工具，也可用尺寸合适的冲头或铜棒加榔头敲击，但不能用榔头直接敲击工作面。
6. 拆卸的零部件必须分类存放，重要零件更应妥善保管，待清洁后检修。
7. 不可互换的组合件(选配装合件、装合后加工件)拆卸后都应按原位装好或做好装配记号。如活塞连杆组的拆卸，拆卸后不仅要按原位装配好，而且要做好每组的装配缸号。

二、发动机总成分解工艺(顶置凸轮轴式发动机)

1. 发动机外围附件的拆卸

空滤器、发电机、分电器、机油滤清器、转向助力泵、空气压缩机、喷油器及油轨总成、起动机、喷油泵、发动机支架等。

2. 正时传动机构的拆卸

根据不同的传动机构采用不同的拆卸方法。

3. 凸轮轴总成的拆卸

摇臂式的先拆卸摇臂总成,再拆卸凸轮轴;挺柱式则直接拆卸凸轮轴前、后端盖和凸轮轴轴承盖后取下凸轮轴。

4. 气缸盖的拆卸

按照规定的方法拧松缸盖紧固螺栓,用起子撬或胶锤敲击缸盖,取下气缸盖。

5. 油底壳的拆卸

按照相应的顺序拧松紧固螺栓,用垫片铲刀铲出油底壳垫,取下油底壳。

6. 活塞连杆组的拆卸

把各缸活塞连杆组分别摇至活塞行程下止点,拆卸连杆轴承盖,冲出活塞连杆体,最后装合存放,并做缸号和装配标记。

7. 曲轴飞轮组的拆卸

先拆卸飞轮,再拆卸后端盖和前端盖(机油泵),最后拆卸主轴承盖,取下曲轴。

想一想:侧置(下置和中置)凸轮轴式发动机的分解工艺。

三、发动机零件的清洗

1. 发动机的外部清洗

发动机外部的灰尘、污泥一般属于水溶性,可直接用水冲洗,最好用压强为 2~3 MPa 的高压喷水枪冲洗。冲下来的灰尘、污泥应集中处理。

2. 钢铁零件的清洗

钢铁零件的清洗对象主要是矿物油类的油污,属于非水溶性的。一般采用碱溶液加入少量乳化剂,经加温后清洗零件。也可以用其他溶液(如煤油、汽油等)清洗,它们的清洗效果比碱溶液好,但是成本较高,应根据实际情况选择。

3. 铝合金零件的清洗

油污对铝合金零件的黏附力比钢铁要小,比较容易清洗,且碱溶液(主要是苛性钠)对铝合金有强烈的腐蚀作用。零件数量较少时,一般采用有机溶液(如煤油、汽油等)清洗,最好用工业清洗剂清洗;零件数量较多时应配制铝合金清洗液(硅酸钠或碳酸钠溶液加少量重铬酸钾配制)在 60~70 ℃ 的温度下清洗。

4. 发动机水垢、积炭的清洗

(1)水垢的清洗。水垢的成分主要是碳酸钙和硫酸钙等,清除方法有酸洗和碱洗法。使用酸洗法最理想,但酸洗对零件的腐蚀较大,必须用清水冲洗或缓蚀剂中和。具体的清洗液可购买也可配制。

(2)积炭的清除。积炭是燃料和润滑油在高温和氧的作用下形成的产物。在燃料室、进排气歧管内壁易产生积炭。积炭的清除方法有机械和化学溶液清除法。

5. 三废的处理

无论用什么方法清洗发动机零件,其清洗液都不能直接排放至下水道。应在专用的容池中沉积,待自然发酵后加以中和,并检查PH值,呈中性时再将上部废水排入下水道,而沉积下的污物待干燥后再集中处理。

四、发动机总成的装配原则及要求

发动机的结构形式较多,整机的装配工艺过程也不完全一致,但在发动机装配时须满足的基本原则是一致的。

1. 对发动机装配场所的要求

(1)发动机装配前应对装配场所进行仔细的清洁,最好在专用的装配车间进行装配。

(2)发动机在装配过程中应防尘和保持较为稳定的室内温度,要做到工件不落地,工量具不落地和油渍不落地,并保持工作台、工作盘的清洁,以保证整个装配过程的清洁。

(3)发动机装配完成后也要对装配场所进行清洁。

2. 对装配工量具的要求

(1)装配中所用的工量具应齐全、适用、合格,尽量使用专用工具装配。

(2)装配过程中,工具和量具、通用工具和专用工具应分开摆放,不可混放。

(3)所有的工量具使用前须清洁,使用后也须清洁,存放须涂抹相应的防锈油。

3. 对待装配零部件的要求

(1)待装的零件、组合件和总成应准备齐全,都要经过检验及试验,以保证质量合格。

(2)易损零件、紧固锁止件应全部换新,如气缸垫及其他衬垫、自锁螺母、开口销等。

(3)严格保持零件和润滑油道的清洁。零件清洗后应用压缩空气吹干,并在光滑面上涂抹一层润滑油,以防生锈。盲螺孔中不得积存油液和污物。

(4)不可互换的零件(如气门、轴承等),应做好装配标记以防错装。

(5)全部零件清洁、清点后分类摆放整齐。

(6)装配时,零件的配合表面和摩擦表面上应涂抹发动机润滑机油,做好预润滑。

4. 发动机装配原则

(1)发动机装配的一般原则是以气缸体为基础,由内到外,先下后上,分别进行装配。

(2)装配过程中不得直接用榔头敲击零件,必要时应垫上软金属块或使用铜锹头。

(3)重要密封部位应涂密封胶,确保各密封部位的密封,防止漏水、漏油、漏气。

(4)各部位紧固螺栓、螺母应使用合适的扳手按一定的顺序和力矩拧紧。对称的螺栓应对称交替分2~3次拧紧;螺栓在螺母旋紧后应露出2~3牙;对有规定力矩的螺栓、螺母,应用扭力扳手按规定力矩拧紧。

(5)各锁止装置应牢固可靠。

(6)装配中各运动零件之间的转动应灵活自如,不得有卡滞现象。

(7)严格按照装配工艺进行装配,各部位的配合性质均应符合技术要求。

五、发动机总成的装配工艺(顶置凸轮轴式发动机)

(1)安装曲轴飞轮组。曲轴箱主轴孔装配面、轴瓦装配面要求清洁干净,轴瓦要装配到位;曲轴轴颈不允许有碰伤,而且要求清洁干净。止推片方向不允许装反;装配时各摩擦面要注入足够的润滑油;主轴承盖箭头方向要正确,主轴承盖螺栓扭力要达到规定要求。

(2)安装活塞连杆组。缸孔应清洁干净;活塞色标应与缸孔对应一致;活塞入缸时其活塞箭头方向应指向缸体前端,连杆螺栓要戴上塑料保护套;入缸完毕后,在装连杆盖时,要求连杆盖与连杆接合处标记应在同一侧,分组号要对正;连杆螺母扭力要达到规定要求。

(3)安装机油泵和油底壳。安装机油泵和集滤器时,应注意螺栓的长度和拧紧力矩;安装油底壳时,先装上密封垫,可视情涂抹密封胶后再安装油底壳,然后对称均匀地拧紧螺栓。

(4)安装气门组和气缸盖。先在缸盖上组装气门组,注意气门锁片的锁紧情况;安装缸盖时应注意气缸垫的方向和缸盖螺栓的拧紧扭力要达到规定要求。

(5)安装凸轮轴及传动组件。安装凸轮轴及传动件时,应注意轴承盖的方向和紧固螺栓的拧紧顺序及扭力要符合规定要求。并按规定检查与调整凸轮轴轴向和径向间隙。

(6)安装正时驱动机构。应注意各正时记号要对准,调整张紧器使正时齿带或链条的张紧度应达到规定的程度。

(7)调整气门间隙并安装气门室罩。气门间隙的大小应符合规定要求。气门室罩紧固螺栓应按规定顺序和力矩达到规定要求。

(8)安装、调整点火系统。各缸高压线插接正确、牢固可靠;应按要求调整好点火正时。

(9)安装进排气系统。在气缸盖侧面安放好进排气歧管衬垫,衬垫翻边面应朝向进排气歧管;紧固螺母扭力要达到规定要求。

(10)安装燃油系统。应按规定要求装配喷油器和供油总管,正确连接各管路。

(11)安装冷却系统。应按要求连接各冷却管路,各夹箍应安装到位、夹紧可靠。

(12)安装发电机、空调压缩机、起动机等附件。安装附件时,注意各螺栓和螺母的拧紧力矩要符合规定要求。

(13)检查发动机装配的完整性。仔细检查是否有漏装的零部件和装配后剩下的配件。

(14)完成起动的准备。连接相关电器设备、相关器件,加注润滑油、冷却液,连接燃料箱,接通电源,进行起动前必要的检查。

【任务实施】

★ 实施活动一　AJR发动机总成的解体

一、工作准备

实训用车辆,常用工具,专用工具,常用量具,零件车,油盆,维修手册等。

二、技能要求

(1)在操作中要正确使用工量具,避免误伤;注意个人及他人的人身安全。
(2)任何螺栓、螺母都要按照规定要求和力矩拧紧,以防损伤发动机。
(3)零件要摆放整齐,并按照类别区分摆放。

三、任务步骤

1. 发动机外围附件的拆卸

如图8-2-1所示为发电机、空调压缩机、动力转向油泵、V形带等附件的分解图。

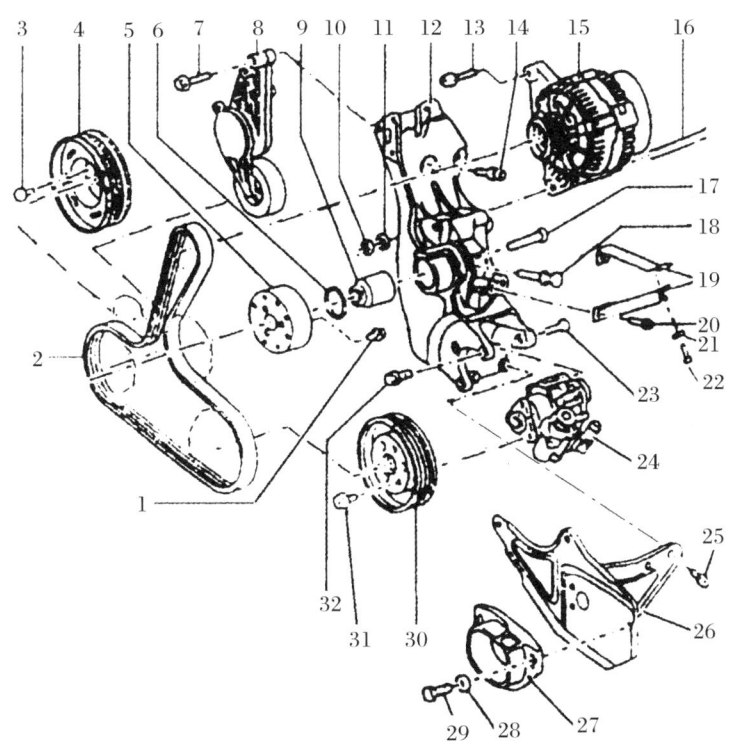

1、3、7、10、13、14、16、17、18、20、22、23、25、29、31、32-螺栓　2-V形带　4-V形带轮
5-曲轴传动带轮　6-保持夹　8-V形带张紧轮　9-过渡轮　11、21、28-垫圈　12-支架　15-发电机
19-支架　24-动力转向油泵　26-支架　27-扭力臂止位块　30-动力转向油泵带轮

图8-2-1　发电机、动力转向油泵V形带的分解图

2. AJR 型发动机正时齿带的拆卸(如图 8-2-2 所示)

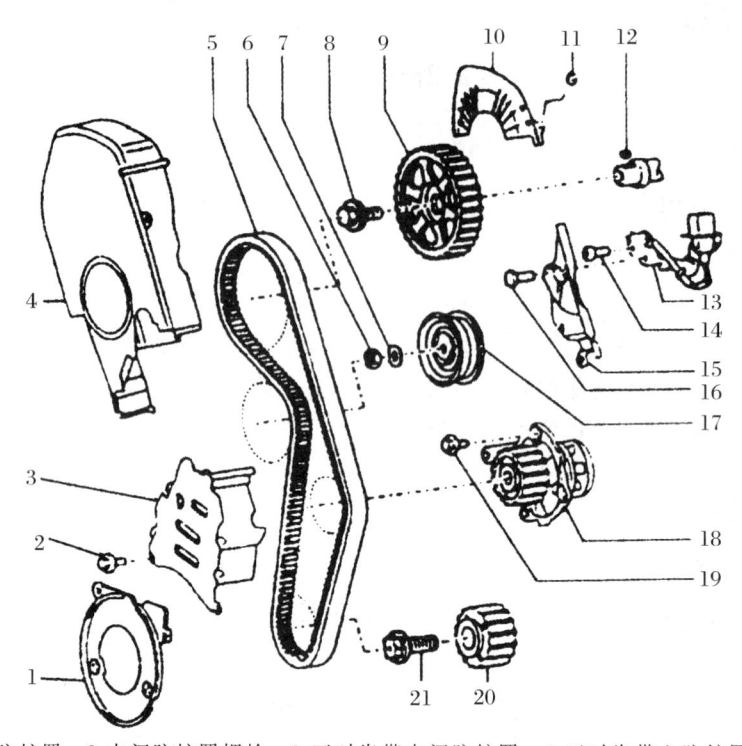

1-正时齿带下防护罩　2-中间防护罩螺栓　3-正时齿带中间防护罩　4-正时齿带上防护罩　5-正时齿带
6-张紧轮固定螺栓　7-波纹垫圈　8-凸轮轴正时齿轮固定螺栓　9-凸轮轴正时带轮　10-齿带后上防护罩
11-防护固定螺栓　12-半圆键　13-霍尔传感器　14-霍尔传感器固定螺栓　16-后防护罩螺栓
15-正时带后防护罩　17-半自动张紧轮　18-水泵　19-水泵固定螺栓　20-曲轴正时带轮
21-曲轴正时带轮螺栓

图 8-2-2　正时齿带及附件的分解图

(1)将发动机安装在维修工作台上,拆卸 V 形带。
(2)将曲轴转到第一缸的上止点位置,如图 8-2-3 箭头所示。
(3)拆卸正时齿带上防护罩。
(4)将凸轮轴正时齿带轮上的标记(如图 8-2-4 所示)对准正时齿带防护罩上的标记。

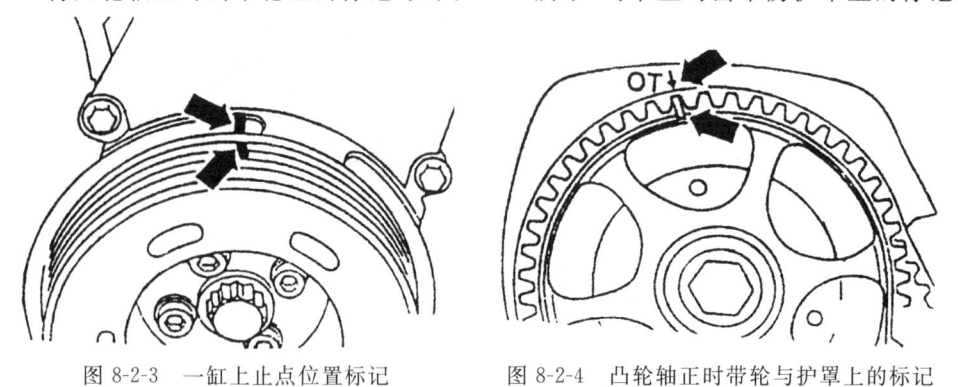

图 8-2-3　一缸上止点位置标记　　图 8-2-4　凸轮轴正时带轮与护罩上的标记

(5)拆卸曲轴正时齿带轮。

(6)拆卸正时齿带中间及下方的防护罩。
(7)用粉笔等在正时齿带上做好记号,检查磨损情况,不得有扭曲现象。
(8)松开半自动张紧轮并拆下正时齿形带。

3. 气缸盖的拆卸(如图8-2-5所示)

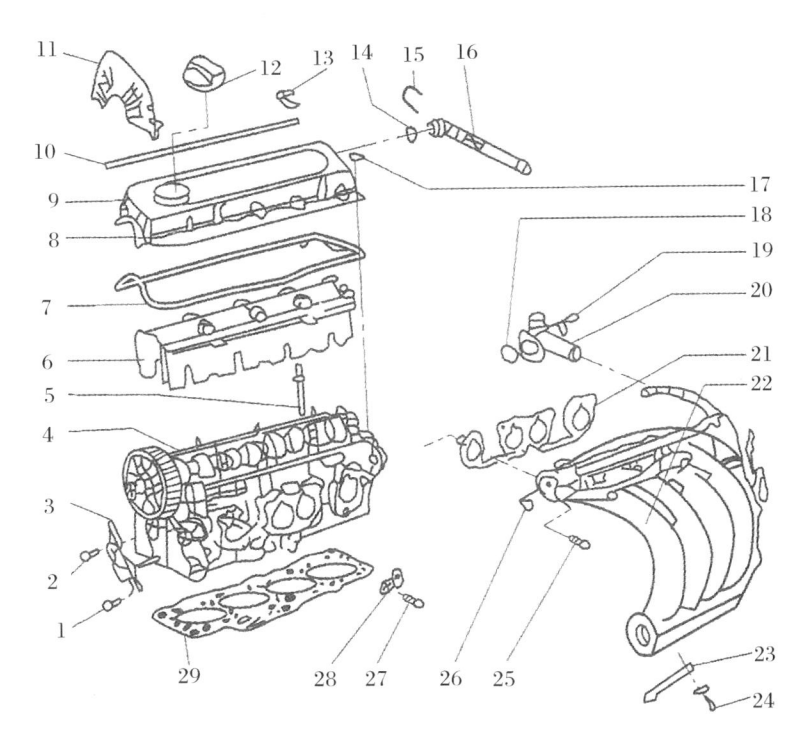

1、2、19、25、27-螺栓 3-正时齿带后护板 4-气缸盖总成 5-气缸盖螺栓 6-机油反射罩
7-气门罩盖衬垫 8-紧固压条 9-气门罩盖 10-压条 11-正时齿带后上罩 12-加机油口盖 13-支架
14-密封圈 15-央箍 16-曲轴箱通气软管 17、26-螺母 18-密封圈 20-凸缘 21-进气歧管衬垫
22-进气歧管 23-进气歧管支架 24-进气歧管支架紧固螺栓 28-吊耳 29-气缸盖衬垫

图8-2-5 AJR到发动机气缸盖分解图

(1)拆卸正时齿带后护板和后上罩。
(2)旋下进气歧管支架的螺栓。从排气歧管上拆下前排气管的螺栓。
(3)拆下前排气管和进排气歧管。
(4)拔出火花塞插头,拆下火花塞并放置规定位置。
(5)拆下气门罩盖。按照图8-2-6所示从1到10的顺序松开气缸盖螺栓。

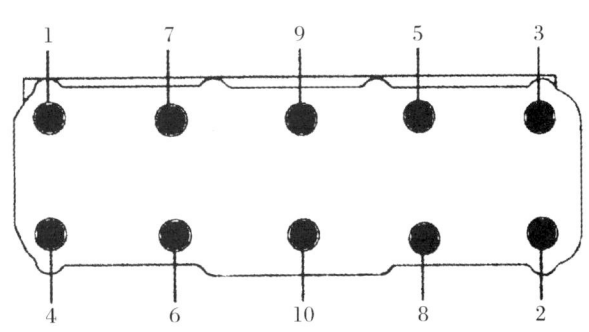

图8-2-6 气缸盖螺栓拆卸顺序

(6)将气缸盖与气缸盖衬垫一起拆下。
(7)拆卸凸轮轴。拆下凸轮轴正时齿带轮。从凸轮轴上拿下半圆键。先拆下第1、3、5号轴承盖。然后对角交替松开第2、4号轴承盖。

4. 活塞连杆组的拆卸(如图 8-2-7 所示)

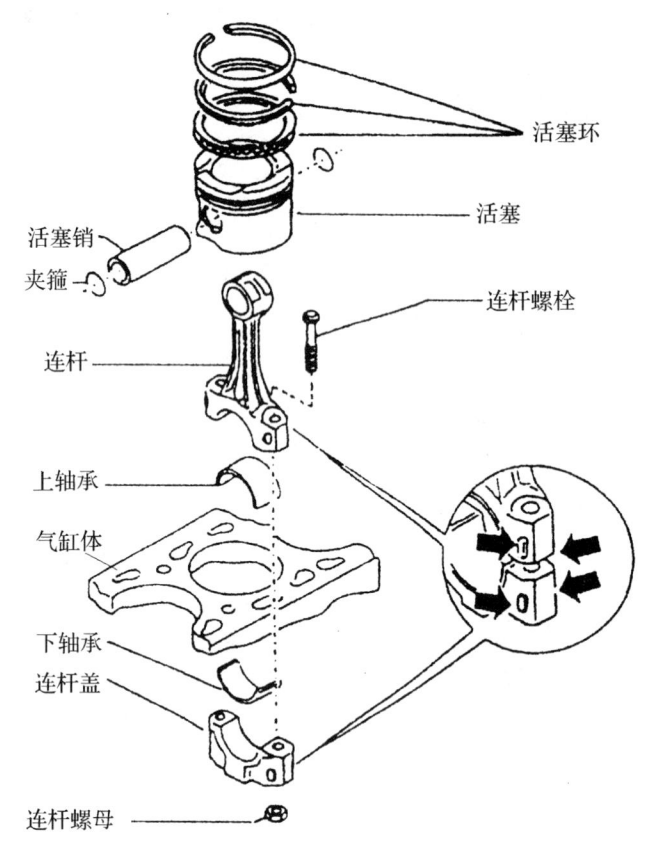

图 8-2-7　AJR 型发动机活塞连杆组分解图

(1)检查并确认连杆和连杆盖上的装配标记,相互对准以确保重新装配正确。
(2)拆下连杆盖螺母,用已拆下的螺栓左右摇动连杆盖并拆下连杆盖和下轴承。
(3)从气缸体顶部推出活塞和连杆总成,把轴承、连杆、连杆盖连在一起,按正确的顺序摆放活塞和连杆总成。
(4)拆卸连杆轴承,并按正确的顺序摆放。
(5)拆下活塞环,并按正确的顺序摆放,用活塞环扩张器拆下 2 个压缩环,用手拆下油环括片和油环胀圈。

5. 曲轴飞轮组的分解(如图 8-2-8 所示)

(1)将气缸体反转倒置在工作台上,拆卸飞轮及脉冲轮。
(2)拆下正时带轮端曲轴油封及支架。应使用油封取出器不解体更换该油封。
(3)拆下飞轮端油封架及衬垫。
(4)由两端向中间、对称地分几次逐渐拧松主轴承盖紧固螺栓。
(5)用胶锤敲击螺栓,拆下曲轴各主轴承盖及轴承。

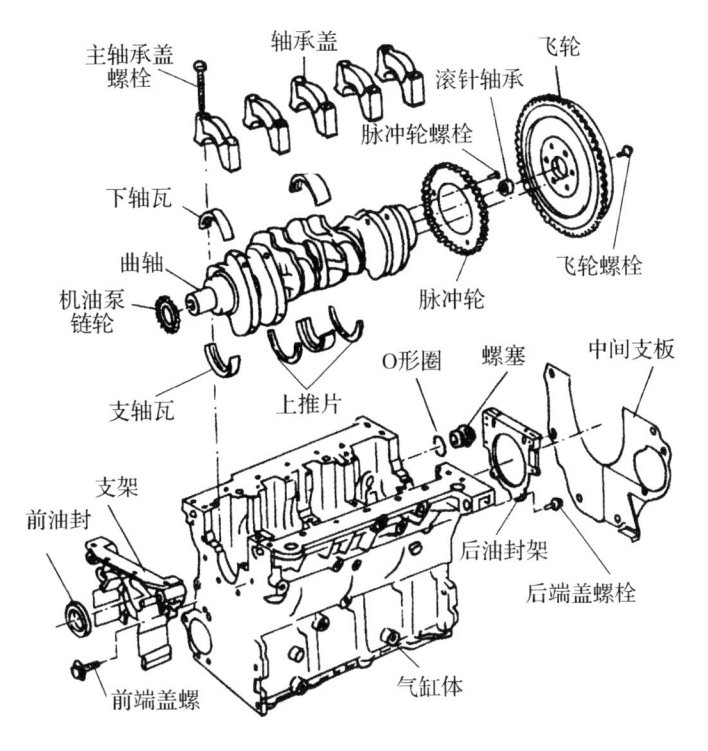

图 8-2-8　AJR 型发动机气缸体总成分解图

★ 实施活动二　AJR 发动机总成的装配

一、工作准备

实训用车辆,抹布,零件车,常用工具,专用工具,常用量具,机油壶,维修手册等。

二、技能要求

(1)在操作中要正确使用工量具,避免误伤;注意个人以及他人的人身安全。
(2)任何螺栓、螺母都要按照规定要求和力矩拧紧,以防损伤发动机。
(3)所有垫片、油封、垫圈必须按要求更换。

三、任务步骤

1. 曲轴飞轮组的安装

(1)将各道曲轴主轴承上瓦片放入轴承座内,并涂上机油。
(2)将曲轴平稳放入轴承内,然后将带有下瓦片主轴承盖对号装在相应的轴承座上。
(3)主轴承盖螺栓安装遵循"从中间向两边、对称、多次"的原则。拧紧力矩为 65 N·m,并旋转 90°。每拧紧一道主轴承,转动曲轴几周,查看有无阻滞现象。
(4)曲轴 3 号主轴承为推力轴承,其两端有半圆形止推环。注意:定位及开口必须朝向滑动轴承安装,各滑动轴承不能互换。
(5)间隙检查。曲轴的轴向间隙为 0.07～0.21 mm,磨损极限值为 0.30 mm;曲轴的径向间隙为 0.01~0.04 mm,磨损极限值为 0.15 mm。在测量曲轴的径向间隙时,不要转动曲轴。

(6)安装曲轴前、后油封时,应在油封外圈和唇边上涂一层薄机油,在曲轴颈上套上专用工具,通过装在导套上的压套将油封压到位。装配气缸体时应更换曲轴前、后衬垫。

2. 活塞连杆组的安装

(1)用活塞环拆装钳装上活塞环,用手装配组合油环。注意：活塞环的装配标记"TOP"必须朝上;分别在活塞环、活塞裙部、活塞销、上轴承表面及各缸壁涂以润滑油。

(2)检查各活塞环的开口位置。第一、二道压缩环的开口错开 180°,第一道环开口方向与活塞销中心错开 45°,油环刮片的开口错开 180°,且与压缩环的开口错开 90°。

(3)转动曲轴使 1、4 缸连杆轴颈处于下方位置,再将这两缸的活塞连杆组件装入气缸。注意：连杆的朝前标记必须朝向发动机齿形带端(前端)。

(4)用活塞环卡箍抱紧活塞环后,再用锤柄或木棒将活塞连杆组轻轻打入气缸中。当连杆大头接近曲轴轴颈时,要用手托住连杆大头,并继续敲击活塞顶部,使之装配到位。

(5)安装连杆螺栓时,拧紧力矩为 30 N·m,不要再加 90°。注意：连杆轴承盖的标记应朝向发动机同步带端。

(6)连杆的轴向间隙为 0.10~0.35 mm,磨损极限值为 0.40 mm;连杆的径向间隙为 0.10~0.05 mm,磨损极限值为 0.12 mm。注意：在测量连杆径向间隙时不要转动曲轴。

(7)以同样的方法和要求装复 2、3 缸的活塞连杆组件。

3. 机油泵的安装(如图 8-2-9 所示)

(1)将销钉插入到机油泵上端,机泵轴与链轮只能有一个安装位置。

(2)用 22 N·m 的力矩拧紧链轮与机油泵的紧固螺栓,用 16 N·m 的力矩拧紧机油泵与气缸体的紧固螺栓。

4. 油底壳的安装

更换新的油底壳衬垫。交替对角拧紧油底壳与气缸体的紧固螺栓,如图 8-2-10 所示。

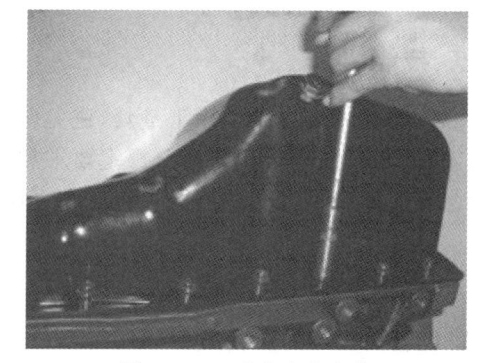

图 8-2-9　机油泵的安装　　　　图 8-2-10　油底壳的安装

5. 气缸盖的安装

(1)在安装气缸盖之前,转动曲轴,使曲轴不在上止点的位置,以免损坏气门及活塞。

(2)安装气缸盖衬垫时,有标号(配件号)的一面必须可见。

(3)更换气缸盖紧固螺栓,不能重复使用已经按照拧紧力矩拧紧过的螺栓。

(4)按照如图 8-2-11 所示的顺序以 40 N·m 的力矩拧紧气缸盖螺栓,然后用扳手再旋紧180°(分两次)。

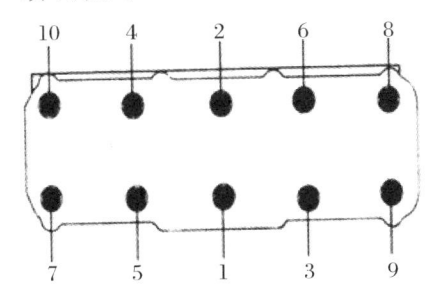

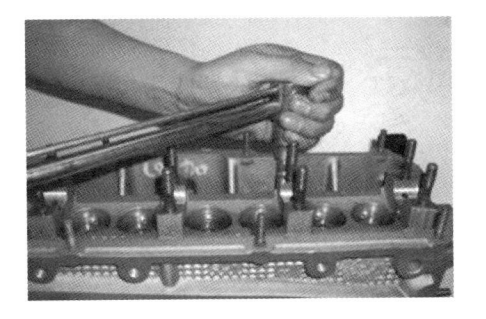

图 8-2-11　气缸盖螺栓拧紧顺序

6. 凸轮轴的安装(如图 8-2-12 所示)

(1)安装凸轮轴前应更换凸轮轴油封。

(2)安装凸轮轴时,第一缸凸轮必须朝上。安装前放上轴承盖,确定安装位置。

(3)润滑凸轮轴轴承表面。

(4)先对角交替拧紧第2、4号轴承盖螺栓,拧紧力矩为20 N·m。

(5)装上第1、3、5号轴承盖,拧紧力矩为20 N·m。

(6)装入凸轮轴正时齿带轮并紧固,拧紧力矩为80 N·m。

(7)安装好凸轮轴后,应小心地转动凸轮轴至少两圈,以便液压挺杆的补偿元件进入状态,否则气门将敲击活塞。

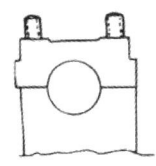

图 8-2-12　凸轮轴的安装

7. 水泵的安装(如图 8-2-13 所示)

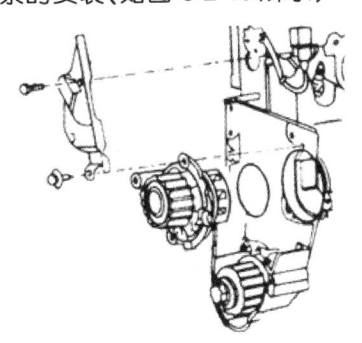

图 8-2-13　水泵的安装

(1)清洁O形密封圈的密封表面,用冷却液浸湿新的O形密封圈。

(2)水泵罩壳上的凸耳朝下。

(3)安装同步带后防护罩。

(4)拧紧水泵螺栓至15 N·m。

8. 机油滤清器的安装(如图 8-2-14 所示)

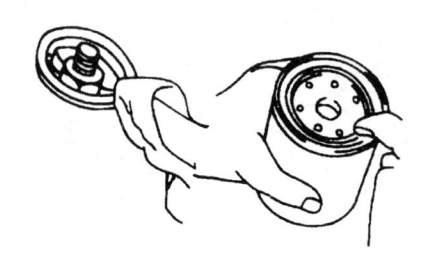

图 8-2-14　机油滤清器的安装

(1)用专用工具安装机油滤清器。
(2)安装新滤清器时,应在密封圈上涂上干净的机油。
(3)用手轻轻拧紧机油滤清器,直到感觉有阻力为止,再用专用工具拧紧 $\frac{3}{4}$ 圈。

9. 节温器的安装(如图 8-2-15 所示)

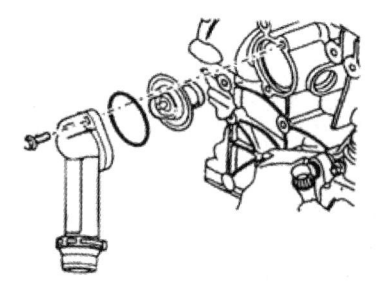

图 8-2-15　节温器的安装

(1)清洁 O 形密封圈的密封表面。
(2)节温器的感温部分必须在气缸体内。用冷却液浸湿新的 O 形密封圈。

10. 正时齿带的安装(如图 8-2-16 所示)

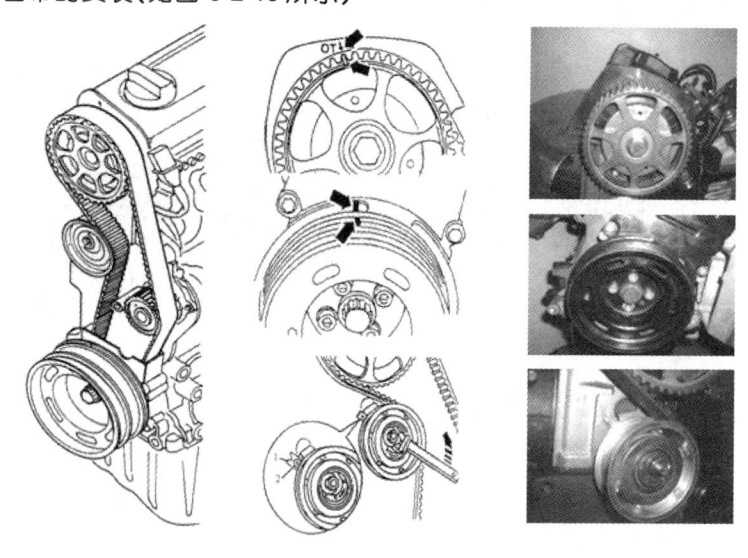

图 8-2-16　正时齿带的安装

(1)转动曲轴,使曲轴不在上止点的位置,以免损坏气门及活塞。

(2)将凸轮轴正时齿带轮上的标记对准正时齿带防护罩上的标记。
(3)检查曲轴正时齿带轮上止点记号与参考标记是否对准。
(4)将正时齿带安装到曲轴正时齿带轮和水泵上,注意安装位置。
(5)将正时齿带安装到张紧轮和凸轮轴正时齿带轮上。注意半自动张紧轮的位置,定位块必须嵌入气缸盖上的缺口内。
(6)使用卡簧钳将半自动张紧轮逆时针转动,直到指针1与缺口2对齐为止。然后以15 N·m的力矩拧紧张紧轮固定螺母。
(7)用手转动曲轴,检查并调整。
(8)安装正时齿带下防护罩、曲轴正时齿带轮、正时齿带上部和中间防护罩。

11. 其他附件的安装

安装附件时,注意各螺栓和螺母的拧紧力矩要符合规定,要求应该安装进排气歧管。在气缸盖侧面安放好进排气歧管衬垫(翻边朝向进排气歧管)。

12. 检查发动机装配的完整性

仔细检查是否有漏装的零部件和装配后剩下的配件。

13. 完成起动的准备

连接相关电气设备、相关器件,加注润滑油、冷却液,连接燃料箱,接通电源。进行起动前必要的检查。

【任务拓展】

一、发动机的磨合调试

发动机磨合是发动机组装后为改善各摩擦表面几何形状和表面机械性能的运行过程,是从修理装配状态向工作状态的过渡。磨合质量的好坏对修理质量和使用寿命有重大的影响。

1. 发动机磨合的概述

(1)磨合的目的。增大摩擦工作表面的实际接触面积;修正在加工、装配过程中的误差;全面检验发动机修理质量,及时发现故障并排除。

(2)磨合的分类。发动机磨合一般分为出厂前在台架上进行的磨合(一般称为发动机磨合)和出厂后在汽车运行过程中的磨合(一般称为汽车走合)两个阶段。发动机的磨合一般分为冷磨合(用外力带动发动机运转)和热磨合(发动机自行运转)两个阶段,其中热磨合又分为无负荷热磨合和有负荷热磨合两个阶段。

(3)磨合设备。小型企业一般用简单的磨合台架磨合;而大中型修理厂则在如图8-2-17所示的发动机磨合、试验、测功联合设备上进行磨合。

(4)磨合规范。发动机的磨合质量在材料、结构、装配质量等条件已确定的情况下,主要取决于磨合时的转速、载荷、磨合时间、润滑油品质。因此,发动机的磨合规范由磨合转速、载荷和磨合时间组成。

2. 发动机的冷磨合规范

(1)冷磨合转速和时间。发动机的冷磨合起始转速一般为400～600 r/min,然后以200～400 r/min的转速级差和30～45 min的时间级差增加,冷磨合终了时,转速一般为1 000～1 200 r/min,全程时间不超过2 h。主要是对气缸、活塞环、曲轴和轴承等配合副的

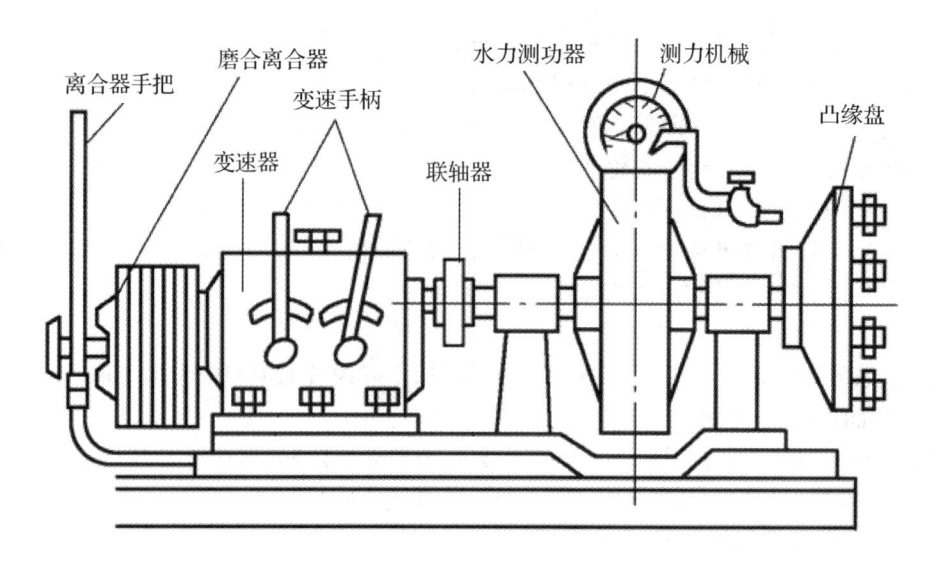

图 8-2-17　发动机磨合台架

磨合。

(2)冷磨合载荷。安装好气缸盖和火花塞,借助气缸的压缩力来增加磨合载荷,可提高磨合效率,取得较好的磨合效果。

(3)冷磨合的润滑。有自润滑、油浴式润滑和机外润滑,其中机外润滑方式效果最好。

查一查:各种发动机的具体磨合规范。

3. 发动机的热磨合规范

(1)无负荷热磨合。无负荷热磨合除了进一步磨合外,还对发动机的油、电路进行检查和调整,并及时发现、排除故障。一般是按规定的程序起动发动机,在空载的情况下以规定转速(600～1 000 r/min)运转 1 h 左右。

(2)有负荷热磨合。有载热磨合分为一般磨合和完全磨合两种,大修后的发动机进行一般磨合就可以了。一般有负荷热磨合的起始转速为 800～1 000 r/min,终了时的转速为 1 400～1 500 r/min,四级调速,总磨合时间不少于 3 h。

4. 发动机的性能测试

发动机磨合与调试后或发动机二级维护竣工后均必须对其进行性能检测。一般用加载的方法在测功试验台上测量出反映发动机动力性和经济性的几项技术指标——发动机最大功率、最大转矩和最低燃油消耗率及它们对应的转速,用以鉴定发动机大修后的性能是否达标。

查一查:常见发动机大修后的主要技术性能指标。

二、发动机的竣工检验

大修后的发动机经装配、磨合、调试后,要严格按照 GB/T15764.2—1995《汽车修理质量检查评定标准——发动机》、GB/T3799.1—2005《商用发动机大修竣工出厂技术条件第一部分:汽油发动机》、GB/T3799.2—2005《商用发动机大修竣工出厂技术条件第二部分:柴油发动机》进行发动机性能测试,判断其是否符合出厂合格要求,签发合格证,给予质量保证。

1. 技术要求

(1)装备齐全、按规定完成了发动机磨合,无漏油、漏气、漏电、漏水现象。

(2)加注的润滑油量、牌号以及润滑脂应符合原厂规定。

(3)发动机在各工况下运行均无异响,急加速时无突爆声,消声器无放炮声。

(4)润滑机油压力和冷却液温度正常。

(5)气缸压力符合原厂规定,各缸压力差,汽油机不超过各缸平均压力的8%,柴油机不超过各缸平均压力的10%。

(6)汽油机怠速运转时,进气歧管真空度应在57～70 kPa(检查时以海平面为准)范围内,其波动范围:六缸机不超过3 kPa,四缸汽油机不超过5 kPa。

2. 主要使用性能

(1)发动机在正常工作温度下5 s内能起动;柴油机在不低于5 ℃,汽油机在不低于-5 ℃的环境下应起动顺利,允许连续起动不多于3次,每次起动不多于5 s。

(2)发动机加速灵敏,速度过渡圆滑,怠速稳定(波动±50 r/min),各工况工作平稳。

(3)最大功率和最大转矩不低于原厂规定的90%。

(4)最低燃料消耗率不得低于原厂规定。

(5)发动机排放值应符合GB18285—2005和GB3847—2005等的相关规定。

【任务检测】

一、填空题

1. 发动机装配的一般原则是以_____为基础，_____，_____分别进行装配。
2. 分解过程中要特别留意观察并记录零件的_____、_____、_____等。
3. 不可互换的组合件（选配装合件、装合后加工件等）拆卸后都应按_____或_____。如活塞连杆组的拆卸，拆卸后不仅要按_____，而且要做好每组的_____。
4. 发动机的磨合一般分为_____和_____两个阶段，其中后阶段又分为_____和_____两个过程。
5. 发动机的磨合质量主要取决于_____、_____、_____、_____。

二、选择题

1. 下列零部件中在装配时必须更换的是（　　）。
   A. 主轴承　　　B. 螺栓　　　C. 气缸垫　　　D. 弹簧垫
2. 装配时，曲轴主轴承与曲轴的径向间隙应符合各车型的维修手册，一般为（　　）。
   A. 0.01～0.05 mm，极限值为 0.10 mm　　B. 0.02～0.08 mm，极限值为 0.15 mm
   C. 0.05～0.20 mm，极限值为 0.35 mm　　D. 0.10～0.35 mm，极限值为 0.50 mm
3. 装配时，连杆轴承与曲轴的径向间隙应符合各车型的维修手册，一般为（　　）。
   A. 0.01～0.05 mm，极限值为 0.10 mm　　B. 0.02～0.08 mm，极限值为 0.15 mm
   C. 0.05～0.20 mm，极限值为 0.35 mm　　D. 0.10～0.35 mm，极限值为 0.50 mm
4. 装配时，曲轴的轴向间隙应符合各车型的维修手册，一般为（　　）。
   A. 0.01～0.05 mm，极限值为 0.10 mm　　B. 0.02～0.08 mm，极限值为 0.15 mm
   C. 0.05～0.20 mm，极限值为 0.35 mm　　D. 0.10～0.35 mm，极限值为 0.50 mm
5. 装配时曲轴主轴承盖的装配顺序为（　　）。
   A. 同气缸盖螺栓的拧紧顺序一样　　B. 由中间向两边逐道拧紧
   C. 由两边向中间逐道拧紧　　D. 没有任何要求

三、判断题

1. 装配过盈配合件可用榔头直接敲击到位。　　　　　　　　　　　　　　（　　）
2. 磨合质量的好坏对修理质量和发动机的使用寿命有重大的影响。　　　（　　）
3. 装配时，螺栓在螺母旋紧后应露出 1～3 牙。　　　　　　　　　　　　（　　）
4. 装配时，所有的配合件接触面都应涂上润滑油。　　　　　　　　　　　（　　）
5. 发动机的竣工检验维修企业应按规定签发合格证，给予质量保证。　　（　　）

【评价与反馈】

班级：_____ 姓名：_____ 指导教师：_____

序号	考核项目	项目分值	考核内容	配分	考核标准	得分
1	出勤/纪律	5	出勤	2	违规一次不得分	
			行为规范	3	违规一次不得分	
2	安全/防护/环保	20	着装	2	违规一次不得分	
			个人防护	3	违规一次不得分	
			5S/EHS	5	违规一次不得分	
			设备使用安全	5	违规一次不得分	
			操作安全	5	违规一次不得分	
3	任务检测	20	任务测验成绩	20	测验成绩的20%计	
4	技能考核	35	技能测验成绩	35	测验成绩的35%计	
5	学习能力	10	工单填写,工艺计划制定	4	未做不得分	
			组内活动情况	5	酌情扣1~5分	
			资料查阅和收集	1	未做不得分	
6	任务拓展	10	知识拓展任务	2	未做不得分	
			技能拓展任务	8	未做不得分	
7	总分	100				

【教师评估】

序号	优点	存在问题	解决方案

教师签字：

参 考 文 献

[1] 杨承明. 汽车发动机构造与维修. 浙江：浙江科技出版社，2006
[2] 孔宪峰. 汽车发动机构造与维修. 2版. 北京：高等教育出版社，2007
[3] 吕秋霞. 汽车发动机构造与维修. 北京：人民交通出版社，2005
[4] 张弟宁. 汽车发动机构造与维修. 北京：人民交通出版社，2004
[5] 崔树平. 汽车发动机构造与维修. 北京：武汉理工大学出版社，2008
[6] 陈家瑞. 汽车构造（上）. 北京：机械工业出版社，2009
[7] 张子波. 汽车发动机构造与维修. 2版. 北京：高等教育出版社，2006
[8] 中国汽车维修行业协会. 发动机与底盘检测技术. 北京：人民交通出版社，2008
[9] 劳动和社会保障部教材办公室. 汽车发动机构造与维修. 北京：中国劳动社会保障出版社，2005
[10] 仇雅莉. 汽车发动机构造与维修. 北京：人民邮电出版社，2010
[11] 左适够. 汽车结构与拆装. 2版. 北京：高等教育出版社，2012
[12] 何仕涛. 实施汽车发动机维修. 重庆：重庆大学出版社，2012
[13] 衡卫军. 汽车发动机检测与维修. 北京：高等教育出版社，2008